新会计准则（IFRS9）下的
金融资产减值与估值

卞 策 著

中国商业出版社

图书在版编目（CIP）数据

新会计准则（IFRS9）下的金融资产减值与估值／卞策著.
—北京：中国商业出版社，2018.4（2020年11月重印）

ISBN 978-7-5208-0281-9

Ⅰ.①新… Ⅱ.①卞… Ⅲ.①国际会计准则
Ⅳ.①F233.1

中国版本图书馆 CIP 数据核字（2018）第 054395 号

责任编辑：姜丽君

中国商业出版社出版发行
010-63180647　www.c-cbook.com
（100053　北京广安门内报国寺1号）
新 华 书 店 经 销
三河市天润建兴印务有限公司印刷
﹡　﹡　﹡
787×1092毫米　16开　19.5印张　400千字
2018年6月第1版　2020年11月第2次印刷
定价：58.00元
﹡　﹡　﹡　﹡
（如有印装质量问题可更换）

目 录

引 言 1

第1章 概 论 1
1.1 金融资产减值与估值概述 1
1.1.1 金融资产减值的含义 1
1.1.2 金融资产估值的含义 3
1.1.3 减值与估值的联系与区别 4
1.2 目标和意义 5
1.3 主要应用 6
1.4 新会计准则下的新问题 8
1.4.1 新会计准则制定和出台的背景 8
1.4.2 金融资产会计政策的主要变化 10
1.4.3 金融资产计量政策的主要变化 12
1.4.4 新准则下需要解决的主要问题 16

第2章 财会基础知识 21
2.1 基本概念 21
2.1.1 财务会计报告 21
2.1.2 资产减值 25
2.1.3 公允价值 28
2.2 金融资产的会计分类与会计计量 30
2.3 新会计准则 32

2.3.1　金融工具分类 ……………………………………………… 32
　　2.3.2　金融工具减值 ……………………………………………… 34
　　2.3.3　套期会计 …………………………………………………… 41

第3章　理论基础 …………………………………………………………… 46
3.1　货币的时间价值 ……………………………………………………… 46
　　3.1.1　利息理论基础 ………………………………………………… 47
　　3.1.2　利息计算方法 ………………………………………………… 53
　　3.1.3　基本的现金流分析（年金）………………………………… 56
　　3.1.4　投资收益分析 ………………………………………………… 59
3.2　均值-方差模型与资本资产定价模型（CAPM）…………………… 61
　　3.2.1　现代资产组合理论概述 ……………………………………… 61
　　3.2.2　有效市场假设 ………………………………………………… 63
　　3.2.3　均值-方差模型（Markowitz组合理论）…………………… 65
　　3.2.4　资本资产定价模型（CAPM）……………………………… 77
3.3　套利定价模型（APT）……………………………………………… 84
　　3.3.1　套利的公式化概念 …………………………………………… 84
　　3.3.2　套利定价的基本思路 ………………………………………… 85
　　3.3.3　套利定价模型 ………………………………………………… 86
　　3.3.4　套利定价模型因子选择 ……………………………………… 90
　　3.3.5　APT和CAPM的比较 ………………………………………… 92

第4章　新会计准则下的减值计量 ………………………………………… 94
4.1　从会计逻辑到金融逻辑的转变 ……………………………………… 95
　　4.1.1　已发生损失模型的内在逻辑 ………………………………… 95
　　4.1.2　已发生损失模型的缺陷 ……………………………………… 96
　　4.1.3　预期信用损失模型的内在逻辑 ……………………………… 97
　　4.1.4　风险语言（金融语言）与财会语言的统一和兼容 ………… 98
4.2　新准则减值计量的主要要求 ………………………………………… 100
　　4.2.1　信用质量判断 ………………………………………………… 100
　　4.2.2　预期信用损失计量 …………………………………………… 103
4.3　实务中的几个问题 …………………………………………………… 105
　　4.3.1　损失阶段划分 ………………………………………………… 105
　　4.3.2　预期信用损失计量 …………………………………………… 114
　　4.3.3　特殊业务和特殊问题处理 …………………………………… 128

第 5 章 减值计量模型 ... 135
5.1 减值计量的一般模型 ... 135
5.1.1 现金流折现模型（DCF） ... 135
5.1.2 迁徙模型（MM） ... 137
5.1.3 滚动率模型（DFM） ... 138
5.2 预期信用损失模型（ECL） ... 139
5.2.1 ECL 模型整体方法论 ... 139
5.2.2 Basel 与 IFRS9 ... 141
5.2.3 违约概率计量 ... 144
5.2.4 存续期违约概率计量 ... 147
5.2.5 违约损失率计量 ... 149
5.2.6 风险敞口计量 ... 152
5.2.7 宏观经济模型 ... 153
5.3 计量预期信用损失的简化模型 ... 155
5.3.1 损失率模型 ... 155
5.3.2 滚动率模型 ... 156
5.3.3 外部映射模型 ... 157

第 6 章 固定收益证券的估值 ... 159
6.1 固定收益证券简述 ... 159
6.1.1 固定收益证券的定义及种类 ... 159
6.1.2 货币市场工具 ... 160
6.1.3 票据 ... 160
6.1.4 债券 ... 161
6.1.5 固定收益衍生品 ... 163
6.1.6 优先股 ... 164
6.2 债券估值概述 ... 164
6.2.1 确定现金流 ... 168
6.2.2 确定收益率 ... 170
6.2.3 计算债券价值/价格 ... 173
6.2.4 债券价格与收益率的关系 ... 187
6.2.5 债券价值的影响因素 ... 189
6.2.6 零息债券 ... 190
6.2.7 应计利息、净价与全价 ... 190
6.3 利率期限结构 ... 191
6.3.1 利率期限结构的形成和解释 ... 193

6.3.2 利率期限结构曲线的构造和估计 ················ 195
  6.3.3 利率期限结构的连续化模型 ···················· 200
  6.3.4 利率期限结构反映的信息 ······················ 201
 6.4 债券风险 ·· 205
  6.4.1 债券的信用风险 ································ 206
  6.4.2 债券的市场风险 ································ 207
  6.4.3 流动性风险 ···································· 208
  6.4.4 其他风险 ······································ 208
 6.5 凸性和久期 ·· 209
  6.5.1 债券价值与利率 ································ 209
  6.5.2 久期 ·· 211
  6.5.3 凸性 ·· 214
 6.6 利率曲线插值方法 ······································ 215
  6.6.1 Hermite 模型 ·································· 216
  6.6.2 分段样条拟合模型 ······························ 217
  6.6.3 贝叶斯模型 ···································· 217
 6.7 特殊债权类资产估值 ···································· 218
  6.7.1 回购和逆回购 ·································· 218
  6.7.2 可转债 ·· 219
  6.7.3 含权债 ·· 222

第7章 股权类和基金类资产估值 ······························ 223
 7.1 影响股权价值的因素 ···································· 223
 7.2 非上市普通股权评估 ···································· 224
  7.2.1 收益现值法 ···································· 225
  7.2.2 市场比较法 ···································· 227
 7.3 优先股估值 ·· 228
  7.3.1 优先股基本介绍 ································ 228
  7.3.2 优先股的估值方法 ······························ 229
 7.4 共同基金 ·· 231
  7.4.1 共同基金简介 ·································· 231
  7.4.2 共同基金的价值 ································ 232

第8章 衍生品估值 ·· 234
 8.1 金融衍生品简述 ·· 234

- 8.1.1 远期 235
- 8.1.2 期货 236
- 8.1.3 期权 237
- 8.1.4 互换（swap） 238
- 8.1.5 信用衍生品 240
- 8.2 远期和期货估值 241
  - 8.2.1 远期价格计算 242
  - 8.2.2 远期合约的估值与定价 244
  - 8.2.3 期货的估值与定价 246
  - 8.2.4 几类具体的远期/期货品种 247
- 8.3 期权估值 249
  - 8.3.1 期权基础知识 249
  - 8.3.2 期权的基本性质 251
  - 8.3.3 B-S公式 258
  - 8.3.4 数值方法 268
  - 8.3.5 几类特殊期权品种估值 277
- 8.4 资产证券化和信用衍生品估值 282
  - 8.4.1 信用衍生品概述 282
  - 8.4.2 CDS估值 283
  - 8.4.3 资产证券化产品估值 285
  - 8.4.4 信用连接票据 287
- 8.5 互换 288
  - 8.5.1 利率互换 288
  - 8.5.2 外汇互换（掉期） 289
  - 8.5.3 互换期权（Swaption） 290

参考文献 292

引 言

减值与估值是横跨财务管理与风险管理两大领域的重要工具

对于金融机构以及持有金融资产的其他企业而言，减值与估值，是横跨财务管理与风险管理两大领域的重要工具。金融资产的减值与估值，既是财务管理的工具，也是风险管理的抓手，可以说，是企业在对金融资产进行管理时需要投资大量资源和精力的重要环节。无论是金融资产减值还是估值，其根本目标都是准确计量金融资产的真实价值，及时识别并客观反映金融资产存在的风险和损失，使得企业的资产质量和经营成效更加真实可靠。通过减值和估值，金融资产价值中的"水分"被挤掉，风险被充分识别，损失被充分抵补和消化，为金融企业的良性发展奠定基础，确保金融企业的持续稳健经营和金融体系的稳定。

除了挤掉资产中的"水分"，准确并且充分的减值和估值还是确保经营绩效客观真实的必要前提。在金融企业经营活动中，会受到财务成本和风险成本的共同制约。其中财务成本既包括金融企业的融资成本和各种开支等直接经营成本，也包括因为盈利能力不足、财务资源匮乏而可能给企业发展造成的束缚。风险成本则是金融企业可能遭遇的不确定的损失所造成的成本，通常以减值准备、资本占用等方式体现。当金融企业盈利能力有限时，由于受财务能力限制，经营成果将难以覆盖全部风险成本，一旦出现较大的风险和损失，将难以抵御，企业将陷入破产的危险境地；反之，当风险成本上升时，金融资产的减值上升、价值缩水，资本占用增加，也必将影响盈利能力。因此，财务成本、风险成本、盈利能力和稳健经营是相互捆绑、紧密关联的，在这其中，减值和估值扮演了极其重要的角色。减值和估值形成了风险成本和财务成本之间的纽带，将代表不确定性的风险成本转化为财务支出形式的财务成本；减值和估值同时还建立了财务成本、风险成本与盈利能力之间的联系，金融资产的减值增加或估值下降会影响当期损益，造成经营利润的下降。

作为横跨风险、财会两大领域的工具，随着市场演变和业务创新的推进，减值和估值中的风险管理属性愈发重要和凸显。随着金融市场的不断发展和金融工具的日益复杂，企业面临越来越大的风险压力，整个金融体系也越来越脆弱和敏感，在这种情况下，风险管理将逐渐成为金融机构经营和投资活动考虑的首要因素，风险因素的反映和处理在减值与估值中也越来越发挥决定性的作用。这意味着金融企业必须在转变金融资产计量工具和计量方式的同时，及时转变经营观念，加强风险成本管理意识，充分考虑风险成本对经营成果的制约作用，通过客观、准确的提取减值准备和进行估值调整，将由于资产质量劣变导致的风险成本及时反映在当期损益中，既为未来发生的实际损失储备财务资源，提高资产风险抵补能力，同时夯实资产质量，提高经营成果的真实性。此外，通过减值和估值过程中对风险成本的计量和反映，还能够在业务发展中客观计量收益、风险、成本之间的量化关系，更好地指导业务往正确、稳健的方向发展，传达和贯彻金融企业的业务发展导向和风险战略偏好。

新会计准则（IFRS9）促进了风险语言与财会语言的统一和兼容

在国际新会计准则（IFRS9）实施之前，财务会计的"世界观"和语言体系与金融风险是泾渭分明的，可以说在很多问题上二者都是自说自话、自成体系。比较典型的，是旧会计准则下要求减值准备要针对"已发生损失"，而金融风险理论则认为减值准备应覆盖"预期损失"、资本覆盖"非预期损失"。"已发生"与"预期"之间的鸿沟，构筑了财会与风险两个世界之间的隔离带，究其根本，则是财务会计理念与金融风险理念在本源上的差异。

这种理念上的差异，最集中地体现在对于"时间"和"不确定性"的态度上。

首先，在"时间"观念方面，会计强调的是过去，而金融和风险所强调的则是未来。会计的首要目标，在于要准确、客观地反映已经发生事件的影响，描述当前时点的状态，对于将来的、尚未发生的事件，会计是不予以考虑和反映的。这也是权责发生制的基本原则。权责发生制要求，只有当期已经实现的收入和已经发生或应当负担的费用才计入当期损益，才能在财务报表中予以体现。而会计的这种面向过去、无视未来的视角，与金融或者风险的理念有着本质的区别。可以说，所有的金融工具都是针对未来的要素设计的，例如最基本的金融资产，股权的价值取决于未来公司创造的收益，债权的价值取决于未来能够收回的本金和利息。同样，风险也是面向未来的，只有未来尚未发生的事件才能够导致风险，对于已经发生的事件，则属于已经形成的事实损失或事实收益。

那么，对于已经确定将来会出现损失（但当前损失尚未真实发生）的金融资产，其损失是否应该在当前的财务报告的资产和损益项目中予以体现，站在会计和风险的视角，将得到不同的结论。站在（旧准则）会计的角度，截至当前时点没有真正发生的损失，属于未来事项，不应该在当前的财务报告中体现；站在金融或风险的角度，无论损失发生在过去还是未来，无疑都是一笔问题资产，毫无疑问，如果确定某笔资产将来会形成损失，那必然不会有投资者愿意投资购买。

站在金融或者风险的角度，或许很难理解会计对于历史的强调和对于未来的回避。然而，就会计自身的目标和原理而言，按照权责发生制的基本原则，仅考虑已经发生的客观事实，则有其必要性，甚至可以说是会计保证期客观、公允的根基。例如，考虑某金融机构购买的一笔长期债券，金融机构可以定期获取利息，但只有过去时间内产生的应计利息，才能计入这家金融机构的收入和利润。毫无疑问这是合理的，否则，金融机构的收入将被夸大，假如购买的为永续债，那么该金融机构未来能够获得的利息将会是无穷大，必然不应被考虑在当前的财务报告之中。同样地，对于企业的各种支出，例如给员工支付的薪资，也只有过去时间内产生的应付薪资才能被计入费用成本，否则企业可以把自己的费用做得无限大。既然只有已发生的费用成本才能计入财务报告，那么作为风险成本的金融风险减值损失，自然也只有"已发生损失"才应予以体现。对于一般的收入和成本，会计的"时间观"无疑不会受到挑战，但由于金融工具的特殊性，只回顾历史而不预期未来，将难以对金融工具进行准确和全面的反映。因此，尽管一般的费用成本都可以按照权责发生制只考虑过去已发生的，但金融资产减值作为一种风险成本，必须要考虑对未来的预期，而不能仅限于已发生。

其次，在"不确定性"态度方面。会计的目标是尽可能减少甚至消除不确定性，以保证会计报告的客观、一致和公允，而金融理论和风险理论则以不确定性为基础和前提。会计报告要满足使用者的需要，首先要确保其客观性和不同主体、不同报告之间的一致性和可比性，否则财务信息披露便可能失真。不确定性意味着需要对事件发生的可能性进行判断，因而或多或少会存在主观因素，而过多的主观判断以及由此产生的差异是财务报告需要尽可能避免的。假如在财务报告中存在过多的主观判断因素，将不可避免地产生人为干预的空间，部分企业就会出于对业绩的需要或其他原因操纵财务指标。与会计理念不同，金融和风险事实上是建立在不确定性基础之上的。一方面，不确定性是一切金融工具能够存在的前提。大部分（存在风险的）金融工具可以看作某种博弈（赌博）工具，是对未来某种事件的下注，如果未来实际结果符合预期则获得收益，反之将遭受损失。另一方面，风险就是不确定性，风险计量的目标就是对各种事件的发生概率和影响进行量化。因此，会计计量需要在评估过程中尽可能减少对不确定性因素的主观判断，从而减少人为干预和个体差异，而风险计量则将不确定性本身作为评估的重点。

会计理念强调过去已发生的事件，尽可能降低不确定性的考虑和影响，这在绝大多数情况下都能够保证财务报告的客观和真实。但由于金融业务的特殊性，以及会计的上述理念和目标与金融本质的天然差异，在金融工具的价值计量方面将出现较大问题。最突出的，如果仅考虑过去已经发生的事件，很可能会低估金融资产的损失。例如，假设某一金融资产在未来一年后有明显的可能（但不是100%）会发生巨大损失，那么根据原本的会计计量要求，这种损失是不应该在当期财务报告中体现的，从而便低估了损失和风险程度。这种问题在金融危机期间尤为凸显，进而加速了国际会计准则的修订，一定程度上促进了不同理念的统一。

2008年金融危机后，国际会计界对金融危机期间减值模型的作用和表现进行了深刻反思。在金融危机期间，贷款和其他金融工具的减值损失延迟确认，被认为是旧会计准则存在的非常严重的薄弱环节。这主要体现在，旧准则下的减值要求使用"已发生损失模型"，即直至信用损失事件发生时才确认信用损失。但由于金融业务的特殊性，损失很少在金融资产存续期内均衡地发生，因此减值准备的计量和确认与实际损失程度之间存在时间上的错配和结果上的低估。新准则实施后，要求采用预期信用损失模型计提损失准备，会计计量和风险计量基本理念和计量逻辑实现了一定程度的统一，从不同管理角度全面覆盖了风险的各个维度和各种影响因素。

此外，在旧准则下，损失准备反映"已发生损失"，而现代风险管理理论和金融监管则认为，金融机构在经营发展中产生的"预期损失"需要通过损失准备来覆盖和消化、"非预期损失"则通过资本覆盖和消化，两者之间存在空白地带。假如金融机构计提的损失准备没有充分覆盖预期损失，那么在资本之前的第一道保护层就不牢固，抛离损失准备是否充足只看重资本充足程度是片面的。新准则实施后，损失准备消化预期损失、资本消化非预期损失的风险抵补机制更加清晰和明确，金融机构的整体风险抵补水平和损失消化能力也将进一步增强。

尝试使用统一的视角认识金融资产的减值与估值

无论减值还是估值，都是计量资产价值的方法，只是针对不同的对象、使用不同的处理方式、可能导致不同的财务影响。金融资产的价值，可以认为是持有该金融资产能够获得的全部未来现金流（包括流入和流出）按照一定折现率折现的现值，而这一真实价值与账面原值之间的差异，就是资产减值或估值调整。任何减值或估值技术和方法，都可以看作是对以上真实价值的估算和预测。理论上，最好的评估金融资产价值的方法，就是由充分掌握信息的人逐笔资产预测未来现金流情况，并进行折现计算。但是，有时是因为金融产品过于复杂、难以准确评估，需要借助其他模型方法；有时是因为资产数量过多，无法逐笔一一评估，需要以组合的方式通过模型计算。从这个角度，可以建立对减值及估值方法的统一认识，并解答在理解减值和估值时经常遇到的一些困惑。

首先，加深一下对折现现金流的认识。在折现现金流计算中，只有两个影响因素，一个是未来现金流，一个是折现率。因此，任何影响金融资产价值的考虑，都要体现到上述两个因素之中，并且要避免重复考虑。例如，假设有两种不同的债券，票面金额都是100元，一个是无风险的国债，另一个是存在违约风险的企业债，两种债券期限、付息方式等要素完全相同，都是1年期、按年付息、到期还本。假定两种债券目前在充分交易的公开市场中的价格（体现了真实价值）都是100元。毫无疑问，由于存在信用风险，因此企业债的付息率应该高于国债，假设国债每年按2%支付利息、企业债每年按5%支付利息。两种债券价值相同，那么按照折现现金流计算的现值也应该相同。如果按照合同约定的还本付息计划预测未来现金流，国债1年后收到102元本息,企业债 1 年后收到 105 元本息,企业债的现金流入明显要比国债大很多,如果要让现值相等只有企业债的折现率更高。考虑到现值为 100 元,正好与票面金额相同,因此两种债券的折现率恰好分别就是票面利率,即 2% 和 5%。企业债 5% 的折现率比国债 2% 的折现率高出的部分,就体现了企业债可能发生违约的信用风险。在上面的计算过程中,预计未来现金流是完全按照债券合同约定来进行的,也就是说在现金流中没有考虑信用风险的因素,因而就需要在折现率中体现。反之,如果使用的折现率相同,信用风险差异就需要在现金流中体现。假如我们对企业债也使用与国债相同的 2% 作为折现率,那要计算得到 100 元的现值,预计 1 年后的现金流入就需要是 102 元,而不是企业债合同约定的 105 元。这里的 102 元,实质上就是考虑了违约可能性之后的预期结果。即如果发债企业偿债能力、偿债意愿都没有出现问题,那么 1 年后到期时可以收到 105 元本息;而如果出现问题,则将会收到少于 105 元的现金流甚至可能为 0,而 1 年后现金流的期望值(平均值)应该是 102 元。以上通过一个非常简单的例子,就是为了说明一点,影响金融资产价值的要素,要么在现金流中考虑、要么在折现率中考虑,而且不应该重复考虑,对于减值方法和估值方法都是如此。

建立了以上认识,可以帮助我们理解一些实务中的问题。例如,为什么国际新会计准则的减值计量要强调和区分"信用风险显著增加"。通常对于风险程度的评估和判断都是针对某一时点的绝对状态,例如我们说某笔贷款是不良贷款,是指这比贷款目前风险很大、遭受了一定程度的损失,而不是指过去这个贷款的风险增加了多少,但新准则却要求在进行减值计量时判断信用风险的相对变化,即与初始确认时相比信用风险是否显著增加。究其原因,是因为准则认为金融资产初始确认时已经具有的信用风险已经在定价中有所体现,不需要额外进行考虑,只有当信用风险显著增加时,才需要特殊处理、额外进行减值。这里还需要强调一点,以上论断是与准则中对于减值需使用实际利率进行折现密切关联的。实际利率已经体现了初始确认时的信用风险,因此如果使用实际利率折现,除非信用风险出现恶化,否则不需要额外减值处理。例如,在上文中的例子里,企业债的实际利率就是 5%,这其中已经体现了主体购买这笔债券时的信用风险程度(如果买入企业债的价格低于票面金额 100 元,那么实际利率就高于 5%,代表风险更大),如果未来该笔债券的风险未发生变化,就不需要再对现金流进行额外的考虑和处理。而一旦债券信用风险较初始确认时显著增加,再继续使用 5% 的实际利率就无法真实地反映风险,因而需要考虑额外减值。普遍的做法就是考虑债券发行人的违约概率,计算未来现金流的期望值(即会计准则中提到的现金流的概率加权),即把初始确认后新增的、未体现在实际利率中的信用风险,体现在使用预期信用损失模型进行的现金流计算中。因此,如果说准则之所以要求考虑信用风险的相对变化,是因为初始确认时的信用风险已经体现在定价之中,并不是从收益覆盖风险的角度来说,而是指初始确认时就存在的信用风险已经体现在实际利率中,从而体现在折现现金流计算的折现率里。

使用折现现金流的统一视角,不仅能帮助理解金融资产减值的问题,也同样有助于更加深刻地理解估值技术的精髓。在各类金融资产估值技术和模型之中，以期权定价理论为基础推广出的无套利定价理论和风险中性定价理论无疑是皇冠上的明珠和模型技术的制高点。尽管风险中性的世界看起来与真实世界相差甚远，但它在理论上的严谨和实务中的便利却是近乎于"完美"的，以至于如果真实市场的价格与理论价值出现了偏差，人们会认为是真实市场错了（事实上以期权定价公式为代表的一系列模型在衍生品定价中的表现非常优异，在大部分时间里都能很好地刻画相关资产的价格变动，偶有较大偏差，一般也可以归因于市场震荡、交易摩擦等不完备因素）。金融资产估值定价的一大难题在于确定恰当的收益率作为折现因子，它既要反映资产的风险，又要反映市场投资者的期望回报。而在风险中性的世界里，所有投资者的风险偏好都是中性的，即不喜好风险也不厌恶风险，因而所有资产的预期收益率都相同，都是无风险利率。因而，在风险中性的世界里，一切资产的预期收益率都是无风险利率，一切估值定价的折现率也都是无风险利率，于是，只需要按照合适的概率计算未来现金流及期望值就可以解决一切问题。

上面的讨论也表现出，在金融资产的估值定价中，收益率（折现率）的确定非常关键。有些情况下，确定了合适的收益率，就相当于解决了估值的全部问题。例如，对于债券，只需要找到一个与其特征相同、风险一致的收益率，用这个收益率对合同约定的现金流进行折现就可以了。因此，在一定程度上，收益率曲线和利率期限结构的搭建，是金融资产估值定价的基础性和决定性工程。

如何看待和运用复杂数理方法

随着金融工具的日益复杂，以及数理经济学和数理金融学的发展，越来越多的复杂数理工具被用于金融资产的估值和定价。特别是对于一些复杂衍生品，普遍应用了高等概率论、随机过程、随机微积分、偏微分方程等高阶数学理论，被认为是要交给"火箭专家"去解决的问题。以上列举的还仅仅是理论层面，在工具层面，数理方法的应用同样非常广泛和深入，例如线性模型、多元统计、随机模拟（蒙特卡罗）、数值分析、模式识别等等。此外，在新会计准则实施前，通常复杂数理方法的运用还主要集中于需要进行公允价值或均衡价值估算的复杂金融工具范畴，而随着新会计准则的事实，金融资产的减值计量已不能简单地应用以往以迁徙测试等为代表的简单模型，转而需要更加复杂的预期信用损失模型，同样也无法回避对数理分析方法和工具的使用。

对于在经济和金融领域运用复杂数理方法，长期以来都是存在争议的。复杂数理方法的应用，以及以期权定价模型（B-S公式）、无套利定价理论等方法为代表的数学公理化分析方法，对于金融经济学术研究和金融实务究竟应该起什么样的作用，可谓各执一词。支持者认为，一些起码的数学工具对于任何形式的金融经济分析都是必要的，并且"坚持数学严格性，遵循公理化的严密逻辑分析，不止一次地引导经济学家对所研究的问题得到更加深刻的理解，并为后续的开拓建立一个可靠的根基"（诺贝尔经济学奖得主、提出一般经济均衡存在定理的德布鲁）；反对者则指责复杂数理工具和数学公理化方法脱离实际,"过多的数理经济学只是一种大杂烩,和它所依赖的初始假设一样不精确,使作者在矫揉造作的、无用的符号迷宫中丧失了对现实世界的复杂性和相互关系的洞察力"(凯恩斯)。而在金融市场实务方面,2008年次贷危机中金融衍生品带来的巨大灾难,也被一些人归咎于复杂数理方法估值定价模型对高度复杂和异化的证券化资产等衍生品的掩盖和粉饰。

对每个人而言,对于这一问题的态度,以及对数理工具和公理化方法的立场,恐怕无法摆脱自身知识背景和知识结构所带来的影响。但是,正如一句谚语所言,"手上有锤子,看什么都像钉子",人们在解决实际问题时,思路不能被自己已经掌握的工具所限制。数理分析工具是一种有效的分析方法,已经在无数领域得到了证明,而数学公理化的分析框架更是一种有效的思想工具,在包括减值和估值在内的各种金融实务问题中引入数学公理化框架,无疑将使得理论的演绎逻辑更加严谨和严密,更能经得起反复的推敲、批判式的挑战和实践的检验。马克思也有一句经常被引用的名言(据说出自马克思女婿的回忆录),"一种科学只有成功地运用数学时,才算达到真正完善的地步"。如此来说,衍生工具估值定价中的复杂数学模型,以及晦涩的"风险中性定价理论",尽管看起来偏离了现实,但其价值是毋庸置疑的。

更加激进一些,我们甚至可以说,当风险中性这样"完美"的理论与现实出现了脱节(正如次贷危机中所发生的),不是理论不够好,而是现实不够"完美"。例如,次贷危机期间由于市场恐慌和流动性枯竭,很多信用衍生证券严重偏离模型理论价值,损失惨重,并给金融体系造成严重冲击。而在次贷危机逐渐消退后,随着金融市场回归理性,大部分金融资产的价格也得到了修复,甚至使得包括美国政府在内的一些参与危机救助的机构不仅没有承受损失,反而获益颇丰。

作为现代科学的一部分,任何金融理论都需要前提假设,很多使用了复杂数理方法的估值定价模型都是建立在有效市场假设基础上的。然而,现实的市场存在太多的信息不对称、交易限制(有些市场或产品不能卖空)、市场摩擦(交易税费)等"不完备"的因素,因此无法始终呈现出理论上的均衡价格,这也是投资者和投机者能够存在并获利的前提条件。因此,如果直接使用这些数学模型去做投资,要想获得收益恐怕还要看个人的智慧和运气,只有看到、想到、用到其他人忽略的信息或者运气好的人,才能够战胜市场。但是,用这些模型来对金融工具进行估值,则似乎可以无缝对接。所谓公允价值,一般被定义为熟悉市场情况的买卖双方在公平交易的条件下和自愿的情况下所确定的价格,其内涵意义和有效市场非常近似。因此,在当下这个金融创新和产品创新日新月异的时代,金融资产减值和估值应该热情地拥抱这些数理工具和理论。

而对于次贷危机中所发生的事情,大量CDO、CDS、ABS等信用衍生品价格大幅偏离其使用模型计算的价值,需要检视的是模型的假设和对模型的使用。次贷危机后,全球监管机构都开始力推金融稳定压力测试,把压力测试作为重要的风险管理工具,就是针对压力情景下的小概率极端风险和前提假设出现偏差的风险。而模型使用方面的问题,则更多的应该归咎于道德风险或者操作风险,一部分市场参与者或者资产评估机构出于自身利益考虑,干预和操纵了估值结果。相信有了金融危机的前车之鉴,以及越来越多的机构和专业人士对于模型方法的正确深入的认知,对于市场上聪明的投资者和公允的价值评估者来说,这种操作风险问题至少是可以避免的。

本书的内容和结构

全书分为三个部分,主要介绍了国际新会计准则(IFRS9)下的金融资产减值与估值的基本理论、主要方法和核心问题,以及与此相关的财务会计、风险管理和金融经济方面的基础知识和理论,从理论和实践两个方面对金融资产减值与估值进行了全面的梳理和介绍,并对一些具体问题和关键要点进行了深入分析。国际会计准则于2018年起正式实施,中国财政部也相应修订了中国版的企业会计准则,并要求国内相关机构在2021年之前分批施行,其中在境内外同时上市的企业需在2018年实施,仅在国内上市的企业需在2019年实施,其他非上市企业在2021年实施。

本书第一部分(第一、二、三章)为基础理论,主要介绍与金融资产减值和估值相关的基础知识和基本理论,包括金融资产减值与估值的含义、目标、意义、应用,国际新会计准则的提出背景和主要内容,相关财务会计基础知识,以及与减值估值(主要是估值)相关的金融经济学经典理论。本部分介绍的一些基础理论对于金融资产减值和估值工作而言虽然不是必需的,但其基本思想和分析框架是确定金融资产价值的理论基础,对理解金融市场机理和金融资产价值的本质很有帮助,特别是对分析复杂衍生品定价问题至关重要。第二部分(第四、五章)为金融资产减值,主要介绍国际新会计准则下减值计量的理念、要求和实务中的问题,以及新准则减值模型方法。第三部分(第六、七、八章)为金融资产估值,主要介绍各类金融资产的估值定价模型,包括固定收益资产、股权类和基金类资产、金融衍生品等,其中金融衍生品囊括了金融市场和理论研究领域的主要品种,包括远期、期货、期权、互换、证券化资产、信用衍生品等。

目前,国内鲜有专门讨论金融资产减值和估值问题的专著,笔者也自知水平能力有限,无意将本书写成学术著作,更多的是对既有理论和实践经验的总结、研讨和分享,其中也包括一些个人的理解和认知,期望能抛砖引玉。在完成有关内容时,笔者也尝试通过横跨财务会计和风险管理两大领域,从不同的视角全面地梳理和介绍了金融资产减值与估值的理论知识和实践经验,希望能对从事金融财务管理或风险管理实务或研究工作的从业人员和专业人士有所帮助,也希望无论读者的专业背景如何,都可以从本书中获得不同的视角和新的认知。

限于作者的水平,书中难免出现差错和表述不到位之处,敬请读者不吝指正。

第 1 章　概　论

1.1　金融资产减值与估值概述

1.1.1　金融资产减值的含义

金融资产的减值与估值都是计量金融资产真实价值、准确反映金融资产价格变动的工具。作为计量资产价值的工具，减值与估值是与金融资产的风险及不确定性相伴相生的。

资产减值是指资产的可收回金额低于其账面价值，减值准备是对这种差异的预支和弥补。就其含义而言，减值准备是对资产可能已经构成的风险和损失进行的准备，用来反映资产承担的风险和成本，准确计量资产的真实价值，更加真实地反映企业的资产质量和经营水平。

之所以要计提资产减值准备，是因为按照会计核算和计量办法，一些资产的价值可能存在高估，对于价值波动较大、不确定性较高的金融资产尤为如此。对于某些类型的金融资产，在会计处理上按照诸如购入成本等固定价值衡量其资产价值，将造成资产价值计量的不准确。特别是在资产价值已经减损的情况下，容易出现价值高估，进而导致企业财务指标虚高。于是，需要通过某种手段或处理，反映金融资产发生的价值减损，即对金融资产进行减值。

对金融资产进行减值的必要性，很大程度上来源于金融资产的风险。

通常，风险是指企业在经营过程中发生损失的可能性，但近年来，随着经济金融环境的不断演变，金融工具愈发复杂，人们对风险的认知和定义也出现变化。越来越多的人认识到，不能把风险局限于损失的不确定性，因为收益的不确定性同样会影响企业的持续经营。因此，风险就是指不确定性，凡是存在不确定性的领域，就存在风险。金融企业本质上就是经营风险的特殊企业，金融工具本质上则是包含了不确定性的特定产品。当前，随着金融企业业务的不断发展和复杂化，同业竞争日益激烈，各种交易结构和资产类型层出不穷，金融创新花团锦簇，金融资产的风险也越来越复杂多变。由于存在不确定性，因此，金融资产的真实价值往往是波动的，需要通过减值或估值等手段确定其真实价值。

例如，商业银行最主要的业务——信贷业务。信贷风险（或信用风险）是商业银行承担的最主要风险，在商业银行经营过程中，任意一笔贷款都有发生违约的可能性，都有一定的概率形成损失，无法收回的贷款就将形成坏账，给商业银行造成经济损失。贷款损失产生的原因，在于客户偿还债务的能力和意愿的不确定性，这种风险只能被尽可能降低和控制，而无法从根本上消除，因为风险总是存在的，如果没有风险、没有不确定性，信贷业务也就失去了存在的基础。一旦贷款形成损失，就意味着资产价值发生了减损，即出现了资产减值。

用一个具体的例子来说明。某家商业银行给一个企业客户发放了1000万元贷款，随后，企业经营情况恶化，无力偿还债务，经过核产清算，银行可通过处置抵押物等方式收回部分资产。假定预计可收回的资金为600万，那么可收回资金与贷款账面金额1000万元之间的差额400万元，即为该笔贷款的减值。在该笔贷款的损失真实发生以前，银行为了真实反映贷款减值、准确核算企业财务情况，从贷款的账面原值1000万元中扣除掉的400万元，就是该笔贷款计提的减值准备。如此，当贷款确定发生损失时，银行即可对之前计提的减值准备进行冲销，从而避免在贷款损失时对银行财务状况造成巨大冲击。

从概念上讲，减值准备是对企业经营过程中可能发生的风险和损失做出的提前准备。减值准备的作用在于提前识别和反映资产价值发生的减损，反映企业承担的真实风险和成本，通过直接冲减资产和当期利润，更加真实地体现企业的资产质量、经营水平和盈利情况。

从减值准备的定义和作用可以看出，减值准备与风险管理密不可分。一方面，通过减值真实反映资产价值和经营绩效，与风险计量的目标一致；另一方面，提前识别并反映资产发生的价值减损，避免出现大幅波动，实质上是一种风险抵补的手段。

在现代风险管理理论中，通常将损失根据性质和发生特征不同划分为三类，即预期损失、非预期损失和极端损失。其中，预期损失指在正常情况下、在一定时期内可预见到的平均损失，非预期损失是指超出正常情况、但仍然在一定限度之内的损失，极端损失则是指发生概率极小、严重超出承受能力、一旦发生往往造成企业倒闭的特殊情况下的损失。从数学层面来讲，现代风险管理理论把风险看作一个代表损失或收益水平的随机变量中蕴含的不确定性，那么这个随机变量的数学期望便是预期损失，在给定置信度下超出数学期望的部分就是非预期损失，极端情况下导致数学模型失效的损失就是极端损失。用通俗的语言来说，未来可能发生的损失的平均数，是预期损失；发生概率不超过某个数值（通常为99.9%或更高）的损失为非预期损失；在遭遇极端金融危机、地震、海啸、战争等极端情况时发生的巨大损失，为极端损失。为了确保金融企业持续经营而不破产倒闭，需要对可能发生的损失预备一定的财务储备。预期损失通常通过合理定价、赚取合适的利润来覆盖，即所谓的"收益覆盖风险"，并通过计提相应的减值准备从当期收益中扣除，是金融企业经营活动中的正常支出。非预期损失则需要通过资本来覆盖，确保银行在遭遇不利情况时依然能有能力消化损失，衡量银行抗风险能力的重要指标——资本充足率衡量的就是一家银行的资本覆盖非预期损失的能力。极端损失，正如上文所述，类似地震、海啸、战争或不可预见且危害巨大的恶性金融危机，或者交易员"乌龙指"、内部欺诈等造成巨额损失，可以近似地理解为"天灾人祸"，一般通过风险规避或保险来化解。

1.1.2 金融资产估值的含义

估值是指采用一定的价值评估工具和方法，按照公允价值计量原则，合理地估计资产的真实价值。换句话说，估值就是用合理的方法确定资产的公允价值。公允价值是指熟悉市场情况的买卖双方在公平交易和自愿的情况下所确定的价格，或者无关联的双方在公平交易的情况下资产或负债可以被清偿的成交价格。对于一些资产，公允价值的确定带有很强的主观性和灵活性，因此估值人员的专业性和估值方法的科学性就非常重要。

实务中的金融资产估值，是指企业根据外部经济情况、市场环境、监管要求和自身计量能力、业务属性等内外部因素，按照科学、合理、准确的原则，选择合理有效的方法和流程，确定金融资产公允价值的过程。按照估值结果使用目的和作用范围的不同，金融资产估值又可以分为风险估值和财务估值。其中，风险估值的估值结果主要用于风险价值计算、资本计量、限额管理等内部风险管理领域；财务估值的结果主要用于账务处理，金融资产的财务估值结果体现为资产负债表上的资产价值。风险估值和财务估值在本质上是一致的，二者的基础模型和在估值方法、假设、参数等方面的设定完全可以相同，只是在结果应用上，财务估值更加偏重于使用估值的单点计量结果（通常为无偏估计的期望值），而风险估值更倚重于估值变量的概率分布（如计算某个置信度下的风险价值 VaR、经济资本等）。

由于金融资产的特性和市场状况不同，因此可以采用的估值方法也不尽相同。一般来说，可以分三个层次确定金融资产的公允价值。一是对于存在活跃交易市场的金融资产，例如公开市场交易的股票、债券等，应该以市场交易价格作为金融资产的公允价值；二是对于没有公开市场，或交易不活跃、交易价格无法反映资产真实价值的，可以参照其他价格确定金融资产公允价值，例如最近交易日的公开市场价格，或者类似资产的公开交易价格，抑或金融资产的重置价格、处置价格等；三是对于无法通过公开市场获取价格信息的金融资产，可以建立适当的估值模型来确定其公允价值。

理论上讲，同普通商品一样，金融资产的价格（交换价值）是其价值的反映，金融资产的价格则是由市场的供求关系所决定的。与普通商品不同，金融资产一般不具有所谓的"使用价值",因此,占有金融资产可能带来的收益就是其价值和价格的全部来源,所以可以这么说,尽管金融资产的价格也会出现波动甚至波动幅度更加剧烈,但相较于一般商品,金融资产的价格更加贴近于其真实价值。

对于存在公开活跃的交易市场的金融资产,市场价格自然是衡量其价值的合理依据,例如二级市场公开交易的上市公司股票,等等。对于此类金融资产,自然不需要单独考虑如何进行价值计量,直接获取市场价格即可。但也存在大量的金融资产无法获取公开市场价格,为了更好地计量这些资产的真实价值,客观反映企业的资产质量和经营状况,就需要使用科学合理且被广泛认可的方法,对其进行估值和估值调整。

一般商品的价格分析通常通过供求关系来阐述,当需求大于供给时,价格将上涨;反之,价格将下跌,供需均衡时的价格则是商品最合理的定价水平。同样地,金融资产的估值也通常在均衡状态下进行,对金融市场而言,均衡不单纯指供需关系的平衡,同时也表示任何投资者不能在不花费成本、不承担风险的情况下获得真正的收益,即不存在套利机会,在此基础上发展演化出的无套利均衡定价理论在金融资产定价中的应用非常广泛。

金融资产的定价方法有很多,都可以用于金融资产估值,如现金流贴现模型,固定收益产品定价模型,投资组合理论(Markowit),资本资产定价理论(CAPM),套利定价理论(ATP),期权定价理论,等等。这些模型方法,有些很简单很直观,有些则需要使用复杂的数学公式和运算,甚至引入随机微积分、偏微分方程等高等数理工具。但这种分析和计量的复杂性不应被视作模型和工具本身的问题,因为金融资产本身就是复杂的,特别是随着金融创新的深入,涌现出越来越多的结构化复杂金融衍生品,资产价格的波动也越发剧烈,对计量方法自然会提出更高的要求。

作为金融理论中最重要的研究课题之一,金融资产的定价和估值随着各种分析工具的引入和深度应用不断完善,而随着计算机技术和数学工具的发展和应用,金融资产定价和估值理论又得到了全方位的扩展,估值的合理性、时效性和准确性也必将进一步提高。后面的章节也将对金融资产的估值方法和具体应用进行介绍。

1.1.3 减值与估值的联系与区别

正如上文介绍,无论是金融资产减值还是金融资产估值,其根本目的都是准确计量金融资产的真实价值,在这方面二者是一致的。换句话说,减值与估值是针对不同性质的金融资产确定其价值的不同方法,这两种工具各自有其应用范围,二者的区别和应用范围的不同主要是由资产核算的会计政策差异所决定的。

通俗地讲,在会计核算上对不同资产确定其价值时主要遵循两类截然不同的思路。一种可以理解为成本法,即通过取得这项资产的固定成本来计量资产的价值,这种计量方法下资产的价值往往是固定不变的,主要适用于本身价值相对稳定的资产,或者企业持有该项资产的目的主要是使用资产而不是通过交易获利的情形;一种可以理解为市场法,即以资产的交易价格或变现价格来确定其价值,使用这种方法的资产通常具有外部交易市场，或者是以交易资产获利为目的。使用成本法思路计量的资产，计量得到的价值相对固定，一旦资产出现风险或损失，无法及时在价值中予以体现，因此需要进行资产减值，从而客观反映资产的真实价值；而使用市场法思路计量的资产，其价值本身是变动的，因此需要通过适当的估值方法确定其真实价值并对其进行价值调整，就是所谓的估值和估值调整过程。

用会计语言阐述，使用摊余成本计量的金融资产，需要进行减值，在账面原值中扣除减值准备从而得到反映资产真实价值的净值；使用公允价值计量的金融资产，则要进行估值调整，从而使资产的公允价值能够及时反映真实价值。

以商业银行为例，商业银行持有的金融资产主要包括现金资产、信贷资产、同业资产、投资资产等几大类，其中，现金、信贷和同业资产和部分投资类资产价值相对稳定，且业务模式和持有目的主要是获取利息收益，计量方式以摊余成本为主，需要基于初始的账面价值根据资产风险和损失情况进行减值测试，计提减值准备；而另外一些投资类资产价值变动较大，或本身就是以交易获利为主要持有目的和业务模式，采用公允价值计量，需要进行估值。

资产大类	资产项目	计量方式	减值/估值
现金资产	现金及存放中央银行款项	摊余成本	/
信贷资产	发放贷款和垫款	摊余成本	减值
	福费廷	摊余成本/公允价值	减值/估值
	贴现/转贴现	摊余成本/公允价值	减值/估值
同业资产	存放同业及其他金融机构款项	摊余成本	减值
	拆出资金	摊余成本	减值
	买入返售	摊余成本	减值
投资资产	可供出售金融资产	摊余成本/公允价值	减值/估值
	持有至到期投资	摊余成本/公允价值	减值/估值
	应收款项类投资	摊余成本/公允价值	减值/估值
	交易性金融资产	公允价值	估值

* 以上仅为示例，实际可能因会计政策和银行选择不同而出现变化

1.2 目标和意义

金融资产的减值与估值，既是财务管理的工具，也是风险管理的抓手，可以说，是企业在对金融资产进行管理时需要投资大量资源和精力的重要环节。无论是金融资产减值还是估值，其根本目标都是准确计量金融资产的真实价值，及时识别并客观反

映金融资产存在的风险和损失，使得企业的资产质量和经营成效更加真实可靠。通过减值和估值，金融资产价值中的"水分"被挤掉，风险被充分识别，损失被充分抵补和消化，为金融企业的良性发展奠定基础，确保金融企业的持续稳健经营和金融体系的稳定。

在金融企业经营活动中，会受到财务成本和风险成本的共同制约。其中财务成本既包括金融企业的融资成本和各种开支等直接经营成本，也包括因为盈利能力不足、财务资源匮乏而可能给企业发展造成的束缚。风险成本则是金融企业可能遭遇的不确定的损失所造成的成本，通常以减值准备、资本占用等方式体现。当金融企业盈利能力有限时，由于受财务能力限制，经营成果将难以覆盖全部风险成本，一旦出现较大的风险和损失，将难以抵御，企业将陷入破产的危险境地；反之，当风险成本上升时，金融资产的减值上升、价值缩水，资本占用增加，也必将影响盈利能力。因此，财务成本、风险成本、盈利能力和稳健经营是相互捆绑、紧密关联的，在这其中，减值和估值扮演了极其重要的角色。减值和估值形成了风险成本和财务成本之间的纽带，将代表不确定性的风险成本转化为财务支出形式的财务成本；减值和估值同时还建立了财务成本、风险成本与盈利能力之间的联系，金融资产的减值增加或估值下降会影响当期损益，造成经营利润的下降。

随着金融市场的不断发展和金融工具的日益复杂，企业面临越来越大的风险压力，整个金融体系也越来越脆弱和敏感，在这种情况下，风险管理将逐渐成为金融机构经营和投资活动考虑的首要因素，风险因素的反映和处理在减值与估值中也越来越发挥决定性的作用。这意味着金融企业必须在转变金融资产计量工具和计量方式的同时，及时转变经营观念，加强风险成本管理意识，充分考虑风险成本对经营成果的制约作用，通过客观、准确的提取减值准备和进行估值调整，将由于资产质量劣变导致的风险成本及时反映在当期损益中，既为未来发生的实际损失储备财务资源，提高资产风险抵补能力，同时夯实资产质量，提高经营成果的真实性。此外，通过减值和估值过程中对风险成本的计量和反映，还能够在业务发展中客观计量收益、风险、成本之间的量化关系，更好地指导业务往正确、稳健的方向发展，传达和贯彻金融企业的业务发展导向和风险战略偏好。

1.3 主要应用

遵照会计准则要求编制符合规定、能够反映企业真实资产质量和经营状况的财务报表，自然是金融资产减值和估值的最基本的应用。但就减值和估值这两大工具本身的意义和能够发挥的作用来看，仅仅满足报表编制的需要远不能实现其管理价值。在风险管理、绩效考核、缓释经济周期性波动等诸多方面，减值与估值都是可以发挥巨大作用的实用性工具。

减值和估值应当同金融企业的风险管理结合起来。减值准备和估值调整是对金融资产真实价值的动态反映，应当成为重要的风险计量和风险管理工具，融入到风险管理体系之中，结合其他风险管理工具，形成合力，树立和传导正确的经营观和价值观，提高风险管理体系的有效性。因此，减值和估值应当体现风险偏好，同时应当与金融企业的整体风险计量政策和尺度保持一致，从而保持风险政策和风险度量的统一。

减值和估值也需要用于金融企业的内部绩效考核。减值准备和估值调整将直接影响企业的当期利润，因此，在绩效考核中扮演了非常重要的角色。随着考核工具和考核标准日益科学和细化，作为财务成本和风险成本的直接体现，减值和估值在绩效考核中所扮演的角色也越来越重要。除了对当期利润产生直接影响，减值和估值还将通过影响金融资产的价值评估模型和结果，对其他指标产生联动影响。目前，绝大部分金融机构已经建立起以经济资本管理和经济增加值（EVA）考核为基础的绩效评估体系，所谓经济增加值，就是在原本的净利润基础上又进行了风险调整，是在扣除了风险成本之后所实现的经济价值。很多机构正在或已经建立成本会计管理体系，力求通过精准核算每一笔业务、每一个客户的综合回报和成本，实现精细化管理，而这一体系的搭建，也依赖于对每一笔资产的减值和估值的精准计量和大数据基础性平台建设。总而言之，金融机构需要建立科学合理、具有长期正向激励作用的绩效考核体系，就需要在发挥减值准备与估值调整的考核评价"指挥棒"作用的同时，注重模型方法和流程标准的严谨、客观和一致，防止个别机构、个别人员利用规则漏洞，通过减值和估值调节经营绩效，谋取不当利益。

此外，科学有效的减值和估值还可以缓释经济周期波动对金融企业乃至整个金融体系的不利影响。通常，在经济上升周期，金融资产价格上涨，金融企业经营表现良好、利润升高，而一旦经济进入下行通道，情况则会发生逆转。经济本身具有很强的周期性，金融机构的经营特质决定了整个行业都具有极强的亲周期性。为了避免经济周期性波动造成的影响，金融企业可以通过建立科学的减值和估值政策，动态、前瞻地识别各种风险和可能发生的损失，将各种风险因素全部纳入并反映在减值准备和估值调整结果中，从而避免经济下行期出现剧烈的经营波动。具体而言，金融企业可以在一定程度上进行"逆周期"减值和估值操作，通过在经济上行期应用更加审慎的计量模型和参数假设，在经济扩张时期计提更多的减值准备，运用更加审慎的估值结果，以便在经济形势逆转后形成缓冲。这种动态、前瞻的减值和估值策略，能够在一定程度上弱化金融企业内在的亲周期性，提高金融体系的稳定性和安全边际，适度缓释由于经济周期波动造成的金融扰乱，有利于金融体系乃至整个社会经济的长期平稳运行。

1.4 新会计准则下的新问题

2014年，国际会计准则理事会发布了全新的金融工具会计准则，即《IFRS9——金融工具》，相应地，财政部也于2017年上半年修订并发布了新版的中国企业会计准则第22号，《金融工具确认和计量》。新会计准则在金融资产的会计政策和计量政策方面发生了质的飞跃和突破，特别是在金融资产的减值计量方面，将原本的"已发生损失"模型修正为"预期信用损失模型"，从根本上颠覆了金融资产减值计量的基本思想，甚至在一定程度上突破了会计理论本身的一些基础性、概念性的限制；在金融资产估值方面，新准则也有更高的要求，由于新的会计分类政策下需要按照公允价值计量的金融资产范围扩大，因此估值的范围和方法都面临较大调整和新的更高的要求。

1.4.1 新会计准则制定和出台的背景

由于金融工具自身的复杂性和金融系统的脆弱及其对经济和社会巨大影响，如果金融工具无法得到正确的揭示、计量和披露，将对整个经济带来巨大的风险。从20世纪80年代开始，随着经济全球化的不断加深，金融创新突飞猛进，金融工具尤其是衍生金融工具交易规模急剧扩大，品种更加多样，技术更加复杂，并对金融领域的会计报告和风险管理提出了新挑战。鉴于此，世界各国都在加强对金融工具的管理，在全球统一监管理论和全面风险管理理念的推动下，已建立起相对完善的监管体系。在对金融工具的监管中，会计报告和信息披露起着重要的、不可替代的作用，因此会计准则的建立和应用就至关重要。国际会计准则的制定主要由两大机构完成，即美国财务会计准则委员会（FASB）和国际会计准则委员会（IASB），二者从20世纪起，就开始致力于金融工具会计准则的研究和制定工作，并持续投入大量资源，在准则修订方面取得了诸多成果。

从历史来看，会计准则的每次修订都是对现有问题的检讨和修正，而每次金融危机都会引起人们对会计准则的反思。从根本上讲，会计准则的修订源自在金融业务发展过程中所暴露出的问题和引发的管理需求。随着金融市场的发展，监管机构、企业、审计师等越发意识到，保证会计信息公开和会计准则的高效、准确具有极高的重要性。为了使财务报告准则在国际化范围内保持一致性，同时优化金融工具的计量方法（也有很多机构和个人称准则修订的目标为减少金融工具计量的复杂性），金融工具会计准则受到了越来越多的关注。

金融海啸的爆发加速了国际准则的修订进程。2008年金融危机爆发后，无论是理论界还是业界各金融机构，矛头直指会计准则的顺周期效应，把顺周期效应作为此次金融危机的"罪魁祸首"之一。在原版的会计准则（IAS39）中，金融资产减值所使用的方法被限定为已发生损失模型，该模型不但存在很强的顺周期性，而且存在前期高估利息收入以及悬崖效应等严重问题。按照 G20 峰会要求，为总结金融危机的经验教训所成立的金融危机咨询小组，则更是在其报告中明确提出贷款和其他金融工具在损失确认方面存在的递延性、多种减值方式之间存在的不一致性等问题是金融工具准则的主要缺陷。同时，由于金融工具本身就是非常复杂并且难于理解的，因此，原版准则中的很多要求被认为难以理解和无法应用。在此背景下，全球政府部门和金融机构都普遍敦促为金融工具的财务报告制定一套新准则。

在 2008 年的金融海啸引发了各界对金融工具准则的广泛诟病的情况下，国际会计准则理事会（IASB）迅速启动准则修订程序，历经五年修订和三次推迟实施，终于在 2014 年 7 月尘埃落定。在 2009 年至 2014 年，IASB 对金融工具准则进行了一系列的修订和广泛的征求意见，并最终于 2014 年 7 月发布了金融工具国际会计准则最终版本（IFRS9），取代了 IAS 39。与国际准则修订工作同步，我国的政府部门、研究机构、金融企业和事务所等有关各方长期以来也一直致力于会计准则的国际趋同工作，从 2015 年年初开始，经历了起草讨论、公开征求意见、修订完善定稿三个阶段，最终于 2017 年上半年正式出台了中国版的新金融工具准则（企业会计准则第 22 号）。

国际会计准则委员会发布的最终版准则，从金融工具分类和计量、套期保值会计和金融资产减值三方面做出了突破性的新规定，建立了国际会计准则的新体系。新准则的重大变革包括：第一，金融资产分类由旧会计准则（IAS39）的四类简化为三类，包括以摊余成本计量的金融资产（AC，Armortilized Cost）、以公允价值计量且其变动计入当期损益的金融资产（FVTPL，Fair Value To Profit and Loss）、以公允价值计量且其变动计入其他综合收益类的金融资产（FVOCI，Fair Value to Other Comprehensive Income）；第二，金融资产减值采用预期损失模型（ECL，Expected Credit Losses）替代现有的已发生损失模型，以减少或避免"顺周期性"；第三，对套期会计政策进行了调整。

新会计准则引发的重大变革将对金融行业乃至整个经济体系产生重大影响，对我国的金融机构和相关企业而言，在我国会计准则与国际全面趋同、金融监管越发严格以及金融资产计量日益复杂的背景下，所面临的挑战越来越大。

需要特别指出的是，尽管新版的国际会计准则取得了长足的进步，修正了旧准则存在的诸多问题，但也还远远未达预期。排除准则本身存在的计量模型极其复杂、标准难以统一、信息可比性低等因素，仅仅就其修订过程来看，就反映出不少问题。一是国际会计监管界仍未达成充分一致。长期以来，在国际会计准则领域，美国财务会计准则理事会（FASB）和国际会计准则委员会（IASB）犹如两大山头，在新版准则制定过程中，双方曾试图相互合作消除分歧，但终因理念差异过大，未能达成一致，以致新版的国际准则仍然存在两个版本，为全球标准的统一设置了障碍。二是因为时间原因，部分问题的研究尚未得出结论，一些突破性、创新性的思想没有在准则中体现。例如，为了适应新时期越来越复杂的金融衍生品和对冲需要，推出了全新的宏观套期理论和实践指引，但因为研究不充分、意见不统一和时间不足等原因，迟迟未能出台，为了不影响准则的发布和实施，在新准则中就未能包括宏观套期等重要内容，因此新准则难以说是完全完整的。三是准则的很多规定都体现了"平衡"思想，在各种理念、各种需求之间进行了大量的均衡和调剂，因此在一些方面的突破未达预期。此外，过于复杂和难以理解是总结旧准则经验教训时的结论之一，但对于目前推出的新准则，不少观点认为其复杂性更甚，特别是在减值计量中引入预期信用损失模型以及公允价值的估值模型方面。同时，由于模型方法更加复杂，并且明确提出需要进行前瞻性的考虑，因而主观判断将不可避免，财务报告和信息披露的透明性、可比性和一致性将受到影响，而灵活性以及人为干预的空间则可能会进一步增加。

1.4.2　金融资产会计政策的主要变化

在会计政策方面，新准则相较于旧准则最大的变化是会计分类政策的调整。金融资产的会计分类是指按照金融资产的性质和相关会计政策，将金融资产划分为不同类型，每一类金融资产适用于不同的计量方法和核算规则。正因为金融工具采用基于分类的有差异的计量和核算模式，因此，会计分类对金融工具的正确计量和报告具有特别重要的意义。

在研究旧准则修订有关问题时，很多专家和业界人士指出，旧准则（IAS39）对金融资产的分类是规则导向和"刻板"的，准则怎么说就怎么做，但却缺乏严谨的内在逻辑，也没有建立起一整套严谨、完备、自洽的理论体系，更多的是直白的约束性规定，没有就为何某一金融工具属于某一类别提供一个清晰的逻辑依据。因此，旧准则所采用的会计分类四分法不仅复杂，而且实际应用时比较困难，有很多模糊地带，难以形成逻辑一致和观点一致。

在旧准则下，金融资产按照持有目的不同划分为四类，分别是：贷款和应收款、持有至到期投资、可供出售资产，以及以公允价值计量且其变动计入当期损益的金融资产。划分为不同分类的金融资产在会计政策上的最主要区别在于如何计量该资产从起始日期到截止日期之间的价值变动。按照会计核算方式，金融资产的计量方法可以理解为按照现值计量（公允价值）和按照初值计量（摊余成本）两大类；而按照财务报告方式，又可以分成金融资产的账面价值变动是否确认为当期的利润或损失两类情况。不同的会计分类对应以上不同情况的组合，分别采用不同的核算和报告方式。

在旧准则的四分类下，以公允价值计量且其变动计入当期损益的金融资产，主要是企业短期持有、以交易为目的的资产。由于价值变动比较频繁，而且企业持有这些资产的主要目的是通过将其在市场上出售从而获利，因此"市场价格"对这类资产非常重要，应该按照公允价值法计量，及时体现资产价值的变动。由于企业可以随时将资产出售，因此资产价值的下跌意味着企业立刻蒙受了损失，上涨则意味着企业获得了收益，因此，此类资产的价值变动导致的盈亏应该迅速地反映到当期利润表中，使得公司股东、投资者、监管者和市场参与者能够第一时间了解到企业的财务表现。

与上述"以公允价值计量且其变动计入当期损益的金融资产"不同，有些金融资产企业想要长期持有，因此，这类资产价值的短期波动对企业来说意义不大，如果也将短时间内的价值变化计入当期损益，会使利润表产生不必要且无意义的波动。简单来说，由于企业打算长期持有某项资产，所以该资产的短期波动不代表企业的真实盈亏情况，只有最终的收益和损失才有意义，除非资产发生严重的、影响显著的价值损失，否则没必要调整资产的价值。这一类资产被划分为持有至到期投资。

还有一类资产，企业的持有目的介乎两者之间，即有可能通过交易获利，也有可能长期持有。于是，面对资产价值的变化，企业按照比较固定的数值在报表上体现其价值就不太合适了，而把资产价值的一切变动都计入当期损益也不合适。这一类资产被划分为可供出售金融资产，顾名思义，企业可以持有至到期，也可以通过交易将其卖出。可供出售金融资产的价值变化，将计入所有者权益，而不会直接体现在当期的利润表之中，不会影响当期损益。

四分类中的贷款和应收款与持有至到期投资类似，由于本身比价特殊，而且价值相对固定，在银行类金融机构中占比又特别大，因此旧准则将其单独列出。

在旧准则的四分类中，从贷款和应收款到以公允价值计量且其变动计入当期损失的金融资产，计量方法从摊余成本法过渡为公允价值法。对结构简单、价值稳定的金融资产，采用摊余成本法计量，对结构复杂、价值波动较大的金融资产，采用公允价值法计量。例如，贷款、票据贴现和长期持有的债券等，通常按照摊余成本计量，股票、衍生品和以交易为目的的债券等，通常按照公允价值计量。可以看出，在旧准则下，对公允价值法的使用是有限制的和"克制"的，只有满足一定的条件，才能应用。

此外，也能够看出，旧准则对于金融工具的会计分类的标准，缺乏一致的内在逻辑。对于贷款和应收款的分类，是基于业务品种；对于持有至到期和可供出售资产的分类，是基于持有资产的目的；而对于以公允价值计量且其变动计入当期损益的分类，则是基于会计计量方式。换句话说，从一些视角出发，旧准则下的四个会计分类，居然存在三套不同的分类逻辑。

金融危机后，FASB 和 IASB 加快对金融工具会计的改革，改革的主要方向是使会计政策更加严谨和清晰，其中的重点之一是进一步扩大公允价值选择权。基于这一理念，对金融资产分类的修正历经了从四分类到两分类再到三分类的漫长和复杂的历程。

2009 年 11 月，IASB 发布了新准则的征求意见，简称 IFRS9（2009），替代 IAS39 的分类与计量部分，要求企业按照管理金融资产的商业模式和合同现金流量特征，将金融资产由过去的四分类改为以摊余成本计量和以公允价值计量两类。虽然 IFRS9（2009）的金融工具会计计量模式仍保留了摊余成本，但已明显将公允价值计量作为金融工具的主要计量基础。

2010 年 5 月，FASB 发布《金融工具会计准则》征求意见稿。与 IFRS9（2009）不同的是，对于持有并收取合同现金流的金融资产，采用公允价值计量，其公允价值的合理变动计入其他综合收益，而当期应计利息计入损益。

为了弥合分歧，实现国际准则一致，2012 年 2 月，IASB 与 FASB 召开联合会议，讨论金融工具的分类与计量。为实现国际准则的趋同，FASB 将分类标准由原先的所谓"商业策略"改为"商业模式"。经过反复研讨与协商，两大国际会计组织在一定程度上统一了想法。

2012 年 11 月，IASB 发布修改后的征求意见稿，即《对 IFRS9 的有限修订：分类与计量（征求意见稿）》，确立了金融资产三分类，为金融资产引入"按公允价值计量且其变动计入其他综合收益"，作为第三类会计分类。

2013 年 2 月，FASB 发布《金融工具（总则）：金融资产与负债的确认与计量的会计准则改进》征求意见稿，也确立了金融资产三分类的基本架构。

2014 年 7 月，IASB 发布了 IFRS9 最终稿，以简化金融资产的分类计量模型原则为导向，规定金融资产的三个分类判断标准：第一，企业管理金融资产的商业模式，即持有金融资产的目的是收取合同现金流；第二，金融资产的合同现金流只包含对本金和利息的偿付；第三，不具备公允价值选择权（Fair Value Option，FVO）。同时符合上述三个标准的以摊余成本计量；符合第二和第三个标准的，且其持有目的兼顾收取合同现金流和出售的，应以公允价值计量，变动计入其他综合收益（FVOCI），同时仍然在损益表上反映其摊销情况。其他金融资产以公允价值计量，变动计入当期损益（FVTPL）。当且仅当企业证明金融资产的商业模式发生了改变时，才可对金融资产进行重分类。

新准则下，金融资产分类由"四分类"调整为"三分类"。旧准则下金融资产分类以规则为导向，按持有意图、持有能力、有无活跃市场等因素分为四类，分类标准繁多，逻辑性较差。四类金融资产的资产价值计量方法、损益核算方法、拨备计提方法等均不同，具有较大主观性。IFRS9 下，金融资产分类以原则为导向，根据业务模式和合同现金流特征将金融资产分为三类，分类标准的逻辑性、客观性有所提高。三类金融资产分别采用三种计量方法，但是拨备计提方法得到了统一。

此外，IFRS9 还要求企业将由自身信用风险上升导致的金融负债公允价值变动计入其他综合收益，而不是计入损益，从而解决了在旧准则下可能会出现的一个很奇怪的现象，即企业可能因为自身风险的增加而"获益"。按照旧准则，企业发行的债券，应划分为以公允价值计量的金融负债，使用公允价值法计量。因此，当发债企业信用风险上升时，债券的价值下降，从而导致企业体现在资产负债表上的负债减少，反而会产生企业的正收益。按照新准则，因企业自身信用风险上升导致的金融负债公允价值变化计入其他综合收益，不会直接反映在当期损益中，从而避免了上述反常的"悖论"。

1.4.3　金融资产计量政策的主要变化

新准则在金融资产计量政策方面的主要变化是金融资产减值方法的调整。根据财务报告需要，资产负债表需要对金融资产进行检查和评估，对于实际可收回金额低于账面价值的资产要计提减值准备。需要计提多少减值准备，则通过开展减值测试来确定。按照旧会计准则的规定，金融资产的减值测试主要是基于"已发生损失"模型，只有在金融资产出现客观的资产价值损失的证据时，才能计量并确认减值损失。按照已发生损失模型的计量原则，从时间上看，损失必须是过去已经发生的客观事件；从发生的可能性上看，损失的发生必须是一个已经完成的事件，而不是某种可能性。就未来可能发生的损失事件而言，无论可能性有多大，都不能进行减值的确认。对于可能导致在未来发生损失的某些外部因素的可能性或预计趋势，例如宏观经济环境的恶化等，同样不予考虑。

对于如何判定是否存在客观的减值损失证据，旧准则列举了一些因素，可能单独或共同提供充分的客观证据表明金融资产或金融资产组合发生了减值损失。对于贷款或债券，这些可以观察并评估的因素包括：发行人或债务人的严重财务困难；合同违约，如利息或本金支付的拖欠或逾期；借款人陷入财务困境，贷款人因经济或法律原因，才向借款人做出让步；借款人可能遭受破产或其他财务重组；因财务困境，该金融资产的活跃市场消失；等等。此外，还可以对金融资产在组合的层面进行评估，判断其是否发生减值。某些情况下，虽然无法辨认金融资产组合中单项资产的现金流量是否减少，但根据可观察的数据分析发现，该金融资产组合的预计未来现金流量确已减少，该组金融资产的借款人支付能力发生恶化，例如延迟付款的数量增加或已到信用额度且每月按最低还款额偿还的信用卡还款人的人数在增长，等等；或与该组合中资产的违约相关联的国家或地区的经济状况发生不利变化，例如借款人所在地域的失业率上升、按揭房产价格下跌或影响该组合的借款人的行业状况，等等。

由于金融资产的风险和损失具有明显的滞后性和隐蔽性，在具体的减值测试实践中，倘若完全依据客观减值证据来进行减值计量和确认，将必然导致减值准备计提不足。因此，在减值测试实践中，又将"已发生损失"区分为"已发生已发现损失"和"已发生未发现损失"。所谓已发生已发现，是指损失已经客观发生了，并且相关事件和证据能够被检测和识别，从而可以按照一定的规则计量和确认减值损失，这类资产通常指已经形成不良的资产或所谓已减值资产；所谓已发生未发现，是指尽管损失已经客观发生，但却没有立刻表现出来，需要通过一定的技术进行识别和计量，这类资产通常指隐藏在未不良和未减值资产中的问题资产。因此，减值测试除了要对已经能够识别出损失的资产计量减值准备，还要通过一定的模型方法去计算无法识别客观减值证据的资产中已经发生的损失有多少。

2008年金融危机的爆发，使得人们对旧准则金融资产减值"已发生损失"模型进行了深刻的反思和批判，其中，减值确认的滞后性和顺周期效应被认为是尤为严重的问题，甚至被广泛认为在很大程度上助长了金融机构在风险积累阶段对问题的漠视和危机爆发期的风险激烈暴露。普遍认为已发生损失模型存在以下问题：

一是已发生损失模型导致的减值确认滞后。在已发生损失模型下，只有发生客观损失事件后才确认相应的信用损失，存在严重的时间上的滞后，并会引起金融资产的账面价值与真实价值不一致，低估风险和实际损失程度。而一旦出现风险事件，满足减值确认条件,相关损失将在财务报表中一次性地予以确认,从而会在短时间内快速放大损失,对企业损益产生剧烈冲击,导致企业资产的质量迅速下降,财务状况急剧恶化,产生"悬崖效应"。

二是已发生损失模型未考虑预期损失,导致减值准备计提不足。在已发生损失模型下,对于未来预期事项可能导致的损失,无论该事项发生的可能性有多大,均不确认减值损失。因此,模型只考虑已经实际发生的情况,而不能根据经济发展形势、企业实际情况估计未来可能产生的减值影响,也就是没有考虑预期损失。对于金融资产而言,这种缺失的影响是致命的,可能造成减值准备的严重不足。例如,即使某一笔金融资产未来发生损失的概率很大,达到90%以上,但在没有实际发生损失之前,在确定损失已经100%发生之前,依然不能对其计提减值准备。与一般资产不同,金融资产具有极强的不确定性和损失风险的隐蔽性,因此,仅考虑已经出现客观损失证据的"已发生损失"将严重低估实际损失程度。

三是已发生损失模型的顺周期性。根据金融稳定理事会(Financial Stability Board,FSB)的定义,顺周期效应是指一种与经济周期相互强化的正向反馈机制,这种机制可放大金融市场波动,并可能导致或加速金融体系的不稳定状况。已发生损失模型要求发生触发事件后才确认相应的信用损失,这会导致在经济繁荣时期计提了较少的减值准备,而在经济衰退时大量计提减值准备,使得减值准备的计提具有顺周期性。已发生损失模型的顺周期性对金融机构乃至整个金融体系都具有极大的负面影响,这一点在金融海啸期间表现得尤为明显。在经济繁荣时期,由于经济增长过热、金融泡沫膨胀和资产价格虚高,金融企业的盈利指标通常都会非常好看,而根据已发生损失模型计量的减值准备金额很小,进一步"美化"了金融机构的财务报表,从而更加激发了金融机构的冒险冲动和业务扩张动力,由于金融机构的过分乐观和活跃,又会反过来刺激经济和金融泡沫继续膨胀,加剧风险隐患的积累。而在经济衰退时期,经济增长停滞、资产价格下跌,金融企业的盈利情况恶化,减值准备快速增加,财务指标在多重冲击下严重恶化,从而使市场参与者的风险偏好继续倾向于保守,投资、交易和市场活力下降,使得经济更加低迷。最严重时,由于需要在损失事件发生时一次性计提减值损失,甚至可能造成金融机构的"踩踏"悲剧,导致个别大型金融机构陷入破产困境,风险快速传染,危及整个金融体系的安全和稳定。

针对已发生损失模型的上述缺陷,新准则要求基于预期信用损失模型计量金融资产的减值损失。IASB于2014年7月发布了国际准则IFRS9,提出的预期损失减值模型要求实体在初始确认时就预估信用损失,并且在金融资产的整个生命周期内及时确认预期损失的变动;要求于资产负债表日对金融资产按照预期信用损失确认金融资产减值准备。该模型适用于除公允价值计且其变动计入当期损益的金融资产以外的全部金融资产。为了使用预期信用损失模型计量减值准备,新准则要求将金融资产按照风险状况划分为三个阶段:金融资产初始确认时,预估12个月内的信用损失,此时金融资产按照账面余额计算利息收入;当初始确认后信用风险显著增加时,预估金融资产整个生命周期的预期信用损失，此时仍然按照金融资产的账面余额计算利息收入；当金融资产发生信用减损时，应估计金融资产整个生命周期的预期信用损失，此时按照金融资产账面余额扣除减值准备后的净值计算利息收入。

新准则提出的计量金融资产减值损失的预期信用损失模型借鉴了巴塞尔新资本协议的信用风险计量模型。新资本协议的信用风险计量模型建立在预期损失概念的基础上，是全面风险管理理论和风险损失的抵补消化机制的一部分。现代风险管理理论将因风险产生的损失分为预期损失和非预期损失，其中预期损失就是信用风险损失分布的数学期望，是金融机构经营的正常成本；非预期损失是在给定置信度下的信用风险损失分布的理论最大值（即分位点）超出预期损失的部分。由于基础概念和计量理念的相似，通常已经全面实施巴塞尔资本协议的金融机构会基于已经构建的内部评级体系作为预期信用损失模型的基础。

作为全球性的金融风险监管机构，巴塞尔委员会也对减值测试使用的预期信用损失模型发布了实施指南，做出了一些原则性的规定。巴塞尔委员会提出，银行董事会和高级管理层是银行信用损失管理的主要负责人；对于不同层级贷款风险敞口对应的信用风险，银行应当对适用会计处理方法进行书面记录；银行应当以贷款的信用风险为依据，对贷款风险敞口进行分类管理；银行贷款损失准备金应当根据相应的会计处理规定足额提取；银行内部风险评估模型应有对应的内部政策和应循程序；银行信用风险评估中的核心是成熟的专业判断；应用预期信用损失模型进行会计处理时，银行应当有健全的风险评估程序；银行应及时向公众披露相关信息；监管机构应当定期检查银行的信用风险管理情况；监管机构应当要求银行根据相应会计框架确定准备金额度；监管机构评估银行资本充足率时应当考虑信用风险因素。

旧准则的已发生损失模型与新准则的预期损失模型在很多方面都有区别，除了方法论本身之外，在一些政策层面也有较大变化。特别是在适用范围方面，预期信用损失模型适用表内贷款、债券、同业资产、应收款、表外贷款承诺和财务担保合同等，与旧准则的已发生损失模型相比，计量范围有所扩大，尤其是承诺类表外信贷资产在旧准则下一般不计提减值，绝大部分金融机构对担保类表外信贷资产也未计提减值或减值力度很小。

预期损失模型与已发生损失模型从不同的角度计量和确认金融资产的信用损失。已发生损失模型是在损失发生的时点确认信用损失，而预期损失模型则是自金融资产确认后逐步确认信用损失，随着金融资产风险的上升，减值比率逐渐加大。理论上讲，如果跨越金融资产的整个存续期，无论是在已发生损失模型下，还是在预期损失模型下，金融资产的收益与实际损失都是一样的，总的计量结果也应该相同，只是计量的时间点不同。与已发生损失模型相比，按照预期损失模型计量的金融资产早期损失会较大、收益会略少，但后期收益会略高，使得金融资产的整体收益更加平滑和稳定。相应地，如果采用已发生损失模型，金融资产的前期收益会高一些，但是一旦发生减值迹象，收益会大幅下降，从而出现大幅波动。

从实际应用的角度来说，已发生损失模型和预期损失模型都有其合理性。已发生损失模型更注重当下，符合会计核算的逻辑基础，对未发生的事情不予以体现；预期损失模型则更能反映未来，更符合金融审慎监管要求，也更能体现金融资产具有的不确定性的本质特征。自然，两种模型也都有相互对立的矛盾点和缺陷。站在已发生损失模型的立场，会认为预期损失模型计量的结果过大，偏离了会计真实反映当前客观事实的基本要求；站在预期损失模型的立场，会认为已发生损失模型低估了风险，造成了资产价值和损益高估。这种矛盾和两种方法的内在缺陷，本质上是由会计理论和金融理论的内在差异导致的，会计更加注重当前，强调客观性，而金融的世界则是面向未来的，并且充满了不确定性。

1.4.4　新准则下需要解决的主要问题

1.4.4.1　资产负债表观和利润表观

关于如何改进和优化金融资产价值计量模型，如何更好地反映金融资产的真实价值，进而客观展现企业的财务状况，存在着两种截然不同甚至相互矛盾的会计思维，或者称之为会计视角。一些会计专业人士将这两种不同的视角分别称为"资产负债表观"和"利润表观"，它们有着不同的会计计量目标，因而产生不同的会计计量政策。

我们都知道，会计通过"资产负债表"与"利润表"呈现企业的财务状况与经营状况，但这两大财务报表反映的内容是完全不同的。资产负债表观强调资产负债金额的公允表达，利润表观则着重反映损益报酬的合理呈现，在很多情况下这两项目标无法兼得，需要在两者之间做出权衡和取舍。

资产负债表观（Balance Sheet Approach），也称为资产/负债观（Asset-Liability View）。这种观点关注于报告企业所拥有的财产，包括其拥有的经济资源，以及向其他方交付经济资源的义务。收益产生于经济资源和义务变动所导致的企业财产的增加，损失则产生于经济资源和义务变动所导致的企业财产的减少。因此，收入来源于资产的增加或负债的减少，而费用来源于资产的减少或负债的增加。

利润表观（Income Statement Approach），也称为收入/费用观（Revenue-Expense View）。这种观点关注于报告企业的经营业绩，即企业所产生的收益。它认为，某一期间内的收益（或损失），是当期收入和费用合理配比的结果。因此，那些被作为非货币性资产和负债确认的项目，仅仅是配比程序的产物。当期收到的归属于未来期间的收入，将作为递延贷项递延到未来期间，即确认负债。类似地，当期承担的归属于未来期间的费用，则作为递延借项递延到未来期间，即确认资产。因此，资产和负债仅仅是配比程序的余值，它们在配比结束后计入账面的借方或贷方。

正如资产负债表观和利润表观在基本理念上的差异，在进行金融资产价值计量时也有两种不同的思路和倾向。一种是利用当今可取得所有信息评估，并且立即确认，以便能够随时能呈现金融资产价值的任何变化并正确反映资产净额，从而避免金融资产的潜在损失和价值波动得不到及时的识别和确认，这种方法追求的是资产负债的公允表达；相对地，另一种思路则是将金融资产价值的变动"分散""合理"地在整个会计期间进行识别和确认，从而减少单期损益不合理的问题，这种方法正是着重利润表的考虑。

具体来说，历史成本会计和公允价值会计，分别是利润表观和资产负债表观下，对资产和负债的两种基本计量方法。会计处理是对经济环境的反映，随着经济环境的不断变化，会计理论也经历了从资产负债表观占主导，到利润表观占主导，再到资产负债表观占主导的过程。在当前的时代，无论是美国财务会计准则委员会还是国际会计准则理事会，都倾向于选择以资产负债表观为会计处理的基本原则，因此，双方理事会也多次重申，更加倾向于广泛采用公允价值会计。

在历史成本会计下，会计处理是以实际交易为基础，是对实际交易金额的如实反映。因此，资产和负债以其初始获得时的价值进行后续计量，在未发生实际处置交易的情况下，不会因为市场状况的变化而对其账面价值进行调整。在这种方法下，资产负债表中资产和负债的账面价值，并未反映其当前的实际价值。当资产和负债被出售或使用，结转计入利润表中的收入和费用金额，是以历史成本而不是重置成本为基础。历史成本会计的理论基础是利润表观，它将资产、负债视为不满足配比原则的余值，其价值在初始计量时即已确定，后续不会因为市场价格等原因进行调整，当且仅当满足配比原则时，才将资产和负债的历史成本转入当期损益。在旧准则下，存货、成本模式的固定资产、投资性房地产等资产的后续计量，均体现了历史成本会计原则。

在公允价值会计下，会计处理则不需要以实际交易为基础，是对资产和负债当前价格的及时反映。具体的，它是以相同或类似的资产和负债的当期市场价格，或采用其他估值技术所估计的公允价值，对资产和负债进行后续计量。与历史成本会计相反，在公允价值会计下，资产和负债的账面价值将随着市场状况的变化而进行调整。在资产负债表观下，所关注的是资产和负债价值的计量，只有如实反映资产和负债当前价值的信息，才能为财务报表使用者提供具有相关性的信息，因此，能够反映资产和负债当前价值的公允价值会计，是资产负债表观下的基本计量方法。在旧准则中，非同一控制下企业合并、金融工具、公允价值模式的投资性房地产，以及国际准则下可采用的重估模式固定资产等会计处理，均体现了公允价值会计原则。

但是，在进行国际会计准则修订时，也依然存在这种观点上的分歧和冲突。特别是在金融资产的减值计量政策方面，一方强调预期损失和金融资产定价的联系，另一方则强调需要确保减值准备应覆盖所有将要发生的信用损失。最终，这种分歧也体现在 IASB 和 FASB 的减值计量政策差异之中。IASB 将金融资产划分为三个阶段，其中初始确认时金融资产应划分为第一阶段，仅需要按照未来 12 个月的预期信用损失计量减值准备，待金融资产的信用风险显著上升后，才按照整个生命周期计量减值准备；而 FASB 在金融资产初始确认时即开始计量整个生命周期的预期信用损失。

从风险管理和风险抵补的角度，FASB 无论在任何情况下都按照整个生命周期计量预期信用损失的减值方法在理论上无疑更加审慎。但也有会计专业人士指出，这种审慎的做法主要是基于金融监管的考虑和需要，已经偏离了会计的本质，不符合会计权责发生制与收入费用配比的基本原则，破坏了会计信息"如实反映"的基本要求，由于其过于强调"审慎性"，导致会计应该保持的"中立性"受到破坏。

毫无疑问，新准则的制定和出台并不能平息各种观点和理念的分歧，金融资产的定价理论的发展也推动了研究的深入并丰富了计量工具的选择，金融资产价值计量的方法和标准还将继续在争议中继续不断完善。

1.4.4.2 理论界的争论

在金融资产减值计量中引入预期信用损失模型替代已发生损失模型，无疑是新准则的最大改变和突破。预期信用损失模型的使用，在得到学术界和理论界认可的同时也受到了一些批判。建立和使用新模型的一大目的无疑是降低金融资产价值计量和会计报告的顺周期性，然而一些人提出，由于在计量中增加了主观性影响和前瞻性宏观预测，模型方式在一定程度上甚至可能会进一步增加顺周期性。例如，在经济繁荣期，更容易形成对未来形势乐观判断的一致预期，从而导致预期信用损失计量结果的低估，反之，在经济衰退期，由于悲观情绪的蔓延，也可能使得财务报告反映得更加恶化。由于使用一些前瞻性因子进行模型计算，与已发生损失模型相比，预期损失模型对系统性风险引发的预期改变的反应程度可能更强烈，带来的计量结果波动性不但可能不会减少，而且更难被会计报告的使用者所理解。

此外，由于预期信用损失模型更加贴近金融理论和风险管理理论，与传统会计理论有较大背离，因此在会计理论界也遭受到了更大的质疑。主要的观点有以下几种。

一是预期损失模型不符合旧准则体系的概念框架，已经背离了"权责发生制"。旧会计框架下，会计确认和计量要以权责发生制为基础，要求只有当期已经实现的收入和已经发生或应当负担的费用才计入当期损益，才能在财务报表中予以体现。而预期损失模型要求减值损失的确认不以损失是否已发生为基础，而是依赖于对未来信用损失的预计。这显然与权责发生制的基本理念存在直接冲突。

二是预期损失模型与其他一些会计政策的逻辑不一致。例如，新准则在引入预期损失模型后，要求确认利息收入时扣除预计损失的摊销。但预计损失的风险报酬并没有发生转移，仍在企业的控制权之内；按照资产减值准则，判断资产是否存在可能发生减值的迹象是确认资产减值的前提，而预期损失模型将金融资产减值迹象判断的程序省略了，处理原则与非金融资产存在不一致，也与公允价值初始计量一般原则背离。

三是预期损失模型将大幅增加减值计量和财会管理的复杂性。不单单是模型本身变得更加复杂，由于整个计量方法框架的变化，还将衍生出许多新的问题。例如，按照信息披露要求，对于预期信用损失模型减值准备结果和方法的披露，将成为准则实施后的一大难点。此外，参照资本监管和资本充足率信息披露的方式，预期损失模型是否还要求披露压力测试、验证结果等内部信息，如何实现各机构之间披露信息的可比性，都将成为新的挑战。

1.4.4.3 实践中的问题

在实践方面,要按照新准则的要求,使用预期信用损失模型计量金融资产的减值准备,同样也面临较大困难。尽管一些大型金融机构已经建立起符合巴塞尔委员会资本管理要求的内部评级体系,但在现有模型的基础上发展出一套既符合准则要求又与资本管理和风险计量相互协调,同时满足内部管理需要的减值模型,也存在不少需要解决的问题。

在实务操作中,建立预期损失模型面临很多困难,需要付出大量的管理成本。而由于一些基础性的东西比较薄弱,有些困难甚至是短期内难以彻底根除的。首先是数据基础的匮乏。在预计金融资产未来现金流量和未来信用损失时,需要取得大量的金融资产违约数据、逾期数据和资金流水数据等,特别是还要分析整个生命周期预期信用损失所需的信息,甚至已经超出了资本计量内部评级法的数据范畴。其次是风险计量基础的薄弱。很多金融企业,特别是大量的中小型金融机构,信用风险内部评级体系尚不完善,缺乏信用损失历史数据的积累,也不具备模型建设和管理的经验和成果积累,同时外部评级体系又尚不健全,使得减值计量所需的风险参数难以准确量化。对于金融企业尚且如此,范围广大、数量众多的非金融企业则更加困难,取得历史数据和建立计量模型的实施难度更大。从早年大型银行实施资本计量高级方法的经验看,数据的积累至关重要且难度很大、成本很高,对于一些基础薄弱的企业,即使从现在开始建立风险信息数据库,数据的完整性和代表性也很难在短时间内得到质的提升,基于不完整信息基础开发的模型自然也难言完美。

预期损失模型的开发和实施不可避免地要增加金融机构的管理成本。预期损失模型的实施需要大量的前期准备和基础性工作,如评估内部评级体系等现有的信用风险评价系统,梳理业务流程和产品架构,进行金融资产组合分类,完善数据积累,人员储备和培训,等等。模型开发和实施工作所需投入的大量人力、物力、财力都将极大地增加金融企业的管理成本开支。而且由于准则实施和模型建设是基础性管理工作,在经营绩效方面的见效周期较长,短期内难以体现成本效益的平衡。另外,新的模型需要大量运用主观判断和前瞻性因素,对财务从业人员来说,增加了报表编制和财务报告的难度和成本,也降低了信息的可比性,对投资者和分析师而言则降低了信息的透明度和同质性,大大增加了分析难度。因此,在准则实施和模型开发等相关基础性工作的实施上,一方面需要金融机构树立决心,投入必要成本坚定地推动各类事项的进展;另一方面需要将方法论的建设与现有的管理体系、计量工具和业务发展等结合起来,在充分利用已有成果、降低实施成本的同时,最大化地发挥新建模型工具在业务管理和业务发展中的实际作用。例如,所开发的减值计量模型不能仅仅立足于会计核算的需要,还应着眼于准确计量金融资产的风险成本,在风险识别、风险计量和经营偏好传导等方面发挥必要的作用。

预期信用损失模型的引入和应用,更多地体现了金融监管的外部要求,这种方法一定程度上回应了维护金融稳定和加强金融监管的需要,使企业尽量充分地预估金融资产的损失，多提准备以保证风险抵补能力和损失吸收能力的充足。但是，也有不少观点认为，如果片面强调金融监管的"审慎"要求，很可能会牺牲会计信息的透明度和一致性，使投资者无法了解金融资产的真实质量状况，也就难以做出有效的决策，最终影响金融市场的运行效率。此外，预期信用损失模型在一些实施技术细节和关键点上，仅有原则性的准则要求做约束，又有"前瞻性"考虑做借口，恐怕将为利润操作提供便利，反而可能会削弱信息的真实性。

第 2 章　财会基础知识

2.1　基本概念

2.1.1　财务会计报告

任何一家企业，都需要编制财务会计报告，财务会计报告是与企业相关的所有经营者、投资者、监管者借以了解企业真实情况的渠道和媒介。财务会计报告的目标是向财务会计报告使用者提供与企业财务状况、经营成果和现金流量等有关的会计信息，反映企业管理层受托责任履行情况，有助于财务会计报告使用者做出经济决策。企业财务会计报告使用者是一切与企业有关的相关方，通常包括企业的投资者、债权人、政府及其有关部门和社会公众等。一般来说，企业的财务报告是企业的内部信息，具有一定的私密性，除非企业同意或有法律、政府规定等外部要求，一般不随意对外提供，但上市公司、对社会经济影响较大负有一定公共责任的企业，按要求需要定期披露财务报告，此外，企业也负有向其债权人定期披露财务信息的义务。

企业编制和披露财务报告需要遵循会计准则的相关要求，同时还要满足相关政府监管机构的要求。按照规定，企业需要对其本身发生的交易或者事项进行会计确认、计量和报告。

所谓会计确认，是指依据一定的标准，辨认哪些数据能否输入、何时输入会计信息系统以及如何进行报告的过程。具体来说，会计确认是指会计数据进入会计系统时确定如何进行记录的过程，即将某一会计事项作为资产、负债、所有者权益、收入、费用或利润等会计要素正式加以记录和列入报表的过程。会计确认是要明确某一经济业务涉及哪个会计要素的问题。某一会计事项一旦被确认，就要同时以文字和数据加以记录，其金额包括在报表总计中。

会计计量,即为会计要素的计量,是为了将符合确认条件的要素登记入账,并列报于财务报表而确定其金额的过程。会计计量是在一定的计量尺度下,运用特定的计量单位,选择合理的计量属性,确定应予记录的经济事项金额的会计记录过程。会计计量包括计量尺度、计量单位、计量对象和计量属性。其中,计量属性是指计量客体的特征或外在表现形式。不同的计量属性,会使相同的会计要素表现为不同的货币数量,从而使会计信息反映的财务成果和经营状况建立在不同的计量基础上,即建立在选用不同的会计目标上。计量属性反映的是会计要素金额确定的基础,主要包括历史成本、重置成本、可变现净值、现值和公允价值。

会计报告即财务会计报告是指企业对外提供的反映企业某一特定日期财务状况和某一会计期间经营成果、现金流量的文件。通常以账簿记录为依据,采用表格和文字形式,把会计所形成的财务信息传递给信息使用者。为了满足披露需要,会计信息必须以一定的方式和格式传递给信息使用者,会计报告就是要把按照各种会计核算方法确认、计量、记录的资产、负债、所有者权益、收入、费用和利润的数据编制成财务报表,向使用者提供有关部门企业财务状况和经营成果的信息。通常财务会计报告包括财务会计报表、财务会计报表附注和财务情况说明书。财务会计报表主要包括资产负债表、利润表、现金流量表及相关附表。财务会计报表附注是为了便于会计报表使用者理解会计报表的内容而作的解释。财务情况说明书是对企业生产经营、财务等重要情况作进一步的文字说明。财务会计报告对投资者、债权人等的经济决策有着重要的作用。

企业会计确认、计量和报告应当以持续经营为前提。所谓持续经营,是指企业会计确认、计量和报告应当以持续、正常的生产经营活动为前提。一般情况下,应当假定企业将会按当前的规模和状态继续经营下去,不考虑停业、破产、清算或大规模削减业务等因素,明确这个基本前提,会计人员就可在此基础上选择会计原则和方法,如资产能够按计量基础计算成本,费用能够定期进行分配,负债能够按期偿还,否则正常的核算就无法进行。持续经营是财务会计的基本假设或基本前提之一,它意味着企业的生产经营活动将按照既定的目标持续下去,在可以预见的将来,不会面临破产清算。这是绝大多数企业所处的正常状况。对于持续经营的企业,投资者需要通过其现在的财务状况与过去一定时期的经营成果,来预测其未来的财务状况与经营成果,据以做出投资决策。

企业需要划分会计期间,分期结算账目和编制财务会计报告。会计期间分为年度和中期。中期是指短于一个完整的会计年度的报告期间。通常,上市企业会定期编制财务报告,并按照季度进行披露,其中每半年披露一次比较详细的财务信息。特别是每年的年度财务报告,一般会视为企业经营情况的"全景图",无论是企业的经营管理者还是投资者和监管者都会非常重视。

现代企业均以权责发生制为基础进行会计确认、计量和报告。权责发生制是以权利和责任的发生来决定收入和费用归属期的一项原则。该原则下,凡是在本期内已经收到和已经发生或应当负担的一切费用，不论其款项是否收到或付出，都作为本期的收入和费用处理；反之，凡不属于本期的收入和费用，即使款项在本期收到或付出，也不应作为本期的收入和费用处理。

在编制财务会计报告时，按照交易或者事项的经济特征确定会计要素。会计要素包括资产、负债、所有者权益、收入、费用和利润。其中，资产是指企业过去的交易或者事项形成的、由企业拥有或者控制的、预期会给企业带来经济利益的资源。负债是指企业过去的交易或者事项形成的、预期会导致经济利益流出企业的现时义务。会计准则认为，上述现时义务是指企业在现行条件下已承担的义务，未来发生的交易或者事项形成的义务，不属于现时义务，不应当确认为负债。所有者权益是指企业资产扣除负债后由所有者享有的剩余权益，公司制企业的所有者权益又称为股东权益。所有者权益的来源包括所有者投入的资本、直接计入所有者权益的利得和损失、留存收益等，其中直接计入所有者权益的利得和损失是指不应计入当期损益、会导致所有者权益发生增减变动的、与所有者投入资本或者向所有者分配利润无关的利得或者损失，利得是指由企业非日常活动所形成的、会导致所有者权益增加的、与所有者投入资本无关的经济利益的流入，损失是指由企业非日常活动所发生的、会导致所有者权益减少的、与向所有者分配利润无关的经济利益的流出。收入是指企业在日常活动中形成的、会导致所有者权益增加的、与所有者投入资本无关的经济利益的总流入，收入只有在经济利益很可能流入从而导致企业资产增加或者负债减少、且经济利益的流入额能够可靠计量时才能予以确认。费用是指企业在日常活动中发生的、会导致所有者权益减少的、与向所有者分配利润无关的经济利益的总流出，费用只有在经济利益很可能流出从而导致企业资产减少或者负债增加、且经济利益的流出额能够可靠计量时才能予以确认。利润是指企业在一定会计期间的经营成果。利润包括收入减去费用后的净额、直接计入当期利润的利得和损失等，其中直接计入当期利润的利得和损失，是指应当计入当期损益、会导致所有者权益发生增减变动的、与所有者投入资本或者向所有者分配利润无关的利得或者损失。

在记账方式的选择上，目前企业都采用借贷记账法。所谓借贷记账法，指的是以会计等式作为记账原理，以借、贷作为记账符号，来反映经济业务增减变化的一种复式记账方法。随着商品经济的发展，借贷记账法得到了广泛的应用，记账对象不再局限于债权、债务关系，而是扩大到要记录财产物资增减变化和计算经营损益。借贷记账法下，所有账户的结构都是左方为借方，右方为贷方，但借方、贷方反映会计要素数量变化的增减性质则是不固定的。不同性质的账户，借贷方所登记的内容不同。在资产类账户中，借方记录资产的增加额，贷方记录资产的减少额。负债及所有者权益类账户的结构与资产类账户正好相反，其贷方记录负债及所有者权益的增加额；借方记录负债及所有者权益的减少额，期末余额一般应在贷方。而借贷记账法的记账规则可以概括为：有借必有贷，借贷必相等。

综上所述，财务会计报告的概念就是指企业对外提供的反映企业某一特定日期的财务状况和某一会计期间的经营成果、现金流量等会计信息的文件。财务会计报告包括大量财务信息，具体形式包括会计报表及其附注和其他应当在财务会计报告中披露的相关信息和资料。会计报表的种类由很多，最常见、最常使用的是资产负债表、利润表和现金流量表，又称为企业的"三大表"。其中，资产负债表是反映企业在某一特定日期的财务状况的会计报表，资产、负债、所有者权益等会计要素需要计入资产负债表；利润表是指反映企业在一定会计期间的经营成果的会计报表，收入、费用、利润等会计要素需要计入利润表，又称损益表；现金流量表是指反映企业在一定会计期间的现金和现金等价物流入和流出的会计报表，通常包括经营性现金流、投资性现金流、筹资性现金流等。

企业的财务报告具有非常重要的意义，应当以实际发生的交易或者事项为依据进行会计确认、计量和报告，如实反映符合确认和计量要求的各项会计要素及其他相关信息，保证会计信息真实可靠、内容完整。通过财务报告反映的会计信息是以满足使用者的经济决策需要相关的，因此，不同背景、不同目的的财务报告在其内容、格式和侧重点上会有所区别，例如，用于首次公开发行股票的财务报告，和用于上市公司定期披露的财务报告，抑或用于并购的财务报告，虽然在基本内容和架构上有近似之处，但也存在明显的区别，用于不同目的的财务报告所承载的信息必须有助于财务会计报告使用者对企业过去、现在或者未来的情况做出评价或者预测。因此，财务报告必须以使用者的要求为准绳，企业提供的会计信息必须清晰明了，客观真实，便于财务会计报告使用者理解和使用。

此外，会计信息还应当具有可比性。一方面，同一企业不同时期发生的相同或者相似的交易或者事项，应当采用一致的会计政策，不得随意变更，确需变更的，应当进行特别说明。例如，由于国际新会计准则的实施，企业编制财务报告的方式方法将出现重大变更，必须在报告中予以详细阐述。另一方面，不同企业发生的相同或者相似的交易或者事项，应当采用规定的会计政策，确保会计信息口径一致、相互可比。

由于企业经营和经济活动是错综复杂的，因此在某些事项的确定和会计反映时，往往会存在时间确认和价值确认等方面的争议。财务报告是反映企业真实情况的信息载体，因而是以权利和义务的产生、实现和消失为前提的，因此更加强调经济实质。按照会计准则的要求，企业应当按照交易或者事项的经济实质进行会计确认、计量和报告，不应仅以交易或者事项的法律形式为依据。这就意味着，在编制企业财务报告时，需要进行一些专业的判断和决策，通过透视某一交易或事项的经济内涵和经济实质，厘清权利和义务的各项要素，出具最接近客观事实、最能反映企业真实状况的财务报告信息。

由于财务报告是投资者、监管者考量企业经营的最直接的信息媒介，因此，出于自身利益的考虑，绝大部分情况下，企业在编制财务报告时存在一定的"乐观"倾向，更容易在财务信息的使用和展现上"美化"经营成果。对此，会计准则做出了一些具有一定"审慎性"原则的规定，明确要求企业对交易或者事项进行会计确认、计量和报告时，应当保持应有的谨慎，不应高估资产或者收益、低估负债或者费用。

同时，准则也强调了会计信息必须以客观已发生事实为基础，要求企业对于已经发生的交易或者事项及时进行会计确认、计量和报告，不得提前或者延后。而这一条"已发生"的基本原则，事实上在国际准会计准则关于金融资产减值计量的规定中，已经通过引入预期损失模型进行了一定程度上的突破。而这一点突破，不仅仅应该被理解为在金融危机背景下会计政策的"妥协"，更应当视作会计理论与现代金融理论的一次融合尝试。

2.1.2 资产减值

资产减值是指资产的可收回金额低于其账面价值。通常资产减值的判定，可以在单项资产和资产组合两个层面进行。

准确计量资产的真实价值，全面、客观地反映企业的财务状况，这两方面的目标决定了资产减值的重要地位和必要性。特别是由于众多因素的影响，尤其是由于企业高估收益、美化业绩的内生动力的影响，高估资产价值无论在我国还是在国外都是普遍存在的现象。资产减值为资产的真实价值提供了度量，其实质是用价值计量代替成本计量，并将账面金额大于价值部分确认为资产减值损失或费用，资产计量接近真实价值，有助于信息使用者投资决策。资产减值准备在一定程度上保证企业财务资料的真实，资产减值准备规定不仅说明了谨慎性原则的重要性，也避免了资产的虚增导致企业利润的虚增。

资产减值也是对资产未来可能流入企业的全部经济利益的一种判断，对企业的利润有着重要的影响。所以，企业通过减值确认资产的真实价值，充实损失准备金，不仅可以消化长期积累的不良资产，而且还可以提高资产的质量，使资产能够真实地反映企业未获取经济利益的实力。同时，实行资产减值会计可以使企业根据其实际情况合理地预计可能带来的损失，这样有利于提高资产的效益，降低潜在的风险，提高企业的风险防范能力。这更加真实客观地反映出企业资产的公允价值和财务状况，对规范市场信息行为、保护广大投资者的切身利益具有重要的作用。

资产减值以及相应提取的损失准备的类型有很多，包括应收账款坏账准备、固定资产减值准备、无形资产减值准备、在建工程减值准备等。对于金融企业而言，最为关注和影响最大的是金融资产减值，而商业银行则特别关注贷款减值及计提的贷款损失准备。通常贷款损失准备也称为拨备，相应的有拨备覆盖率（贷款损失准备除以不良贷款余额之比）以及拨贷比（或称贷款损失准备金率，即贷款损失准备除以全部贷款余额之比）等指标。

应该说，作为一种真实反映资产价值的工具，和吸收消化损失的财务抵补资源，资产减值和损失准备的意义已经远远超出了会计计量和会计报告的范畴，它是金融监管和风险管理中至关重要的关键环节。

在银行风险管理和监管理论框架中，资本的作用是抵补非预期损失，资本充足的标准是银行所持有的资本足以覆盖各类非预期损失，而各类资产和表外项目的预期损失应由银行所提取的风险损失准备金（即通过资产减值提取的各类资产损失准备）抵补。如果风险损失准备金不足，就要直接冲减资本。因此，资本与拨备是密切相关的，拨备监管制度是整个资本监管体系的重要组成部分，只有严格计提拨备后计算的资本充足率才是真实可靠的。换句话说，拨备（以及其他金融资产的损失准备）是在资本之前的"第一道防线"。在我国的银行业实践中，在新会计准则实施前，拨备提取的主要依据是贷款风险分类，因而资本和拨备的充足和准确又与贷款风险分类制度的建立和执行情况密切相关。因此，对于一家金融机构，一个完整的、科学合理的风险抵补和风险监管框架应为准确分类→提足拨备→做实利润→资本充足，剖除其他指标和工具，仅关注资本充足等单一指标将会造成片面的理解。

借鉴国际实践，我国的金融资产损失准备制度经历了不断演变完善的过程，而拨备制度又与分类制度的演变完善密不可分。

我国银行最早使用的贷款风险分类标准被称为"一逾两呆"的四级分类方法，即除正常贷款外，还包括逾期、呆滞和呆账三类不良贷款。1988年，财政部发布《关于国家专业银行建立贷款呆账准备金的暂行规定》，规定了可以列为呆账贷款的四种情况：一是借款人依法破产；二是借款人死亡；三是借款人遭受重大灾害；四是国务院专案批准核销的贷款。1993年，我国会计制度从收付实现制转向权责发生制，此前是收到利息时计入损益，此后改为应计利息计入损益。为了解决利息的账务处理问题，财政部印发《金融保险企业财务制度》，明确了逾期贷款和呆滞贷款的标准，即借款人逾期半年以上的放款作为逾期放款；其中逾期三年以上的放款，作为催收放款管理，应收利息不再计入当期损益，实际收到的利息计入当期损益，也被称为"呆滞贷款"。

随后，由四分类法过度为五级分类。四级分类方法对于贷款风险的识别显然是不充分的，特别是过于滞后和僵化，无法满足商业银行和监管当局精细化风险管理和监管的需要。为此，1998年人民银行印发了《贷款风险分类指导原则》（试行），采用以风险为基础的分类方法，把贷款分为正常、关注、次级、可疑和损失五类，其中后三类合称为不良贷款，以更为真实、全面、动态地反映贷款质量。贷款风险从四级分类到五级分类是一次质的飞跃。作为银行业监管机构的银监会成立后，继续沿用了人民银行1998年确定的五级分类方法，并进一步加大了实施力度，提出将贷款准确分类作为银行监管最为重要的基础之一。同时，根据监管实践中面临的新问题，不断梳理原有制度存在的一些缺陷和不足，于2007年发布了新的《贷款风险分类指引》。

目前，五级分类是商业银行及其他金融机构资产风险分类的基础，披露的不良资产信息也受到市场和监管机构的密切关注，甚至关系到整个金融经济体系的平稳运行。在五级分类基础上，很多金融机构又开发了更加精细和复杂的多级分类体系，即对五级分类中的一些等级进行了更加细致的划分，以提高风险的区分度和敏感性。例如，将正常类进一步细分为四类或者三类，尽管每一类都属于风险较低的正常资产，但其风险程度依次递增。

我国现代贷款损失拨备制度的建立和完善，则始于1988年财政部发布的《关于国家专业银行建立贷款呆账准备金的暂行规定》，首次从制度层面提出了建立贷款风险损失准备金的要求，规定呆账准备金按各类贷款年初余额的一定比例提取，专项用于核销呆账贷款。呆账准备金的提取一方面是进行账务处理的需要，另一方面也具有风险准备的特征，在客观上起到了抵御风险、减缓坏账冲击的作用。但相对于当时我国银行机构的不良贷款水平，呆账准备金提取比例明显过低。风险分类机制建立后，为科学、充足地计提拨备创造了条件，确立了根据风险大小确定拨备计提比例的原则。2002年，人民银行印发了《贷款损失准备计提指引》，标志着我国贷款损失拨备制度的重大改革与完善。

《贷款损失准备计提指引》建立了三个层级的拨备体系：一是一般准备，按照年末贷款余额的1%提取；二是专项准备，根据贷款风险分类结果按季度计提，其中关注类贷款计提比例为2%，次级类贷款计提比例为25%，可疑类贷款计提比例为50%，损失类贷款计提比例为100%；三是特种准备，由商业银行根据审慎原则和贷款的特殊风险自行提取。需要指出，这里的专项准备和特种准备均属于资产减值的范畴，而一般准备则是所有者权益中的一项，是在净利润中提取的用于抵补可能发生的损失的财务储备，是资本的一部分。

2011年，银监会发布《商业银行贷款损失准备管理办法》，提出了两项新的拨备监管指标：拨备覆盖率和拨贷比，最低要求分别为150%和2.5%。在此项政策的引导和鼓励下，我国的商业银行的拨备充足水平不断上升，加之期间我国宏观经济形势良好，主要商业银行刚刚完成股份制改造，银行业经营形势和盈利能力一片大好，各商业银行也普遍具有不断提高拨备充足水平的意愿和能力。因此，可以说，目前我国银行业的拨备充足水平要高于其他主要经济体，以拨备覆盖率指标衡量，我国银行业普遍在150%以上，国外银行则很多低于100%。当然，这也与各国的会计政策、监管政策、核销政策和市场环境等差异有关。

2012年，财政部又印发了《金融企业准备金计提管理办法》，将对金融企业用以弥补风险和损失的准备金实施"动态"计提，并将金融企业从净利润中提取的一般准备比例由此前的1%提高至1.5%。可以说，这一政策是财政会计部门的一次探索和尝试，即领先于国际会计准则提出了"动态拨备原理""潜在风险"和"内部模型法"这些与旧会计准则中的"已发生损失"和会计的客观原则与历史观相矛盾、本应在新准则实施后再引入的概念，又试图在会计监管政策方面统一会计准则与监管要求之间的一些差异和冲突。特别是这一办法将资产损失准备与权益中的一般准备合并评估，作为判断风险准备是否充足的标准，与监管部门的拨备充足性要求和资本充足要求既相得益彰，又似乎隐含着一些模糊的冲突。例如，监管部门提出的拨备覆盖率、拨贷比底线要求，按照监管逻辑，必须使用贷款损失准备满足，而按照财政部政策隐含的精神理解（"本办法所称准备金，又称拨备，是指金融企业对承担风险和损失的金融资产计提的准备金，包括资产减值准备和一般准备"），似乎也可以认为倾向于使用资产损失准备加一般准备共同满足。

2.1.3 公允价值

公允价值有时也被称为公允市价、公允价格，一般可以认为是熟悉市场情况的买卖双方在公平交易的条件下和自愿的情况下所确定的价格，或无关联的双方在公平交易的条件下一项资产可以被买卖或者一项负债可以被清偿的成交价格。在公允价值计量下，资产和负债按照在公平交易中，熟悉市场情况的交易双方自愿进行资产交换或者债务清偿的金额计量。在实务中，通常需要建立估值模型来对公允价值进行计量和估值调整。与历史成本计量相比，公允价值计量少了客观性，多了主观性，但同时价值反映机制也更加灵敏，可以与诸多因素建立较强的相关性，从而使得在计量价格波动频繁的资产时具有很大优势。

一些研究报告指出，公允价值概念和方法的提出基本发生在20世纪中期。20世纪40年代，美国著名会计学家William Paton提出公允价值概念，他认为会计发展的趋势和方向应该是采用多种计量方式相结合的模式，并且应该会持续很长时间。随后，在80年代的信贷危机中，人们发现按照历史成本计量的财务报告没有给监管机构和投资者发出预警信号，没有及时地做出反映，从而对监管者和投资者的判断形成了误导，从而促使会计准则制定机构和监管机构反思历史成本计量法对金融工具是否适合（与对2008年金融危机的反思何其相似）。另外，金融创新的演进，特别是金融衍生工具的迅猛发展也为公允价值计量的应用和推广提速。于是，美国财务会计准则理事会（FASB）于2006年发布《公允价值计量》准则，通过整合之前不同文献、公告和研究中对公允价值的定义，明确公允价值估值的技术，提高公允价值信息披露的要求，对公允价值计量进行了开创性的规范。按照FASB的定义，公允价值为计量日市场参与者之间的有序交易中，出售资产收到的或转让负债支付的价格。

2008年金融危机后，FASB和IASB开始联合制定统一规范的公允价值准则，这也成为两大准则制定机构合作制定国际新准则的重点关注领域之一。最终，在各方力量的推动和促成下，FASB修订产生了《公允价值计量与披露》，IASB则于2011年制定并发布了IFRS13《公允价值计量》，其中公允价值的定义与FASB的定义基本一致，也视为市场参与者在计量日发生的有序交易中出售资产或转移负债所收到或支付的价格。我国也及时引入了公允价值的概念和方法，在2006年的准则中将公允价值定义为"资产和负债按照公平交易中熟悉情况的交易双方自愿进行资产交换或债务清偿的计量金额"。而在2004年制定和发布《公允价值计量》准则时，公允价值的定义做了一定修改，改为市场参与者在计量日发生的有序交易中出售一项资产所能收到或转移一项负债所需支付的价格，从而使中国准则对公允价值的定义和理解与国际准则趋同。

不管公允价值的书面定义如何修改，其内涵是一贯和清晰的，之所以长期以来对概念的表述比较模糊和摇摆，很大程度上是因为公允价值本身在很多情况下的不可观察、不可预知和难以理解。无论国内还是国外，无论早期还是近几年，在对公允价值进行定义时所强调的都是它的以下几点基本特征。一是公允,也可以理解为公平,这事最基本的特征,其重要前提和判断依据就是有序交易,体现为交易双方都熟悉情况并且完全是自愿交易,不存在信息壁垒或者是强买强卖。按照这一原则,即使有些交易不是在活跃市场进行的,即使交易量很小甚至微不足道,只要满足了基本特征,满足了"有序交易"的内涵,就可以视为能够产生公允的价格。二是动态,即每个时间点上的价格会随着时间不同、市场因素不同、资产状态不同等出现变化。与成本计量相比,公允价值计量从结果上看最大的特点就是计量结果的波动,这也是公允价值计量的一大优势,能够及时识别和反映金融资产的价值变化,具有更强的敏感性和相关性。三是估计,即人们往往要通过做出一些假设和估计来得到公允价值。当没有实际交易发生,或发生的交易不满足有序交易的条件,就需要在资产计量时建立相关的假设和模型,自行估计资产的公允价值,所获得的估计结果还要得到有关各方的认可,具有一致性和可比性。从本质上看,公允价值计量的目标就是获得市场价格(当然,这个市场应该是指完备的、有序交易的市场,可能并不是我们真实看到的市场,特别是一些不成熟市场,不具备提供公允价值信息的条件),对于有市场价格的资产自然不成问题,但如果相关市场缺失或市场本身存在欠缺,那么就需要基于一些基础假设,通过技术手段建立估值模型来估计公允价值,而这也是各种准则所要求的。

围绕着公允价值的定义、方法和使用,会计界、理论界、企业界、监管机构等各方争议已久,这里面既有观点因素,也有利益冲突。从提高准确性的角度,可以支持公允价值,但从维持一致性的角度,又能反对公允价值;对企业而言,某些情况下采用公允价值计量提高了自身财务信息披露的灵活性,但某些情况下也会使一些不希望披露的信息暴露出来,监管者和准则制定者的心态也是矛盾的,既希望获得公允价值能够带来的好处,包括价值计量的及时、准确,又不希望看到一些不可避免的副作用,例如财务信息的不可比、操作利润,等等。

公允价值的支持者认为,公允价值本身不可能是产生的金融危机的元凶,相反,不采用公允价值才会出现问题。对公允价值的使用,能够及时反映和确认价值变动造成的损失,从而及时向市场、投资者和监管机构传递预警信息,能够帮助避免潜在的金融危机,也能够防止过度乐观导致风险的积聚,有利于提高金融体系的稳定。但同时,也有很多人认为公允价值计量加大了财务报表的波动程度,并导致财务绩效呈现更加严重的顺周期性,一定程度上强化的经济周期作用。一些研究指出,使用公允价值计量导致的收益波动非常巨大,对银行而言,尽管采用公允价值理论上可以反映真实的风险和损失,但却会加大经营利润的波动,使得经济好时利润更多、经济差时利润很差,这本身无可厚非属于正常现象,但如果利润波动超过了合理的范围、背离了基本的事实,那就会对金融体系造成不必要的负面扰动。特别是银行利润的变化会进而影响资本,从而制约银行的放贷能力和放贷意愿,以及参与市场投资的能力和意愿,进而进一步影响信贷市场、金融市场乃至整个经济运行,加重对金融和经济的负面冲击。因此,有观点认为公允价值计量会影响会计信息的稳健性,并且会产生更加明显的顺周期性。这一点的确需要予以正视，与成本法一成不变的固定价值计量结果相比，公允价值的灵活性在带来理论上更加准确和灵敏的价格反映的同时，也必然决定了资产公允价值计量结果与经济环境的相关性更强，这种信息相关性可以从正面、积极的角度来认识，但无疑也加剧了顺周期效应。

无论如何争论，应该说，公允价值计量的使用更好地体现和满足了会计管理的目标，也更加契合了金融业务的实质。从会计的角度，过去管理会计的目标主要是预测和决策，财务会计的职能则主要是记录和监督，二者泾渭分明，一定情况下甚至是矛盾和冲突的。这种对未来事项预测和对过去事项记录之间的选择和取舍，在一般资产上的影响可能并不是非常明显，但对金融资产而言则不可忽视。如果金融资产会计只去记录过去的事项而不对未来进行预测，那计量结果将是完全不可靠的，所导致的结果和影响也是灾难性的。因此，基于金融业务的本质特征，对金融工具的财务报告不可能仅仅单纯地反映取得资产或负债的成本，更重要的是体现资产或负债在未来产生收益或损失的能力。这种基于未来收益的反映来体现金融资产价值的思路，就是由所谓的"成本观"转变为"价值观"，这种变化下会计计量不仅仅是面向过去，还要能够预测未来，从而在提高财务会计报告记录和监督有效性的同时，也提升了支持预测和决策的管理会计有效性。当然，也与金融的本质更加契合，因为从实质上讲，所有的金融工具和金融业务都是面向未来的。

2.2　金融资产的会计分类与会计计量

为了根据不同金融资产的差异化特征采取有分别的处理方式，需要在会计处理上将金融资产划分为不同的分类。

在旧会计准则下，企业需要结合自身业务特点和风险管理要求，将取得的金融资产在初始确认时分为贷款和应收款项、持有至到期投资、可供出售金融资产和以公允价值计量且其变动计入当期损益的金融资产。其中，贷款和应收款项是指在活跃市场中没有报价、回收金额固定或可确定的非衍生金融资产。持有至到期投资，是指到期日固定、回收金额固定或可确定，且企业有明确意图和能力持有至到期的非衍生金融资产，划分为贷款和应收款项类的金融资产，与划分为持有至到期投资类的金融资产的主要差别在于，前者在活跃市场上没有报价。可供出售金融资产，是指初始确认时即被指定为可供出售的非衍生金融资产，以及没有划分为持有至到期投资、贷款和应收款项、以公允价值计量且其变动计入当期损益的金融资产。通常情况下，划分为可供出售的金融资产应当在活跃市场上有报价，因此，企业从二级市场上购入的有报价的股票、债券、基金等，没有划分为以公允价值计量且其变动计入当期损益的金融资产或持有至到期投资等金融资产的，可以划分为可供出售金融资产。以公允价值计量且其变动计入当期损益的金融资产具体包括交易性金融资产和指定为以公允价值计量且其变动计入当期损益的金融资产。其中,满足下列条件之一的金融资产,应当划分为交易性金融资产:一是取得该资产的目的主要是为了近期内出售,包括股票、债券、基金等;二是属于进行集中管理的可辨认金融工具组合的一部分,且有客观证据表明企业近期采用短期获利方式对该组合进行管理;三是属于衍生工具。

以上旧会计准则的划分主要是按照持有金融资产的意图和目的,因此主观性比较强。按照新会计准则,将金融资产分类为以摊余成本计量的金融资产、以公允价值计量且其变动计入其他综合收益的金融资产、以公允价值计量且其变动计入当期损益的金融资产三类。其具体理念和内容将在后面的章节详述。

会计计量是指企业在将符合确认条件的会计要素登记入账并列报于会计报表及其附注时,应当按照规定的会计计量属性进行计量,确定其金额。会计计量的属性或方式有多重,主要包括历史成本、重置成本、可变现净值、现值、公允价值,等等。

在历史成本计量下,资产按照购置时支付的现金或者现金等价物的金额,或者按照购置资产时所付出的对价的公允价值计量。负债按照因承担现时义务而实际收到的款项或者资产的金额,或者承担现时义务的合同金额,或者按照日常活动中为偿还负债预期需要支付的现金或者现金等价物的金额计量。

在重置成本计量下,资产按照现在购买相同或者相似资产所需支付的现金或者现金等价物的金额计量。负债按照现在偿付该项债务所需支付的现金或者现金等价物的金额计量。

在可变现净值计量下,资产按照其正常对外销售所能收到现金或者现金等价物的金额扣减该资产至完工时估计将要发生的成本、估计的销售费用以及相关税费后的金额计量。

在现值计量下,资产按照预计从其持续使用和最终处置中所产生的未来净现金流入量的折现金额计量。负债按照预计期限内需要偿还的未来净现金流出量的折现金额计量。

在公允价值计量下,资产和负债按照市场参与者在计量日发生的有序交易中,出售资产所能收到或者转移负债所需支付的价格计量。

由于在理念上财务会计报告是对过去发生的事项的记录和反映,因此,旧会计准则规定,企业在对会计要素进行计量时,一般应当采用历史成本,采用重置成本、可变现净值、现值、公允价值计量的,应当保证所确定的会计要素金额能够取得并可靠计量。这种规定,可以看出旧会计准则的会计政策下的理念和倾向,即更加强调历史因素和客观性,尽量避免主观判断和较大的灵活性。

2.3 新会计准则

2.3.1 金融工具分类

2014年7月，国际会计准则理事会（IASB）发布了最终版《国际财务报告准则第9号——金融工具》），其内容涵盖了分类和计量、减值及套期会计等主要方面。金融工具的会计分类在金融工具的管理和价值评估方面具有重要的先决作用，它决定了如何对其进行会计处理，尤其是如何进行后续计量。与旧准则相比，IFRS 9 的方法更加以原则为导向，因而在实际应用中面临很多需要深入研究和分析才能确定的事项，会计政策的执行方面面临更大的难度和专业性挑战。

IFRS 9 下，对金融资产按照以下三类进行会计分类和计量：一是以摊余成本计量的债务工具；二是以公允价值计量且其变动计入其他综合收益（FVOCI）；三是以公允价值计量且其变动计入损益（FVTPL）。此外，新准则还继续允许"指定类"的存在，例如，指定为以公允价值计量且其变动计入其他综合收益，其利得和损失保留在其他综合收益中，不可重分类。

与旧准则基于持有目的、业务类型等进行分类不同，新准则下金融资产的会计分类取决于管理金融资产的业务模式以及金融资产的合同现金流量特征。

对于债务工具，如果同时满足下列两个条件，则通常以摊余成本计量：一是资产在以收取合同现金流量为目标而持有资产的业务模式中持有（即业务模式判定）；二是金融资产的合同条款规定在特定日期产生的现金流量，仅为本金及未偿付本金对应的利息（即合同现金流特征）。而如果债务工具同时满足下列两项条件，则通常以公允价值计量且其变动计入其他综合收益：一是资产在通过既收取合同现金流量又出售金融资产来实现其特定目标的业务模式中持有；二是金融资产的合同条款在特定日期产生的现金流量，仅为本金及未偿付本金额之利息的支付。新准则要求在金融资产的整体层面应用分类要求，这一点与旧准则明显不同，包含金融资产主合同的混合（合并）合同中的嵌入衍生工具，将不单独核算。而一项债务工具如果按照以上标准，既不以摊余成本计量，又不以公允价值计量且其变动计入其他综合收益计量，则必须以公允价值计量且其变动计入损益。

由于债务工具自身的现金流特征，以及大部分金融机构的业务模式，根据上述标准，大部分债务工具将被分类为以摊余成本计量或以公允价值计量且其变动计入其他综合收益，但同时准则也规定，可以在初始确认时将债务工具不可撤销地指定为以公允价值计量且其变动计入损益。这种指定的目的，在于消除或显著减少计量或确认的不一致性，即所谓的"会计不匹配"。例如，金融机构开展的业务大部分是以"融资+投资"方式开展的，对于某类特定业务，如果其"融资端"（即金融机构的负债端）

使用以公允价值计量且其变动计入损益方式，而"投资端"（即金融机构的资产端）却使用以摊余成本计量或以公允价值计量且其变动计入其他综合收益，就可能会导致不匹配问题。这种情况下，若不进行指定，由于资产或负债的计量基础或者其利得和损失的确认基础的不同，所产生的不匹配问题可能导致无法真实反映这类业务的整体质量和盈利水平。

按照新准则的分类方式和基本考虑，以公允价值计量且其变动计入其他综合收益的计量类别处于"中间地带"，适用于摊余成本信息和公允价值信息均相关且有用的债务工具。当债务工具的业绩同时受到收取的合同现金流量和通过销售实现的公允价值的影响时就属于这种情况。

直观地看，以公允价值计量且其变动计入其他综合收益与旧准则的可供出售金融资产比较类似，但事实上存在显著的差异。一方面，可供出售类别实质上是一种剩余类别，且为一项自由选择的类别，而IFRS 9下以公允价值计量且其变动计入其他综合收益则是反映一种基于事实和环境的商业模式、既不是剩余也非自由选择的类别。另一方面，以公允价值计量且其变动计入其他综合收益的资产将采用与以摊余成本计量的资产相同的减值模型（后面将会具体介绍）。因此，虽然是以公允价值计量，但由于摊余成本和公允价值之间的差额直至终止确认该资产前均计入其他综合收益，因而其损益的处理将与以摊余成本计量的资产的处理相同。此外，新准则在进行分类时除了业务模式还要考虑合同现金流特征，因此只有产品结构相对简单、现金流比较纯粹的债务工具，才能满足划分为以公允价值计量且其变动计入其他综合收益的条件。

对于权益工具和衍生工具，通常都会被划分为以公允价值计量且其变动计入损益。然而，对于IFRS 9范围内的权益工具投资，同样也允许指定为其他类别。准则允许在初始确认时可以在单项工具的基础上做出不可撤销的选择，将其公允价值的后续变动在其他综合收益中列报。但是，需要特别指出，虽然指定以公允价值计量且其变动计入其他综合收益的权益工具投资的大部分利得和损失将在其他综合收益中确认，但其股利一般将在损益中确认。这主要是因为，股利有可能代表了投资的返还，而不是投资回报，因此明显可以认为是投资成本部分收回的股利不应在损益中确认。同时，新准则还强调，这种指定是一次性的、不可撤销的，在其他综合收益中确认的利得或损失将永远从能不由权益重分类至损益。

从以上新准则对会计分类的相关表述和规定，特别是对债务工具和衍生工具等具体分类方式的意见，可以看出新准则相较于旧准则在计量理念上发生的重大变化。从根本上讲，金融资产的计量方式只有两大类，即成本计量（摊余成本）和价值计量（公允价值），会计分类的主要任务就是针对金融工具的特征和管理需要，给不同类型的资产或负债确定一个合适的计量规则。在方法的选择上，结构清晰、特征明显的工具非常容易达成共识，比如，一般的贷款一定是以摊余成本计量，而公开发行的股票一定是以公允价值计量，只有处在两种计量方式中间、同时具备两类特征的资产，才会产生争议和处置空间。而对这种"中间地带"的处理，则能够体现出一套准则在计量政策方面的倾向。在任何一套准则体系中,都会存在着一种所谓的"兜底"项,即当我们无法明确得知金融工具该如何进行分类和计量时,就采用这一模式,而这种"兜底"的选择,所对应的往往就是那些处于中间地带、最模糊的领域,对它们的处理也体现了一套准则的基本倾向。

在旧准则中,"可供出售"事实上发挥了"兜底"规则的角色。当我们不清楚一个资产该如何分类时,既有可能持有也有可能出售,那么就将其划分为可供出售类,这体现了旧准则在"摊余成本"和"公允价值"之间,在是否影响当期损失的态度上,采取了一种相对"中庸"的策略。而在新准则下,以摊余成本计量和以公允价值计量且其变动计入其他综合收益均需要在满足很严格、很明确的条件下方可划入,否则就要划入以公允价值计量且其变动计入损益,这很明显地反映了准则制定机构态度和倾向的变化。即更加倚重公允价值,更加强调当期损益的重要性。

2.3.2 金融工具减值

在修订会计准则时,国际会计准则理事会希望解决引发金融危机的一个关键问题,即旧准则减值计量下的已发生损失模型导致的信用损失延迟确认。因此,新准则引入了具有前瞻性的预期信用损失模型。

2.3.2.1 背景简述

2008年金融危机后,国际会计界对金融危机期间减值模型的作用和表现进行了深刻反思。在金融危机期间,贷款和其他金融工具的减值损失延迟确认,被认为是旧会计准则存在的非常严重的薄弱环节。这主要体现在,旧准则下的减值要求使用"已发生损失模型",即直至信用损失事件发生时才确认信用损失。但由于金融业务的特殊性,损失很少在金融资产存续期内均衡地发生,因此减值准备的计量和确认与实际损失程度之间存在时间上的错配和结果上的低估。

根据国际会计界的理解,信用损失的确认需要和利息中所隐含的信用利差的确认相匹配。这是在进行准则中减值模型修订时的主旨思想。国际会计准则理事会(IASB)在向国际会计界和各金融机构征求新准则意见时,提出了适用于所有以摊余成本计量的金融资产、基于预期损失而非已发生损失的减值模型。该模型认为,在资产初始确认时,已经将初始预期信用损失纳入实际利率的计算,即在通过确定实际利率、对贷款进行定价的过程中,已经覆盖了资产初始确认时的预期信用损失。从而使初始预期信用损失在金融资产的存续期内得以确认,为金融资产在整个存续期内建立信用损失准备,使信用损失的确认和利息中所隐含的信用利差的确认相匹配。初始确认后,在后续计量期间,如果金融资产的预期信用损失发生变化,将通过减值调整在损益中反映。一些披露的文件显示,在征求意见期间,IASB获得的反馈意见普遍支持能将预期信用损失在初始确认时的初始估计与其后续变化的影响区别开。然而,参与反馈意见的被调查者也普遍表示对实施这种模型可能导致的操作困难存在担忧,特别是模型可能过于复杂、标准看起来非常模糊、主观判断和灵活处置空间太大。

对实际利率的使用在一定程度上简化了操作方面的实施困难。在专家咨询组的建议下，IASB 决定将初始预期信用损失的计量与分摊从实际利率（所购买或源生的已发生信用减值的金融资产除外）的确定中割裂出来。如此，金融资产和损失准备将按原实际利率（即不针对初始预期信用损失进行调整）单独计量。此方法下，各金融机构可以充分利用其现有的会计和信用风险管理系统，从而减少重新开发新系统、整合新旧系统的复杂程度和工程量，从而使在实施方面的操作挑战得到了一定程度的减轻。

然而，IASB 同时也认为，使用原实际利率计量预期信用损失的现值，将重复计算在初始确认时已被包含在金融资产定价中的预期信用损失。因此，IASB 提出，在金融资产初始确认时确认存续期的预期信用损失是不合适的。为了在解决操作困难的同时，努力减少重复计算的影响，IASB 提出采用"分阶段"的计量模型。即要求主体在初始确认时确认整个存续期预期信用损失中的一部分，当信用风险自初始确认后增加时，则确认整个存续期预期信用损失。这种处理方式主要是考虑到，在金融资产初始确认时仅确认整个存续期预期信用损失的一部分，可以减少与被利率定价覆盖的预期损失重复计算的影响，但当信用风险出现明显的上升、蒙受经济损失时，如果继续仅确认整个存续期预期信用损失的一部分将不再适当。这种计量模型和处理方式，相当于把信用质量的变化考虑在预期未来的现金流之中，而不是对实际利率进行信用风险调整。然而，由于这种处理方式需要设定按照整个存续期确认预期信用损失的门槛，将导致所谓的"悬崖效益"，即一旦触发某个标准，将导致损失准备的大幅增加，这一增幅就是在之前初始确认时计提的部分预期信用损失与整个存续期预期信用损失之间的差额。

随后，IASB 和美国财务会计准则委员会（FASB）启动了一项意义巨大但十分困难的工程，即尝试统一国际准则中关于减值的计量逻辑和方法。两大准则理事会花费了大量的时间和精力，试图制定统一的减值模型的国际通行标准，但由于理念的分歧，最终未能达成完全的统一。FASB 制定的模型提出，要求主体对初始确认后的预期信用损失按等同于整个存续期预期信用损失的金额确认损失准备。这一点要求，显然要比 IASB 更加严格和审慎。

2013 年 3 月，IASB 发布了新的征求意见稿，在与 FASB 组建统一国际准则的联合项目的研究和讨论的基础上，提出对于自初始确认后信用风险未显著增加的金融工具，主体应以 12 个月预期信用损失的金额确认相应准备，即明确了所谓在初始确认时确认整个存续期预期信用损失的一部分的具体标准，而一旦信用风险出现显著增加，则立即确认整个存续期预期信用损失。新模型的主要目的，一是与旧已发生损失模型相比，确保更及时地确认预期信用损失，这主要体现在金融资产初始确认时就要确认一部分减值；二是区分信用质量显著恶化和没有显著恶化的金融工具，这主要体现在对初始确认时和信用风险显著增加后的计量差异；三是更贴近于经济上的预期信用损失，这主要体现在预期信用损失的估计原则和计量方法。

与最初在研究准则修订时曾经提出讨论的逐渐累积损失准备相比，上述方法可以被称为"分阶段"模型，其计量的减值准备结果（随着时间、风险和损失程度的增加）

不是线性、逐渐累积增加的，而是分阶段、跳跃式上升的。这种分阶段方法具有较少的操作复杂性，尽管与逐渐累积方法相比，首先将会"高估"准备，随后随着信用质量恶化将会低估，而一旦出现了显著恶化，则会再次高估。

在审定了基本的方法框架之后，IASB 重新修订和优化了此前征求意见稿中的某些特定方面，以便为准则的实施提供进一步的指引和帮助。最终，2014 年 7 月，在发布 IFRS 9 终稿时确定了减值的相关要求，并作为准则的一部分公开发布。同时，为了促进准则实施和提供必要的专家协助，IASB 设立了 IFRS 金融工具减值过渡工作组（ITG），以提供公开讨论的论坛的形式，向实施准则的相关各方（包括金融机构、会计事务所、监管机构等）就新准则减值的有关要求及实施过程中的问题和困难提供支持。

由于准则仅对减值计量做出了原则性和概念性的规定，因而在具体操作时的自由裁量空间很大。这就会导致准则实施的难度和实施后在应用方面的挑战。一方面，由于准则对具体模型方法未做出明确规定，因此金融机构很可能就需要根据自身情况确定减值模型的构建方式，比如，之前已建立成熟的 Basel 内部评级体系的大型商业银行，极有可能会基于内部评级法构建 IFRS9 减值，而其他一些中小机构或不愿意直接应用内评法成果的机构，则可能会另起炉灶、构建全新的减值模型，这将导致投入更多的精力和资源，进一步推高实施成本。另一方面，由于准则未对方法做出统一规范，因而各家机构、不同地区的减值方法和结果可能会不可比，这增加了准则应用的挑战。此外，由于准则的规定是原则性的，这就为各国的审计师和监管者的核准和合规检查提出了挑战，在带来监管的检查难度的同时，也给金融机构带来了合规难度，特别是由于对准则原则和精神理解的不同，可能有些监管者认为的合规就是其他一些监管者认为的不合规。正是由于准则的原则性要求可能以不同方式予以实现和应用，从而导致实务操作中的多元化，预计这些问题将会普遍存在。

此外，巴塞尔委员会已发布了关于新准则减值模型实施的指导意见，就国际活跃银行关于 IFRS 9 减值模型的实施为银行监管机构提供指引。

2.3.2.2 新准则减值相关要求

国际新准则（IFRS 9）要求基于预期信用损失模型进行金融资产减值，取代了 IAS3 9的已发生损失模型。在模型发生变化的同时，减值计量范围也有所扩大，准则要求预期信用损失模型适用于以摊余成本计量或以公允价值计量且其变动计入其他综合收益的债务工具（例如，银行存款、贷款、债务证券、应收账款）以及应收租赁款、合同资产和不以公允价值计量且其变动计入损益的贷款承诺与财务担保合同。

预期信用损失模型的指导原则，旨在反映金融工具信用质量恶化或改善的过去事项、当前情况和预期因素，其中预期因素的考虑是旧准则已发生模型中没有并且绝对不允许予以考虑和反映的。预期信用损失模型下，减值损失的金额取决于自初始确认后信用恶化的程度，以及据此确定的金融资产可能遭受的信用损失的大小。按照准则的计量要求，针对不同风险阶段的金融资产有两种计量方式：一是 12 个月预期信用损失（适用于第一阶段的金融资产，即自初始确认后信用质量无显著恶化的金融资产），二是整个存续期预期信用损失（适用于第二、三阶段的金融资产，即以单项或组合为基础评估的信用风险显著增加的金融资产）。此外，准则指出，评估信用风险是否显著增加，可以通过单项方式逐一评估资产的信用风险变化情况，也可以在组合层面、把一组具有相同信用风险特征的资产合并评估，同时，也可使用一系列简化的处理。例如，准则就明确提出了对信用风险较低的金融资产（如投资级别的债券）的简化，即可以直接将其认定为阶段一。

当信用风险较初始确认时显著增加时，要划分为第二阶段和第三阶段，其中第三阶段为已经发生信用减损证据的金融资产，即相当于已减值资产或不良资产。尽管在准则规定的计量方式上第二阶段和第三阶段都是按照整个存续期的预期信用损失计量减值准备，但二者在处理上也有区别，比如，第二阶段和第三阶段在如何确认利息收入上有所不同。在第二阶段下，利息确认和减值之间完全分离，利息收入基于账面总额计算，即与第一阶段一致。在第三阶段下，利息收入基于摊余成本（即扣除减值准备后的账面总额）计算。

与旧准则的减值要求相比，新准则减值有了一些显著的变化，并具有积极的影响与意义。新的 IFRS 9 减值要求取消了 IAS 39 对信用损失确认的门槛，即不再需要先发生信用事件再确认信用损失。相反，主体始终对预期信用损失计提准备，并在各报告日针对预期信用损失的变化更新损失准备，以反映自初始确认后信用风险的变化。因此，金融资产的持有者需要考虑更及时且具有前瞻性的信息，从而为财务报表使用者提供减值要求范围内金融工具的预期信用损失的有用信息。

对减值测试的范围，准则规定，企业应当按照本准则规定，以预期信用损失为基础，对下列项目进行减值会计处理并确认损失准备：一是以摊余成本计量的金融资产；二是以公允价值计量且其变动计入其他综合收益的金融资产；三是租赁应收款；四是合同资产；五是分类为以公允价值计量且其变动计入当期损益的金融负债以外的贷款承诺和财务担保合同。

按照新准则的定义，预期信用损失是对金融工具信用损失的估计，是指以发生违约的风险为权重的金融工具信用损失的加权平均值。当对预期信用损失进行计量时，需要考虑以下几个因素：一是概率加权平均结果；二是货币的时间价值；三是无须付出不当成本或努力即可获取的合理且可支持的信息。

信用损失是指企业按照原实际利率折现的、根据合同应收的所有合同现金流量与预期收取的所有现金流量之间的差额，即全部现金短缺的现值。其中，对于企业购买或源生的已发生信用减值的金融资产，应按照该金融资产经信用调整的实际利率折现。由于预期信用损失考虑付款的金额和时间分布，因此即使企业预计可以全额收款但收款时间晚于合同规定的到期期限，也会产生信用损失。准则还要求，在估计现金流量时，企业应当考虑金融工具在整个预计存续期的所有合同条款（如提前还款、展期、看涨期权或其他类似期权等）。要求企业所考虑的现金流量应当包括出售所持担保品获得的现金流量，以及属于合同条款组成部分的其他信用增级所产生的现金流量。

对于损失阶段划分和预期信用损失的计量，准则要求企业在进行相关评估时，应当考虑所有合理且有依据的信息，包括前瞻性信息。为确保自金融工具初始确认后信用风险显著增加即确认整个存续期预期信用损失，企业在一些情况下应当以组合为基础考虑评估信用风险是否显著增加。

此外，准则还强调企业在评估金融工具的信用风险自初始确认后是否已显著增加时，应当考虑金融工具预计存续期内发生违约风险的变化，而不是预期信用损失金额的变化。企业应当通过比较金融工具在资产负债表日发生违约的风险与在初始确认日发生违约的风险，以确定金融工具预计存续期内发生违约风险的变化情况。在为确定是否发生违约风险而对违约进行界定时，企业所采用的界定标准，应当与其内部针对相关金融工具的信用风险管理目标保持一致，并考虑财务限制条款等其他定性指标。

新准则还强调了在进行损失阶段划分时的及时性和前瞻性。准则要求企业通常应当在金融工具逾期前确认该工具整个存续期预期信用损失。企业在确定信用风险自初始确认后是否显著增加时，企业无须付出不必要的额外成本或努力即可获得合理且有依据的前瞻性信息的，不得仅依赖逾期信息来确定信用风险自初始确认后是否显著增加；企业必须付出不必要的额外成本或努力才可获得合理且有依据的逾期信息以外的单独或汇总的前瞻性信息的，可以采用逾期信息来确定信用风险自初始确认后是否显著增加。

除了一些定性的或前瞻性的判断，准则同时也给出了类似"底线约束"，但同时根据准则的表述，这一底线一定情况下又是可推翻、可突破的。即无论企业采用何种方式评估信用风险是否显著增加，通常情况下，如果逾期超过 30 日，则表明金融工具的信用风险已经显著增加。除非企业在无须付出不必要的额外成本或努力的情况下即可获得合理且有依据的信息，证明即使逾期超过 30 日，信用风险自初始确认后仍未显著增加。如果企业在合同付款逾期超过 30 日前已确定信用风险显著增加，则应当按照整个存续期的预期信用损失确认损失准备。对于逾期的定义和界定，准则规定，如果交易对手方未按合同规定时间支付约定的款项，则表明该金融资产发生逾期。

与传统的风险分类、客户评级等风险管理工具不同，准则强调新准则减值模型下的损失阶段划分考虑的是风险的相对变化。准则规定，企业在评估金融工具的信用风险自初始确认后是否已显著增加时，应当考虑违约风险的相对变化，而非违约风险变动的绝对值。在同一后续资产负债表日，对于违约风险变动的绝对值相同的两项金融资产，初始确认时违约风险较低的金融工具比初始确认时违约风险较高的金融工具的信用风险变化更为显著。

此外，准则还对低风险业务做出了豁免性的简化处理。即企业确定金融工具在资产负债表日只具有较低的信用风险的，可以假设该金融工具的信用风险自初始确认后并未显著增加。而如果金融工具的违约风险较低，借款人在短期内履行其合同现金流量义务的能力很强，并且即便较长时期内经济形势和经营环境存在不利变化但未必一定降低借款人履行其合同现金流量义务的能力，该金融工具被视为具有较低的信用风险。

在谈及进行预期信用损失计量的具体方法时，准则提出，企业应当以概率加权平均为基础对预期信用损失进行计量。企业对预期信用损失的计量应当反映发生信用损失的各种可能性，但不必识别所有可能的情形。根据这条规定，大部分金融机构都选择建立宏观情景分析模型（源自压力测试方法论）进行减值计量。

2.3.2.3 资产风险判断与分组

进行减值前，需要按照资产风险大小和损失程度进行分组（如同旧准则下需要先对资产进行风险分类，再进行减值），新准则引入的标准是判断信用风险是否显著增加。IFRS 9 预期信用损失模型实施的主要挑战之一，就是如何跟踪和评价自初始确认后信用风险是否已显著增加。由于信用风险显著上升的判定（即划分为第一阶段还是第二阶段）决定了减值准备的计量是基于 12 个月预期信用损失还是整个存续期预期信用损失的切换点，因而这一显著恶化的具体标准和评估至关重要。一般而言，应在金融资产已发生信用减值或违约前，将金融资产评估为信用风险已显著增加，即将其划分为两个阶段。同时，准则还规定，主体不得将信用风险显著增加及确认整个存续期预期信用损失的时间，确定为与金融资产被视为已发生信用减值或主体内部违约定义相一致。换句话说，准则强调了第二阶段和第三阶段的区别，要求主体在进行减值时必须尽可能提前识别和反映风险，在信用风险已显著增加、但还未达到已发生信用损失程度的时候，将其划分为第二阶段。

由于上述损失阶段的划分涉及管理层的重大判断，因此准则强调了进行定性和定量披露的重要性，以便于解释用于确定金融工具信用风险显著增加的相关假设、方法和估计，以及上述假设和估计中的任何变化。

与预期信用损失的计量类似，在评估信用风险的显著增加时，可针对不同金融工具使用不同方法。当然，最直接、最普遍的方法可能就是将违约概率作为明确的判断标准，但准则也表示，若能够将发生违约风险的变化与引致预期信用损失的其他因素（如担保品）的变动区分开来，并在做出评估时考虑一些必要因素，该方法也可能符合本准则的要求。这些必要因素包括：一是自初始确认后发生违约风险的变化；二是金融工具的预计存续期；三是无须付出不当成本或努力便可获得、可能影响信用风险的合理及可支持的信息。此外，鉴于预计存续期与发生违约的风险之间的关系，信用风险的变化无法简单地通过比较违约发生的绝对风险随时间推移的变化来进行评估。因为，如果信用风险未发生变化，违约的风险通常会随着时间的推移而降低。准则要求，主体需要在各报告日需评估信用风险的显著增加，该评估应基于金融工具在预计存续期内发生违约风险的变化，而非预期信用损失金额的变动。可能是为了与巴塞尔监管机构的表述不同，并且避免暗示需要使用类似巴塞尔内部评级法的统计模型（包括违约概率法），在准则中没有使用"违约发生概率"的表述，而是改为"发生违约的风险"。这一点表述上的细微差异，也暗示出准则在衔接和使用巴塞尔风险参数态度上的暧昧。

显然，上述损失阶段划分的判定方法进一步影响了 IFRS 9 减值模型的可操作性。事实上，这种判断方法和一般的风险管理经验和实践也是不符的（如强调信用风险的相对变化而不是风险的绝对大小）。很多在风险管理和内部管理中常用的指标和工具，都未能被准则认可为判定阶段划分的依据。比如以下几项。

一是信用风险的绝对大小。IASB 曾经考虑了主体是否需要对报告日所有处于或低于（更差）特定信用风险等级的金融工具确认整个存续期预期信用损失。尽管这一方法在操作上比较容易应用（因为主体无须跟踪信用风险变化），但准则认为这类方法可能无法提供有用信息（包括信用损失预期初始或后续变化的经济影响），而且取决于确认整个存续期预期信用损失所设的门槛，这种方法可能导致预期信用损失高估或低估。然而，IASB 指出，对于初始确认时具有相似信用风险的金融工具投资组合，通过确认其可接受的最大初始信用风险，然后将该最大初始信用风险与报告日的信用风险相比较，则该种"绝对"法可用于评估发生违约风险的变化。

二是信用风险管理目标的变化。一个看起来比较合理的方案是，基于主体信用风险管理目标是否发生变化（例如，在单项基础上监控金融资产，或从收回已逾期金额变为收回全部金额）评估信用风险是否显著恶化。该方法同样在操作上相对更加容易应用，实用性更强，并且与日常业务管理结合的更加紧密。然而，准则制定者认为，这种方法可能具有与 IAS 39 的已发生损失模型类似的效果，因此可能导致预期信用损失递延确认。

三是授信额度政策。这种思路具体是指，在报告日，基于对特定种类金融工具的授信额度的变化（即主体不会按相同条款发放新的贷款），评估信用风险是否显著增加。IASB 指出，该方法与上述第一种"信用风险的绝对大小"方法类似。而且，主体的授信额度的变化可能受到与借款人的信用风险变化无关的其他因素（例如，主体为维持良好的经营关系或增加贷款，可能引入优惠条款）驱动，或取决于报告日存在的、与金融工具无关的其他情况，例如，仅仅因为央行收缩银根、收紧信贷政策的窗口指导就压降客户授信额度，而不是因为客户方面的因素。

正如上文已经提及的，准则特别强调了，对信用风险是否显著上升的评估是基于存续期违约概率的变化而非预期信用损失金额的变化。因此，对于那些因为存在足额抵押物而预期不会产生损失的资产，仍可能需要基于整个存续期预期信用损失计提准备（由于发生违约的风险已显著增加，尽管违约损失率很低，预期损失也很低）。在这种情况下，使用整个存续期预期信用损失计量该资产的减值准备，其披露层面的意义可能大于计量，因为即使划分为两个阶段，由于其抵押物较好、实际损失程度较低，因而计提的减值准备也会比较少。

为了进一步强调担保品在评估信用风险显著增加和计量预期信用损失时发挥的作用，何时应该考虑而何时不能考虑，准则给出了具体的示例（高额担保的金融资产，IFRS 9 IE18 至 IE23）。

H 公司拥有以 Z 银行五年期贷款作为资金支持的不动产资产，贷款对担保品价值的比率（贷款抵押率）为50%。该笔贷款以该不动产为担保品，并在担保顺序上排在第一级顺位。初始确认时，Z银行认为该贷款不属于IFRS 9附录A所定义的源生的已发生信用减值的贷款。

自初始确认后，由于经济衰退，H公司的收入和经营利润下降。此外，监管要求预计会提高，可能进一步对收入和营业利润产生负面影响。这些对H公司运营的负面影响可能重大而持续的。

由于上述近期事件以及预计会出现的不利经济状况，预计H公司的自由现金流量将下降以至于可能在按计划偿还贷款方面显得捉襟见肘。Z银行估计现金流量状况的进一步恶化可能致使H公司的贷款无法按合同约定按时偿还而发生逾期。近期第三方评估结果表明不动产物业价值下滑，导致当前的贷款抵押率升至70%。

在报告日，根据IFRS 9的第5.5.10段，H公司的贷款无法被认为信用风险较低。因此，根据IFRS 9的第5.5.3段，无论Z银行所持抵押的价值如何，其均需要评估自初始确认后信用风险是否显著增加。评估发现，即使现金流量出现微小恶化都将可能导致H公司无法按合同约定按时还款，所以该贷款在报告日属于高信用风险。因此，Z银行认为信用风险（即发生违约的风险）自初始确认后显著增加。

尽管银行确认了整个存续期预期信用损失，但是按照IFRS 9第B5.5.55段，预期信用损失的计量将反映预期从资产担保收回的金额（并需考虑取得和出售担保品的费用），因此该贷款的预期信用损失可能很小。

尽管担保品一般不会影响对信用风险显著增加的评估（因为该评估基于发生违约风险的变化，而非预期信用损失的变化），但若支持债务的担保品价值发生显著变化，预期将降低借款人按合同规定期限还款的经济动机，那么这将对发生违约的风险构成影响。对此，准则同样也提供了示例，若因房价下跌而导致担保品价值下跌，则在某些地区，借款人拖欠抵押贷款的动机就会增加。

此外，准则还提出，为了评估是否存在显著的信用恶化，主体应当考虑无须付出不当成本或努力即可获得的合理及可支持的信息，并比较以下两点：一是截至报告日，金融工具发生违约的风险；二是初始确认之日，金融工具发生违约的风险。对于贷款承诺，主体应考虑与贷款承诺相关的"潜在"贷款违约发生风险的变化。对于财务担保合同，主体应考虑特定借款人违约风险的变化。

2.3.3 套期会计

新准则引入新的套期会计要求，但由于时间非常仓促，以及难以达成一致共识等问题，并未专门针对"宏观套期"会计提供具体的解决方案。其中，"宏观套期"是商业银行等金融机构广泛采用的更为复杂的风险管理手段，在实践中的应用要更加广泛和灵活。专门针对宏观套期的会计模型作为一项单独的准则修订项目，正处于商议和制定过程之中，准则制定者为了尽快发布已经达成共识的新准则相关成果，因为并未将宏观套期的内容包括在发布的IFRS9准则之中。

所谓套期会计，是指反映套期业务的一种会计计量、核算以及报告的方法，目的是使套期工具和被套期项目因被套期风险引起的利得或损失在相同会计期间采用相同的处理方式，即计入当期损益或其他综合收益，以反映风险管理活动影响和效果，客观反映金融资产组合的价值变化和损益变化。套期业务，则是指投资者为规避利率、外汇、资产价格等市场风险以及信用风险等各种风险，通过投资与基础资产或基础业务具有一定负相关关系或对冲作用的金融工具，以实现风险对冲的目的。通过开展套期业务，投资者可以通过所投资的套期工具的公允价值或现金流量变动，抵销被套期项目的全部或部分公允价值或现金流量变动，从而降低不确定性，对冲风险，锁定收益。以上是套期业务和套期会计的定义，下面的例子可以对二者做出具体说明。

简单而言，套期业务就是通常所说的"对冲"（Hedge）。例如，对于航运企业来说，航空燃油是其重要的成本项目，如果燃油价格上涨，则将导致航空公司成本上升、盈利下降。为了降低因为燃油价格波动带来的未来收益的不确定性，航空公司可以通过"做多"燃油价格来对冲风险。具体的操作方式可以是在市场上（交易所或场外市场均可）买入燃油看涨期权，或卖出燃油看跌期权，或参与燃油期货的多头投资。如此，一旦未来燃油价格出现上涨，虽然航空公司因为成本增加将承担一定的损失，但通过对燃油的多头投资可以获得一定的收益，通过配置合适的对冲投资头寸，两项相抵，可以实现总损益的平衡。但是，经过如此对冲后，即使燃油价格出现下跌，航空公司因成本下降获得的收益也将受到抵消（具体抵消的程度还要取决于对冲工具和头寸的选择，例如，如果是买入看涨期权，那么对燃油价格下跌的最大敞口是固定的，即期权的购入价格，而如果是参与期货交易，那么敞口则要随着价格下跌幅度的扩大而扩大），因为成本下跌带来的益处将同样地对燃油多头投资的损失抵消掉。最终，通过开展套期业务，航空公司可以相对地"锁定"自己未来的损益，避免盈利情况随着燃油价格的波动而出现剧烈变化，使盈利情况只与自身经营情况有关而与不可控的外部市场因素脱钩。

企业开展套期业务的根本目的是消除业务中的不确定性，降低损益等财务指标的波动。但是，如果完全按照会计准则一般性的要求，由于不同类型资产的会计政策和计量方式不同，如果执行一般的方法，往往会适得其反。例如，在上面的例子中，航空公司通过买入燃油衍生品（期权或期货）对冲航空燃油价格波动导致的成本波动风险，目的是锁定未来一段时间内的损益。然而，按照会计政策，燃油通常属于航空公司的存货类资产，需要按照摊余成本进行计量和核算，因此已购入的燃油在航空公司资产负债表上的价值是固定的，而衍生工具则需要按照公允价值计量，其价值是变动的，如此，将出现套期业务中对冲工具与被对冲资产价值核算方式的背离，无法在财务报告中体现出套期作用。因此，就需要套期会计。

套期会计是为了反映套期业务的一种特殊的财务报告方法，其目的是使套期工具和被套期项目因被套期风险引起的利得或损失在相同会计期间采用相同的处理方式，如同时计入当期损益或其他综合收益，以反映风险管理活动对财务的真实影响，从而真实体现（资产或负债）组合的总体价值变化和损益。因此可以说，套期会计是针对套期业务的特殊性，对一般性会计原则的补充和调整。因而，套期会计是一项非强制应用的会计政策，对主体而言存在主观选择的空间，开展套期业务时可根据需求选择是否应用套期会计。

新准则的套期会计模型建立了更高层次的管理目标，目的在于提供有关使用金融工具进行风险管理活动的有效信息，从而使财务报告能够更加准确地反映主体管理风险方式以及套期活动对风险程度的降低作用。新套期会计模型通过强化风险管理策略、套期的基本原理与套期活动对财务报表的影响三者之间的联系，力求获得更精准的会计报告信息。

新准则套期会计最主要的变化主要包括：

一是套期有效性测试方面。新准则要求仅需进行前瞻性测试，且根据套期的复杂性，可以采用定性方法。以目标为基础的测试取代了界限测试，关注的重点是被套期项目和套期工具之间的经济关联，以及信用风险对该经济关联的影响。

二是风险成分。在能够单独识别并且进行可靠计量的前提下，不仅是金融项目，非金融项目的风险成分也可指定为被套期项目。

三是套期成本。在被指定为套期工具时，一些类似于交易成本的因素，例如期权的时间价值、远期合约的利息部分以及任何外汇基差将予以排除，并将其作为套期成本进行会计处理。这意味着，对于以上这些因素的公允价值变动不再以类似交易性工具方式影响损益，而是在将其公允价值变动暂时计入其他综合收益（OCI），再以类似于交易成本的方式，将其金额分配至损益（可包括基础调整）。

四是披露。信息披露的内容更为广泛，并需提供更多有意义的信息和分析。

新准则增加了新的套期会计要求，对于非金融主体，意味着新准则的实施将使得套期会计首次成为需深入研究和慎重考虑的事项。事实上，对于许多非金融主体而言，套期会计可能是金融工具会计改革中最具影响的方面。对于金融主体而言，由于其业务结构、资产结构以及过去采用的会计核算方式，其面临的形势比非金融企业更为复杂。此外，由于同时对金融工具的分类和计量也进行了修订，以及后续还将对宏观套期和保险合同会计处理项目进行修订和扩充，因此对金融机构的影响更加不确定、更加复杂。

旧准则（IAS39）的套期会计，由于其复杂性和以规则为导向，进而未能最终反映主体的风险管理活动，因而饱受批评。因此，新准则（IFRS 9）的修订目标之一就是在财务报表中反映风险管理活动的影响。这包括用以原则为导向的要求取代过去一部分"武断"的规定，并允许更多套期工具和被套期项目纳入符合套期会计的标准，这将使得更多的风险管理策略能够符合套期会计的应用标准。

除此之外，新准则（IFRS 9）并未对套期会计的一些基本原理进行调整。套期关系仍然分为以下三类：公允价值套期、现金流量套期和境外经营净投资套期。

公允价值套期是指对已确认资产或负债、尚未确认的确定承诺，或上述项目组成部分的公允价值变动风险敞口进行的套期，此类公允价值变动源于某类特定的风险，且将影响损益或其他综合收益。其中，影响其他综合收益的情形，仅限于对指定为以公允价值计量且其变动计入其他综合收益的非交易性权益工具投资的公允价值变动风险敞口进行的套期。

现金流量套期是指对现金流量变动风险敞口进行的套期。其中，现金流量变动是源自于与已确认的资产或负债、极可能发生的预期交易或与上述项目组成部分有关的特定风险，并且将影响损益。

境外经营净投资套期是指对境外经营净投资外汇风险敞口进行的套期。境外经营净投资，则是指在境外经营净资产中的权益份额。

新准则下，套期会计的运用仍然为非强制性的，并且仍然存在一定的使用范围限制，仅适用于符合认定标准的套期关系。首先，需要建立明确的套期会计目标。每一个主体在日常经营中均将面临各类经营风险，许多风险将对现金流量或资产负债价值产生影响，进而最终影响损益。为了管理这些风险敞口，企业有时会签订衍生工具合同或其他金融工具合同，从而对这些风险进行套期（对冲）。因此，套期可被视为主体为改变风险状况而进行的风险管理活动。若遵循常规的会计准则处理要求，当一项套期工具的利得或损失未与被套期风险敞口的利得或损失计入财务报表的相同期间或者相同的项目时，该风险管理活动可能会导致会计错配（可参见上文的例子）。套期会计的基本理念，则是通过改变被套期风险敞口的计量或确认，或改变套期工具的会计处理，从而消除或减少会计错配，在整体层面更加准确地进行会计计量和会计报告。

事实上，旧准则 IAS 39 中的套期会计要求已经部分解决了许多会计错配问题，但却未能适应于某些实务中常用的风险管理活动，因此其应用往往受到很大的限制。此外，IAS 39 中的某些要求较为武断，从而可能导致一些有效的风险管理活动不符合套期会计的标准。因此，许多主体的财务报表未必反映出为风险管理目的而采取的措施的作用，从而对于财务报表编制者和使用者造成误导。负责制定新准则的理事会以此作为其新的套期会计模型项目的基础。由此，IFRS 9 提出的套期会计要求的目标是"在财务报表中体现主体风险管理活动的影响"。这是一个较为广义的目标，更加强调了风险管理活动，并且反映了准则制定者希望通过新的会计要求而达到风险管理目的。

此外，与旧准则相比，被套期项目的合格标准并未发生变化。被套期项目可以是一项已确认的资产或负债，或一项未确认的确定承诺，或一笔很可能发生的预期交易，或一项境外经营净投资。以上所有项目既可以是单一项目，也可以是一组项目，只要其满足项目组合的相关具体要求。只有资产、负债、确定承诺以及与外部对手进行的预期交易，才能够符合套期会计的条件。作为例外，如果集团内货币项目的外汇风险影响集团合并损益，则集团内货币项目的外汇风险套期也符合套期会计的条件。此外，如果一笔很可能发生的集团内预期交易影响合并损益，则该交易的外汇风险也符合被套期项目的条件。以上要求与旧准则的要求也是一致的。

与旧准则相同，新准则下，被套期项目也必须能够可靠计量，如果是预期交易那么必须有很大的发生的可能性。但是，与旧准则相比，新准则有一点变化，套期关系中指定被套期项目的方式，尤其是风险成分及名义金额的组成部分的指定以及汇总风险敞口和项目组合的指定发生了变化。这些变化均起源于套期会计项目的更广义的目标，最终将使得更多的风险管理活动能够符合套期会计的条件，其目的是更好地统一主体的风险管理方法和会计结果。

第3章 理论基础

3.1 货币的时间价值

从本质上看,一切金融活动,无外乎投资和融资。因此,金融资产计量分析的主要内容,就是对不同的投融资方式所带来的收益及承担的成本进行恰当的量化反映。货币的时间价值和风险的量化是金融资产价值计量的基础,金融资产的价值或价格就是由货币的时间价值和所承担的风险价值所共同决定的。

其中,货币的时间价值可以称为整个金融的基础。从概念上讲,货币的时间价值是指当前所持有的一定量货币,与未来更多数量的货币具有相同的价值,或者当前的一定量货币比未来获得的等量货币具有更高的价值。从经济学的角度看,如果从货币作为交换媒介和一般等价物的基本性质出发,货币之所以具有时间价值,是因为当前的一单位货币与未来的一单位货币的购买力不同,是作为弥补延迟消费的贴水。而从金融的层面理解,货币本身就具有价值,正所谓"钱能生钱",在某个时点持有货币或运用货币,可以为所有者提供创造更大收益的可能性,货币的时间价值正是这种持有或运用货币的可能收益的反映。

货币本身是一种资源,某种意义上,货币时间价值是资源稀缺性的体现。如同其他实物商品或服务一样,货币因众人的追逐,会内生出稀缺属性。同时,货币又是一种权利,一种可以在当前使用的消费权利,或博取可能的更大收益的权利。作为一种特殊商品或权利,显然越早占有则效用越大。

经济和社会的发展要消耗社会资源,现有的社会资源构成现存社会财富,利用这些社会资源创造出来的将来物质和文化产品构成了将来的社会财富,由于社会资源具有稀缺性特征,又能够带来更多社会产品,所以当前物品的效用要高于未来物品的效用。在货币经济条件下，货币是商品的价值体现，当前的货币用于支配当前的商品，将来的货币用于支配将来的商品，所以当前货币的价值自然高于未来货币的价值。

在目前的信用货币制度下，货币时间价值特征更加凸显。信用货币制度下，流通中的货币是由中央银行基础货币和商业银行体系派生存款共同构成，由于信用货币有增加的趋势，所以货币贬值、通货膨胀成为一种普遍现象，现有货币也总是在价值上高于未来货币。按照经济学理论，在货币总量自然增长这一前提下，当前每单位货币的相对交换价值显然要大于未来货币。

此外，货币具有时间价值也与人的认知一致。由于人在认识上的局限性，人们总是对现存事物的感知能力较强，而对未来事物的认识较模糊，结果人们存在一种普遍的心理就是比较重视当下而忽视未来，当前的货币能够支配当前商品满足人们现实需要，而将来货币只能支配将来商品满足人们将来不确定的需要，所以当前单位货币价值要高于未来单位货币的价值，为使人们放弃当前货币及其价值，必须付出一定代价，货币的时间价值便是这一代价的体现。

货币的时间价值通常通过利息（或反过来，折现）来体现。货币无疑是现代金融的核心，因而货币的时间价值及相关的利息、折现理论，既是整个金融的基础，同时也是运用各种工具和方法对金融资产进行定价和计量的基础。

3.1.1　利息理论基础

利息虽然易懂、好算，但由于其种类繁多，在实务中计息规则多变、计息时间灵活，因此准确计量也并非易事。作为货币时间就价值的体现，利息的计量又是一切金融资产价值计量的基础和前提，因此，了解和掌握复杂金融工具的计量方法，必须首先深刻理解并掌握利息的计量方法，并熟悉关于利息的一些公式表达。本节主要介绍对利息的基本认识和处理利息相关计算的数学方法。

关于利息的定义有很多，从不同的角度，对利息有不同的理解。从债权债务关系的角度看，利息债务人为获得资金的使用权而向债权人支付的报酬；从风险的角度看，利息是资金融出方为弥补因资金可能无法收回带来的损失获取的一定补偿；从投资的角度看，利息是一定数量的资本在经过一段时间后产生的投资收益。统而言之，利息就是使用资金所需付出的成本，同时也是运用资金创造的收益。

金融活动中的利息计算有一套规范、标准的语言公式体系和方法，包括利息计算的基本公式、计算过程中对一些因素的处理方法，等等。

3.1.1.1　基础的利息计算

最常见的金融活动是以如下方式开展的：某一方拿出一定数量的货币，作为原始本金，投资于某个业务，经过一段时间的运作，前期所投本金产生的实体或服务的价值将有所变化，所达到的新的价值与原始本金的价值的变动值，就是利息或投资收益。描述上面这种初始本金到利息收益的变化过程，需要抽离出两个最基本的要素：原始投资和投资经过的时间，并用这两个基本要素刻画整个投资回报过程。

在本节中，用 A 表示投资的价值，其中 $A(0)$ 为原始投资，$A(t)$ 表示原始投资经过时间 t 后的价值；用大写字母 I 表示某个时间段内产生的利息（或收益），那么 I 其实就是在一段时间内投资价值 A 的变化量，即

$$I_{t_1,t_2} = A(t_2) - A(t_1)$$

设 $a(t)$ 为 1 个货币单位的初始本金在 t 时刻的价值，$a(t)$ 可以称为利息累积函数。

$a(t)$ 的函数形式代表了利息的类型，即货币时间价值的累积方式。如，假如 $a(t)$ 为常数，恒等于 1，即表明初始 1 单位本金的后续价值始终是 1，是无利息的情形；$a(t)$ 为一般线性函数的情况，就是最常见的固定利率下的利息，计息方式为单利；$a(t)$ 为二次函数、指数函数等形式，也分别代表了不同的利息实现方式。更加特殊但在金融定价实务中非常普遍且极其重要的，变动利息下的计息，同样可以使用上述累积函数的形式来表示，下文将陆续进行详细的介绍。能够灵活使用不同形式的函数对利息进行刻画，是进行金融资产价值计量的基础。

上面所讲的利息，是初始本金产生的收益的绝对金额，利率则是反映本金收益的相对值，同时利率也表示了货币时间价值的相对变化幅度，是度量利息的工具。利率的定义为，一定数量的货币，在一定时间内的变化量（即利息）与初始货币量的比率。这里我们用小写字母 i 来表示利率，即：

$$i_{t_1,t_2} = \frac{A(t_2) - A(t_1)}{A(t_1)} = \frac{I_{t_1,t_2}}{A(t_1)}$$，代表从时间 t_1 到 t_2 期间的利率。

特别地，为了便于下文分析离散情况下的利息计算，约定如下的离散状态下的命名规则：

第 n 个时间段内的利息：$I_n = A(n) - A(n-1)$

第 n 个时间段内的利率：$i_n = \dfrac{A(n) - A(n-1)}{A(n-1)} = \dfrac{I_n}{A(n-1)}$

其中 n 为整数，通常指第 n 年或第 n 月。

单利与复利

常见的计息方式有单利和复利两种，其区别在于初始投资所产生的利息是否继续计息，造成的结果则是单利方式下单位时间内的利息为恒定常数，复利方式下单位时间内的利率为恒定常数。

假如 1 个货币单位的投资经过任意一个单位的计息时间段所产生的利息都是一个常数，那么这种利息计算方式称为单利方式，所对应的利息称为单利。

按照前文引入的利息累积函数的形式，单利方式下的累积函数为：

1 个货币单位的本金在 t 时刻的价值 $a(t) = 1 + it$，其中 i 为 1 个货币单位本金经过 1 个计息期产生的利息，即为单利利率。

在单利方式下，实际利率是随着时间发生变化的。这里实际利率是指在一段时间

内产生的利息除以期初的投资本金,由于随着利息的积累,投资价值越来越大,但每单位的利息却是恒定的,因此利率逐渐下降。设 i 为单利利率,那么第 n 个计息期的实际利率为:

$$i_n = \frac{a(n) - a(n-1)}{a(n-1)} = \frac{i}{1 + i(n-1)}$$

显然,上面的 i_n 是 n 的递减函数,因此单利计息方式下隐含的实际利率是递减的。

与单利不同,在复利计息方式下,已经产生的利息收入自动计入下一期的本金。毫无疑问复利计息方式更加公平合理,也是现实中更加常见的计息方式。

假如 1 个货币单位的投资经过任何一个单位的计息时间段的利率为常数,那么这种利息计算方式称为复利方式,产生的利息称为复利。复利意味着之前投资产生的利息经过再投资后将产生新的利息,在复利方式下,在投资期间内的每一个时刻,过去时间内投入的所有本金和产生的全部利息都将用于下一时间段内的再投资,从而产生新的利息。复利就是"利滚利"的计息方式。

复利方式下的累积函数为:$a(t) = (1 + i)^t$。

计息方式与累积函数是一一对应的,单利计息方式下累积函数必然是上述线性函数的形式,复利计息方式下的累积函数必然是指数函数的形式;反之,线性累积函数必然是单利计息,指数累积函数必然是复利计息。

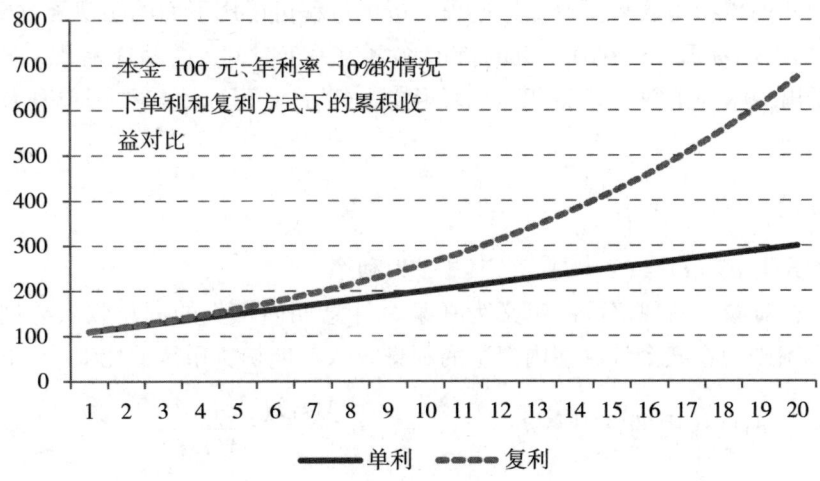

图:复利比单利的收益增长速度更快

单利与复利的区别在于已经产生的利息是否继续产生新的利息,在计息时间很短的情况下,两种方式计算的利息差异不大,但是由于复利体现了利息增长的相对数量,因此当本金数量较大时,两种计息方式计算的利息的差异也会增大。在现实中,几乎所有的金融业务都使用复利方式。但毫无疑问,在复利方式下,如果不断分割计息期间,使得计算利息的时间段越来越小,无疑会增加利息计算和表达的难度,因此,在实务中，在计算短期利息时通常会使用单利方式。例如，约定年利率为 i，那么单位货币 1 年后本息合计为 1+i，n 年后为 $(1+i)^n$，这是使用复利计算；但在年内使用单利计息，1 个季度（1/4 年）的本息合计为 $1+\frac{i}{4}$，2 个季度则为 $1+\frac{i}{2}$。这种短期使用单利、长期使用复利，以复利为主、单利为辅的计息规则，既确保了收益的公平性，又简化了计算复杂程度。

3.1.1.2 折现/贴现

可以这样说，折现是计息的反过程。由于几乎所有的金融工具都是面向未来的，因此，在金融资产计量的过程中，折现的应用甚至要多于计息。这一点，在后面章节中将有所体现，所谓在金融资产计量中体现货币的时间价值，通常都是通过折现因素来实现的。

如前文所述，初始的本金在经过一段时间的投资后会产生利息，从而导致投资货币的价值随着时间产生变化，利息或投资货币随时间的相对变化就是利率。利息体现了货币具有时间性，或者说，具有时间价值，初始投资的货币经过一段时间价值会发生变化，而不同时间点的同样数量的货币将具有不同的价值。利息的计算，反映了一般的金融投资活动中的"顺时钟"过程，即在开始和结束两个时刻中，从开始推演至结束时点，将这个过程反过来，从结束推演至开始，就是与计息过程相对应的折现过程。

上文中使用累积函数来反映计息过程，折现过程可以用下面的贴现函数反映：

t 时刻的 1 个货币单位在 0 时刻的价值称之为关于时间 t 的贴现函数。显然，从定义就可以看出，贴现函数就是累积函数的倒数。于是，可以直接得到单利及复利模式下的贴现函数：

单利方式下 $a^{-1}(t)=\dfrac{1}{1+it}$

复利方式下 $a^{-1}(t)=(1+i)^{-t}$，其中 i 为利率。

与利率相对应，贴现率可以定义为在某个计息期内产生的利息收入与期末货币量的比值（利率则为在某个计息期内产生的利息收入与<u>期初</u>货币量的比值）。于是有

从 t_1 到 t_2 时间段内的贴现率 $d_{t_1,t_2}=\dfrac{A(t_2)-A(t_1)}{A(t_2)}=\dfrac{I_{t_1,t_2}}{A(t_2)}$

同样地，将离散时间下的贴现率记为 $d_n=\dfrac{A(n)-A(n-1)}{A(n)}=\dfrac{I_n}{A(n)}=\dfrac{a(n)-a(n-1)}{a(n)}$

金融资产价值计量中通常使用的贴现方法都是与复利计息相对应的复贴现，并且经常在计量或定价公式中使用以下贴现因子：

$v=\dfrac{1}{1+i}=(1+i)^{-1}$，即假定利率为 i，在 1 时刻价值为 1 的投资在 0 时刻的价值。

相应地，定义终值与初值（现值）：

0 时刻的 1 个货币单位本金在第 t 个计息期期末的终值 $AV = (1+i)^t$

第 t 个计息期期末的 1 个货币单位本金在 0 时刻的现值 $PV = v^t = (1+i)^{-t}$

折现与计息是两种相互对应、互为对称的过程，分别从正向和逆向两个时间轴体现了货币的时间价值。从上述累积函数和贴现函数以及终值和现值的公式也能看出，二者是等价的。这里所谓的等价，是指相同的原始本金经过相同的计息期产生的终值相同，即它们所代表的货币时间价值是相同的。在任意一个计息期内，等价的利率 i 和贴现率有以下关系：

$$i = \frac{1}{1-d}, \quad d = \frac{i}{1+i}$$

3.1.1.3 连续时间利息的计算

显然，在复利方式下，由于已产生的利息要加入计息基数，即使是在利率相同的情况下，不同的计息频率也会影响到计息的结果。在实务中，计息频率通常是一个确定的、客观的时间段，如 1 年、1 月或 1 天，但在理论上，计息期间可以无限分割、趋近于零，计息频率可以无限大。最理想的情形，假设在每个时点瞬间都可以进行计息和结息，那么投资的价值变化将非常频繁，每个时点都在发生变化。这种理想化的计息方式成为连续利息计算，实务中按年、按月、按日的计息方式则成为离散利息计算。尽管在现实中永远不可能做到连续计息，总要有一个时间分割、总归是离散计息，但对连续利息的分析和研究将有助于深化对利息的理解并辅助对一般离散情形的分析。特别是在下面章节关于复杂金融产品定价的连续时间模型中，将大量使用连续利息计算。

首先，介绍连续利息模型方面的几个基本定义。

假设累积函数 a(t) 为连续可微函数，则累积函数 a(t) 对应的利息力函数为：

$$\delta_t = \frac{a'(t)}{a(t)}$$

根据利息力函数的定义，累积函数可以表示为利息力函数的积分形式：

$$a(t) = \exp\left(\int_0^t \delta_s ds\right)$$

同理，贴现函数也可以有类似的表示形式：

$$a^{-1}(t) = \exp\left(-\int_0^t \delta_s ds\right)$$

与利息力函数相同，我们还可以定义贴现力函数。通过简单的微分计算，可以发现贴现力函数与利息力函数等价：

$$\bar{\delta}_t = \frac{[a^{-1}(t)]'}{[a^{-1}(t)]} = \frac{a'(t)}{a(t)} = \delta_t$$

在复利方式下，通过复利的累积函数可知复利下的利息力函数为常数，可记为 δ。

具体推导过程如下:

$$\delta_t = \frac{a'(t)}{a(t)} = \frac{[(1+i)^t]'}{(1+i)^t} = \frac{(1+i)^t \cdot \ln(1+i)}{(1+i)^t} = \ln(1+i)$$

类似上面的推导过程,可以得到利复利方式下的如下结论(利率为常数 i,利息力为常数 δ):

累积函数与利息力的关系:$a(t) = e^{\delta t}$

贴现函数与利息力的关系:$a^{-1}(t) = e^{-\delta t}$

利息力与利率、贴现率的关系:$e^{\delta} = 1 + i$,$\delta = \ln(1+i) = -\ln v = -\ln(1-d)$

离散状态的利率表示的是利息累积在一段给定时间(如1年、1月或1日等)内的速度,利息力则是表示利息累积在"瞬时"的速度,这种定义和表达方式,将有利于计算连续时间下的金融资产定价,同时有利于在进行定价时引入函数、微分、积分、随机过程等成熟的数学工具。这一点优势,是离散利息所无法比拟的。因此,尽管现实中的计息都是"离散"的,但在金融资产价值计量的各种研究分析和实务计算中,却大量使用连续模型。

【为什么要引入连续时间利息,以及如何理解连续时间利息】

现实中所有的计息都是"离散"的,无论计息期间分割地多么精细,总有一个大于零的"间隔",连续利息事实上只在理论中存在。那么,为什么要引入和分析连续时间利息呢?作者个人认为,主要有以下几点原因。

一是因为利率往往是随时间变动的,甚至带有一定的随机性,为了更好地反映利率的这种特征,需要引入连续时间利息。

连续时间利息是在时间区间趋近于无穷小时,分析利率和投资价值的变化,这与积分(黎曼积分)的理念一致。例如,在单利方式下,假设利率为 i,那么单位本金经过 t 时间后产生的利息即为 it,这是非常简单明了的。但是,如果利率是随时间变化的,情况将变得复杂。假设利率是时间的函数 $i(t)$,那么在每个计息期间 1 单位本金产生的利息近似于 $i(s) \cdot \Delta s$,最极端的情况,当计息区间趋近于无穷小时,所计算的结果也趋近于"精确结果",因此在时间 t 内在随时间变化的利率 $i(s)$ 下产生的利息为:

$$\sum i(s) \cdot \Delta s \to \int_0^t i(s)\, ds$$

在复利下,情况类似。可以回顾一下复利的累积函数,以及所引入的利息力函数,那么当利率为恒定常数 i 时,复利方式下 1 单位本金在 t 时间后的投资价值为:

$$(1+i)^t = e^{\ln(1+i) \cdot t} = e^{\delta t}$$

于是,当复利利率变动时,可以认为是利息力函数在随时间变化,因此,1 单位初始本金在 t 时间的投资价值为:

$$\prod [1 + i(s)]^{\Delta s} = \exp\left(\sum \delta(s) \cdot \Delta s\right) \to \exp\left(\int_0^t \delta(s)\, ds\right)$$

上面的表达式其实就是复利方式下连续时间利息的累积函数。从这个角度理解，累积函数实际上就是在一定的计息时间内，使用积分的方法将利息力函数"累加"起来得到投资价值，而利息力函数则代表了"瞬时"的利率。类似地，我们也可以从这个角度去理解贴现函数和贴现力函数。有了上面的表达式，分析一些连续时间下的复杂金融工具将变得非常方便。

二是使用连续时间利息进行分析，可以避免计息期间的"选择恐惧症"。如果采用3.1.1.1中提到的1年以上采用复利、1年以内采用单利的计息方式（事实上这是实务中非常常见的），那么即使名义利率相同，但计息期间选择不同，也将导致不同的计息结果。假设年利率为i，如果以1年为计息期，那么无疑到期投资价值为$1+i$；而如果对计息期进行细分，假设分为n份，相应地每期的利率为i/n，那么到期投资价值为$\left(1+\dfrac{i}{n}\right)^n$，显然$n$越大，到期投资价值就越大。而当$n$趋向于无穷时，投资价值就趋向于连续时间下的计息结果。

三是引入连续时间利息，可以在金融资产价值计量时方便地使用各种成熟的量化分析工具。在离散状态下，可以使用的数学工具是非常有限的，而在连续时间模型里，则有大量的分析工具可供使用，这极大地方便了金融资产的量化分析。

3.1.2 利息计算方法

3.1.2.1 利息计算中的关键要素

从形式上看，利息的计算非常简单，无外乎利率乘以本金，但实务中却有许多需要注意、需要特殊处理的关键细节，操作起来又未必那么容易。同时，由于利息是最基础、最常见的金融业务收入方式，利息计算是更加复杂的金融资产定价的基础。

关于利息的计算，有四个重要变量：一是原始投入的资金，或者称之为本金、初始价值、初值；二是投资经过的时间，亦可称为计息期；三是投资期间的利率；四是在投资结束时点该笔投资的最终价值，可简称为终值。

借贷业务或称信贷业务，是最原始、最基本的金融业务，也是最能反映收息过程的业务。任何关于利息的问题或事物，都会涉及两个基本的交易参与者：一是资金的借入方，即从交易对手那里获取资金并使用资金，称为借款人；另外就是资金的拆出方，即将资金借给借款人并收取利息，称为贷款人。对利息的分析，实质上就是对投资回报的分析，利息只是一种更加具体、更加特殊的投资回报，利率则是投资回报率。因此，对利息的计算和分析，既可以反映计息过程和货币的时间价值，也可以反映一般的投资收益过程。

当然，与简单借贷业务相比，如果是更加复杂的金融业务，则可能涉及两个以上的交易相关方。例如，企业在某个新建项目上的投资，可能会涉及多个投资人，投资回报需要在多人之间按照一定的规则进行分配；甚至更加复杂的，在具有分层资产设计的结构化金融产品中，不同层级的投资者承担大小不同风险、获得相应收益。但是，无论交易相关方数量有多少，无论交易结构多么复杂，基本的借贷关系和计息过程都是基础，借款人、贷款人两方的分析也可以类推至多方的复杂业务。从本质上讲，计息过程和投资回报过程是一致的、相通的，利息就是回报，利率就是投资回报率，因此在下面的小节里，将混杂使用"计息""投资""回报"等词，其代表的本质含义相同。

3.1.2.2 计息时间的选择

在实际利息计算中，首先需要考虑并确定的问题，往往不是利率，而是如何度量投资的时间，或者说，计息的频率。目前，在实务中，有多种常见的方法。

一是逐日计息。按照实际的投资天数来计算利息，1年算作365天。这种度量投资时间的计息方法可以称为精确计息方法，毫无疑问，其计息计算的精度和细度是比较高的。这种计息方法下，所使用的利率自然就是日利率。

二是近似按月计息。假设每个月有30天，1年则为360天，不到1个月的时间跨度则按照实际日期计算。例如，假设初始时间为2020年1月1日，终止时间为2021年3月4日，则初始时间和终止时间之间的天数为1年+2个月+3天。

三是按照实际天数计算投资天数，但1年按照360天计算。这种计息方法又被称为银行家算法，事实上，在这种计息方法下，对于作为贷款人的银行往往要更加有利。

在实际计算利息时，还有许多细节要处理。例如，如何处理闰年。可以将闰年的2月29日计入利息计算期，把1年算作366天，也可以不算入，1年仍旧按照365天处理。再如，初始日期和截止日期当天，是否要计算利息。通常情况下，初始日期称为起息日，截止日期称为到期日，二者只能择其一计入计息期间。如果把起息日和计息日都算入，无疑会增加1天的计息时间。

不同的金融业务对计息时间的选择有不同的偏好，在很多情况下，不同的计息时间其实并无好坏、高低之分，早期可能更多地考虑计算的复杂程度，在充分电子化、信息化的今天，各种金融业务的计息方式很大程度上其实是一种业已形成的惯性。

3.1.2.3 价值方程

由于货币具有时间价值，因此，不同时间的货币是无法直接比较大小的。例如，如果不进行分析，很难去判定现在的100元和10年后的130元到底哪个更加"值钱"。这里还需要再强调一点，尽管从表述上看上去很像，但货币的时间价值只是体现了利息的作用，与通货膨胀是有区别的（当然也有内在逻辑和结果上的联系）。通货膨胀表示了货币的购买力随时间推移逐渐降低，是从购买力的角度分析货币的等价交换能力，而在货币的时间价值论述或者说在金融资产定价过程中，货币本身就是有价值的，通货膨胀被视作商品价格的变化，而不是货币本身的贬值。这一点视角上的区别也容易理解，通货膨胀的研究往往是在宏观经济范畴之内，其研究主题和终极目标是供需均衡和经济繁荣，商品和服务的有效供给和需求的充分实现是效用最大化的理想状态，并不是钱越多越好，均衡才是最优；而在金融资产价值计量分析中，货币量的多少是代表效用的唯一指标，钱越多越好。

为了比较不同时间的货币量的价值大小，必须将其调整到某一个共同的日期，作为比较日。这种将货币或一组现金流调整到比较日，并按照收支相等的原则以等式的形式列出的分析形式，就是价值方程。理论上，可以在任意一个时点建立价值方程，最常使用的自然是初始时点、当前时点和终止时点，在价值方程下的数量结果分别对应了初值、现值和终值。

使用价值方程可以很方便地比较货币或现金流的大小，如果两组货币量或现金流在价值方程下相等，则可以说它们是等价的。在复利方式下，通过价值方程比较得出的结论不会受到比较日选取的影响，尽管最终计算的货币量大小会与比较日有关，但比较结果与比较日选取无关；而在单利方式下，比较日的选取将直接影响到比较的结果。通常情况下，使用价值方程进行比较都是在复利方式下进行的。

使用货币的时间轴进行分析，是得到价值方程的一种非常便利的方法。具体做法是，用一条带有时间刻度的直线作为代表时间的坐标轴，其中时间方向为从左至右，坐标轴上面的刻度为给定的时间单位，如年、季度、月等，将发生的现金流量按照流向（收入/支出）写在时间轴的上方或下方，同一流向的写在同一方。完成后，可以直观地看到这组现金流的全貌，然后再通过计息或折现，并将其调整至比较日。

例如，假设某笔投资的现金流如下：在期初（第0年）支出100元，在第3年支出150元，在第5年再支出200元，年利率为5%，通过价值方程可以计算得出，在第10年需要收入多少，才能实现收支等价。

首先，画出上述现金流的时间轴：

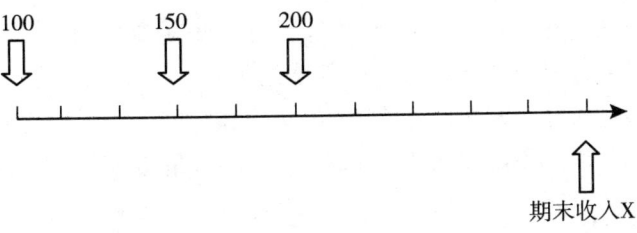

年利率为5%，于是年折现率为1/（1+5%）=0.95。可以选择期初（第0年）作为比较日，那么可以计算出所有收入在第0年的价值（初值），假设第10年收入为X，那么价值方程为：

$$100+\frac{150}{(1+5\%)^3}+\frac{200}{(1+5\%)^5}=\frac{X}{(1+5\%)^{10}} \Rightarrow X \approx 629$$

因此，如果第十年的收入为629元，那么上面这笔现金流的收入和支出是等价的。换句话说，在5%的年利率下，如果期末收入大于629，这笔投资是"划算"的，反之，则是亏损的。

正如3.1.2.1中所说，在利息计算中，本金（初值）、计息期、利率、终值是最重要的四个要素，上面的例子，实际上就是使用价值方程在已知其他要素的情况下计算终值。同样地，我们也可以使用价值方程计算其他要素。

3.1.3 基本的现金流分析（年金）

3.1.3.1 基本年金

现金流是一切金融工具的基础，因此现金流分析也是金融工具计量要解决的首要任务。在各种现金流中，年金是最基本、最简单的一类，本小节通过介绍年金的分析方法，建立起最基本的现金流分析框架。

通常，年金是指以相等的时间间隔进行的一系列收付款行为，或者说，以固定的时间周期、以相对固定的方式，产生的一系列现金流。在现实世界里，有很多实务中的金融业务都具有年金的特征，例如分期付款、分期支取的养老金，住房按揭贷款，分期付款的理财产品，以及一些投资连结型保险产品，等等。与复杂现金流相比，年金最典型的特征是"固定"，收支时间间隔固定，收支金额固定，利率固定，当然，年金的这种确定性是相对而言，不是完全一成不变的，对其中的部分要素进行灵活化处理，就得到了更加复杂的年金或复杂现金流。

由于货币有时间价值，因此，尽管现金流的金额与利率、时间无关，但考虑的现金流的价值却是变动的，现金流在不同时刻的价值取决于现金流的时间安排和利率等因素。年金分析的对象，主要是金额、时间、利率等要素，其中，最基本的计算是获取年金的初值和终值。

在年金分析中，我们称两次付款（或收款）之间的时间间隔为付款周期，将实际执行利率的作用期间称为利率换算周期。

首先考虑一种最简单的年金，付款周期与利息换算周期相同，称为基本年金。关于基本年金，可以通过简单的计算得到以下结论。

假设年金每次收入的金额为 1 个货币单位，第一次收入在第 1 年年末发生，随后在每年年末都有 1 个货币单位的收入，利率为 i，相应的贴现因子为 v，那么该笔年金又被称为标准年金，它的现值为：

$$现值 = 1 \cdot \frac{1}{1+i} + 1 \cdot \frac{1}{(1+i)^2} + 1 \cdot \frac{1}{(1+i)^3} + \cdots + 1 \cdot \frac{1}{(1+i)^n} = \frac{1-v^n}{i}$$

其中，贴现因子 $v = \dfrac{1}{1+i}$

上式是当每期金额为 1 时的年金的现值，又称为标准年金，当每期金额为任意值 M 时，可以将其看作 M 份每期金额为 1 的年金，相应地其现值也为标准年金的 M 倍。

类似地，上述标准年金的终值为：

$$终值 = 1 \cdot (1+i)^{n-1} + 1 \cdot (1+i)^{n-2} + 1 \cdot (1+i)^{n-3} + \cdots + 1 \cdot (1+i) + 1$$

$$= \frac{(1+i)^n - 1}{i}$$

这里给出一个基本年金的实际例子。某人办理了 50 万元的 10 年期贷款，年利率为

8%，他有三种还款方式：

（1）在第 10 年年底一次性还本付息；

（2）每年年底清偿当年的利息，最后一次清偿本金；

（3）每年年底偿还固定的金额，最终 10 年全部还清。

在第一种还款方式下，第 10 年年底最终还款的本息金额合计以及利息分别为：

本息合计：$500000 \times (1 + 8\%)^{10} = 1079462.5$

利息：$500000 \times (1 + 8\%)^{10} - 500000 = 579462.5$

在第二种还款方式下，每年所支付的利息为本金 50 万元的 8%即 4000 元，10 年利息合计为 40000 万元，本金合计（简单相加，并未考虑货币的时间价值）为 90 万元。

在第三种还款方式下，假设每年年底的固定还款金额为 X，还款现金流的现值应该与本笔贷款的现值（50 万元）一致，于是，根据价值方程和年金计算公式：

$$X \cdot \frac{1 - v^n}{i} = 500000 \Rightarrow X = 74514.54$$

其中，利率 $i = 8\%$，贴现因子 $v = \dfrac{1}{1 + 8\%}$

因此，第三种还款方式下所支付的本息合计为 745145.4 元，总利息为 245145.4 元。

上述三种还款方式在实际信贷业务中都非常常用，分别被称为一次性还本付息、一次还本分次付息和等额本息。显然，由于支付时间不同，等额本息还款方式下的支付利息金额最小，一次性还本付息支付利息金额最大。尽管实际支付的利息金额不同，但其原因完全是因为支付的时间有早有晚，并没有体现提前支付的资金的再计息过程。考虑了货币的时间价值因素后，无论采取任何还款方式，其现值和终值都是相同的，现值都是贷款的初始本金，终值都是一次性还本付息法下的本息合计。

一些年金形式也很简单，但与上面提到的标准年金有细微的区别，比如首次支付的时间，可以是第一年的年初（而非年末，这将影响第一次支付的金额的时间价值），或者在递延一段时间后再进行首次支付（即首次支付发生在中间某年，而非第一年）。这些年金的计算可以采取同样的方法。

还有一种年金比较特殊，它没有截止期限，即年金的支付将永远进行下去，现金流持续的时间为无穷大。这种年金称为永久年金。如果只是把每期金额简单相加，永久年金的累积金额肯定是无穷大，但由于货币存在时间价值，未来支付的货币随着时间的增加价值逐渐衰减，因此，也可以计算永久年金的现值。

$$永久年金的现值 = v + v^2 + v^3 + \cdots = \lim_{n \to \infty} \frac{v(1 - v^n)}{1 - v} = \frac{v}{1 - v} = \frac{1}{i}$$

3.1.3.2　广义年金

前面介绍的基本年金的付款周期和利息换算周期是相同的，这为年金的计算带来了很大的便利，但在实际操作中，二者通常会存在差异。例如，我们最经常使用的利率都是年利率,而付款却可能是按月或者按季度进行。这种更加一般、更加普遍的年金,称为广义年金,它的付款周期与利息换算周期可以不同。

通常按照以下两个步骤计算广义年金的现值和终值:第一步,将最初的名义利率调整为与付款周期一致的实际利率;第二步,使用与付款周期一致的实际利率,按照基本年金的计算方法计算现值和终值。显然,利率的换算是关键步骤。

有时候利率换算的规定和处理方式非常简单。例如,在实务中,常常会约定在1年以内按照单利方式来进行利率换算和计息,于是可以轻易地通过年利率计算出不同期限的实际利率。假定年利率为6%,那么月利率即为0.5%,季度利率为1.5%。如果采用复利方式,计算就要相对复杂一些。

假设年利率为i,月利率为i_m,那么根据价值方程:

$$(1+i_m)^{12} = 1+i \Rightarrow i_m = (1+i)^{\frac{1}{12}} - 1$$

同理,根据价值方程,可以将任意时间的利率进行换算,这种换算在考虑了货币的时间价值的情况下是等价的。

很多情况下,每次支付的金额是变动的。运用价值方程和年金分析方法,同样可以计算这类年金的现值和终值。

例如,假设某年金一共20年,第一年首次付款100元,每年付款一次且每次金额递增4%,年利率7%,那么该笔年金的现值为:

$$100 \cdot \frac{1}{1+7\%} + 100 \cdot (1+4\%) \cdot \frac{1}{(1+7\%)^2} + 100 \cdot (1+4\%)^2 \cdot \frac{1}{(1+7\%)^3} + \cdots$$
$$+ 100 \cdot (1+4\%)^{19} \cdot \frac{1}{(1+7\%)^{20}} = 14459$$

3.1.3.3 连续年金

如果年金的付款时间间隔不断缩小,或者年金付款频率不断加大,那么每个付款期间内的实际利率就越来越小,每次付款的金额也越来越小,随着时间间隔和付款频率趋近于极限(时间间隔无穷小、付款频率无穷大),就产生了一种在连续时间付款的特殊年金,称为连续年金。

假设总的时间为T,在任意t时刻都有支付发生,每次支付的金额用函数$f(t)$表示,那么可以用利息力函数的形式表示上述连续年金的现值:

$$现值 = \int_0^T f(t) e^{-\int_0^t \delta(s)ds} dt$$

特别地,当任意时刻的利率为常数,从而利息力也为常数(记为δ)时,

$$现值 = \int_0^T f(t) e^{-\int_0^t \delta ds} dt = \int_0^T f(t) e^{-\delta t} dt$$

对照3.1.1.2中的定义和公式可知,上式中的$e^{-\int_0^t \delta(s)ds}$和$e^{-\delta t}$分别为一般情形和常数

情形下的贴现函数。

在金融资产定价中，经常需要将金融资产在未来实现的价值贴现至当前时点从而计算现值，并以现值为基础确定金融资产的价值。对于具有确定的离散现金流的金融工具，可以使用类似年金分析的方法计算其现值，而对于连续型复杂金融工具，如期权、期货、结构化金融产品等，则可以使用类似上面的连续年金的形式，以金融资产的价格函数乘以贴现函数，再对其进行积分，从而计算现值。

3.1.4 投资收益分析

3.1.4.1 贴现现金流分析

获取收益是一切投资活动的根本目的，要评价投资成果的好坏优劣，就需要建立一套衡量收益效果和大小的方法，最典型、最直接的方法就是分析投资价值的变化情况。因此，投资收益分析与货币的时间价值分析非常类似，所使用的方法也基本一致，所考虑的因素也都是价值的变化量、时间和变化的相对比率，只是在货币的时间价值分析时考察对象称为利率，投资收益分析时为收益率。

故而，将投资或融资行为视为一组现金流，再将前文介绍的利息分析和年金计算方法进行扩展，计算相应现金流的价值和隐含的均衡收益率，即完成了对该笔投资或融资的基本分析。几种主要的投资价值分析工具如下。

首先介绍贴现现金流分析。为了更加直观，我们从现金流的角度对投资活动进行描述和刻画。通常投资活动至少涉及两个或两个以上的参与主体，最简单也是最常见的情况是只有两个主体：投资者和被投资者或项目。由于金融投资活动是以获取货币价值为最终目标的，因此，任何价值目标的实现最终都要体现到现金流上，对一方来说，现金流入意味着价值的增加，现金流出意味着价值的下降。在投资活动中，投资者需要向被投资者或被投资项目投入资金，从而造成投资者的现金流出和被投资方的现金流入，而后，如果投资能够实现预期的收益，投资者将从被投资方获得一定的现金流入。于是，在一个完整的投资活动中，从投资者的视角来看，既有正向的现金流也有逆向的现金流，如果收到的现金流的总价值大于流出，那么这笔投资无疑是划算的，超出的部分就是投资收益。

贴现现金流分析，简称为DCF（Discount Cash Flow）分析，是指对任意一组在未来一定时刻发生的现金流，以某个利率计算每次流入或流出的现金的现值，并将这些现值累加起来得到净现值（Net Present Value）。

假设有一组现金流 $\{CF_t\}$，在 $0,1,2,\cdots,n$ 时刻产生的现金流分别为 CF_0，CF_1，CF_2，$\cdots$，CF_n，上述现金流既可以为正（流入），也可以为负（流出），贴现利率为 i，相应的贴现因子为 v，那么使用DCF方法计算这组现金流的净现值：

$$NPV = \sum_{t=0}^{n} CF_t \cdot v^t, \text{其中} v = \frac{1}{1+i}$$

如果上面的现金流只包括投资者的流入现金流，那么所计算的净现值就是这笔投资的总收入的现值,如果现金流既包括流入也包括流出,那么所计算的就是投资净收益的现值。

以上是离散情况下的贴现现金流计算,更一般的,如果是在连续时间下,假设现金流为连续函数 $CF(t)$,那么净现值为:

$$NPV = \int_0^n CF(t) \cdot v^t dt$$

下面给出一个实际的例子。某项目投资期为10年,其中第1年至第3年为建设期,每年需投入建设资金1000元,此后自第4年期起年需支付维护费用100元,项目从第6年开始产生收益,每年可收入1500元。假设贴现率为8%。那么,这个项目的现金流情况如下:

时间(年)	投入	投入现值	收入	收入现值	贴现因子	现值
0						0
1	-1000	-926	0	0	93%	-926
2	-1000	-857	0	0	86%	-857
3	-1000	-794	0	0	79%	-794
4	-100	-74	0	0	74%	-74
5	-100	-68	0	0	68%	-68
6	-100	-63	1500	945	63%	882
7	-100	-58	1500	875	58%	817
8	-100	-54	1500	810	54%	756
9	-100	-50	1500	750	50%	700
10	-100	-46	1500	695	46%	648
合计	-3700	-2990	7500	4076		1086

通过 DCF 分析可以看出,这笔投资的总投入金额为3700元,总收入金额为7500元,不考虑货币的时间价值因素,净收入为3800元。若考虑货币的时间价值,在8%的贴现率下,总投入的现值为2900元,总收入现值4076元,投资净现值1086元。

换个角度,是否考虑货币的时间价值以及以何种水平衡量货币的时间价值,将影响到对投资效益的评价结果。假设还是上面的投资,但自第6年起每年收入不再是1500元,而是1000元,那么总收入金额为5000元,依然大于总投入金额,但考虑了贴现因素后,总收入现值为2717元,将小于总投入的现值,这笔投资的净现值将为-273元。因此,在评价投资收益时,必须要考虑货币的时间价值因素,否则会造成评价结果有失偏颇。

3.1.4.2 内部收益率计算

正如利率是利息与本金之比，收益率则是收益与初始投资金额之比。收益率能够反映一笔投资的相对收益水平，即投资的效益。延续上一小节贴现现金流分析中的变量定义，对于以现金流 $\{CF_t\}$ 表示的一笔投资，使得净现值等于零的利率（贴现率）i，称为这笔投资的内部收益率。换句话说，内部收益率是当收入现金流的现值与投入现金流的现值相等时所对应的利率，简称为 IRR（Internal Return Rate）。

内部收益率是投资的盈亏临界点。在考虑了货币的时间价值因素的情况下，如果一笔投资的内部收益率大于资金成本，那么这笔投资是盈利的，反之，若内部收益率小于资金成本，即使总收入大于总支出，但在计入资金本身的使用成本后，将出现亏损。

内部收益率直观地评价了投资的整体收益水平。它不是在某个时点上进行的比较，而是在整个投资期内的汇总反映。同时，还需要注意，这里计算出的内部收益率是与投资期限相关的，是在某笔投资的完整的投资期内实现的总收益，因此，不同期限的项目的内部收益率不具有可比性。将直接计算得出的投资整体的内部收益率进行年化处理，可以在一定程度上解决这一问题。

回到 3.1.4.1 中的例子。项目投资期为 10 年，其中第 1 年至第 3 年为建设期，每年需投入建设资金 1000 元，此后自第 4 年期起年需支付维护费用 100 元，项目从第 6 年开始产生收益，每年可收入 1500 元。经过计算可以得到这个投资项目的内部收益率为 14.52%，因此，如果资金成本是 8%，这个投资项目的相对收益水平非常可观。

3.2　均值-方差模型与资本资产定价模型（CAPM）

3.2.1　现代资产组合理论概述

资产组合理论是现代金融理论和投资理论的重要基础，它主要研究投资者在权衡收益与风险的基础上实现期望效用最大化的方法，以及由此对整个资本市场产生的影响。因而，资产组合理论也是进行金融资产定价和估值的理论基础，一些组合理论模型甚至直接给出了确定金融资产均衡价值的方法。在资产组合理论框架下，可以系统地分析投资主体不确定条件下的资产选择行为、资本市场有效性、均衡条件以及定价机理等问题，而结合计量经济学的研究成果和各种实践分析工具，则可以使用资产组合理论进行各种实证分析并对金融资产进行定价和估值。因此，作为金融资产定价和估值的重要的理论基础，接下来将介绍几种最主要的资产组合理论，包括均值-方差理论、资本资产定价模型（CAPM）、无套利定价理论（ATP）等。

现代资产组合理论从经济学的角度，将资本市场中的投资选择过程作为不确定条件下寻求风险的期望收益最大化问题加以研究，对投资者如何通过风险资产组合建立有效边界,如何从自身的效用偏好出发在有效边界上进行最佳投资选择决策,以及如何通过分散投资来降低风险进行了系统的分析,并将不确定性引入了资本理论模型。现代资产组合理论的起源可以追溯到1952年Markowitz发表的资产组合选择论文,在这篇文章里,对充满风险的证券市场的最优投资问题进行了开创性的研究,第一次从规范的经济学的角度揭示了如何通过对风险资产进行组合建立有效边界,如何从自身效用偏好出发在有效边界上选择最佳投资决策,以及如何通过分散投资来降低风险,从而开创了现代资产组合理论。早期的比较重要的资产组合理论还包括有效市场理论。有效市场理论认为,(在有效市场中)所有过去相关的信息对于预测价格的未来运动是没有任何帮助的。这意味着,在有效市场中,通过充分交易得到的市场价格已经反映了所有可获得的信息,当资产在有效市场上进行交易时,市场价格是指导资产配置的准确信号。根据有效市场理论,当前的市场信息给定时,投资者不可能开发出任何能够获取超出由投资对象风险水平所对应的投资收益率的超额收益的交易系统或投资策略。

随后,在Markowitz资产组合理论基础上,又演化发展出了资本资产定价模型(Capital Asset Pricing Model,CAPM)。Markowitz模型关注的是风险资产投资,并指出资本市场的投资者应从自身的偏好出发,按照由期望收益和标准差所组成的有效边界,选择最优的资产组合结构。但是,如果引入无风险资产,允许投资者在无风险资产和风险资产之间进行组合投资,那么有效边界的形状将发生变化。资本资产定价模型的研究结果显示,由于资产组合中的非系统风险可以通过充分的多元化投资予以消除,所以市场只会对投资者所承担的无法分散的系统风险予以补偿,而这种系统风险可以用资产组合的贝塔系数来衡量。资产的期望收益则是由资金的时间价值和风险溢价两部分组成,并且与衡量其系统风险的贝塔系数呈线性关系。

资本资产定价模型从特定的角度研究了风险资产的均衡定价问题,但它基于许多严格的假设条件,实证检验结果往往并不理想。套利定价理论则从更一般的角度研究了风险资产的定价问题。与资本资产定价模型相同,套利定价理论也是以完全竞争和有效市场为前提假设,来分析和研讨风险资产的收益产生过程。但不同的是,套利定价理论认为除市场风险外,风险资产的收益还受其他多种因素影响,因此,既无须像资本资产定价模型那样对投资者偏好做出较强的假定,如将投资者假定为风险厌恶者,也无须像资本资产定价模型那样假设投资者依据资产的期望收益和方差来寻找最优资产组合,而仅仅要求投资者对财富本身具有偏好即可。基于资本市场不可能持续存在套利机会、所有完全替代的资产价格相同这一更具现实说服力的假定和基本法则,套利定价理论推导出了更为一般的资本市场定价模型,并证明了资本资产定价模型只是该理论的一个特例。因此,无论在理论内涵上,还是在实用价值上,套利定价理论都比资本资产定价模型具有更加广泛的意义,在一段时间里是资本市场定价理论的主要发展方向。

3.2.2 有效市场假设

有效市场假设（Efficient Market Hypothesis）是资本资产定价模型、无套利定价理论等经典金融理论的前提和基础。尽管近年以来，与该模型相矛盾的实证分析和市场表现不断涌现，发现了一些与之相悖的现象，强调市场非理性、非有效、不完备的行为金融学也日益成为理论研究领域的新的热点，但依然无法影响其在金融资产组合定价理论中的基础性作用。

有效市场的理论基于以下前提假设之上：

1. 投资者是理性的，都具有完全的信息；
2. 市场参与者数量庞大，任何单个参与者都无法对市场产生重大影响；
3. 投资者的非理性会相互抵消，理性的套利者会消除非理性投资者对价格的影响；
4. 不存在交易成本。

然而，在实际市场操作中，上述假设是难以满足的，大量的事实表明，在市场中，总体的、长期的确定性和局部的、短期的随机性共存。这就是所谓的"有效市场悖论"。

有效市场假说假定，信息对每个投资者都是均等的，证券市场的竞争将驭使证券价格充分及时反映所有相关信息。因此，对每个投资者而言，市场是不可预测的和不可战胜的，投资者只能赚取风险调整后的平均市场收益率，不可能持续获得超过市场收益率的超额利润。有效市场是指市场能够充分及时反映所有相关信息，市场价格已经代表了全部信息和真实价值。按照这一假说，如果投资者所接受的市场信息具有随机性，股票价格就会呈现出随机性，从而产生价格的随机波动，这是导致股票市场的实际价格背离基本价值的主要原因。有效市场假设认为，证券在任一时点的价格反映了所有相关信息并达到均衡状态，价格变化都是由新的信息引起的。由于新信息是难以预测的并且不被任何投资者所掌握，因此股票价格的变化是随机变动的。在一个有效的市场上，不存在证券价格被系统性高估和低估的情形，投资者也不可能战胜市场。在这里，有效市场概念的基础是信息有效，不同于通常所指的资源配置有效，但二者又是高度关联的，通常信息有效对资源配置有效产生决定性的影响。

市场有效性引发一个问题，即如何解释和定义公平价格或真实价值。例如，上市公司的市盈率有时是10倍，有时是20倍，而且每天都以不同的价格收盘，那么什么才是公平价格呢。根据有效市场理论的解释，这种近乎随机的股价波动，是因为某些新发生的事件正在增加和减少公司的内在价值，而市场对这些未来事件的信息是未知和无序的，因而将产生噪音般的随机扰动。

根据有效市场理论，从信息和价格反映的角度来看，可以将金融市场的效率划分为三种：弱式有效、半强式有效和强式有效。

在弱式有效状态下，投资者不能用历史上的股票价格信息来评估和定位"定价有误"的股票，也不能从买卖这种股票中获利。如果弱有效市场理论成立，并且价格与历史股票价格无关，那么，历史数据中的价格变动和走势看上去类似于"随机游走"的特征。

在半强式有效情况下，价格反映了所有公众获得的相关信息。除股票历史价格外，公众可获得的信息还包括各种公开信息，例如财务报表、财务报表附注，以及会计法规要求的补充信息，其他外部金融经济环境信息，市场相关数据，利率水平，等等。按照半强式有效市场理论的结论，在这种市场上，对公开信息进行基本分析是不能获利的。

强式有效观点认为，市场包括了所有的相关历史信息及所有的相关公众可获得信息，还包括仅为有限的少数人所知的信息。如果在强式有效理论的有效市场中，那么内幕知情者也将不能从按他们所知的信息进行的交易中获利。

有效市场理论是金融经济学的核心问题之一，它探讨资本市场在证券价格形成过程中是否充分而准确地反映全部相关信息。资本市场的有效性是现代资产组合理论的基石。

有效市场假设解释了金融资产价格和价值的"随机性"特征。随机价格波动体现的正是一个功能良好、在信息反映和资源配置方面有效率的市场，而不是非理性的市场。这种解释的理论依据在于，人们对金融资产的需求建立在对金融资产的预期之上，而预期本身，则又取决于投资者对信息的占有程度。进而，可以得出结论，价格对于价值的发现取决于相关信息的变化。在证券市场上，投资者的预期主要是看涨或是看跌，占有的信息则包括证券价格变动的历史数据、发行公司的经营和财务状况、股息增长率、各种宏观经济金融信息等等。在完全竞争的市场条件下，所有投资者都可以平等地获得信息，如果存在能够正确预测股票未来价格的模式，那么，这将改变投资者对股票升值或贬值的预期，将造成持有股票的投资者继续持有或竞相抛售，而没有股票的投资者竞相抢购或观望等待，即产生一致的市场行为，这两种效应的叠加，使得任何用于预测证券价格的信息都能够立刻反映在现行价格上。也就是说，只要一出现证券升值或者贬值的新消息，抢购或者抛售行为就会立刻把现时价格抬高或压低至一个适当水平。在这一水平上，投资者获得的只是正常收益，即用以补偿风险投资和机会成本的收益率。随机变化的市场和价格不仅不是市场非理性的证据，恰恰相反，正是众多理智、聪明而且充分掌握信息的投资者做出理性反应的结果。

资本市场的有效性是由其本身的特点所决定的，这一点与普通商品市场有本质的不同，根本原因在于市场流动性和竞争性。首先，资本市场的有效性是由金融资产的高度流动性，以及相对于较弱的外部干扰因素所造成的。在一般商品市场中，一些公司可以借助自然垄断、专有技术等手段，或享受政府干预、专利法保护等外部干扰措施，阻止其他产业资本进入其生产领域，从而保持在较长的时间内赚取超额利润。同样，也可以凭借上述手段或措施，在长时期内维持亏损经营的状态。简言之，产业资本可以经历较长时间的稳定盈亏，并在平衡状态保持较长时间的稳定。相比较而言，资本市场中虽也有相应的外部干扰，例如证券市场中的各种立法及对市场的管制，但程度却要小得多，特别是相较于市场本身信息的瞬息万变，外部干扰因素的影响和消化都是更加高效和瞬时的。同时，金融资本的高度流动性使得资本市场的竞争程度要比一般商品市场激烈得多，投资者进入和退出资本市场的低成本将会使整个市场的收益率趋同。总而言之，资本市场更接近于西方经济学中完全竞争市场的假设。

此外，资本市场有效性的另一原因是由市场操纵力量所决定的。在资本市场中参与金融投资的投资者包括个体投资者（也就是我们常说的"散户"）和机构投资者（如证券投资基金、证券公司自营等，也就是我国的证券市场上常说的"机构""主力"）两类。普遍认为，机构投资者是形成有效资本市场的重要原因和基础。这是因为，在现实资本市场中投资者获取信息是有成本的，而是否去发现挖掘信息的动机取决于获取这种信息的成本与以此赚取高额收益之间的比较。如果发现某种信息的成本是固定的，机构投资者因具有雄厚的资金量而使这一信息产生的价值大大高于发现成本，个体投资者却因资金不足而缺少发现动机。结果造成，机构投资者竞相开发信息，使得资本市场中所有可获得的信息都被开发殆尽；而机构投资者在市场中的买入卖出行为又进一步使价格能反映出所有可获得的信息，而那些不掌握信息的个体投资者可以简单观察价格变化而买卖股票，从而使得有效市场假设能够成立。

现实经济中，有效市场内的价格应具有如下特点：一是价格围绕价值波动。在有效市场上，证券的价格由所有可以得到的信息来决定，并围绕价值进行随机波动。如果投资者对证券价值的估计是正确的，并且买卖双方的意见一致，价格将呈窄幅波动。二是价格对新信息的反应是即时和瞬时的。即某个新信息一旦公布，投资者会根据这一信息立即修正其对证券价值的估计，而这又会瞬间反映在证券的价格上，价格将围绕新的价值平衡点随机波动，直到另一个新信息出现。三是价格反应是无偏差的。如果某些投资者错误地估计了信息对价值的影响，导致价格的过度反应，那么另一些投资者会迅速意识到这一点而卖出或购入该证券，致使价格回到均衡状态并在其价值附近随机波动。

3.2.3 均值-方差模型（Markowitz 组合理论）

在投资组合理论出现之前，传统的投资决策主要通过比较投资的预期收益和实际投资成本，这在解释风险程度差异较大的投资决策时显然是远远不够的。Markowitz 组合理论的均值方差模型为在考虑风险的情况下分析投资行为和市场价格的形成机制提供了基础框架。均值-方差模型采用风险资产的预期收益率衡量收益，以方差或标准差来衡量风险，据此来研究投资组合问题。风险资产投资组合理论建立了一个局部均衡分析的理论框架，对投资者主体分理性假设要求不高，假设各种资产的预期收益、方差及它们之间的协方差已知。

Markowitz 的均值-方差模型最早以期望收益率表示收益，以方差（或标准差）表示风险，以此进行资产组合研究，揭示了在不确定条件下投资者如何通过对风险资产进行组合以建立有效边界，如何从自身的效用偏好出发在有效边界上选择最佳投资决策，以及如何通过分散投资来降低风险。在给定时期持有期内，投资者将一笔资金进行投资，在期初，他购买一些证券，然后在期末全部卖出。那么，在期初需要决定购买哪些证券，资金在这些证券上如何分配，从而追求在预期收益率最大化和收益率不确定性风险的最小化之间的某种平衡。根据投资组合的概念，如果要使得投资组合风险最小，除了多样化投资于不同的股票之外，还应挑选相互之间的相关系数较低的股票。

Markowitz 理论的核心思想是要解释两个基本问题。一是为何要进行组合投资，组合投资究竟具有何种机制和效应；二是证券市场的投资者除了通过分散证券组合来降低风险之外，将如何根据有关信息进一步实现证券市场投资的最优选择。投资者在期初从所有可能的证券组合中选择一个最优的组合时，决策目标有两个：尽可能高的收益率和尽可能低的不确定性风险。最好的目标应是使这两个相互制约的目标达到最佳平衡。由此建立起来的投资模型即为均值-方差模型。

3.2.3.1 效用与风险偏好

面对金融市场上各类金融产品和工具，要做出最优的投资决策和选择，必须要有一个评价决策的准则。均值-方差方法对证券的收益与风险特征做出了综合性的评价。而这种方法的建立是投资者的主观行为，因此必须对投资者的行为特征进行限定。经济学是研究理性行为人的经济活动的，金融投资学也一样。至于实际投资中，投资者经常表现出来非理性或者情绪也是相对于理性而言的，因此，必须从理性假定作为基本出发点。对投资人来说，理性就是风险厌恶。投资是为了收益，承担风险是迫不得已的，是需要尽可能避免的。可是收益与风险是永远相伴相守的。因此，人们就形成了为了收益而承担风险的理性平衡，具体而言，就是所担风险要配得上预期收益。

因此，既然投资是为了满足投资者获取收益的目的，那么收益越大、风险越小，投资者的效用就越大。于是，投资选择问题其实就是一个投资者效用的最优化问题。效用是经济学中最常用的概念之一。一般而言，效用是指对消费者通过消费或者享受服务等其他方式使自己的需求、欲望等得到满足的一个度量。在经济学理论中，假设对于给定的偏好关系（所谓偏好就是参与者对所有可能选择的一个排序），我们可以给每一个选择赋予一个实数，称为它的效用，使得任意消费 A 和 B，A 优于 B 意味着 A 的效用值不小于 B 的效用值。这种从选择到实数的映射叫作效用函数，这种效用分析在经济学中非常基本和普遍。同样，我们可以建立投资的财富效用函数。

投资者的效用函数与其风险偏好有关。风险偏好可以大致分为风险厌恶、风险中性和风险喜好三类。其中，风险厌恶是指投资者偏好更低风险的情况。风险厌恶的投资者在既定的预期收益水平下偏好更低的风险；接受一项风险更高的投资是仅当他们能获得更高的预期收益作为补偿时。风险厌恶的经济含义是十分明确的，投资者如果在期望相同的确定支付和不确定支付之间总是选择前者，那么显然他是风险厌恶的。金融分析师们通常假定投资者是风险厌恶的，并且有时会把投资者投资于股票指数基金的程度视为风险厌恶程度的判断指标。如果像股票这类风险资产的风险溢价为零，投资者是不愿意投资于股票的；股票必须有正的风险溢价存在，即所持有的风险必须获得相应的收益回报，才能使风险厌恶型的投资者继续持有现有股票而不是将资金全部投资于无风险资产。

如果以收益率的期望值代表收益，以方差（或标准差）代表风险，那么上面的讨论可以用表达式表述为：如果期望收益率相同的情况下，即 $E(r_A) = E(r_B)$ 时，$\sigma_A < \sigma_B$，此时投资资产 A 带给投资者的效用更大，那么投资者就是风险厌恶的。这就是最简单、最直接的均值-方差（或标准差）准则。

使用方差作为风险的评价指标的简化有其道理。一方面，高于方差的所有阶矩（在数学上，期望是一阶矩、方差是二阶矩）的重要性远远小于期望与方差，也就是说，忽略大于方差的矩不会影响投资组合的选择；另一方面，方差与均值对投资者的效用而言同等重要。对此，萨缪尔森进行了证明，这是均值-方差分析的主要理论根据。在该证明的条件下，均值和方差同等重要，并且我们可以忽略所有其他高阶矩（即方差之外其他代表不确定性的风险值）。

在某种程度上，方差减少效用的程度取决于投资者对风险的厌恶程度。投资者对风险的厌恶程度越高，那么对风险投资的妨碍就越大。与风险厌恶投资者相比，风险中性（risk neutral，这一概念在下面的 ATP 定价中将非常关键）的投资者只是按期望收益率来判断风险投资，风险的高低与风险中性投资者无关。对这样的投资者来说，资产组合的确定等价收益率就是期望收益率。而风险喜好者愿意参加高风险的投资，这种投资者把风险可能带来的高额回报考虑在内，从而上调期望效用。

下面的例子可以充分解释风险偏好（风险厌恶、风险中性、风险喜好）的概念。考虑如下一个简单的情形，投资者可以投资于一项可以获得固定收益 10 万元的投资，或者投资于另外一项投资，情况好时可以获得 15 万元的收益，而情况差时则只获得 5 万元，两种情况的概率均为 50%。上面两个投资的期望利润显然是相同的，均为 10 万元。但是，第一个投资能够获得确定的 10 万元，收益的波动性和不确定性较小，而第二个投资则有可能能够获得更多收益，当然也可能更少。于是，对于风险厌恶的投资者，第一个投资的效用更大；对于风险喜好的投资者，第二个投资的效用更大；而对于风险中性的投资者，两者效用相同。

3.2.3.2 均值-方差模型的基本假设

标准的均值-方差分析的假设条件包括：

（1）证券市场是有效的，证券的价格反映了证券的内在经济价值，每个投资者都能掌握充分的信息，并能够了解各种可能的收益率的概率分布；

（2）投资者在投资决策中只关注投资收益概率分布的两个参数：投资期望收益率和方差，期望收益率反映了投资者对未来收益水平的衡量，而收益率的方差反映了投资者对风险的估计；

（3）投资者的投资目标是：风险相同时追求期望收益最大化，或者期望收益相同时追求风险最小化，也就是说，投资者是风险回避的；

（4）各种证券的收益率之间有一定的相关性，它们之间的相关程度可以用相关系数或者收益率之间的协方差来表示；

（5）投资者拥有完全流动性的资产，即资产具有供给的无限弹性，资产组合的购买和销售不影响市场的价格和期望收益率；

（6）每种资产的收益率都服从正态分布；

（7）每种证券都是无限可分的，即如果投资者愿意的话，他可以购买一个证券的一部分；

（8）税收和交易成本等均忽略不计。

均值-方差模型就是在上述假设下推导出投资者只在有效边界上选择证券组合，并提供确定有效边界的技术路径的数理模型。

3.2.3.3 收益和风险的度量

在一定时期内，资产收益率是该资产期初与期末价值差额的相对数，即：

$$r_t^i = \frac{P_t^i - P_{t-1}^i}{P_{t-1}^i}$$

其中，r_t^i 为资产 i 在第 t 期的收益率；P_t^i、P_{t-1}^i 分别为资产 i 在第 t 和 $t-1$ 期的期末价值。

除无风险资产外，对于任意资产，由于其未来的收益存在一定的不确定性，因而存在着风险。为了对其风险进行度量，可将资产的收益率视为随机变量，并根据其收益率概率分布的历史信息，利用收益率的均值和方差（或标准差）估计该资产的未来收益和风险，即：

$$\mu_i = E(r_i) = \frac{1}{T} \sum_{t=1}^{T} r_t^i \tag{3.2.3-1}$$

$$\sigma_i^2 = \text{var}(\mu_i) = \frac{1}{T} \sum_{t=1}^{T} (r_t^i - \mu_i)^2 \tag{3.2.3-2}$$

对于由 N 种资产构成的资产组合 P，资产组合的收益和风险为：

$$\mu_p = E(r_P) = E\left(\sum_{i=1}^{N} \omega_i r_i\right) = \sum_{i=1}^{N} \omega_i E(r_i) = \sum_{i=1}^{N} \omega_i \mu_i \tag{3.2.3-3}$$

$$\sigma_p^2 = \text{var}(\mu_P) = \text{var}\left(\sum_{i=1}^{N} \omega_i r_i\right) = \sum_{i=1}^{N} \sum_{j=1}^{N} \omega_i \omega_j \sigma_{ij} = \sum_{i=1}^{N} \sum_{j=1}^{N} \omega_i \omega_j \rho_{ij} \sigma_i \sigma_j \tag{3.2.3-4}$$

其中，ω_i 为资产 i 在资产组合 P 中所占权重；σ_{ij} 为资产 i 与 j 收益率之间的协方差，ρ_{ij} 为资产 i 与 j 收益率之间的相关系数，即：

$$\sigma_{ij} = \frac{1}{T} \sum_{t=1}^{T} (r_{it} - \mu_i)(r_{jt} - \mu_j) \quad , \quad \rho_{ij} = \frac{\sigma_{ij}}{\sigma_i \sigma_j}$$

显然，资产组合的收益是组合中各资产收益的加权平均，而资产组合的风险除依赖于组合中各资产的风险和该资产所占权数外，还取决于各资产收益率之间的协方差，或各资产收益率之间的相关系数。投资分散化原则就是根据不同资产间相关程度的差异对资产组合风险的影响，进行多元化投资以达到分散风险的目的。

3.2.3.4 标准的均值-方差模型

Markowitz 根据资产组合收益与风险的关系，提出资产组合的选择原则，即在既定风险水平下，收益最大；或者在既定收益水平下，风险最小。按照这种选择模式，对于任意给定的期望收益率水平 $E(r_P)$，可以得到方差最小的资产组合，即最优资产组合。最优资产组合对应的收益率方差（或标准差）和均值在方差-均值平面或标准差-均值平面上对应一个点，所有这些点组成的集合构成资产组合的有效边界（下图中的曲线）；在有效边界上，不同投资者根据其风险偏好，选择各自的最优资产组合。

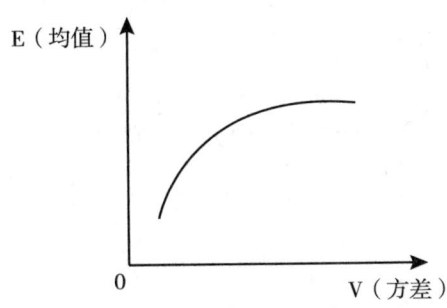

图：资产组合的有效边界

均值-方差模型的资产选择标准为，投资者以期望收益率亦称收益率均值来衡量未来实际收益率的总体水平，以收益率的方差或标准差来衡量收益率的不确定性风险。因而，投资者在决策中只关心投资的期望收益率和方差。此外，投资者是不知足的和厌恶风险的，即投资者总是希望期望收益率越高越好，而方差越小越好。均值方差模型就是在上述两个假设下导出投资者只在有效边界上选择证券组合，并建立确定有效边界的数理模型。于是，均值-方差模型可以表示为以下的最优化问题：

$$\min \sigma_P^2 = \sum_{i=1}^{N} \sum_{j=1}^{N} \omega_i \omega_j \sigma_{ij} \tag{3.2.3-5}$$

$$\text{St.} \quad \sum_{i=1}^{N} \omega_i \mu_i = \mu_P$$

$$\sum_{i=1}^{N} \omega_i = 1$$

$$\omega_i \geq 0 (i = 1, 2, \cdots, n)$$

上述优化问题，是在给定组合收益率的情况下，寻找方差最小（即风险最小）的投资组合。这是一个二次规划问题，μ_P 是给定的期望收益率水平。通过二次规划最优化计算，可以得到最优资产组合中资产 i 所占的权数 $\omega_i (i = 1, 2, \cdots, n)$，然后根据资产 i 的收益和风险，可以计算出最优资产组合的收益和风险。

在上述约束条件中，$\omega_i \geq 0 (i = 1, 2, \cdots, n)$ 的含义是所有资产的头寸均为正值，即不能卖空。如删除该约束条件，则为能够卖空情况下的投资组合选择问题。

为了方便求解，可以采用如下向量形式表达。

记 $\bar{R} = \begin{pmatrix} r_1 \\ r_2 \\ \cdots \\ r_N \end{pmatrix}$ 为投资组合中各资产的收益率，$X = \begin{pmatrix} \omega_1 \\ \omega_2 \\ \cdots \\ \omega_N \end{pmatrix}$ 为 N 中资产的投资比例权重系数，

$R_P = X^T \bar{R} = \mu_P$ 为投资组合的收益率，$\sigma_{ij} = \mathrm{cov}(r_i, r_j)$ 为资产 i 和资产 j 的收益率协方差，

$$\Omega = \begin{pmatrix} \sigma_{11} & \sigma_{12} & \cdots & \sigma_{N1} \\ \sigma_{21} & \sigma_{22} & \cdots & \sigma_{N2} \\ \cdots & \cdots & \cdots & \cdots \\ \sigma_{N1} & \sigma_{N2} & \cdots & \sigma_{NN} \end{pmatrix}$$ 为收益率协方差矩阵，

$I = \begin{pmatrix} 1 \\ 1 \\ \cdots \\ 1 \end{pmatrix}$ 为 N 维单位向量（所有元素为1），

于是，$\sigma_P^2 = X^T \Omega X = \sum_{i=1}^{N} \sum_{j=1}^{N} \omega_i \omega_j \sigma_{ij}$ 为投资组合的收益率。

在可以做空的情况下，投资组合选择优化问题可以表示为：

$$\min \sigma_P^2 = X^T \Omega X \tag{3.2.3-6}$$

St. $X^T I = 1$

$R_P = X^T \bar{R} = \mu_P$

可以看出，如果所有证券两两不相关，即 $\sigma_{ij} = 0, i \neq j$，那么在 N 趋近于无穷大的情况下，$\sigma_P^2$ 趋近于 0。这表明，若证券市场上存在充分多的不相关证券，投资者只需等比例投资于这些证券，就可以完全消除风险。一般而言，$\sigma_{ij} \neq 0, i \neq j$，即不同证券之间存在相关性，这时如果投资者再等比例的投入这 n 种证券，当 n 趋近于无穷大时：

$$\lim_{n \to \infty} \sigma_P^2 = \lim_{n \to \infty} \frac{\overline{\sigma_i^2}}{n} + \lim_{n \to \infty} \frac{(n-1)\overline{\sigma_{ij}}}{n} = \overline{\sigma_{ij}}$$

这表明当投资者等比例地投资于多个证券时，可以消除单个证券对投资组合风险的贡献，但却不能消除单个证券之间协方差对投资组合总风险的贡献。因此，我们将组合中单个证券对组合风险的贡献称为非系统风险，而将协方差对组合风险的贡献称为系统风险。从以上的分析可以看出，投资组合的非系统风险是可以通过分散化投资消除的风险，而系统风险是通过分散化投资无法消除的风险。

可以利用拉格朗日乘数法对优化问题进行求解。

记 $L = \frac{1}{2}X^T\Omega X + \lambda_1(1 - X^TI) + \lambda_2(\mu - X^TR)$ (3.2.3-7)

实现最优解的一阶条件为：

$$\begin{cases} L_X = \Omega X - \lambda_1 I - \lambda_2 R = 0 \\ L_{\lambda_1} = 1 - X^T I = 0 \\ L_{\lambda_2} = \mu - X^T R = 0 \end{cases}$$

由式一可知：

$$\hat{X} = \Omega^{-1}(\lambda_1 I + \lambda_2 R)$$

将其代入式二和式三，得

$$\lambda_1 I^T \Omega^{-1} I + \lambda_2 R^T \Omega^{-1} I = 1$$
$$\lambda_1 I^T \Omega^{-1} R + \lambda_2 R^T \Omega^{-1} R = \mu$$

记 $a = I^T\Omega^{-1}I$，$b = R^T\Omega^{-1}I$，$c = R^T\Omega^{-1}R$，$\Delta = ac - b^2$

那么，上面两个等式可以写为

$$\lambda_1 a + \lambda_2 b = 1$$
$$\lambda_1 b + \lambda_2 c = \mu$$

由于 Ω 非退化以及 $R \neq kI$，应用 Canhcy-shcwarz 不等式（$\left(\sum_{k=1}^{n} a_k \cdot b_k\right)^2 \leq \left(\sum_{k=1}^{n} a_k^2\right) \cdot \left(\sum_{k=1}^{n} b_k^2\right)$）可证明 $\Delta > 0$，从而上面的方程组有解，可得：

$$\lambda_1 = \frac{c - \mu b}{\Delta}, \quad \lambda_2 = \frac{\mu a - b}{\Delta}$$

将上述结果代入最优化问题等式（3.2.3-6），即可得到最小方差

$$\begin{aligned}\hat{\sigma}_P^2 &= \hat{X}^T \Omega X = \hat{X}^T \Omega(\lambda_1 \Omega^{-1} I + \lambda_2 \Omega^{-1} \overline{R}) \\ &= \lambda_1 \hat{X}^T I + \lambda_2 \hat{X}^T \overline{R} \\ &= \lambda_1 + \lambda_2 \mu \\ &= (a\mu^2 - 2b\mu + c)/\Delta \end{aligned}$$ (3.2.3-8)

3.2.3.5 有效前沿

均值-方差模型从投资者风险厌恶的假设出发，给出了评判金融资产组合优劣的标准。当投资者面临收益与风险各不相同的多种金融产品时，运用均值-方差准则构建最优的风险资产投资组合，就构造出有效前沿（Efficient Frontier）曲线，又称为有效边界。

考察各种不同的两项资产的组合，并且推导出各种可能权重下的收益和风险曲线，那么我们将得到如下图所示的图形。这种能包含所有可能组合中的最好组合的曲线被称为有效前沿。有效前沿代表了那些对特定风险水平具有最大收益率，而对给定收益率水平具有最小方差（或标准差）的投资组合的集合。

在均值方差模型中，每一种证券或证券组合可由均值方差坐标系中的点来表示，那么所有存在的证券和合法的证券组合在平面上构成一个区域，这个区域被称为可行区域。可行区域的左边界的顶部称为有效前沿，有效前沿上的点所对应的证券组合称为有效组合。

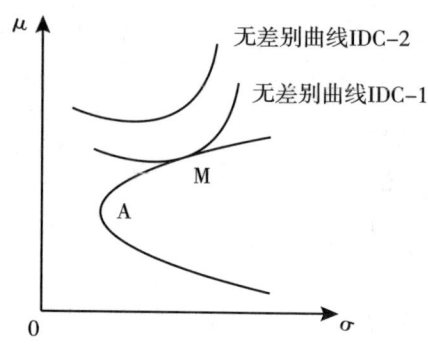

图：标准均值-方差模型的最小方差集合及有效前沿上的最优资产选择

在给定一组资产的预期收益率、方差和协方差时，可以计算出任何预期收益的资产组合的最小方差。由上一节推导的公式可知，最优方差组合在分别以均值和方差为纵轴和横轴的空间 (σ, μ) 中表现为一双曲线，如上图所示。

在图中有一个特殊的点 $A(\sigma_g, \mu_g)$，它是所有可行组合的下边缘和上边缘的交汇点，该组合是所有可行组合中方差最小的，因而称为全局最小方差组合。由

$$\frac{d\sigma^2}{d\mu} = \frac{2a\mu - 2b}{\Delta} = 0$$

可以求出，$\mu_g = \frac{b}{a}$，$\sigma_g^2 = \frac{1}{a}$。

将 $\mu_g = \frac{b}{a}$ 代入上一节中 λ_1、λ_2 的公式，得 $\lambda_1 = \frac{1}{a}$，$\lambda_2 = 0$，

从而，全局最小方差组合为：

$$X_g = \frac{\Omega^{-1} I}{a} = \frac{\Omega^{-1} I}{I^T \Omega^{-1} I} \tag{3.2.3-9}$$

在 $A(\sigma_g, \mu_g)$ 点以下的边缘是所有可行的组合中风险相同但期望收益率最小的资产组合，由均值-方差模型的假设和资产选择标准可知，它们是无效组合；而在 $A(\sigma_g, \mu_g)$ 点以上的边缘是所有可行组合中风险相同但期望收益率最大的资产组合，通常被称为有效组合，所有有效组合的总和被称为有效前沿或有效边界。

可以证明，有效边界为一条上凸曲线（二阶导数为负），这一凸性在资本市场定价理论中极其重要。

投资者在有效边界上具体选择哪一个投资组合，依赖于风险厌恶程度，而这种程

度取决于投资者风险/收益效用函数的性质和形态。我们可以用投资者的均值-方差无差异曲线（IDC）来描述风险和收益率之间的相互替代关系。上图中左上部分的曲线表示某个投资者的无差异曲线，在某一条曲线上进行风险和收益率相互替代对该投资者而言将是毫无差别的。由于假设投资者是风险回避的，其效用会随着期望收益率的增加而增加，但增加量却会不断减小，因此，无差异曲线是将向右上倾斜的，且随着期望收益率的增加越来越陡峭。不同的无差异曲线之间，越靠近右上方位的曲线，意味着越高的效用水平。一旦确定了这些无差异曲线，则最优投资组合将是无差异曲线与有效边界的切点，这一切点是所有可行的投资组合中投资者效用最大的投资组合。一般而言，不同的投资者有不同的风险偏好结构，投资者的风险回避程度越高，无差异曲线越靠近期望收益率坐标轴，因而，高风险回避的投资者将选择有效边界左下部分所代表的投资组合以回避风险，而低风险回避的投资者将选择有效边界右上部分所代表的投资组合以获得更高的投资收益。

有效边界的渐进线的斜率：

$$\lim_{\mu \to \infty} \frac{d\mu}{d\sigma} = \lim_{\mu \to \infty} \frac{\sqrt{\Delta}}{a\mu - b} \sqrt{a\mu^2 - 2b\mu + c} = \sqrt{\frac{\Delta}{a}} \quad (3.2.3-10)$$

因而有效边界渐近线方程为：

$$\mu = \frac{b}{a} + \sqrt{\frac{\Delta}{a}}\sigma \quad (3.2.3-11)$$

假设 $b \neq 0$，令 $X_d = \frac{\Omega^{-1}\tilde{R}}{b} = \frac{\Omega^{-1}\tilde{R}}{I^T\Omega^{-1}\tilde{R}}$

X_d 为可分散化资产组合，由此可以将最小方差资产组合分解为：

$$X = \Omega^{-1}(\lambda_1 I + \lambda_2 R) = \lambda_1 a \cdot X_g + \lambda_2 b \cdot X_d \quad (3.2.3-12)$$

其中，$\lambda_1 a + \lambda_2 b = 1$

以上（3.2.3-12）便是著名的两基金分离定理：任一最小方差资产组合 X_P 可以唯一地表示为全局最小方差资产组合 X_g 和可分散化资产组合 X_d 的资产组合。分离定理表明，如果投资者是通过检验均值和方差来选择资产组合的，他只需将资金适当地分配给 X_g 和 X_d 这两种资产组合就实现可以均值-方差有效。用任意两个最小方差的资产组合取代 X_g 和 X_d 同样可以取得相同的基金分离作用。分离定理在金融理论中的作用是至关重要的，通常情况下，两个投资组合分别为市场组合和无风险资产。

投资者在市场上选择什么样的资产组合进行投资取决于投资者的风险厌恶程度，但是，由于在无风险利率既定情况下的最佳风险组合是唯一的，因此所有投资者的有效投资组合都可以归入一条曲线，即下文将要介绍的资本市场线。而两基金分离定理认为投资者的投资决策可以分为以下两步进行：

第一步：选择最优风险资产的组合，或称为市场组合。最优风险资产组合满足在相同的风险下没有其他资产组合收益率的期望更高；或者在相同的期望收益下没有其他资产组合风险更低；即满足均值-方差准则下有效前沿的条件。第二步：构建最优风险资产组合与无风险资产的再组合。投资者根据自身的风险偏好，在资本市场线上选择一个由无风险资产与市场组合构造的资产组合，该资产组合要求使投资者的效用满足程度最高，即无差异曲线与资本市场线的切点。

以上两个步骤将整个投资决策分成了彼此独立的两个阶段，将无风险资产的配比与风险资产组合的构建分离开来，故称为两基金分离。由两基金分离理论可以发现：第一，最优风险资产组合的确定与个别投资者的风险偏好无关；第二，最优风险资产组合的确定仅取决于各种可能的风险资产组合的预期收益和标准差。

3.2.3.6 存在无风险资产的均值-方差模型

下面，在标准的均值-方差模型中引入无风险资产，这对于进行资本资产定价模型分析是至关重要的。

标准均值-方差的资产组合问题没有考虑无风险资产，但现实经济中可以将市场利率和通货膨胀不变情况下的国库券近似为无风险资产，这种无风险资产的存在对资产组合问题将产生两方面的重要影响。一方面，投资于无风险资产表明投资者可以获得某一确定的收益率 R_f，而不承担任何风险，即 $\sigma_f = 0$。另一方面，在投资者的资产组合中，可能购买了一定数量的无风险资产，也可能卖空了一定数量的无风险资产。现在我们讨论无风险资产进入组合管理以后将对资产选择造成的影响。

令 X_0 表示无风险资产在组合资产中的比例系数，$X_0 = I - I^T X$，风险资产数目为 n，此时的资产组合问题为：

$$\min \sigma_P^2 = X^T \Omega X \tag{3.2.3-13}$$

St. $X^T(\tilde{R} - R_f I) = \mu - R_f$

应用拉格朗日乘子法求解，令

$$L = \frac{1}{2} X^T \Omega X + \lambda [\mu - R_f - X^T(\tilde{R} - R_f I)] \tag{3.2.3-14}$$

最优解的一阶条件为

$$\begin{cases} L_X = \Omega X - \lambda(\tilde{R} - R_f I) = 0 \\ L_\lambda = \mu - R_f - X^T(\tilde{R} - R_f I) = 0 \end{cases} \tag{3.2.3-15}$$

由（3.2.3-15）的第一个等式可以得到最优解

$$\hat{X} = \lambda \Omega^{-1}(\tilde{R} - R_f I) \tag{3.2.3-16}$$

将其代入（3.2.3-15）的第二个等式，可以得到

$$\lambda = \frac{\mu - R_f}{c - 2R_f b + R_f^2 a} \tag{3.2.3-17}$$

将（3.2.3-17）的结果代入（3.2.3-13）的方差公式，即可得到最小方差资产组合的方差函数

$$\hat{\sigma}_P^2 = \hat{X}^T \Omega \hat{X} = \lambda \hat{X}(\tilde{R} - R_f I) = \lambda(\mu - R_f) \tag{3.2.3-18}$$

$$= \frac{(\mu - R_f)^2}{c - 2R_f b + R_f^2 a}$$

由上式可知，最优方差组合在 (μ, σ) 空间中表现为两条相交于 $(0, R_f)$ 的曲线，其中射线 $\mu = R_f + \sqrt{c - 2R_f b + R_f^2 a} \cdot \sigma$ 为有效边界，如下图所示。

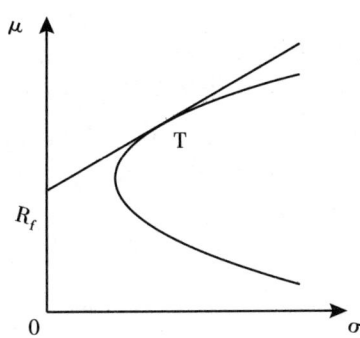

图：存在无风险资产情况下的有效前沿

存在无风险资产情况下的资产组合问题也可以是以下的夏普模型：

$$\max\theta = \frac{R_P - R_f}{\sigma_P} = \sum_{i=1}^{n} X_i(R_i - R_f) \Big/ \sqrt{\sum_{i=1}^{n}\sum_{j=1}^{n} X_i X_j \sigma_{ij}} \tag{3.2.3-19}$$

St. $X^T(\tilde{R} - R_f I) = \mu - R_f$

上式中的目标函数 θ 就相当于有效边界曲线中的有效边界的斜率，最大化 θ 就表明投资者的投资目标是最大化单位资产的超额收益，这也就相当于对投资者来说在给定风险水平下风险最小的资产组合。

所有最小方差资产组合均可以由无风险资产和不包括任何无风险资产的所谓"切点"资产组合构成，记

$$\tilde{X}^T = (X_{0t}, X_t^T)，其中 X_{0t} = 0, X_t^T = \frac{\Omega^{-1}(\tilde{R} - R_f I)}{b - aR_f}$$

这一切点资产组合位于无风险资产存在的有效边界和不允许对无风险资产进行买入或卖空交易的有效边界的相切处，其均值和方差分别为：

$$R_t = X^T \tilde{R} = \frac{c - bR_f}{b - aR_f}, \quad \sigma_t^2 = X^T \Omega X = \frac{c - 2R_f b + R_f^2 a}{(b - aR_f)^2}$$

以上称为无风险资产存在情况下的"两基金分离定理"或"货币分离定理"。该定理表明：在无风险资产存在的情况下，投资者通过投资由无风险资产和切点组合构成的资产组合就可以实现均值-方差有效。切点组合具有特别重要的作用，首先，切点组

合是一个风险资产组合，既未卖空也未买入无风险资产，这个风险资产组合在缺乏无风险资产时本身就是一个有效组合，现在仍然是有效组合。其次，将无风险资产纳入投资组合后，所有有效组合将由无风险资产和风险资产的切点组合来产生，无论投资者持有何种风险态度，拥有风险资产的最优组合均是切点组合。这时风险态度将体现在不同投资者在有限边界上的不同位置，而这些位置均由无风险资产和风险资产的切点组合来产生。如果投资者是风险回避型的，即不愿意承担太大风险，可以同时适量买入风险资产和风险资产的切点组合，即处于上图中切点 T 和切线的纵轴点之间的某个位置。如果投资者是风险偏好型的，则可以卖空无风险资产并将收入连同自有资金投资于风险资产的切点组合，从而获得有效边界在切点组合上的某个适当位置。可见，切点组合极大地简化了对投资组合地选择，投资者只需决定卖空和买入无风险资产，而将剩余的资金投入切点组合即可实现对风险的控制，实现愿意承担多大风险的决策与具体确定持有各种风险资产的比例分离开来。这一特性是标准 CAPM 的一个重要基础。

通过上述分析，我们可以看出，在允许卖空的情况下，引入无风险资产使得新的可行域的边界线性化了。当不允许卖空时，风险资产的切点组合仅对风险回避的投资者起作用，而那些希望想通过承担更多风险来获得更高收益的风险偏好的投资者，由于受到卖空约束，只能从切点组合出发沿原来的风险资产有效边界选择适当的具有更高风险和更高的期望收益率的其他有效组合，即此时切点组合已不是风险偏好者的最优选择，投资组合中也已不再含有无风险资产。由此可见，不允许卖空条件下，无风险资产的引入只会使有效边界部分线性化，而有效边界的其余部分仍是不允许无风险资产卖空和买入的有效边界。

3.2.3.7 资本市场线

在引入无风险资产后，市场组合与无风险资产构成的全部资产组合的集合，即资本市场线（capital market line，CML），它构成了风险资产与无风险资产组合的有效边界。

资本市场线表示投资者的所有可行的风险收益组合。其斜率等于选择的资产组合每增加一单位标准差上升的期望收益，也就是每单位风险的收益的测度，表达式为：

$$S_P = \frac{E(R_M) - R_f}{\sigma_M} \qquad (3.2.3\text{-}20)$$

其中 R_M 为市场组合收益率，R_f 为无风险收益率，σ_M 为市场组合标准差。

资本市场线的表达式可以写为：

$$E(R_P) = R_f + \frac{E(R_M) - R_f}{\sigma_M}\sigma_P \qquad (3.2.3\text{-}21)$$

资本市场线的经济学含义是一个由无风险资产和市场组合组成的资产组合的期望收益率，是由无风险收益率 R_f 与风险溢价两部分组成，其中风险溢价表示为单位市场的超额收益与整个资产组合风险的乘积。通常资本市场线是向上倾斜的（参见上面的斜率公式,通常 $R_M > R_f$,即有风险的市场组合期望收益率大于无风险收益率),斜率反映有效组合的单位风险的风险溢价,表示一个资产组合的风险每增加一个百分点,需要增加的风险报酬。

资本市场线给出风险水平不同的各个有效证券组合的预期收益。不同投资者可根据自己的无差异曲线在资本市场线上选择自己的资产组合。对于风险承受能力弱、偏爱低风险的投资者可在资本市场线上的左下方选择自己的资产组合。一般可将全部资产分为两部分,一部分投资于无风险资产,另一部分投资于风险资产,越是追求低风险,在无风险资产上投资越大,所选择的资产组合点越接近于纵轴上的无风险收益率 R_f。对于风险承受能力强、偏爱高的投资者,可以在资本市场线的右上方选择自己的投资资产组合。除了将全部资金投资于风险资产组合外,还可以按无风险利率借入资金投资于风险资产,即对无风险资产的头寸为负。风险偏好越强,借入资金越多,所选择的资产组合点沿着资本市场线向上走,也就是风险偏好越大、投资杠杆越高。

3.2.4 资本资产定价模型(CAPM)

无论是金融资产定价还是估值,都需要建立一个基准,从而获得均衡定价。资本资产定价模型某种程度上就是这样一个分析的基准。

资本资产定价模型(Capital Asset Pricing Model,CAPM)是现代金融学的奠基石,它由威廉·夏普(William Sharpe)于1964年最先提出。资本资产定价模型是基础证券市场静态竞争均衡的结果,对证券资产风险及其预期收益率之间的关系给出了简洁精确的关系。该模型提供了一种对证券投资估计其均衡收益率的方法,从而科学预测证券资产的预期收益率。尽管资本资产定价模型同实证检验并不完全一致,但是它是认识和拓展实用模型的出发点和基本理念,同时也是建立金融理论和金融资产估值理论的重要理论基础。但也需要强调,资本资产定价模型所展示的是一个理想环境,其对于完全竞争和完全信息的要求是现实世界无法满足的,是一个理论上的理想市场环境。尽管使用CAPM模型进行证券投资可能无法获得收益,但依据其理论建立起来的金融分析和定价估值体系却具有很大的实用价值。

3.2.4.1 CAPM模型的基本内容

前面已经探讨了均值-方差模型和无风险资产的基本含义,建立了使用均值-方差作为投资效用评价的体系,并通过无风险资产推导出资本市场线。显然,所有的投资者都想使自己的投资组合在资本市场线上,那么一项资产与风险资产形成的市场组合之间的协方差就成为反映相关性风险的重要测度,即反映了投资者的投资组合与市场组合之间的相关关系。以此出发,就可以进一步来决定风险资产恰当的预期收益率,从而建立起资本资产定价模型。通过资本资产定价模型,可以评估均衡意义下风险资产合理的收益率(对应的可以得到价值);同时,投资者如果对于一项投资已经估计了一个收益率,那么他可以将所估计的收益率与通过CAPM模型得到的必要收益率进行比较,以决定这项资产是否被恰当定价,是否存在高估或低估。

资本资产定价模型实质上要解决,如果遵循 Markowitz 资产组合理论的均值-方差模型,在有效边界上寻求有效组合,那么当资本市场均衡时,将如何确定资产的收益,如何度量组合中单个资产的风险,以及期望收益与风险之间的关系。与均值-方差模型理论一样,资本资产定价模型也是现实世界的高度抽象和完美假设。

首先,给出资本资产定价模型的基本假定(与有效市场和均值-方差模型假设类似):

(1)完全竞争。存在着大量投资者,每个投资者的财富相对于所有投资者的财富总和来说是微不足道的。投资者是价格的接受者,单个投资者的交易行为对证券或资产的价格不发生影响。这个假定类似于完全竞争的微观经济假定。

(2)信息完全公开。有关交易证券的所有信息都是公开的,也就是说没有人可以掌握私有信息牟利。

(3)静态投资。所有投资者都在同样的证券持有期内规划并执行自己的投资行为。这种假设意味着投资者的投资选择和行为是"短视"的和"死板"的,忽略了在持有资产期间发生的任何事件可能对投资决策造成的影响。

(4)交易范围。投资者的投资范围为公开市场上所有公开交易的资产,同时投资者还可以以无风险利率借入或拆出资金或资产。

(5)市场无摩擦。不存在税收与证券交易费用(包括佣金、服务费等)。

(6)理性投资。所有投资者均是理性的、追求均值-方差最优化的投资者,这意味着他们采用马科维茨的资产选择模型,是马科维茨均值-方差模型下的有效投资者。

(7)同质预期。所有投资者对证券的分析方法相同和经济形式的看法一致。所以,他们对各种证券投资未来现金流的概率分布有相同的估计。

尽管上面这些假设忽略了实际经济的复杂性,然而,在这些假定下,可以理解金融市场均衡的本质。即当市场达到供需平衡的市场出清条件时,有如下结论:

(1)所有投资者将选择持有一个复制市场组合 M 的风险资产组合,或者说就是综合指数基金。为了简化起见,我们将风险资产简单地全部视为股票,那么每只股票在市场组合中所占的比例等于这只股票的市值占所有股票市值的比例。

(2)市场组合不仅在有效前沿上,而且也是切点组合。如此一来,资本市场线就是夏普比率(即投资组合预期报酬率减去无风险利率再除以投资组合的标准差,$Sharpe\ Ratio = \dfrac{E(R_P - R_f)}{\sigma_P}$)最大或者斜率最大的最优资本配置。投资者之间的投资选择差异只是投资最优风险资产组合(即市场组合)和投资无风险资产的投资比例上的差异。

(3)市场组合的风险溢价与市场风险和个人投资者的风险厌恶程度成比例的。

(4)单个资产的风险溢价与市场组合 M 的风险溢价是成比例的。用贝塔(β)系数用来度量证券收益率与市场相关性的程度,反映了投资组合的收益率对整个市场的敏感性程度。其中,贝塔系数(β)为:

$$\beta = \frac{Cov(R_i, R_M)}{\sigma_M^2} \tag{3.2.4-1}$$

CAPM 模型的基本形式，也就是单个证券的风险溢价（相较于无风险收益率 R_f）为：

$$E(R_i) - R_f = \frac{Cov(R_i, R_M)}{\sigma_M^2}[E(R_M) - R_f] = \beta[E(R_M) - R_f] \tag{3.2.4-2}$$

即单个资产的风险溢价（或者成为超额收益率）可以表示为市场组合的风险溢价乘以贝塔系数。在这里面，通常 $E(R_M) - R_f$ 又被称为是市场风险的"价格"，即承担了市场组合的风险后获取的超过无风险收益率的超额回报，而 β 则称为市场风险的"数量"，即该资产中蕴含了多少市场风险。"价格"乘以"数量"，便是该资产的价值。换句话说，投资组合或资产的价值，完全来自其承担的市场组合风险。而市场组合的风险溢价，则是这种风险的单位价格。这里的市场风险是指市场组合的风险，又可以称为系统性风险。

3.2.4.2 市场组合的风险溢价

CAPM 主要反映的是预期收益和市场风险的关系，由于投资的资产或资产组合承担了一定的市场风险，因此可以获得超出无风险收益率的风险溢价。对一支资产或者资产组合，它的预期收益应该与其风险相关，风险越大，得到的补偿就越多，那么收益就越高。CAPM 可以计算一项投资的风险，和风险相应的预期收益率。换言之，资产或投资组合的价格或价值也应直接与其承担的市场风险相关联。

CAPM 模型中的无风险资产和无风险收益率都是理论上的资产及其收益率，具体来说，是在完备市场条件下应用分离定理时，从纵坐标轴上取到的方差为零的点。在实际应用中，通常选取被认为没有风险或风险极小的资产作为定价与估值中使用的无风险资产及无风险收益率。

而为了应用方便，作为无风险收益率的选取，最好还要满足以下几个条件：一是资产的流动性强，二级市场参与程度高，从而可以通过充分交易得到均衡、公允的市场价格，进而得到合理的资产收益率取值；二是收益稳定，无风险或风险极小，特别是无信用违约风险；三是可分析性强，与其他资产具有较强的关联性。在我国现有的金融市场环境条件下，通常可以从银行同业拆借市场、银行间债券回购市场和交易所债券回购市场选择国债、央票等相关金融工具作为无风险资产，以一个（或几个）金融工具的收益率（或加权平均收益率）为无风险基准利率，作为其他金融资产定价的基础。与此相对应的方法是，如果选取其他尽管风险也很低但存在一些缺陷的指标，则可能在应用上造成不便。比如，选取法定存款基准利率作为无风险利率，一方面，该利率波动很小，在一段时间内基本固定，因而与其他资产的关联性不够紧密；另一方面，尽管银行违约造成存款损失的可能性极低，但也无法将其归于理论上的无风险资产。

而对于 CAPM 中的市场组合和市场收益率，同样是"理论上"的存在。市场组合是一类风险充分分散化、不存在单一资产的非系统性风险的资产组合。按照这一定义，如果把每个资产都分解为公共的系统性因素和各自差异化的非系统性因素两部分，其中非系统性因素可以通过分散投资进行对冲和消化，那么构成市场组合的各类资产的权重，应该能够使得非系统性因素被完全抵消。在实务中，最常用的做法是采用全市场收益率作为市场组合收益率的代表，即将市场行所有的资产按照其价值权重占比加权平均。或者，有时也可以采用认为更加能够代表市场的指数，例如，如果认为沪深300指数比上证指数或深成指数更加能够代表市场组合，也可以使用沪深300指数作为市场组合。通过理论上最大化的分散投资，市场组合将单一资产的个别风险充分地分散和相互抵消，剩余的就是整个市场具有的共同风险，可以认为是宏观经济或金融体系的整体风险。因此，将市场组合的风险称为系统性风险是一种非常名副其实的表述。

市场组合收益率超出无风险收益率的部分，就是承担市场风险获得的风险溢价。

3.2.4.3 证券市场线

在前面的章节中，已经介绍了资本资产定价模型的代数表达式形式，接下来我们讨论 CAPM 模型的几何表现形式，即证券市场线（Security Market Line，SML）。证券市场线的主要作用是形象地给出一只股票的必要收益率，进而据此判别该项资产是否被正确定价，或是被高估或低估。

给定一项资产收益与市场收益之间的协方差，可以利用这个协方差作为系统风险的一个度量来画出这项资产的风险收益关系，如下图所示，这是证券市场线的一种图形表述形式。

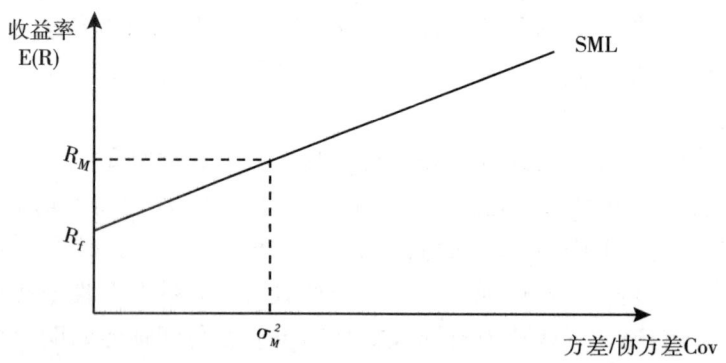

图：证券市场线（SML）

证券市场线的方程就是 CAPM 模型的一般公式，即：

$$E(R_i) = R_f + \frac{Cov(R_i, R_M)}{\sigma_M^2}[E(R_M) - R_f] \quad (3.2.4\text{-}3)$$

或者写为：

$$E(R_i) = R_f + \beta_i [E(R_M) - R_f], \text{ 其中 } \beta_i = \frac{Cov(R_i, R_M)}{\sigma_M^2} \quad (3.2.4\text{-}4)$$

这是证券市场线经常使用的表述形式，也是资本资产定价模型所表述的贝塔（系统风险）与预期收益的关系式。当 $\beta = 1$ 时，这就是市场组合。

在前面介绍均值-方差模型时，已经引入了资本市场线（CML），它与刚刚介绍的证券市场线（SML）有着不同的意义。可以回顾一下（3.2.3-21），资本市场线的方程为：

$$E(R_P) = R_f + \sigma_P \cdot \frac{E(R_M) - R_f}{\sigma_M}$$

资本市场线描述了有效投资组合（即由市场组合和无风险资产组成的投资组合）的风险溢价与组合标准差 σ_P 的关系。资本市场线图形的横坐标为风险度量 σ_P，该标准差对于有效多样化的投资组合是合适的风险测度。但是，这仅仅考虑了单一投资者选择的收益与风险的关系，如果投资者是风险厌恶和一致预期的，那么每一个投资者的最有投资组合都会在资本市场线上。

而与资本市场线相比较，证券市场线描述了在市场均衡状态下，单个资产的风险溢价与资产风险之间的关系。此时用来度量单个资产风险的风险测度不是标准差，而是贝塔系数，即该资产对投资组合方差的贡献度。在理论上，证券市场线对有效资产组合和单一资产都是适用的。

由 CAPM 模型和证券市场线揭示的资产收益率，可以认为是在市场均衡定价环境下的基准，也就是说，该资产或资产组合承担了多少市场风险，就应该获得相应的定价水平，否则就存在理论上的低估或者高估，因此相应的收益率也称为必要收益率。

3.2.4.4 贝塔的经济含义

从 CAPM 模型的一般表达形式看，截矩是无风险资产的收益率 R_f，它反映了货币或资金的时间价值；斜率则指出了期望收益率与风险之间的比例关系，即投资者如果希望增加收益，则必须承担更多的风险，因此 $E(R_M) - R_f$ 也被称为风险的价格，而 $\beta = \dfrac{Cov(R_i, R_M)}{\sigma_M^2}$ 则被称为风险的数量。从而，可以认为：

资产的期望收益 = 资金的时间价值 + 风险的价格×风险的数量

从以上分析可以看出，资产的收益来自两个方面。一是资金的时间价值，即对货币本身价值的反映；二是来自风险的价值，即对承担风险的奖励。资金的时间价值是以无风险收益率度量的，风险则是通过收益的方差或标准来有效度量的。如果投资者选择有效的资产组合，那么他希望获得的期望收益率与他所承担的风险的增加成正比。这一比例系数，即风险的价格，它完全是由市场所决定的，与该资产无关。

在有效组合中，不同的资产有不同的风险，也带来不同的期望收益，风险大的单一资产并不一定能带来更高的期望收益。这是因为，按照 CAPM 模型，只有系统性市场风险才能获得定价，得到价值补偿，而单一资产的总风险中有一部分风险（非系统风险）并未对有效组合的方差做出贡献，如果相对高的风险纯粹是由相对高的非系统风险造成的，这部分风险由于得不到期望收益率方面的奖励，则不会带来相对高的期望收益率。在这个意义上，按照CAPM模型，"风险越大、收益越大"将不再简单成立。或者说，只针对系统性的市场风险才成立，承担单一资产中的个性化的、非系统性的风险，是无法得到市场的定价补偿的。

单一资产的非系统风险会在有效组合中消失，留下来的是对有效组合方差有贡献的那一部分系统风险，贡献的大小可以用其贝塔系数来度量，每种资产的贝塔系数将为有效组合带来相应的收益，贡献越大带来的收益越大。标准CAPM模型描述了单一资产的收益与它对有效组合方差贡献的大小贝塔系数之间的线性关系。因而，将贝塔系数作为单一资产的风险度量，实质上是对单一资产可以带来期望收益的奖励的系统风险的度量，而这种度量是以所有投资者都选择有效组合为前提的。换句话说，使用贝塔系数衡量的单一资产的风险，是被市场认可的"有价值"的风险，除此之外的都是无法得到定价补偿的无意义风险。

根据标准的CAPM模型，在给定资产组合与市场组合的相关系数时，资产组合对市场组合的方差贡献大小也可由标准差决定。因此，在有相同相关系数的同一类资产组合中，期望收益与标准差存在线性关系。但在不同类型的资产中，由于与市场组合的相关系数不同，期望收益与标准差将有不同的线性关系，因而在对不同类的资产组合进行比较时，标准差作为风险的度量并予以定价将不再有效，而贝塔系数则是更加合适的风险测度。

3.2.4.5 系统性风险

前面已经提到，如果贝塔系数为1，那么该投资组合就是市场组合。贝塔系数代表了承担了多少系统性市场风险，如果贝塔系数大于零，就说明该组合或资产的价格走势与市场组合（股市大盘）一致，存在正相关关系；而如果贝塔系数大于1，则说明该资产承担了高于市场组合的风险，其期望回报也会高于市场组合收益率，能够在承担高风险的同时获得更高的风险溢价。

CAPM模型中的贝塔系数是理想环境下的理论结果，在理想市场环境下，无论市场处于什么状态，牛市还是熊市，贝塔系数都呈现相同的结果，即存在对称情形。但观察实际市场表现就能发现，不同市场状态的贝塔系数是不同的。这意味着，在实际市场中，在不同的市场条件下，资产或资产组合的风险大小有着不同的市场解读。

下图是中国股市的贝塔系数数据，来自wind。一般来说，成熟性公司与宏观周期的关联相对较低，系统性市场风险较小，而创业股票和中小板股票所代表的新兴产业具有高于系统风险的风险水平，体现出成长性。但由于我国股市的特殊性，一些大型企业的股票也会出现"大象起舞"一般的与市场高度相关的剧烈股价波动，系统性市场风险水平较高。

证券代码	证券简称	BETA 值（24 个月）	BETA 值（60 个月）	证券代码	证券简称	BETA 值（24 个月）	BETA 值（60 个月）
000002	万科 A	0.3398	0.6860	600221	海航控股	0.8463	1.1713
601088	中国神华	0.3898	0.7321	000401	冀东水泥	0.8497	1.2841
600690	青岛海尔	0.4120	0.6109	601808	中海油服	0.8519	0.9345
601857	中国石油	0.4629	0.6777	600675	中华企业	0.8915	1.1185
600019	宝钢股份	0.4883	0.9511	600029	南方航空	0.9771	1.3868
600519	贵州茅台	0.5327	0.6160	600887	伊利股份	0.9774	0.6758
601169	北京银行	0.5372	0.7186	600795	国电电力	0.9955	1.3245
601318	中国平安	0.7626	1.0797	601985	中国核电	1.0935	///
600688	上海石化	0.7637	0.9273	600116	三峡水利	1.1118	1.0161
601328	交通银行	0.7647	0.8243	000951	中国重汽	1.2076	1.2328
600489	中金黄金	0.7798	0.9868	601766	中国中车	1.2188	1.5342
600548	深高速	0.8223	1.0851	601618	中国中冶	1.5928	1.9035
000001	平安银行	0.8228	1.1370	000776	广发证券	1.6229	1.6004
601988	中国银行	0.8389	0.6820	600017	日照港	1.6368	1.1303
000898	鞍钢股份	0.8430	1.0631	600884	杉杉股份	1.8417	1.0957

资本资产定价模型是现代金融理论的基石，它反映了，如果投资者按照 Markowitz 的资产组合理论进行投资，那么当资本市场均衡时，资产收益如何确定，收益的风险测度是什么以及期望收益与风险之间的函数关系问题。

通过引入一系列严格的假设，在理想的市场条件下，资本资产定价模型得出以下结论：由于非系统风险可以通过充分的多元化投资加以消除，所以市场不会对此予以补偿，市场所要补偿的只是投资者承担的无法分散的系统风险，而这种系统风险实质是投资者持有的资产或资产组合对市场组合风险做出贡献的那一部分风险，其大小可以用这一资产或资产组合的贝塔系数来衡量。换言之，资产或资产组合的期望收益由资金时间价值和对市场组合风险做出贡献所得到的风险溢价两部分组成，并且与衡量系统风险大小的贝塔系数呈线性关系。

标准资本资产定价模型系统地解释了资本市场的定价机理，但其中的某些假设与现实的实际情况有很大的差距。尽管如此，资本资产定价模型依然在金融理论以及资产定价和估值领域具有无可动摇的基础性地位。CAPM 模型反映的预期收益率可以看作均衡市场下的一种理想收益水平，能够在一定程度上刻画金融资产的价值。此外，通过均值-方差模型和 CAPM 模型，建立了收益-风险分析框架，以及风险厌恶、风险中性、风险喜好等不同风险偏好下的投资和估值分析逻辑，对于使用其他方法进行金融工具分析和定价估值也具有十分重要的借鉴意义。因此，尽管 CAPM 模型更大程度上是一个理论状态下的理想模型，投资指导实践意义不大，但通过对它的领悟和掌握可以理解资产组合理论和资产定价及估值的基本概念和分析框架。各个国家、各种市场的实证研究也显示，CAPM 模型不能从证券市场的价格走势中得到简单有效的论证和支持，但是 CAPM 模型从均衡分析的角度为资产定价与估值建立了理论基础，提供了研究方法论的出发点和公认的分析视角。

3.3 套利定价模型（APT）

与资本资产定价模型一样，套利定价理论是以完全竞争和有效资本市场为前提，分析和探讨风险资产的收益发生过程。但与资本资产定价模型的不同之处在于，套利定价理论假定收益是由一个因子模型所产生，因而，用不着像资本资产定价模型那样对投资者偏好做出较强的假定，如将投资者假定为风险厌恶的，也不需要像资本资产定价模型那样依据预期收益率和标准差来寻找资产组合，它仅仅要求投资者是一个偏好拥有财富多多益善者即可，对风险资产组合的选择也仅依据收益率，即使该收益率同风险存在关系，风险也不过是影响资产组合收益率的众多因素中的一个因素。比较而言，套利定价模型较之资本资产定价模型在内涵和实用性上更具广泛意义。

3.3.1 套利的公式化概念

CAPM 强调市场组合对资产定价的作用，由于在单阶段下影响市场整体的因素是确定的，故而 CAPM 得以成立。但是在多阶段动态情况下，即使市场组合特征与前一阶段相同，由于决定市场的因素及每个因素作用发生变化，而使不同资产对市场组合的敏感性（β）均发生变化，从而形成不同的均衡定价关系。因此，在实际中投资者常用因子模型进行资产收益和风险的预测估计，套利定价理论就是这样一种由因子模型导出资产定价均衡关系的理论方法。

为了解释并给出套利定价模型的概览，首先需要明确何为"套利"，并给出套利的数学表达，从而能够在公式推演中进行分析。

简单地说，套利就是指没有净投资却能得到净收益的行为。这种行为之所以发生是因为存在这样的套利机会或条件。所谓套利机会是不需要承担义务却有可能获利的投资机会。所以，从数学上讲，套利的严格的说法就是，如果存在一种投资组合 X_a（类似上文 CAPM 模型的方式，用收益率向量来表示投资组合），使得 $IX_a \leq 0$，即初始投资时没有净投资（投入为零或者为负），但是对于任何的资产价格状态（用 Z 来表示），都有 $ZX_a \geq 0$，那么就称为一个套利机会。特别地，如果 $ZX_a \geq k$，其中 k 是一个大于零的常熟，那么就称之为一个无风险套利机会，其含义是投资组合的收益将始终大于某个常数（无风险收益率），即投资者可以在不承担风险的情况下获得无风险的超额收益。

3.3.2 套利定价的基本思路

在商品市场中，如果两种完全可替代商品的定价不同，就会发生套利。当规格、品质完全相同的两种商品在两个市场价格不同时，套利者就会从定价低的市场购买商品，然后立即到定价高的市场销售。由于对该商品的买卖是在很短时间内完成的，可认为市场价格几乎没有波动，套利者就可以无风险地赚取利润，当然，这建立在价格的差异足以弥补商品交易、运输等费用的前提上。事实上，套利定价理论的基本思路就是通过构造套利定价模型，给出在一定风险下满足无套利条件的资产的收益率，在这一收益率下，投资者仅能得到无风险利率决定的收益，而不能得到额外利润。当具有某种风险证券组合的期望收益率与定价不符时，便产生了套利机会。这里所说的两个市场可能位于同一地区，也可能位于两个不同的地区甚至两个不同的国家。

套利定价理论的基本思想可归为，当市场充分有效时，不存在套利机会，因而任意金融资产都将被均衡定价。

一方面，套利的均衡结果是任何资产只能获得与其风险特征相一致的收益，这与马科维茨有效集和资本资产定价理论是一致的。套利是基于无风险的超额利润产生的，如果某个资产（组合）存在无风险的超额利润，就会产生套利行为，投资者将卖出以前的组合而购买该组合，这将使以前组合的价格下降，从而收益上升；而该组合的价格上升，从而收益下降，当套利停止时，任何资产（组合）只能获得与其风险特征相一致的收益。

另一方面，套利是市场有效的内在力量。有效率的市场假设认为，套利者和投机者利用信息和扭曲的价格关系展开激烈的竞争，这种竞争所带来的市场压力会保证竞争性的市场在任何时候的信息都是高效率的。也就是说，所有的市场价格都完全及时地反映了所有可能得到的信息。任何暂时的价格偏离都将因套利而迅速消失，当市场达到均衡状态时，套利将不复存在。

然而，大量的实证研究表明，市场还存在噪声，它只能在一定程度上有效，为此，可以把市场有效理解为一种长期趋势，而套利就是把市场从短期无效拉向长期有效的一种内在力量。套利定价理论的基础是对不能获得套利机会这一假定的研究，就市场机制来看，不存在套利机会这一假定是合理的，因为套利的存在是与市场均衡相矛盾的。对任何喜多厌少的投资者而言，套利的存在是与最优资产组合策略相矛盾的，因为单个投资者想占据套利机会的规模是无限的，因此，由单个投资者行为理性就能推导出无套利原则。无套利的一个直接结果是一价法则，即如果某一资产在两个市场的价格不一致，或者两种风险相同的不同资产在同一市场的收益率不一致，那么，逐利的投资者，即套利者将在市场上卖出价格高（或收益率相对较低）的资产，同时利用所得资金买入价格低（或收益率相对较高）的资产，并由此获利，直至两种资产的市场价格或两种风险相同的资产收益率一致；这时，资本市场达到均衡状态，套利机会消失。所以，投资者的套利行为导致资本市场均衡时，将强制实行一价法则，即同一资产在不同市场的价格相同，或相同风险的资产应有相同的期望收益率，这就是套利定价理论的理论基础。

根据套利定价理论，由市场竞争均衡决定的资产价格是无套利价格，这种合理的价格是由所谓的外生变量决定的，因此，资本资产的价格是由资本市场以外的其他因素决定的。基于这种思想，套利定价理论认为，任何资产的价格可以表示为一些公共因素的线性组合，这些公共因素可以是通货膨胀率、人口出生率、工业增长率、证券市场的综合指数、外汇汇率等。因此，套利定价理论与多因子模型之间存在一定的联系，事实上套利定价模型的推导也是基于多因子模型的形式利用套利定价原理进行的。

3.3.3 套利定价模型

3.3.3.1 多因子模型

首先，介绍资本资产定价模型（CAPM）的一种推广，多因子（资本资产定价）模型。

标准CAPM刻画了资本市场均衡时资产收益率的决定机制。然而实证检验通常以市场指数作为市场资产组合的代表，大量的研究结果表明市场指数对资产收益率的解释能力有限。因此，许多学者开始研究市场以外的因素对资产收益率的影响，从而衍生出多因子CAPM模型。

多因子CAPM是在实证研究的基础上发展起来的资本资产均衡定价模型，通过资产收益和风险的各种因子研究，进一步丰富了资本市场的均衡定价理论。最初多因子模型一般是在系统风险因子 β 的基础上引入相关的风险因素，随后则是扩展为根据实证研究结果，引入一些与资产的基本特征有关的变量因子对资产收益率的均衡定价模型进行解释，并在此基础上推导多因子资本资产定价模型。

最初提出的多因子模型是基于残值收益率方差（标准差）对CAPM的拓展。研究者对股票的年收益率进行研究，发现股票收益率的平均值与 β 系数和残差（σ_i^2）之间存在线性关系，从而归纳出如下模型：

$$E(r_i) = a_0 + a_1\beta_i + a_2\sigma_i^2$$

其中，a_0、a_1、a_2 为回归系数，且均为正值；β_i、σ_i^2 分别为标准CAPM模型下的贝塔系数和收益率残差的方差。以上关系表明，资产收益率的平均值除与系统 β_i 风险正相关外，还与非系统风险 σ_i^2 正相关。

更加普遍性的分析方法时基于资产基本特征的多因子CAPM模型。对历史股票价格数据的横截面回归结果表明，用 β 系数解释资产收益率时存在许多异常现象，而通过引入反映股票基本特征的一些变量因子，能够解释这些异常现象。

用于解释收益率的变量，通常可以为反映企业的各类财务指标，如规模、杠杆率、溢价率、市盈率等。多因子模型的一般形式为：

$$E(r) = a_0 + b_1f_1 + b_2f_2 + b_3f_3 + \cdots + b_mf_m \tag{3.4.3-1}$$

3.3.3.2 一般假设

套利定价模型作为一种替代的资本市场均衡定价模型，同样存在如下基本假设：

(1) 投资者是规避风险的，同时追求效用最大化；
(2) 投资者具有相同的预期；
(3) 资本市场是完全的，即不考虑交易成本等因素的影响；
(4) 资本市场达到均衡时，不存在套利机会。

以上假设是推导套利定价模型的前提，但其中的无套利假设令金融资产定价存在一些局限，实际金融市场中的一些现象很难用无套利假设这一理论框架解释。无套利假设认为，一旦资产价格偏离它的"正确价格"，就会出现套利机会，市场参与者会立即利用这一机会进行套利，从而使得该资产价格回到其"正确价格"。无套利假设的上述论断建立在市场参与者是"完全理性的"这一假定基础之上。

而现代行为金融学则通过对投资者非理性行为的分析，提出了不同于无套利假设的其他观点。行为金融学是在传统理论预测结果与实际金融市场数据不符时，兴起的一种新的研究方法。它的主要观点是有些金融现象用市场中有的代理人并非完全理性的模型来理解可能更容易。行为金融学认为金融市场中有的参与者是"非完全理性的"。非完全理性参与者的交易使得资产价格偏离其"正确价格"，从而使得市场中出现套利机会，又由于有些套利机会风险太大、成本太高或参与者的非理性或市场的非有效性，使得这些套利机会不能被利用并迅速消失。这样市场中就会出现资产价格偏离其"正确价格"，而又没有可以利用的套利机会的情况，也就是市场无套利与资产"价格正确"不等价。

行为金融学考虑了投资者的非理性和市场的非均衡状态，更加贴近于现实中的市场环境，特别是在市场恐慌等极端情况下具有较好的说明力，而其中反映的非理性、非均衡因素正是套利定价模型所未予以考虑的。因此，如果仅仅依赖套利定价模型方法对金融价格进行分析和预测，并完全据此进行投资决策，恐怕很难获得可观的收益，无法"战胜市场"。但是，通过套利定价原理的确可以从市场中找到一些组合套利机会，很多量化对冲基金便是基于这种结构化的套利策略。

套利定价模型的更大的意义在于给出了均衡状态下的资产价值。这种价值，是完备市场下的理性投资者所共同认可的一种公允的价值，因而在确定金融资产估值方面具有很大的意义和实用作用。而如果要真正地进行投资交易，则无疑需要在均衡模型之外考虑更多的市场实际因素。

3.3.3.3 模型推导

套利定价模型（ATP）的推导是基于前面介绍的多因子模型进行的。假设收益率满足以下一般形式的多因子模型：

$$E(r) = a_i + b_{i,1}f_1 + b_{i,2}f_2 + b_{i,3}f_3 + \cdots + b_{i,m}f_m + \varepsilon_i \quad i = 1, 2, \cdots n \quad (3.4.3\text{-}2)$$

或者写为以下矩阵形式：

$$R = A + BF + \varepsilon \quad (3.4.3\text{-}3)$$

$$R = \begin{pmatrix} r_1 \\ \cdots \\ r_n \end{pmatrix}, B = \begin{pmatrix} b_{1,1} & b_{1,2} & \cdots & b_{1,m} \\ b_{2,1} & b_{2,2} & \cdots & b_{2,m} \\ \cdots & \cdots & \cdots & \cdots \\ b_{n,1} & b_{n,2} & \cdots & b_{n,m} \end{pmatrix}, \varepsilon = \begin{pmatrix} \varepsilon_1 \\ \cdots \\ \varepsilon_n \end{pmatrix}$$

其中，各个因子（解释变量）和残差（ε）的期望、方差、协方差等为：

$$E(\varepsilon_i) = 0, E(\varepsilon_i^2) = \sigma_i^2 \geq 0 \quad i = 1, 2, \cdots n \tag{3.4.3-4}$$

$$\text{cov}(\varepsilon_i, \varepsilon_j) = 0 \quad i, j = 1, 2, \cdots n \quad i \neq j \tag{3.4.3-5}$$

$$\text{cov}(f_i, f_j) = 0 \quad i, j = 1, 2, \cdots m \quad i \neq j \tag{3.4.3-6}$$

$$\text{cov}(\varepsilon_i, f_j) = 0 \quad i = 1, 2, \cdots n \quad j = 1, 2, \cdots m \tag{3.4.3-7}$$

并且，记因子 f 的期望和方差分别为 $\bar{f}_i$ 和 $\sigma_{f_i}^2$。

根据以上多因子模型，因子向量 F 包含了所有对资产收益率有显著影响的因素，残差项 ε 表示了不能被因子 F 所解释的噪声部分。残差项的期望等于零，意味着噪声对期望收益率没有贡献，只能影响方差（波动率），即只能对风险做出贡献。类似于 CAPM 模型的解释，只有承担的系统性风险才能获得收益率补偿，承担的非系统性、个体化的风险则不能。这种个体风险也可以称为特异风险，即资产风险中无法被因子 F 解释的部分。

(3.4.3-5) 表示各个残差项都是相互独立的，说明除了因子 F 之外，不存在其他的能够同时对两个以上的资产收益率产生影响的公共因素，即没有其他任何因素能够引起两个或两个以上的资产收益率协同变化，或者说，F 是影响各资产收益率的全部的公共因子。考虑到现实情况的复杂性，这实际上是一种比较严苛的模型假设或近似，残差的相关性（或独立性）程度取决于因子的选择和模型的效果，这也在很大程度上决定了多因子模型的优劣。

任意一个投资组合都可以看作对全部资产 R 赋予一定的权重的资产组合，用权重向量 X 来表示投资组合，于是根据 (3.4.3-3) 可以得到该组合的收益率期望和方差：

$$\bar{R}_P = X^T \bar{R} = X^T A + X^T B \bar{F} + X^T \bar{\varepsilon}$$

$$= \sum_{i=1}^n x_i a_i + \sum_{i=1}^n x_i b_{i,1} \cdot \bar{f}_1 + \cdots\cdots + \sum_{i=1}^n x_i b_{i,m} \cdot \bar{f}_m + \sum_{i=1}^n x_i \bar{\varepsilon}_i \tag{3.4.3-8}$$

$$\sigma_P^2 = \Big(\sum_{i=1}^n x_i b_{i,1}\Big)^2 \sigma_{f_1}^2 + \cdots\cdots + \Big(\sum_{i=1}^n x_i b_{i,m}\Big)^2 \sigma_{f_m}^2 + \sum_{i=1}^n x_i^2 \sigma_i^2 \tag{3.4.3-9}$$

为了得到套利定价模型的解，考虑如下的方程组：

$$\begin{cases} B^T X = 0 \\ I^T X = 0 \end{cases}, \text{即} \begin{cases} \sum_{i=1}^n b_{i,j} x_i = 0 \quad j = 1, 2, \cdots m \\ \sum_{i=1}^n x_i = 0 \end{cases}$$

$I^T X = 0$ 意味着初始投入为零；$B^T X = 0$ 则决定了投资组合的期望收益为与 F 无关。

由 (3.4.3-6) 可知，矩阵为 B 满秩矩阵，即矩阵 B 的秩为 m，否则的话，一定

存在 F 中的某个因素与其他因素相关，F 中的各因素相互独立决定了矩阵满秩。因此，根据线性代数知识，线性方程组 $B^T X = 0$ 有无穷多组解，而从中至少可以找到一组解满足 $I^T X = 0$，记该组解为 ω，将其代入期望和方差公式（3.4.3-8）和（3.4.3-9），有

$$\overline{R}_\omega = X^T A = \sum_{i=1}^{n} \omega_i a_i$$

$$\sigma_\omega^2 = \sum_{i=1}^{n} \omega_i^2 \sigma_i^2$$

由于可以找到某个常数 σ 使得 $\sigma_i \leqslant \sigma < +\infty$，而当 n 充分大时，ω 是一组充分分散化的组合，有

$$\lim_{n \to \infty} \sigma_\omega^2 = 0$$

如果忽略近乎为零的 σ_ω^2，那么 ω 为一组即没有初始投入、又没有风险的投资组合，根据无套利假设，在不存在套利机会的条件下，其期望收益率应该为零。即：

$$\overline{R}_\omega = \sum_{i=1}^{n} \omega_i r_i = \omega^T \overline{R} = 0$$

根据线性代数的理论，当某一向量与 m 个向量正交，并且能够推得它与第 $m+1$ 个向量正交时，则该第 $m+1$ m 个向量必然为该 m 个向量的线性组合。

而 ω 与 B 的 m 个行向量以及单位向量正交，并由此推得它与向量 $\overline{R}$ 正交，因此 $\overline{R}$ 应该是上述 $m+1$ 个向量的线性组合。记为：

$$\overline{R} = (\lambda_0, \lambda_1, \lambda_2, \cdots \lambda_m) \begin{pmatrix} I^T \\ B^T \end{pmatrix}，即$$

$$R_i = \lambda_0 + \lambda_1 b_{i,1} + \lambda_2 b_{i,2} + \cdots + \lambda_m b_{i,m} \tag{3.4.3-10}$$

上述公式便是套利定价模型的基本形式。在无风险资产存在的情况下，由于无风险资产的收益率不受任何因素的影响，即无风险资产对各个因素 F 的敏感性系数 $b_{i,j}$ 均为零，因此无风险收益率 R_f（这里的下标 f 代表 risk free）即为"零敏感系数组合"的期望收益率 λ_0。

相对于 CAPM，APT 在更弱的假设条件下得到了更为一般的均衡定价关系（与 CAPM 不同的是 APT 没有假设单一投资期，不存在税收问题，投资者能以无风险利率自由地借入和贷出资金，投资者以收益率的均值和方差为基础选择投资组合）。它不依赖于投资者的效用函数类型，也不要求市场组合符合均值-方差有效；APT 并不一定要求市场处于均衡状态，而只要求不存在无风险套利机会。由于不存在套利机会只是市场均衡的必要条件而非充分条件，所以 APT 在一定条件下可适用于非均衡市场。APT 既可以是单阶段的也可以是多阶段的，只要适当构造因子集就可适用于多阶段动态情况。APT 认为系统风险受多个因素的影响，并将其分解，从而有利于研究系统风险的内部结构。APT 对投资者的最优投资准则没有任何要求，既不要求投资者遵从均值-方差准则，也不要求投资者风险厌恶。因此，APT 是极为一般化的理论，它将资产定价理论推到了一个新的阶段侧。

同时，APT 也仍然存在许多问题，使其在理论上和实证上都受到了一定的局限。

一方面，APT 的模型构成不清晰。APT 的均衡定价模型虽然表现为线性结构，但其中因子集 F 的构成却不清晰。APT 没有明确指出 F 中的具体因素。也没有对因子风险的市场价格的大小、符号作任何分析，只是表现为一组不全为零的实数。这就有可能出现因子集不唯一，从而 B 也不唯一，均衡定价关系也就不唯一。

另一方面，由于残差风险不能完全消除，因此 APT 只能适用于无限资产系统，即以极限形式成立。对实际的有限资产系统只能近似成立，资产系统越大近似程度超高。或者在投资者为渐近忽略时，APT 严格成立。所谓渐近忽略，是指投资者忽略这种趋于零的残差风险，此时残差风险的市场价格为零，也就是说，既然所有投资者都忽略残差风险，他们就不会因承受残差风险而要求额外的收益，即期望收益率与残差风险无关，从而严格表现为套利定价模型（3.4.3-10）的形式。

3.3.4 套利定价模型因子选择

如前文所述，因子 F 的选择对模型的效果和残差项的表现有很大的影响。因此，建立多因子模型（包括建立其他回归模型或因子模型）的关键环节就是确定变量的选择。因子的选择的方法通常是定性分析与定量分析相结合，定性分析侧重于指标的实际经济含义和解释合理性，定量分析侧重于模型的统计表现。

定性分析通过结合经济常识进行人为主观判断设定一组宏观经济变量，用这些变量对资产收益率进行回归，并结合拟合程度的显著性检验等定量因素确定最终的共同因子。这种方法主要考虑，由于资产的价格运动与经济运行状况有很强的关联性，因此，如果资产收益率只是有几个因素所决定，那么这几个系统因素很有可能就是基本的宏观经济变量，如 GDP、M2、通胀、利率、汇率等。许多学者对这一问题进行了较为深入的研究，各种经济指标都可以考虑纳入宏观模型的计量范围，经常使用的包括消费支出、工业产值、国内生产总值、货币供应量、最终消费或利润增长率、短期和长期利率、通货膨胀率、石油等大宗商品价格波动、股票市场指数，等等。一些实证检验发现，只要将这些变量中的某几个恰当地组合在一起就可以支持 APT 模型，但究竟哪一种组合能够持续地、并且完全地解释期望收益率的横截面变异，则在不同的分析下有差异化的表现。比如说，国外股票市场的资产收益率通常都会与利率等基础性经济指标存在一定的相关性，从而赋予市场基准利率一定的因子解释力，而我国的股票市场在金融危机后的刺激政策"救市"阶段则与货币投放量（M2）高度相关，呈现了不同市场和不同经济体的巨大差异。

美国学者曾经使用侧重定性分析的指定性因子选择方法建立了 CRR 模型，是多因子 APT 模型的典型代表。CRR 模型以美国证券市场为研究对象，发现证券的期望收益主要受 5 个宏观经济变量的影响，包括以实际工业生产的变化率衡量的商业周期；以长期债券和短期债券的收益率之差衡量的利率的期限结构；以 AAA 级政府长期债券和 Baa 级公司债券的收益之差衡量的违约风险；以消费物价指数的变化率衡量的短期通货膨胀率；以短期无风险利率的变化衡量的通货膨胀率预期。CRR 模型认为，其他因素对资产收益的影响基本上可以通过这 5 个因子反映。例如，货币供应的影响通过利率的期限结构和通货膨胀率的预期起作用；汇率变化的影响包括在通货膨胀和利率的期限结构这两个风险因子中；政治风险的影响可以通过利率的期限结构和违约风险来反映；能源价格上涨会给一些公司带来损失，但同时会给另一些公司带来收益，其影响将被多样化投资消除。

指定性因子分析方法以经济理论和投资专家的建议为依据，所设定的模型较为全面的反映了经济不确定性对资产收益的影响，从而更好地解释了现实经济中投资者的决策行为和资产的定价方式。但是这种方法也存在一些缺陷，一方面，由于宏观经济变量之间存在着相关性，所以在 APT 模型中会产生多重共线性的问题；另一方面，指定性因子分析所需的宏观经济变量多是以月度、季度甚至是以年度为单位公布的，与按日计算的资产收益率数据相比，存在较大的间断性，这种间断性尽管可以通过插值法解决，但是会增大模型的估计误差。

与侧重于定性分析的指定性因子分析法不同，定量分析方法使用统计因子测量法，利用统计学的方法求解相对独立的理想共同因子。在多元统计分析技术中，统计因子测量在实质上就是多元统计方法中的因子分析，它通过研究众多观测变量之间的内部依赖关系，探索观测数据中的基本结构，并采用少数几个因子来表示基本的数据结构，从而实现以最少的信息丢失浓缩观测数据的目的。通常，可以分三个步骤进行：

首先，计算所有资产收益的相关矩阵，并以此为依据，判断因子分析方法的适用性。因子分析方法是以收益变量存在较强相关性为前提的。在多元统计分析中，可以用三个统计量来判断因子分析的实用性，即 Bartlett 球体检验、反映象相关矩阵和 KMO 检验。

其次，提取因子。在统计因子分析中，提取因子主要是确定能够解释观测变量之间相关性的最小因子数。提取因子可分为主成分分析和公因子分析两种方法。主成分分析从收益变量的方差出发，假设变量的方差可以完全被主成分解释；而公因子分析则是从收益变量之间的相关性出发，假设收益变量的相关性能完全被公因子解释，因而变量的方差可能不完全被公因子的方差解释。由于公因子分析中的很多方法都要用到主成分分析所得到的资产收益协方差矩阵，因此，在提取因子时主要使用的是主成分分析。

最后，进行因子旋转。根据主成分分析或公因子分析得到的公共风险因子往往很难解释其经济学含义，而多数因子又会和许多收益变量相关，因此，通常使用因子旋转，使每个收益变量在尽可能少的因子上有比较高的负载，从而达到因子辨析的目的。

于是，就可以测量到 APT 中多因子模型的基本结构，确定公共风险因子的数目和类型，并将估计出的因子负载作为资产收益对公共风险因子的敏感度。

统计因子测量法以资产收益的相关性为基础，通过主成分分析或公因子分析等统计技术，找出影响资产收益的公共风险因子，避免了指定性因子分析法中存在的多重共线性问题，较好地符合了 APT 的基本假设，但是这种因子分析法同样存在缺陷。一方面，难以对求得的公共风险因子确切命名。统计因子测量法本身是建立在统计学基础之上的，缺乏经济理论的指导，因此，对风险因子的辨识往往具有一定的随意性，对公共因子难以得出满意的解释。另一方面，通过统计因子测量法得到的模型往往缺乏稳定性，因子分析依赖于收益变量之间的相关性，资产数目的增减、样本长度的不同都势必改变收益变量之间的相关结构，从而影响模型的稳定性。

3.3.5 APT 和 CAPM 的比较

APT 和 CAPM 描述的都是资本市场均衡时资产的期望收益率与其风险之间的线性关系，但两种模型并不相同，两者之间的区别主要表现在：

一是模型的假设条件不同。CAPM 事先假定资产收益率与市场资产组合收益率之间存在线性关系。虽然多因子 CAPM 考虑了市场以外的多种因素对资产收益率的影响，但是市场因素仍然是影响因素之一，而且通常是主要因素，其他额外因素只是补充而已。APT 假定资产收益率是由一些公共因素生成的线性关系决定，至于这些公共因素到底是什么以及有多少公共因素，模型并没有事先给定；同时，公共因素既可以包括市场因素，也可以不包含市场因素。此外，各种形式的 CAPM 都有一个基本的假定，即投资者对资产的收益和风险有相同的预期，并以此作为投资决策的依据，而 APT 无此假定。

二是模型的出发点和结果不同。CAPM 基于所有投资者都以相同或相似的方式选择资产组合，研究市场达到均衡时资产或资产组合的收益-风险关系；而 APT 则基于无套利均衡原理，推导出资产收益率与许多公共因素之间的线性关系。CAPM 是以基本假设出发，经过数学和逻辑推理得到的模型，精确描述了资产及其组合的收益-风险关系；虽然条件苛刻了一点，但只要模型的条件成立，由此确定的任何资产或资产的均衡价格都是准确的。与此相比较，APT 则显得有些粗糙，确定的资产均衡定价关系是一种近似的关系，也就是说，在满足 APT 条件的情况下，由 APT 确定的资产均衡价格可能对部分资产不能成立。

三是风险度量和价格决定机制不同。CAPM 度量的主要是与市场有关的系统风险，资产或资产组合的收益率也是对系统风险的补偿，而非系统风险则无法取得风险补偿；基于标准 CAPM 模型扩展出的多因子模型考虑了市场以外的风险来源，并对这些额外风险分别进行风险补偿，但这里的额外风险被视为一揽子风险，即超市场风险，资产或资产组合的收益率是市场风险与一揽子超市场风险溢价之和。APT 度量的是多种公共因素风险，资产收益率是各公共因素风险溢价之和，却未能关注资产组合的风险度量和风险溢价决定问题。

此外，在实证检验方面也存在一定的差异。虽然 CAPM 和 APT 实证检验时都是通过事后数据来检验事前的理论模型，但两种模型检验中遇到的难题是不同的。对于 CAPM 而言，检验的难点是无法确认市场资产组合，通常以某一市场指数代表市场资产组合，因而该市场指数的有效性问题受到许多质疑。对于 APT 来说，检验的难题是确定公共因素，因为理论本身并未明确这些公共因素，选择和度量公共因素通常依据实证进行，时常可能遗漏某些重要因素，致使因素选择不当；同时公共因素风险的度量难度也大大超过 CAPM。

尽管如此，APT 与 CAPM 并不是互相排斥的，二者具有很高的理论兼容性。

首先，从模型的演变过程看，多因子模型是 CAPM 的一种扩展形式。而多因子模型与 APT 除模型假设存在一些差异外，模型本身并无明显区别；当剔除这种差异，同时将市场因素纳入 APT 的公共因素之中，那么多因素 CAPM 就可以扩展至 APT，这样就在 CAPM 和 APT 之间建立起一种桥梁。因此，从广义上说，APT 也可视为 CAPM 的一种扩展；反之，CAPM 可看作 APT 的一种特例。

其次，从资产收益率的决定机制看，无论 APT 还是 CAPM 都认为资产收益率是由风险溢价决定，其中的风险溢价是风险价格与风险数量的乘积，是对投资者承担某种风险的补偿。这一点是两种模型定价机制的核心所在，只是在风险因素的选择上存在差异而已。

最后，从资本市场均衡理论研究的趋势看，最近的研究都是对原有理论的发展和巩固，这包括对 CAPM 的扩展和检验，以及对 APT 的完善。这些研究未否定 CAPM 所提出的资产风险的可测性以及收益与风险的线性关系，同时也表明，APT 在解释资产收益率方面要比标准 CAPM 更好。

标准 CAPM 以其严格的假设、严密的推理和简洁明了的数学形式描述了资产收益与风险之间的线性关系，促进了资产组合理论的实践应用，推动了资本市场均衡定价理论的发展；APT 以其较少的限制性假设，比如，对投资者偏好和资产收益率分布的假设以及不依赖市场资产组合的有效性等宽松的条件使其更具吸引力。虽然两种模型都有其自身的优势和不足，在实证检验中都会遇到一定程度的难题；但是作为资本市场均衡定价理论的组成部分，都极大丰富了资本市场均衡的理论内涵和实际应用，为资产估值定价和投资决策提供了有意义的参考。

第4章 新会计准则下的减值计量

金融危机爆发后,各金融机构矛头直指会计准则的顺周期效应,把顺周期效应作为此次金融危机的"罪魁祸首"。旧会计准则中金融资产减值所使用的已发生损失模型被指责不但存在很强的顺周期性,而且存在前期高估利息收入以及悬崖效应。应 G20 要求成立的旨在反思金融危机成因的金融危机咨询组更是在其报告中提出贷款和其他金融工具在损失确认方面存在的递延性、多种减值方式之间存在的不一致性等问题是金融工具准则的主要缺陷。针对这些问题,新会计准则采用预期损失模型替代现有的已发生损失模型,并重构了整个金融资产减值的概念和体系。

由于金融工具本身就是非常复杂并且难于理解的,会计准则的一些处理逻辑就和金融工具的本质产生了矛盾。很多财务报表使用者和其他利益相关方向反映,旧会计准则中的要求难以理解、应用和解释,敦促为金融工具的财务报告制定一项以原则为基础且较少复杂性的新准则。而由于金融工具由于在确认和计量上存在着多种方法,导致金融工具的减值一直存在着多种方法并存并且内部存在不一致性等问题。对金融资产减值方法进行改进,对于提高金融工具计量的精确性、及时反映金融工具的价值、提高金融工具会计信息对使用者的决策有用性有重要意义。

预期信用损失模型的引入是新会计准则金融资产减值部分乃至整个新会计准则的最大突破。对此,也有大量的讨论和实施探索。但是,大部分关于预期损失模型的研究和讨论都是以金融监管为出发点,研究巴塞尔协议下的预期损失模型。这些研究多是站在监管者的角度,对目前巴塞尔协议下的内部评级法的应用问题进行研究。这种角度提出了一些很好的设想,但是没有考虑到会计的基本原则等问题,虽冠以会计为名,以减值为目标,但实则更多的是讨论金融领域和风险计量的问题。因此,非常需要真正地把风险管理理论体系中的预期损失与会计理论和理念结合起来。

新会计准则引入的预期损失是相对于已发生损失而提出的概念。事实上,对于减值而言,预期损失模型并不是某一个特定的、别无选择的模型(与此相对,巴塞尔风险理论下的预期损失则是一个确定的计算公式),而是对所有考虑预期损失的减值方式的统称。在损失确认时考虑未来预期发生信用损失的减值模型都可以看成是预期损失模型，比如现金流量法或者其他反映未来预期情况的模型。讨论在贷款及其他金融资产上应用的预期信用损失模型，并建立可行的实施方案，不能仅仅局限于风险计量理论中的预期损失范畴，需要从各种角度和和不同的目标出发，研究各种可供选择的预期损失模型具体方案在减值对象、数据使用、损失确认与列报上存在的差异和优劣，并针对模型的特点进行评价，结合实际业务和管理要求，分析各类预期损失模型在应用上存在的缺陷。此外，根据预期损失模型的特点以及新准则提出的一些要求，还需要关注的一些可能出现的管理上和计量上的重点问题，特别是结合我国具体国情产生的特殊问题和应对方式。

4.1 从会计逻辑到金融逻辑的转变

4.1.1 已发生损失模型的内在逻辑

会计准则既旧会计准则（IAS39）的金融资产减值模型的核心思想是将金融资产的账面价值减记至预计未来现金流量的现值，未来现金流量的现值与金融资产账面价值的差额确认为损失。该模型要求在确认减值损失前需要确认减值客观性证据，也就是说只有当存在客观证据表明金融资产存在减值迹象时，才可以确认相应的损失。此外，现行的模型要求无论是在计算确认利息收入的实际利率还是在估计未来现金流量时，都不允许考虑尚未发生的预期损失，所以这种金融资产减值模型被称为"已发生损失模型"。

旧准则还明确了金融资产发生减值的条件，并且在具体的减值方法上，要求考虑关于组合确认和单项确认的区别。具体来说，对于存在大量性质类似的，以摊余成本计量的金融资产，应对单项重要的金融资产是否发生减值的客观证据进行单独评估；对于单项金额不重大的金融资产，可以单独测试，也可以包含于具有类似风险特征的金融资产组合中。在投资的组合所内含的金融资产，如果单独进行减值评估且发生了减值，则不应包括在整体减值评估的资产组合中；如果单独进行减值评估且证实未发生减值的资产，则应包括在整体减值评估的资产组合中。在分组时，应按类似信用风险特征将将金融资产组合在一起，一般与资产组合的未来现金流量估计相关，结合历史经验，并反映当前经济条件的相关可观察数据，并以此为基础进行调整。

已发生损失模型体现了现代财务管理的基本概念和理论逻辑。从会计计量的角度来说，已发生损失模型有严谨的逻辑结构，特别是与上一版准则中按照固定比例计提减值的做法相比，它较以往的以贷款质量分类为基础，按比例计提模型有着明显的进步。此外，已发生损失模型的折现现金流现值与原值之差的定义，与现代的估值模型相一致，以未来的现金流量为基础，同时考虑到时间价值等因素，在内涵上融合了财务管理理论和会计信息质量的要求。

同时,已发生损失模型有较高的可靠性。它要求只有在触发事件的基础上才可以确认相关的损失,即在确认损失事件已经真实发生的条件下才能进行减值处理。它强调,必须存在客观证据显示金融资产未来现金流量的减少。由于以客观证据为基础,所以整体上来说具有较高的可靠性,被人为主观因素干预和操作的风险相对较小。因此该方法的可靠性较高,而且资料的可获得性以及对估计水平的要求较低,不但可以适用于建模经验和理论基础丰富的金融企业和金融资产,非金融企业和其他以摊余成本计量的资产也可以采纳。

4.1.2 已发生损失模型的缺陷

即使不考虑会计与金融在内在的理念上的差异,仅从减值会计计量的角度,现行资产减值模型在应用层面也存在一些的问题。

一是已发生损失模型存在内部不一致性。这种不一致性主要是指收益在时间上的不匹配。在实务中,金融资产的初始计量暗含着预期损失,但是在确定实际利率时却不考虑,导致在损失事件发生前会高估利息收入,发生损失之后,则会高估损失的金额。事实上,后续的确认的一部分减值损失是前期对利息收入的高估而产生的。

二是已发生损失会导致减值损失确认的悬崖效应。由于只有发生触发事件后才确认相应的信用损失,显然在信用损失的确认方面存在延迟性,这种延迟性会引起金融资产的账面价值与预期现金流量现值产生不一致。然而一旦满足确认条件,就会放大损失,对企业损益产生比较大的冲击,导致企业资产的质量迅速下降和财务状况急剧恶化,产生"悬崖效应"。

三是已发生损失模型与借款决策及金融机构的风险管理政策存在内部不一致性。金融工具的定价决策一般会考虑信用风险溢价,以保证其可以覆盖这种金融工具预期发生信用损失。同样地,金融机构的风险管理部门一般都采取以经济角度考虑金融资产的回报率及相应的经济资本,这些都要求考虑预期信用损失的影响。

四是对触发事件判断标准的不同会影响信息可比性。减值发生时不一定存在明显的触发事件,已发生损失模型对减值损失触发的临界指标(即发生减值的明显证据)会由于会计人员职业判断而产生差异,这种差异会降低会计信息的可比性。

五是单项测试和组合测试存在内在不一致性。已发生损失模型要求如果单独测试未发现减值的金融资产(不论是单项重大或非单项重大),都还应当包括在具有类似风险特征的金融资产组合中再次进行减值测试。单项测试时表明未发生减值,说明未发现超越阀值的客观迹象,但是准则仍要求进行组合减值测试,说明了准则是认同组合减值测试有可能出现减值的客观证据,所以需要计提组合的减值准备。而事实上,从逻辑上讲,为单项测试未确认减值的组合金融资产计提减值准备,隐含了对未来损失的估计和确认。

六是已发生损失模型与风险管理理论存在不一致性。因为已发生减值模型设置了确认阈值，只有跨越阈值（比如存在减值迹象或者触发事件）才确认减值损失。但是对于预期未来事项可能导致的损失，无论损失预期发生的概率有多大，也都不能作为减值损失确认的依据并确认相应的损失，这种方法显然与现代风险管理理论存在不一致。现代风险管理理论认为的金融资产一定会存在一定的风险，在确认的期初就可以预计相似的资产一定存在预期违约，未来必然会产生一定的损失。

4.1.3 预期信用损失模型的内在逻辑

预期信用损失模型（ECL）是一种与已发生损失模型相对应的概念，在会计准则层面，预期信用损失模型不单单是指某一个模型，可以通过多种不同的方法来实现。

预期损失与已发生损失两者站在不同的角度确认和报告信用损失。已发生损失的基础是将信用损失确认在损失发生的时间点，而预期损失则是将损失分配在金融资产确认收入的时间段上或者进行提前的确认。从理论上讲，从金融资产的整个存续期来看，无论是在已发生损失模型下，还是在预期损失模型下，金融资产的收益都是一样的，只是确认的时间先后会有所不同。相比于已发生损失模型，如果采用预期损失模型，金融资产早期收益会略少，但后期收益会略高，收益更加平滑。同样地，如果采用已发生损失模型，金融资产的前期收益会高一些，但是一旦发生减值迹象，收益会大幅下降。

对于会计准则和会计理论来说，预期损失是新概念、新思想，而对于金融理论和风险管理理论，预期损失则是老生常谈，有一套成熟、完备的基础理论和方法论体系。

预期损失模型的提出和引入，是基于现代风险管理的理论。在现代银行管理中，风险所带来的损失被划分为三部分：极端损失、预期损失、非预期损失。预期损失是指业务发展中基于历史数据分析可以预见到的损失。一般采取提取损失准备金和冲减利润的方式来应对和吸收预期损失，利用资本金应对非预期损失，利用购买商业保险等方式来转移极端损失所造成的风险。由于在预测期内，平均的风险损失值基本上为一个常量，所以它应该看出是必须会发生的损失，因此其并非"不确定"的因素。这种预期损失需要被计入金融机构的经营成本，视为金融机构的经常性支出。为缓冲这部分损失，银行一般会设置相应的损失准备金，当然也可以通过调整业务定价（比如要求在银行有一定存款等方式）来覆盖，从业务的收益中作为成本来扣减掉。

预期损失在银行的风险管理中存在已久，预期损失模型也更加符合现代风险管理理论。会计理论中对预期信用损失概念和方法的使用，更多地借鉴了巴塞尔委员会新资本协议的信用风险模型。新资本协议的信用风险模型建立在预期损失观念上，在新资本协议中预期损失就是信用风险损失分布的数学期望，并且提出了关于预期损失计量的内部评级法。新资本协议中的预期损失主要是考虑未来一年内的违约和信用风险，尽管主要是强调了金融监管当局的风险监管思想，但是其所提出的计算方法及理念被会计所借鉴。

一般认为，在减值计量中引入了预期损失概念后，可以很大程度上消除已发生损失模型的弊端。预期模型试图消除已发生损失模型的延迟确认损失的弊端,以及悬崖效应和顺周期效应等问题。顺周期效应和反周期效应是经济学术语,主要用于描述经济波动与经济数量之间的关系。顺周期效应指经济数量与经济波动呈现正相关关系;反周期效应则指经济数量与经济波动保持负相关关系。金融稳定理事会将顺周期效应定义为一种放大金融系统波动幅度和加剧金融不稳定的相互强化机制。具体到现有的资产减值模型顺周期效应,即指由于存在损失确认的延迟性,使得在经济形势低迷时大量计提和确认减值损失,从而进一步导致经济形势的恶化。另外,在引起损失的客观证据被认定前,采用"已发生损失模型"计提信用损失将造成利息收入高估,所以信用损失发生后利息收入波动较大。相反,如果在确认损失时采用了预期未来的观念,将损失与收入进行配比,显然会使得利润更加平滑。

4.1.4 风险语言(金融语言)与财会语言的统一和兼容

在国际新会计准则(IFRS9)实施之前,财务会计的"世界观"和语言体系与金融风险是泾渭分明的,可以说在很多问题上二者都是自说自话、自成体系的。比较典型的,是旧会计准则下要求减值准备要针对"已发生损失",而金融风险理论则认为减值准备应覆盖"预期损失"、资本覆盖"非预期损失"。"已发生"与"预期"之间的鸿沟,构筑了财会与风险两个世界之间的隔离带,究其根本,则是财务会计理念与金融风险理念在本源上的差异。

这种理念上的差异,最集中地体现在对于"时间"和"不确定性"的态度上。

首先,在"时间"观念方面,会计强调的是过去,而金融和风险所强调的则是未来。会计的首要目标,在于要准确、客观地反映已经发生事件的影响,描述当前时点的状态,对于将来的、尚未发生的事件,会计是不予以考虑和反映的。这也是权责发生制的基本原则。权责发生制要求,只有当期已经实现的收入和已经发生或应当负担的费用才计入当期损益,才能在财务报表中予以体现。而会计的这种面向过去、无视未来的视角,与金融或者风险的理念有着本质的区别。可以说,所有的金融工具都是针对未来的要素设计的,例如最基本的金融资产,股权的价值取决于未来公司创造的收益,债权的价值取决于未来能够收回的本金和利息。同样,风险也是面向未来的,只有未来尚未发生的事件才能够导致风险,对于已经发生的事件,则属于已经形成的事实损失或事实收益。

那么,对于已经确定将来会出现损失(但当前损失尚未真实发生)的金融资产,其损失是否应该在当前的财务报告的资产和损益项目中予以体现,站在会计和风险的视角,将得到不同的结论。站在(旧准则)会计的角度,截至当前时点没有真正发生的损失,属于未来事项,不应该在当前的财务报告中体现;站在金融或风险的角度,无论损失发生在过去还是未来,无疑都是一笔问题资产,毫无疑问,如果确定某笔资产将来会形成损失,那必然不会有投资者愿意投资购买。

站在金融或者风险的角度,或许很难理解会计对于历史的强调和对于未来的回避。

然而，就会计自身的目标和原理而言，按照权责发生制的基本原则，仅考虑已经发生的客观事实，则有其必要性，甚至可以说是会计保证期客观、公允的根基。例如，考虑某金融机构购买的一笔长期债券，金融机构可以定期获取利息，但只有在过去时间内产生的应计利息，才能计入这家金融机构的收入和利润。毫无疑问这是合理的，否则，金融机构的收入将被夸大，假如购买的为永续债，那么该金融机构未来能够获得的利息将会是无穷大，必然不应被考虑在当前的财务报告之中。同样地，对于企业的各种支出，例如给员工支付的薪资，也只有过去时间内产生的应付薪资才能被计入费用成本，否则企业可以把自己的费用做得无限大。既然只有已发生的费用成本才能计入财务报告，那么作为风险成本的金融风险减值损失，自然也只有"已发生损失"才应予以体现。对于一般的收入和成本，会计的"时间观"无疑不会受到挑战，但由于金融工具的特殊性，只回顾历史而不预期未来，将难以对金融工具进行准确和全面的反映。因此，尽管一般的费用成本都可以按照权责发生制只考虑过去已发生的，但金融资产减值作为一种风险成本，必须要考虑对未来的预期，而不能仅限于已发生。

其次，在"不确定性"的态度方面。会计的目标是尽可能减少甚至消除不确定性，以保证会计报告的客观、一致和公允，而金融理论和风险理论则以不确定性为基础和前提。会计报告要满足使用者的需要，首先要确保其客观性和不同主体、不同报告之间的一致性和可比性，否则财务信息披露便可能失真。不确定性意味着需要对事件发生的可能性进行判断，因而或多或少会存在主观因素，而过多的主观判断以及由此产生的差异是财务报告需要尽可能避免的。假如在财务报告中存在过多的主观判断因素，将不可避免地产生人为干预的空间，部分企业就会出于对业绩的需要或其他原因操纵财务指标。与会计理念不同，金融和风险事实上是建立在不确定性基础之上的。一方面，不确定性是一切金融工具能够存在的前提。大部分（存在风险的）金融工具可以看作某种博弈（赌博）工具，是对未来某种事件的下注，如果未来实际结果符合预期则获得收益，反之将遭受损失。另一方面，风险就是不确定性，风险计量的目标就是对各种事件的发生概率和影响进行量化。因此，会计计量需要在评估过程中尽可能减少对不确定性因素的主观判断，从而减少人为干预和个体差异，而风险计量则将不确定性本身作为评估的重点。

会计理念强调过去已发生的事件，尽可能降低不确定性的考虑和影响，这在绝大多数情况下都能够保证财务报告的客观和真实。但由于金融业务的特殊性，以及会计的上述理念和目标与金融本质的天然差异，在金融工具的价值计量方面将出现较大问题。最突出的，如果仅考虑过去已经发生的事件，很可能会低估金融资产的损失。例如，假设某一金融资产在未来一年后有明显的可能（但不是100%）会发生巨大损失，那么根据原本的会计计量要求，这种损失是不应该在当期财务报告中体现的，从而便低估了损失和风险程度。这种问题在金融危机期间尤为凸显，进而加速了国际会计准则的修订，一定程度上促进了不同理念的统一。

2008年金融危机后，国际会计界对金融危机期间减值模型的作用和表现进行了深刻反思。在金融危机期间，贷款和其他金融工具的减值损失延迟确认，被认为是旧会计准则存在的非常严重的薄弱环节。这主要体现在，旧准则下的减值要求使用"已发生损失模型"，即直至信用损失事件发生时才确认信用损失。但由于金融业务的特殊性，损失很少在金融资产存续期内均衡地发生，因此减值准备的计量和确认与实际损失程度之间存在时间上的错配和结果上的低估。新准则实施后，要求采用预期信用损失模型计提损失准备，会计计量和风险计量基本理念和计量逻辑实现了一定程度的统一，从不同管理角度全面覆盖了风险的各个维度和各种影响因素。

此外，在旧准则下，损失准备反映"已发生损失"，而现代风险管理理论和金融监管则认为，金融机构在经营发展中产生的"预期损失"需要通过损失准备来覆盖和消化、"非预期损失"则通过资本覆盖和消化，两者之间存在空白地带。假如金融机构计提的损失准备没有充分覆盖预期损失，那么在资本之前的第一道保护层就不牢固，抛离损失准备是否充足只看重资本充足程度是片面的。新准则实施后，损失准备消化预期损失、资本消化非预期损失的风险抵补机制更加清晰和明确，金融机构的整体风险抵补水平和损失消化能力也将进一步增强。

4.2 新准则减值计量的主要要求

4.2.1 信用质量判断

4.2.1.1 从五分类到三阶段

无论是旧准则还是新准则，在计算减值时都需要首先对金融资产的质量进行判断，再据此使用不同的减值方法或减值标准。按照旧会计准则的规定和实务中的一般做法，首先要对金融资产特别是贷款进行风险分类，将贷款按照风险大小和损失程度（至少）划分为正常、关注、次级、可疑、损失五类，其中次级、可疑、损失统称为不良资产或不良贷款。一般认为不良贷款就是已经发生损失并且损失已经被识别和发现的资产，除非认为金额较小、意义和影响不重大，否则均需要使用单项测试的方法（一般采用的具体方法为现金流折现模型，DCF），逐笔计算减值损失。而正常和关注贷款通常被认为没有发生减值损失，或者尽管实际已经发生了减值损失单经过识别未发现减值迹象，通常使用组合测试方法，将性质相近的贷款放入同一个组合，在组合层面计算减值损失。

新准则下，将不再直接根据五级分类进行减值测试，而是要求根据金融资产的信用风险状况，区分三种情况：

如果在报告日，金融工具的信用风险自初始确认后并未显著增加，则应按照相当于12个月预期信用损失的金额计量该金融工具的损失准备；

在每一报告日，如果金融工具的信用风险自初始确认后显著增加，则应按照相当于

整个存续期预期信用损失的金额计量该金融工具的损失准备;

对于在报告日已发生信用减值的金融资产,应当基于该资产的账面总额与按金融资产原实际利率折现的估计未来现金流量的现值之间的差额,来计量预期信用损失。

为了和传统的五级分类予以区分,以上三种情况通常被统称为"三阶段",即信用风险自初始确认后并未显著增加(阶段一)、信用风险自初始确认后显著增加(阶段二),以及已发生信用减值(阶段三)。从其定义表述上看,阶段一和阶段二资产与五级分类中的正常类资产和关注类资产有明显的区别,阶段划分考察的是信用风险较自始确认后的相对变化(是否显著增加),而五级分类考察的是信用风险的绝对大小,与其历史演变情况无关;而阶段三资产和不良资产在定义和表述上却比较接近,均为已经发生了一定程度的损失的金融资产。阶段三资产即为现行准则下的已减值资产。

4.2.1.2 阶段划分的具体要求

鉴于阶段三(已减值资产)的定义与标准与现行准则下的已减值资产或不良资产趋同,因此阶段划分的重点和难点就在于一、二阶段的区分,即对信用风险自初始确认后是否显著增加的判定。

准则要求评估信用风险是否显著增加,要依据违约风险的变化而不是预期信用损失的变化。如果从客户维度和债项维度的风险分析视角来说,准则的这一考虑与风险管理要求比较一致,即更加强调第一还款来源(客户本身的还款能力),而不应过于强调第二还款来源(担保或抵押对于风险和损失的缓释作用)。准则要求,在每一报告日评估金融工具的信用风险自初始确认后是否已显著增加,在进行评估时,应考虑在金融工具的预计存续期内发生拖欠的风险变化,而非预期信用损失金额的变动。为做出该评估,应将金融工具在报告日发生违约的风险与金融工具在初始确认日发生拖欠的风险进行比较,并考虑在无须付出不当成本或努力的情况下可获得的、表明自初始确认后信用风险显著增加的合理及可支持的信息。

与一般的风险管理要求类似,为了避免标准过于灵活和宽松,准则给出了一个类似"底线标准"的约束,但同时又表示该约束是"可推翻"的。准则要求,无论采用何种方式评估信用风险是否显著增加,均存在一个可推翻的假设:如果合同付款逾期超过30天,则表明金融资产的信用风险显著增加。所谓可推翻,是指该标准并不是一切情况下的"硬约束",如果在无须付出不当成本或努力的情况下可获得合理及可支持的信息,表明即使合同付款逾期超过30天,信用风险自初始确认后仍未显著增加,则可推翻上述假设,即仍认为金融资产信用风险未显著增加、仍然划分为阶段一。

同时,准则还强调了进行阶段划分不能仅仅依赖于逾期天数等容易获取、同时标准比较客观的直接信息,而是要使用更加广泛的信息并考虑前瞻性。准则指出,如果在无须付出不当成本或努力的情况下可获得合理及可支持的前瞻性信息,则在确定信用风险自初始确认后是否显著增加时不得仅仅依赖逾期信息。同时准则也表示,如果在无须付出不当成本或努力的情况下无法获得逾期信息以外的更具前瞻性的信息,可采用逾期信息来确定信用风险自初始确认后是否显著增加。

准则反复强调判断信用风险显著增加要考察信用风险的相对变化。准则指出，自初始确认后信用风险变化的显著性取决于初始确认时发生违约的风险，就以绝对金额计量的给定的违约风险变化而言，初始确认时发生违约风险较低的金融工具与初始确认时发生违约风险较高的金融工具相比，其信用风险变化将更为显著。具体来说，初始确认时违约风险极低的资产，风险上升一点就是相对"显著"的，而初始确认时本身违约风险已经比较高的资产，及时风险上升较大也是相对"不显著"的。例如，同样是违约概率增加1个百分点，对初始时违约概率为0.1%的资产来说是增加了十倍，而对初始时违约概率已经达到10%的资产来说不过是增加了十分之一。

准则给出的阶段二的标准是信用风险的相对变化，可能对一些本身风险就很低的业务"不公平"。例如，假设某一借款人违约风险极低，违约概率只有万分之三，自初始确认后其信用资质有所下降，违约概率达到了万分之九，较初始确认时翻了两倍，显然可以认为其信用风险显著增加，但事实上此时该客户的信用风险仍然是很低的，要优于绝大部分客户和资产。为了避免将一些本身风险很低的业务划入阶段二，准则给出了一定的豁免。准则要求，如果在报告日金融工具被确定为具有较低的信用风险，则主体可假设该金融工具的信用风险自初始确认后并未显著增加，即仍然可以将其划分为阶段一。

对于如何界定较低的信用风险，准则也给出了描述性的解释：金融工具的违约风险较低，借款人具有很强能力可以在短期内履行其合同现金流量义务，且较长时期内经济和商业状况的不利变化可能但未必会降低借款人履行其合同现金流量义务的能力。

此外，准则再次强调判定信用风险较低要关注第一还款来源而非第二还款来源。准则要求，如果金融工具仅因为担保品的价值而被视为具有较低的损失风险，而若不存在该担保品则该金融工具不被视为信用风险较低，则该金融工具不能被视为具有较低的信用风险。同样地，如果金融工具仅因为其与其他金融工具相比违约风险较低，或者相对于经营所处的地区的信用风险而言风险较低，则也不能被视为具有较低的信用风险。

准则还给出了具体的示例，表示外部的投资级别可以作为信用风险较低的一个标准。准则提出，为确定金融工具是否具有较低的信用风险，可以利用与全球公认的低信用风险定义相一致的并考虑所评估的风险和金融工具的类型的内部信用风险评级或其他方法。外部的"投资等级"评级可作为金融工具被视为具有较低信用风险的例子之一。一般来说，市场公认的投资等级标准为标普评级BBB级以上、穆迪评级Baa级以上、惠誉评级BBB级以上。

准则还强调，评估金融工具的信用风险较初始确认后是否显著增加，需要评估预计存续期内发生违约的风险的变化，而不是预期信用损失金额的变化。从这个角度来说，准则在进行损失阶段划分时，与传统的风险分类有一个共同点，就是更强重视和强调第一还款来源，第二还款来源只能作为补充，不能作为风险程度划分的主要依据。换句话说，如果一个借款人经营情况恶化，信用风险上升，即使这笔业务有非常优质的抵押品，最终不会形成损失，但也意味着信用风险已较初始确认显著增加，需要划分为阶段二，并按照存续期预期信用损失计提损失准备。

4.2.2 预期信用损失计量

4.2.2.1 基本要求

准则定义的预期信用损失是对金融工具预计存续期内信用损失（即所有现金短缺的现值）的概率加权估计值。现金短缺是指主体根据合同应收的现金流量与预期收取的现金流量之间的差额。由于预期信用损失考虑付款的金额和时间，因此即使预计可收取全额付款但付款时间迟于合同规定的到期期限，也会产生信用损失。信用损失则为依照合同应收的合同现金流量和预期收取的现金流量两者之间差额的现值。

准则要求，计量金融工具预期信用损失的方式应当反映：

（1）通过评价一系列可能的结果而确定的无偏概率加权金额；

（2）货币的时间价值；

（3）在无须付出不当成本或努力的情况下可获得的有关过去事项、当前状况及未来经济状况预测的合理及可支持的信息。

以上三条为计量预期信用损失的基本原则。准则还提出了对可能发生的情形的分析，要求在计量预期信用损失时，不一定需要识别每一可能发生的情形，但应通过反映信用损失发生的可能性及不会发生信用损失的可能性（即使发生信用损失的可能性极低），来考虑信用损失发生的风险或概率。

很多专家和专业人士将上面的规定解读为准则要求考虑多种宏观经济情景，并计算不同情景下的预期信用损失，再进行概率加权平均。这也是在实施新准则减值时，绝大部分机构采用的类似于压力测试方法论的宏观情景模型的主要依据。

对于在报告日已发生信用减值的金融资产（购买或源生的已发生信用减值的金融资产除外），准则要求应当基于该资产的账面总额与按金融资产原实际利率折现的估计未来现金流量的现值之间的差额，来计量预期信用损失。这一要求，类似于现金流折现模型（DCF）的表述。因此，对于已经发生信用减值的资产（三阶段资产），可以继续使用 DCF 模型计算损失准备。

准则强调了所预测的预期信用损失必须是无偏估计，而不是其他估计，例如所谓"最大可能估计"。准则指出，估计预期信用损失的目的并非对最坏的情形或最好的情形做出估计，预期信用损失的估计应当始终反映发生信用损失的可能性以及不发生信用损失的可能性，即使最可能发生的结果是不存在任何信用损失。

尽管预期信用损失的估计方法可以非常复杂，但准则制定者强调了实务性原则。准则的制定者指出，要求预期信用损失的估计应当反映通过评价可能结果的范围而确定的不存在偏见的概率加权金额，在实务中可能无须涉及复杂的分析，在某些情况下，运用相对简单的模型可能已经足够，而无须使用大量具体的模拟情景。例如，较大一组具有共同风险特征的金融工具的平均信用损失可以是概率加权金额的合理估计值。

在其他情况下，则很可能需要识别具体列明特定结果的现金流量金额和时间，以及各种结果估计概率的情景。

折现率是预期信用损失计算的重要参数，折现也是预期信用损失计算的重要技术环节。准则规定，预期信用损失应当采用在初始确认时确定的实际利率或其近似值，折现为在报告日（而非预期违约日或某一其他日期）的现值。如果金融工具具有浮动利率，则预期信用损失应当采用当前实际利率进行折现。

上面的这一规定强调了两方面内容。一是要以当前的实际执行利率作为折现率，这主要是为了反映借款人风险状况变化后在定价上对风险成本上升的补偿。例如，如果借款人经营恶化或出现违约，贷款利率随之上浮，那么即使现金流完全按照合同规定的时间和金额来计算，仅因为折现利率由合同原始利率上浮为当前执行利率，就会导致折现后的现值低于账面原值，从而导致减值。二是要以报告日时点为折现计算的基准时间。需要特别强调的是，这一要求与巴塞尔资本协议中违约损失率（LGD）的估计要求完全不同。巴塞尔体系下的 LGD 要求将未来的经济损失折现到"违约时点"，不是当前时点，也不是报告日时点，而准则要求折现为报告日时点，这体现了二者之间的差异，准则是为了编制报告日的财务报表而制定的，因此强调要基于报告日时点的情况，而巴塞尔的规定是针对未来可能发生的损失，强调违约时点。

4.2.2.2 现实考虑

从定义和理论出发，预期信用损失的计量可以非常复杂。不言其他，参考按照巴塞尔自本协议计量风险加权资产（RWA）和监管资本的实施（其中也会产生预期损失和非预期损失），可以知道预期信用损失的估计将是一个非常复杂、浩大的系统性工程。然而，准则从实务的角度出发，强调了务实、经济的原则。从另一角度来说，为了维持会计报告和信息披露的透明性和一致性，降低人为干预的风险，用于会计计量的模型方法也不适宜存在过多的主观假设和复杂技术处理。

准则提出，减值要求的目标旨在确认信用风险自初始确认后显著增加的所有金融工具在整个存续期的预期信用损失，相关评估应考虑所有合理及可支持的信息，包括前瞻性信息。此外，准则还指出，在每一报告日评估金融工具的信用风险自初始确认后是否已显著增加时，应将金融工具在报告日发生违约的风险与金融工具在初始确认日发生违约的风险进行比较，并考虑在无须付出不当成本或努力的情况下可获得的、表明自初始确认后信用风险显著增加的合理及可支持的信息。以上规定中提出的"合理及可支持的信息"以及"无须付出不当成本或努力的情况"，均表现出准则在实施方面的务实态度，一方面需要提高计量的准确性和敏感性，鼓励使用精细化程度高的计量方法；另一方面又强调不要增加不必要的不当成本，获取合理及可支持的信息。

准则还具体指出，合理及可支持的信息是指在报告日无须付出不当成本或努力便可合理获得的信息，包括有关过去事项、当前状况及未来经济状况预测的信息。出于财务报告目的可获得的信息将被视为无须付出不当成本或努力便可获得的信息。无须考虑对金融工具整个预计存续期内未来状况的预测。估计预期信用损失需要运用的判断程度取决于具体信息的可获取性。预测的时间跨度越大,具体信息的可获取性将越低,而估计预期信用损失须运用的判断程度就越高。估计预期信用损失并不要求对距今甚远的未来期间做出具体估计。

准则明确提出,无须完整无遗地搜寻所有信息,但应当考虑无须付出不当成本或努力便可获得的、与估计预期信用损失(包括预期提前偿付的影响)相关的所有合理及可支持的信息。所使用的信息应包括特定于借款人的因素、一般经济状况以及在报告日对当前状况及相关状况预测方向的评估。可同时使用内部及外部的各类数据来源。可能的数据来源包括内部历史信用损失经验、内部评级、其他主体的信用损失经验以及外部评级、报告和统计数据。如果主体没有主体特定的数据来源或此类数据不够充分,则可使用同行业内对类似金融工具(或一组类似金融工具)的经验。

历史信息是计量预期信用损失的重要基准或基础。然而,应当基于当前可观察的数据对历史数据(如信用损失经验)做出调整,以反映并未影响历史数据所属期间的当前状况及未来状况预测的影响,并剔除与未来合同现金流量不相关的历史期间状况的影响。在某些情况下,最佳的合理及可支持的信息可以是未经调整的历史信息(取决于与报告日存在的情况及所考虑的金融工具特征相比,历史信息的性质及其计算时间)。预期信用损失变动的估计应当反映各期间之间相关可观察数据的变化(例如,失业率、房价、商品价格、付款状况或可能表明金融工具或一组金融工具发生信用损失的其他因素的变化及此类变化的重要程度)并与该等变化保持一致方向。应当定期复核用于估计预期信用损失的方法和假设,以减少估计值与实际信用损失经验之间的差异。

在利用历史信用损失经验来估计预期信用损失时,重要的是关于历史信用损失率的信息对相关的资产组别应用,而该资产组别与观察到该历史信用损失率的资产组别相一致的方式进行定义。据此,所使用的方法应当使每组金融资产均能够与具有类似风险特征的每组金融资产的过往信用损失经验的信息以及反映当前状况的相关可观察数据建立联系。

预期信用损失反映自身对信用损失的预期,但是,在考虑无须付出不当成本或努力便可获得的所有合理及可支持的信息而估计预期信用损失时,同时应当考虑关于特定金融工具或类似金融工具之信用风险的可观察的市场信息。

4.3 实务中的几个问题

4.3.1 损失阶段划分

4.3.1.1 损失阶段划分的标准

与旧准则类似,新准则下要进行金融资产的减值计量,首先也需要对金融资产进行信用质量判断,将金融资产按照信用状况不同划分为不同的组别,然后有区分地使用不同的减值方法或标准。在新准则下,信用质量的判断通过损失阶段划分来实现。将金融资产按照准则要求划分为不同的阶段,就要回答并解决一系列具体的问题,包括判断信用风险显著增加的具体标准,是否可以设定多个指标,对同一个主体的不同的金融工具设定信用风险显著增加的具体标准时是否可存在差异,等等。

在新准则的实际实施中,由于不同的金融工具具有不同的特征,可能需要采用不同的信用管理方式,从不同角度考虑对信用风险进行衡量。例如,对于贷款,可能较多运用内部评级、违约概率、逾期天数等内部指标信息;对于债券,可能更多参考外部评级和市场信息等外部信息。对于金融工具的损失阶段划分,可综合运用多个定量和定性指标进行分析,然而指标的选择和标准的制定有可能对不同的金融工具未必完全适用,需要体现不同金融工具的性质差异,同时还要注意保持风险识别和减值计量的一致。

对于一些管理信息本身就不完整的业务,在进行损失阶段划分时面临更多的困难。例如,对于没有内部评级或者违约概率的金融资产,判断信用风险显著增加首先就需要解决评价信息依据的问题。对于没有内部评级或者违约概率的金融资产,可考虑采用信用管理中收集的其他信息来分析违约风险的变化情况,例如使用还本付息情况、履约情况等客户行为特征指标。

此外,还需要厘清新准则的损失阶段划分与传统的风险分类的关系。首先面临的问题就是,既然已经有成熟的五级分类(一些银行采用更加精细的多级分类)体系,是否可以用五级分类来映射至损失阶段划分的评估。事实上,我国的银行均投入了较多的人力物力来定期检查和更新五级分类,以满足对外披露、监管管理和内部管理的需要。因此,很多银行从节省实施成本以及与已有的管理体系对接的角度出发,可能希望利用已有的风险分类结果直接对应新准则中的损失阶段。然而,从准则的规定看,这两者在基础概念的层面就存在一些差异。新准则的"信用风险显著增加"是通过对比金融工具初始确认时和报告日两个时点上信用风险的变化得出的分析结果,而五级分类是对于报告日信用风险的绝对水平进行衡量。同时,"信用风险显著增加"仅衡量客户维度的违约风险的变化,但五级分类通常也会考虑担保等债项维度的情况。尽管两者并不存在直接的对应关系,但通常认为,仍可以将阶段划分结果与五级分类的结果进行对比和适度关联,例如,以五级分类信息作为进行损失阶段划分的判断信息依据之一。

4.3.1.2 信用质量判断由绝对标准变为相对标准

在旧准则下,对金融资产进行信用质量判断的工具是风险分类,是以信用风险的绝对值作为评价依据的。以我国执行的五级分类为例,即将金融资产按照风险和损失程度划分为正常、关注、次级、可疑、损失五大类,其中次级、可疑、损失类统称为不良资产,在大部分情况下,不良资产可以等同于已减值资产。而按照新准则,减值计量将不再以风险分类为基础,信用质量判断转而由损失阶段划分来体现,对于信用风险显著增加的金融资产,划分为阶段一,计量未来 12 个月的预期信用损失,对于信用风险在初始确认后显著增加的,划分为阶段二或阶段三,计量整个存续期的预期信用损失,其中已发生信用减损的金融资产划分为阶段三。

显然,与五级分类相比,新准则下的损失阶段划分在进行信用质量判断时,强调的是信用风险的相对变化、而不是绝对状况,这与传统的五级分类有本质的区别。

风险分类是按照风险程度将信贷资产或其他金融资产划分为不同级次的过程,其目标在于揭示资产的实际价值和风险程度,真实、全面、动态地反映资产质量,及时发现金融资产中隐藏存在的问题和风险,并采取相应措施化解风险、降低损失,并为评估和计量资产损失准备金提供依据。按照中国银监会给出的风险分类中五级分类各分类形态的核心定义,正常类是指债务人能够履行合同,没有足够理由怀疑信贷资产本息不能按时足额偿还;关注类是指尽管债务人目前有能力偿还信贷资产本息,但存在一些可能对偿还产生不利影响的因素;次级类是指债务人的还款能力出现明显问题,完全依靠其正常经营收入无法及时、足额偿还信贷资产本息,即使执行担保,也可能会造成一定损失;可疑类是指债务人无法足额偿还信贷资产本息,即使执行担保,也肯定要造成较大损失;损失类是指在采取所有可能的措施或必要的法律程序之后,本息仍然无法收回,或只能收回极少部分。以上核心定义,以及各金融机构在进行风险分类时的管理实务均表明,风险分类的判断依据是金融资产或借款人(交易对手)在评价时点的绝对风险状况,包括足额履行还款责任的意愿和能力,是否会形成损失、可能形成多大损失,等等。金融资产的信用质量评价结果只与该资产当前或之后的状态有关,而与此前的历史状态无关。一个原本很好的资产,可能因风险上升而出现资产质量恶化(分类形态下迁),一个原本较差的资产,同样也会因风险降低而出现资产质量好转(分类形态上迁)。无论对于任何资产,信用质量判断的标准都是一致的、统一的。当然,在实务中,很多机构会对形态上迁的情况给出"观察期"的规定,例如,如果要从不良形态转回正常类或关注类,至少要经过一定时间(如半年或 1 年)的观察期。这种回溯历史状态的规定,更多的是从审慎性管理的角度做的附加性要求,从风险分类本身的标准和定义来说,信用质量判断的对象是资产风险和损失程度的绝对水平。

与五级分类不同,新准则下的损失阶段划分强调的是信用风险较初始确认时的相对变化。按照准则的规定,一个金融资产,无论其风险大小如何,在初始确认时以及初始确认后信用风险没有显著增加的情况下,都要划分为阶段一,按照 12 个月的预期信用损失计提损失准备,只有在其信用风险在初始确认后已经出现显著增加的情况下,才能划分为阶段二,按照整个存续期的预期信用损失计提损失准备。

新准则要求通过评估信用风险的相对变化进行损失阶段划分的逻辑在于,会计准则认为在金融资产初始确认即贷款发放或投资购买金融资产时,已经进行了完整有效的风险评估,并针对金融资产在此时的风险大小给出了合理的定价水平,所有的风险均已经体现在定价之中,因此无须按照整个存续期的预期信用损失计提比较多的损失准备；只有在初始确认后信用风险显著增加，原本的定价已经不能反映当前的风险时，才需要对信用质量判断和减值政策进行调整，按照整个存续期的预期信用损失计提相对较多的损失准备。

使用信用风险的相对变化作为减值计量中信用质量判断的依据的合理性，在于准则要求使用实际利率折现法来计算金融资产的价值，因此，在初始确认时以及初始确认后信用风险未显著增加的情况下，所有风险已在利率中有所体现，所以不需要额外计提较多的损失准备。我们通过一个简单的例子，来更好地理解新准则的这种考虑思路。假设某银行对于 AAA 级借款人的贷款定价水平为 6%，对于信用风险相对较大的 A 级借款人的贷款定价水平为 10%。该银行向 AAA 级借款人发放 3 年期贷款 100 元、贷款利率 6%，此时，该笔贷款未来三年每年的利息均为 6 元，如果使用目前的实际执行利率 6% 进行折现，所得到的未来现金流现值恰好是贷款的初始价值（$\frac{6}{(1+6\%)} + \frac{6}{(1+6\%)^2} + \frac{100+6}{(1+6\%)^3} = 100$），因此，准则认为不需要计提过多的损失准备；假设 1 年后，这笔贷款的借款人信用恶化，成为 A 级借款人，此时，这笔贷款的利率应为 10% 方才是公允的，如果按照 10% 的利率折现，所计算得到的现值将明显小于账面原值（$\frac{6}{(1+10\%)} + \frac{100+6}{(1+10\%)^2} = 93.06$），但实际执行利率却仍为 6%，按照实际执行利率折现无法充分体现贷款减值的减损（$\frac{6}{(1+6\%)} + \frac{100+6}{(1+6\%)^2} = 100$），因此需要计提相对较多的损失准备。而对于贷款发放时就是 A 级的借款人贷款，尽管使用实际执行利率进行折现时的折现率较高，但同样利息也比较高，因而折现计算得到的现值与初始价值相同（$\frac{10}{(1+10\%)} + \frac{10}{(1+10\%)^2} + \frac{100+10}{(1+10\%)^3} = 100$），因此，准则认为也不需要计提过多的损失准备。从而，准则认为，对于初始确认后信用风险没有显著增加的，风险已经体现在定价之中，进而体现在折现因子中，因此不需要额外计提过多损失准备，只需要计量未来 12 个月的预期信用损失，而对于初始确认后信用风险显著增加的，使用执行利率近似作为实际利率的折现因子已无法充分反映风险和损失大小，因此需要计提更多损失准备，要按照整个存续期的预期信用损失计提。

站在财会管理价值计量的角度，按照风险相对变化情况进行信用质量判断并据此确定多计或少计损失准备有其理论合理性，但在实务中，由于与业务实践和传统风险管理工具存在差异，因此可能会造成一定的困惑，特别是在风险计量的一致性方面，有时会出现与直观认知不相符的情况。

一是可能出现相同资产但信用质量判断结果不同。

假设某一客户早年的信用等级为 AAA，此时银行为其发放了 100 万元贷款，随后，客户信用质量下降，信用等级下调为 A 级，按照该银行的内部标准，已达到信用风显著增加标准且不属于信用风险较低的情况,因此,该笔100万元贷款需要按照整个存续期的预期信用损失计提损失准备。然而,同样是这个客户,目前信用等级为A级,如果此时银行为其发放一笔贷款,则其属于刚刚完成初始确认的金融资产,应划分为阶段一,按照12个月的预期信用损失计提比较少的损失准备。如此,则将出现同一个客户的不同贷款,仅因为放款时间不同,损失阶段划分结果和损失准备计提程度不同的情况。这种分割和差异与风险管理的直观认识存在矛盾,同一客户具有相同担保方式等业务特征的贷款,其风险实质应该是相同的。

对同一客户的不同金融资产的信用质量判断,准则也给出了一些具体的指引性的规定,指出在评估信用风险的变化时可能相关的信息包括"同一借款人的其他金融工具信用风险的显著增加"。按照这一规定,如果一个客户的某笔金融资产信用风险显著增加、被划分为阶段二,那么金融机构可以据此将该客户的其他金融资产也划分为阶段二。但从准则的表述来看,"同一借款人的其他金融工具信用风险的显著增加"这一要素只是"评估信用风险的变化时可能相关的信息",而不是强制性、约束性的标准或规定,因而就赋予了金融机构比较大的灵活性和自主权,如果金融机构站在相对不是很审慎的立场上,就很可能出现同一客户不同金融资产的损失阶段划分结果和损失准备计提比率的重大差异。

二是可能出现收回再贷的金融资产阶段划分回调和损失准备回拨。

假设某一客户早年的信用等级为AAA,此时银行为其发放了100万元贷款,随后,客户信用质量下降,信用等级下调为A级,该笔贷款随即因信用风险显著增加而被划分为阶段二。假设此时银行为这笔贷款办理了还旧借新,即收回旧贷款、发放新贷款,于是新发放的100万元贷款称为一笔重新进行了初始确认的新业务,按照准则规定应该划分为阶段一,按照12个月预期信用损失计提损失准备。如此,一笔贷款的借款人、担保方式、期限等业务性质均未发生改变,仅仅是办理了还旧借新,损失阶段划分就出现了回调,拨备出现回拨,与业务管理的直观认知出现不符,也影响了风险抵补的审慎程度。

其实,按照会计准则的计量逻辑,银行这笔在客户为A级时新发放的100万元贷款,其利率定价水平理应比客户为AAA时更高,从而将风险完全体现在利率之中。然而,在业务实践中却可能存在实际的问题,一方面,一些银行的贷款定价可能没有做到如此精细化的程度,能够精确区分AAA级和A级客户的利率水平;另一方面,在一些市场环境下,银行在为客户办理还旧借新时的定价主动权和控制力不强,往往是被动地接受业务办理条件,无法及时地调整实际执行利率。

三是可能出现风险排序的不一致。

如前面的例子所述,某银行初始确认时信用等级为AAA的贷款,此时信用等级下调为A级,该笔贷款将被划分为阶段二;而该银行新发放的BBB级客户的贷款,却要被划分为阶段一。如此,A级客户的信用质量判断结果反而比BBB级客户要更差,需要计提更多的损失准备,新准则的损失阶段划分的风险排序与内部信用评级的风险排序出现了差异。

上面所述的这些差异或问题，体现了准则所蕴含的会计计量理念与业务实践和风险管理思想的冲突和差异，在准则实施过程中和新旧准则切换后将不可避免。因此，如何将新会计准则的计量理念和要求与现有的业务管理与风险管理工具结合起来，加强彼此之间的协调和一致，发挥各类工具的协同功效，是一个重要而又有挑战的课题。

4.3.1.3 阶段划分时对第二还款来源的考虑

准则要求（5.5.9），在每一报告日，主体应当评估金融工具的信用风险自初始确认后是否有显著增加。在评估时，主体应考虑在金融工具的预计存续期内发生违约的风险变化，而非预期信用损失金额的变动。基于上述评估，如果在报告日，金融工具的信用风险自初始确认后并未显著增加，则主体应按照相当于 12 个月预期信用损失的金额计量该金融工具的损失准备；如果金融工具的信用风险自初始确认后显著增加，则主体应按照相当于整个存续期预期信用损失的金额计量该金融工具的损失准备。

在风险管理者看来，准则中所谓"预计存续期内发生违约的风险变化"和"预期信用损失金额的变动"就是第一还款来源（或者说客户维度的风险）和第二还款来源（或者说债项维度的风险）的区别。具体来说，来自借款人正常经营产生的还款资金是第一还款来源，而当第一还款来源无法足额偿付即客户违约时，需要求助于保证人或者抵押物产生的还款资金时，就是第二还款来源。按照准则的表述，损失阶段划分（评估金融工具的信用风险自初始确认后是否有显著增加）应当"考虑在金融工具的预计存续期内发生违约的风险变化，而非预期信用损失金额的变动"，即仅考虑第一还款来源、而不可以考虑第二还款来源。换句话说，一笔贷款，即使有非常理想的抵质押物（比如说核心城市核心地段的足额房地产抵押，甚至银行存单质押），有充分的理由认为该贷款不会发生实际的损失，但只要借款人的信用状况出现明显恶化，预计存续期内违约风险显著增加，就需要将该笔贷款划分为第二阶段、按照相当于整个存续期预期信用损失的金额计量该金融工具的损失准备。

此外，准则（B5.5.55）规定，在计量预期信用损失时，对预期现金差额的估计，应当反映源自属于合同条款一部分且未被主体单独确认的担保品及其他信用增级的预期现金流量。此外，准则（B5.5.17）还提到了一些涉及担保和抵押的因素，例如，在评估信用风险的变化时可能相关的信息包括：作为债务抵押的担保品价值或者第三方担保或信用增级质量的显著变化，并预期将降低借款人按合同规定期限还款的经济动机或者影响发生违约的概率。例如，如果房价下降导致担保品价值下跌，则在某些地区，借款人将有更大动机拖欠抵押贷款。

于是，就产生了一个问题：对于有担保的债务工具，在财务担保合同构成该债务工具合同条款的情况下，在评估信用风险显著增加时，工具持有方是否应当考虑通过该财务担保合同收取现金流的能力。对于这一问题，某种程度上可能还会出现争议。事实上，准则的相关要求已经说明，财务担保合同在计量预期信用损失时应予以考虑，但在评估信用风险显著上升时不应被考虑，这与对抵押物的考虑也是一致的。此外，准则中对于担保和抵押的因素的提及和讨论，仅仅因为这可能会影响到借款人的违约风险，并非为了解释可以考虑抵押和担保所能带来的收款来降低对信用风险的评估。

准则专家委员会的成员们也基本认为准则本身的要求是很明确的也是没有问题的，在评估信用风险显著增加时不应当考虑担保或抵押物。对于准则中给出的例子，通过执行担保减少现金差额的能力并不能降低金融工具的违约风险。但是，尤其在发生违约的情况下，担保或抵押物很可能被用作主要还款来源，因而部分机构可能希望某些情况下上述原则是否有可能存在例外。然而，对信用风险显著增加本身的评估是划分阶段1和阶段2的重要标准，准则并不允许考虑担保或抵押物的现金流等第二还款来源的因素。

从风险管理和风险计量的视角，将损失阶段划分仅与违约风险（客户维度的第一还款来源）结合起来，而不考虑第二还款来源，虽然与传统的风险分类从客户和债项两个维度综合考虑贷款形成损失的风险有本质上的差异，但就其本身而言也是合理和可以接受的，只是需要强调的是不同的工具所体现的视角和反映的维度是存在差异的。另外，在这种分析框架下，即使某个金融工具因信用风险显著增加被划分为第二阶段，需要按照相当于整个存续期预期信用损失的金额计量该金融工具的损失准备，也不意味着它的损失准备就一定要计提地非常多，甚至可能不会超过当该金融工具处于第一阶段（即信用风险未显著增加时）的损失准备计提程度，因为损失阶段划分并未考虑第二还款来源的作用。

4.3.1.4　信用风险显著增加的替代简化方法

由于需要将金融工具当前的风险状况与早期进行比较，因此信用风险显著增加的评估往往比较困难，也将带来较大的实施成本。从实施的成本效益角度出发，可以使用借款人行为特征的指标分析作为一种较为简化的方法用于评估信用风险是否出现显著增加，但同时准则专家委员会也强调了在合理成本范围内进行信用风险显著增加评估的重要性和必要性。

借款人行为特征指标有很多类型，例如，借款人在指定月份内每月只偿还当月最低还款额，借款人未能偿还其他债权人发放的贷款，借款人未能偿还每月最低还款额中的指定金额，等等。这些指标均为在贷款发放后借款人的一些状态，或当前风险状态，相对获取成本较低。特别是在实施内部评级法或内部风险监测时，通常金融机构都会建立对借款人行为特征的分析体系，因此可能存在可以利用的现有信息和成果，从而降低实施成本。

准则专家委员会特别指出，对于一些循环信贷类产品，证明信用风险与初始确认相比出现显著增加更具有挑战性，因此可能需要寻找一种近似替代方法。由于并未与初始确认时的违约风险进行明确的对比，因此这种方法只能被看作一种使用绝对值的评估方法，因而与传统的风险评估工具更加类似。

专家认为，当主体识别出一些与信用风险相关的具体行为特征，并表明它们可以作为评估信用风险显著增加的适当近似替代方法，满足准则5.5.4和5.5.9的要求，那么这些行为特征可能是适合用于评估的指标。例如，该主体可能需要证明行为特征和违约风险之间的相关性。

然而，准则（B5.5.2）同时还指出，信用风险显著增加通常发生在金融工具出现逾期之前，而主体必须考虑所有合理可支持的信息，包括前瞻性信息。由于行为特征指标并未体现前瞻性信息，因而可能导致不能及时识别信用风险显著增加。

经过研究，准则专家委员会认为，如果能够证明行为特征指标和信用风险显著增加之间存在一定的相关性，那么这些指标可以被用作评估信用风险显著增加的分析依据。但是，主体仍然应当在未付出不当努力和成本的情况下，并基于不同的贷款组合收集和分析所有相关及可支持的信息。在不同的情况下，主体可能需要结合多种信息进行分析，而不仅限于行为特征指标。主体必须考虑如何获取和使用前瞻性信息。而且，主体也应当注意，行为特征指标是否已考虑宏观经济因素和前瞻性因素，否则这些指标有可能只是一些仅仅反映逾期信息的滞后指标，并不能及时体现信用风险的显著增加。

委员会强调，在实际运用时，对于行为指标分析，主体应当同时考虑内部信息和外部信息，以及行为指标对于信用风险变化的敏感性。主体应当注意行为指标分析可能仅对于短期范围内发生的违约具有预测性，但是对于长期范围内发生的违约预测性较差。此外，主体也应当注意行为指标分析的适当性，对于某些类型的产品（例如，还款集中在接近在临近到期时点的贷款），基于还款及时性的行为指标分析是不适当的。主体在设计这些指标时可以通过模拟的方式评估这些指标的效果。

此外，关于较低信用风险工具的简化处理，准则给出了外部评级"投资级"的举例，而对于使用内部信用评级和其他方法的主体而言，只要可以证明它们满足全球可接受的低风险定义即可。因此专家们认为，行为特征指标尤其是依赖逾期支付信息的指标是否可以满足此标准时存疑的。换句话说，准则专家们不支持使用行为指标作为低风险的判定，即即使一个客户没有发生逾期，也不能将其认定为低风险，这也是与传统的内部管理和风险管理偏好相一致的。

除了使用行为指标作为信用风险显著增加的简化替代方法，还可以在一定情况下考虑使用未来12个月的违约风险变化近似存续期违约风险变化。

准则认可在某些情况下对于某些金融工具，未来12个月内发生违约的风险的变化可作为整个存续期内发生违约的风险变化的合理近似值。但是，对此还需要进一步明确，是否必须每年进行评估，以及具体操作方式和标准等具体问题。

准则（B5.5.13和B5.5.14）指出，在某些情况下对于某些金融工具，未来12个月内发生违约的风险的变化可作为整个存续期内发生违约的风险变化的合理近似值。但是，准则也表示"除非具体情况表明有必要针对整个存续期做出评估"时，否则主体可以使用未来12个月的情况进行评估。对于如何进行评估和复核，准则专家委员会讨论了三种可能的处理：

一是定量方法：主体必须定量的计算出整个存续期内的违约概率，并且将其和未来12个月的违约概率进行比较。

二是定性方法：主体仍然使用未来12个月的违约概率，除非发现宏观经济和其他信用相关因素的变化未被纳入未来12个月违约概率的计量。也就是说，主体每年只需要进行一次定性复核（主要是评估情况的变化），且只有当复核结果表示12个月的违约概率不再适用时，主体才必须改为按照整个存续期的违约概率进行评估。

三是校准方法：主体每年按照"自上而下"的方法对12个月的违约概率进行调整。也就是说，主体将识别出宏观经济和信用相关因素中对12个月违约概率适用性影响最大的因素，并就其对整个存续期发生违约风险的影响进行评估。在此方法中，将对12个月的违约概率进行适当调整，并得出整个存续期内发生违约的风险变化的合理近似值。

其实按照准则的精神，违约概率只是一种可能被使用的方法。准则并未具体要求违约概率（无论是12个月或者整个存续期）用于确定信用风险的变化，根据不同的复杂程度、被评估的金融工具类别以及数据的可获得性，可以有各种不同的方法来进行此项评估。

准则同样并未规定评估信用风险显著增加的具体方法，也没有规定如何判断12个月的评估是否适当的具体方法。但是，准则（B5.5.14）也规定，具体情况表明有必要针对整个存续期做出评估时，不得使用12个月违约概率。

因此，对于12个月发生违约的风险的变化是否可作为整个存续期内发生违约的风险变化的合理近似值，应当非常谨慎。当认为12个月的评估不再适当时，为了满足准则的要求，应当评估整个存续期违约风险的变化。所以，在采用校准方法时，当12个月的评估不再适当时，需要评估整个存续期违约风险的变化。

关于未来12个月内发生违约的风险的变化是否可作为整个存续期内发生违约的风险变化的合理近似值，应当在进行适当的评估分析后得出结论并定期复核。当按照组合进行分析时，应当将具有类似特征的敞口划分在一组。准则并未要求将整个存续期的违约概率计算出来用于分析信用风险是否出现显著增加，也未要求主体需要在日常流程中将未来12个的违约概率和整个存续期的违约概率进行定量比较。但在进行此项分析时，如果已有关于整个存续期违约概率的定量信息，仍然应当予以考虑。当情况出现变化时，也应当相应进行重新评估，并在12个月的评估不再适当时需要对整个存续期违约风险的变化进行评估。

同时，还应当注意，在某些情况下，未来12个月内发生违约的风险的变化并非整个存续期内发生违约的风险变化的合理近似值。例如，某些情况下，对于存续期超过1年的贷款，其合同现金流到期日集中在12个月以后，或者经济因素对于12个月以后期间的现金流影响更大。而不论未来12个月内发生违约的风险的变化是否可作为整个存续期内发生违约的风险变化的合理近似值，在计量预期信用损失时，对于已划分在阶段二和阶段三的金融工具，都应当使用整个存续期的违约概率。

4.3.2 预期信用损失计量

4.3.2.1 Basel 内部评级与 IFRS9 减值计量

在巴塞尔内部评级体系的模型和新准则减值要求中均涉及预期损失的计量，也都要评估发生违约的可能性，那么很自然地，对于有条件的金融机构来说，基于 Basel 内评法开发新准则减值模型就是一个经济、务实和高效的选择。但是，由于基本理念上的差异，Basel 体系下的违约概率和实施新准则减值计量时使用的包括违约概率在内的各种风险参数存在一些具体的差异。

一是违约概率的计量理念（或者使用 Basel 内评法的专业术语，评级哲学）不同。通常认为，巴塞尔模型使用的违约概率偏重于贯穿周期的跨周期平均值（Through-The-Cycle，TTC），而会计准则的减值计量需要用报告日时点（Point-In-Time，PIT）的估计。

二是准则明确要求考虑进行前瞻性调整。从计量使用的方法和信息来说，巴塞尔模型中的数据来自历史信息，新准则则强调预期信用损失模型需要考虑前瞻性信息。

三是对待审慎性的态度不同。由于体现了金融监管的审慎性要求，巴塞尔模型中的违约概率包括了一些监管口径的谨慎性调整，以及其他监管口径要求剔除和增加的项目，这些都是会计准则的预期信用损失模型中不需要，或者按照会计的客观性原则不应该考虑的。

尽管存在一些差异，但金融机构在实施新准则时可以采用内部评级法模型的结果作为计算 IFRS9 下违约概率等风险参数的起点，并按照准则的要求进行必要的调整。如前所述，内部评级法模型所计算的违约概率通常被认为是更加偏重于贯穿周期的（TTC）评级，其中很可能包括一些谨慎性调整，并且反映的是整个经济周期的更加平均和稳定的计量结果。因此，可能需进行一些适当的针对性调整。比如说，剔除谨慎性的调整，将违约概率估计值转为无偏估计；以及剔除跨周期因素调整，Basel 违约概率的计量要求使用至少涵盖一个完整的经济周期的数据，对历史数据的使用可能造成时点估计结果的偏差（TTC 与 PIT 之间的差异）；以及可能需要对违约的定义本身进行修改和调整，将内部评级法模型中的违约定义调整至会计口径的违约定义。

此外，由于 Basel 内部评级体系仅计算未来 12 个月的违约概率，因此，为实施新准则减值还需要考虑计算整个存续期的违约概率。既可以基于 12 个月的违约概率模型进一步开发整个存续期的违约概率模型，也单独建立模型来计算整个存续期的违约概率，但无疑以现有的 12 个月的违约概率计量成果为基础的做法更容易与既有模型衔接，但这也取决于现有的评级体系的特性是否充分满足准则的内在要求。如果需要基于 12 个月的违约概率计算存续期违约概率，就相当于构建整个存续期违约概率曲线或期限结构，以反映风险敞口在整个存续期内违约风险的预期变动，需要取得金融工具组合的历史违约数据，根据历史数据分析违约概率随着时间而变化的趋势，并在适当的分组层面上进行分析，以确保历史上具有不同违约概率特征的组合在建立模型时也分别考虑。而如果在估计违约概率时考虑的情况并不能包括整个存续期的状况，那就需要设立相关政策，来根据历史和其他合理及可支持的信息推测违约概率的长期趋势。

如果另起炉灶重新构建全新的存续期违约概率模型，则需采用类似于 Basel 内评法建模的方法，识别全部的关键风险驱动因素及这些因素对未来的预示能力，并基于适当期间内的历史数据加以校准。参照商业银行实施内部评级法的实践经验，这项工作的成本和难度将是非常浩大的。

在构建适用于新准则的违约概率模型时，还需要注意准则要求在金融工具层面进行减值分析，与 Basel 要求在借款人或交易对手层面分析违约概率的差异，即准则需要用金融工具的违约概率进行计算。因此，理论上，Basel 违约概率和新准则违约概率两者之间的主要差异除了 PIT 和 TTC 两种计算基础理念的差异之外，还有分析口径或对象的差别。

4.3.2.2　如何对未来信息进行合理预测

准则要求（5.5.17），主体计量金融工具预期信用损失的方式应当反映以下内容：在无须付出不当成本或努力的情况下可获得的有关过去事项、当前状况及未来经济状况预测的合理及可支持的信息。

基于准则的表述，预测"未来经济状况预测的合理及可支持的信息"将成为实施新准则计量的一大难点。即使抛开预测宏观经济这一任务本身的难度不谈，仅就会计计量本身的逻辑和概念而言，预测未来信息的依据、时限和方法等就充满争议，是对传统会计理念的重大调整，也需要在具体操作时充分论证、清晰表述，以保证会计计量和会计政策的清晰和一致。在实务中，为了及时发布财务报告，主体可能会在报告日前预先进行对未来信息的评估。因此，专家委员会（ITG）提出需要考虑两个问题，即在评估信用风险是否显著增加和计量预期信用损失时，如何将以下期间关于未来经济情况的预测信息纳入考虑：一是从设置模型参数之日到报告日；二是从报告日到财务报表签署日。

专家委员会认为，对于从设置模型参数之日到报告日关于未来经济情况的预测信息，准则要求在无须付出不当成本或努力的情况下可获得的有关过去事项、当前状况及未来经济状况预测的合理及可支持的信息。所以对于设置模型参数之日到报告日之间有关过去事项、当前状况及未来经济状况预测的合理及可支持的信息，只要达到一定的重要性水平，都应当在年末评估和计量预期信用损失时考虑。

而对于从报告日到财务报表签署日关于未来经济情况的预测信息，不论期后的事件证实或推翻之前的预测，在报告日确定预期信用损失本身取决于当时获得的合理可支持的信息。报告期后获得新的信息，将导致估计和报告日使用的预测因素发生变化，应当按照资产负债表日后事项的要求进行进一步分析。

准则专家委员会的考虑重点，还是在于会计信息的使用如何保证客观、真实和准确。专家委员会强调，主体首先应当设立严格透明的流程和管理架构，以确保参考外部可用信息并基于概率加权的可能结果进行专业判断后，形成合理一致的经济预测。

对于从设置模型参数之日到报告日的问题,专家们认为关系到实务可操作性以及进行估计的时点。在考虑重要性的前提下,基本认可,针对特定事件以及经济情况的当前状态和未来预期而言,如果主体在设置模型参数之日到报告日之间获得合理及可支持的相关信息,应当将其反映在信用风险显著增加的评估和在报告日对预期信用损失的计量中。

对于从报告日到财务报表签署日的问题,专家们认为由于准则并未提供相关指引,主体应当考虑资产负债表日后事项调整的要求,以评估特定事件和报告日后新的信息是否构成调整事项或非调整事项。"报告日"是主体基于合理及可支持的信息形成关于预期信用损失可能结果估计的基准日。专家们普遍认为,这是一个需要根据具体情况进行判断的领域,因此建议就预期信用损失模型下如何判断调整事项和非调整事项发布相应的规范文件。

除了会计专家们比较关注的考虑各项因素的基准日期问题,对于前瞻性的宏观信息的预测和使用本身,也是一个极富挑战同时又必将充满争议的领域。在新准则的减值框架下,对于预期信用损失的计量和损失阶段划分(信用风险是否出现显著增加的评估)均需要考虑使用前瞻性情景。

然而,预期信用损失的计量中对前瞻性信息的考虑存在很多需要解答和确定的技术细节:

(1)在计量预期信用损失时,主体是否可以使用单一的前瞻性经济情景,或者需要纳入多种前瞻性经济情景

准则专家委员会在讨论时提出,在将前瞻性经济信息纳入预期信用损失计量时,大致有两种处理方式:一是在计算预期信用损失时或者对模型计算结果进行调整时,使用一位经济学家的单一核心前瞻性经济情景;二是计算预期信用损失时,使用上述方法1中核心经济情景的基础信息,即一系列貌似合理的前瞻性情景及其可能性。最终的预期信用损失是每种情景下的信用损失的加权平均值,而加权平均值是根据每种情景出现的可能性计算得出的。

较为典型的情况是,一位经济学家会基于其最佳估计或者最有可能产生的结果,预测出一个核心经济情景。该经济学家也有可能根据要求提供一系列貌似合理的经济情景及其相关的可能性。这些是可以支持其核心经济情景的。例如,一位经济学家可以预测下一年度的 GDP 最有可能的数值是 7%,但同时也可以提供貌似合理的预测是 GDP 为 6.5% 的可能性为 10%,GDP 为 6% 的可能性为 5%,GDP 不足 5% 的可能性为 0.5%。预期信用损失的计量应当对上述前瞻性经济预测信息予以应用,并在加权平均的基础上计算损失准备。然而,在具体的工作上却可能充满争议。

一种观点认为,当一个主体采用违约概率来计量预期信用损失时,这些违约概率本身就已经包括了对于多种情景进行概率加权平均的结果:即包括了发生信用损失的可能性和不发生信用损失的可能性。因此,主体目前用于风险管理的概率,虽然很大程度上反映的是历史信息,但是已经内含了两种情景。历史违约概率只需要加以调整

就能够反映对于前瞻性信息的单一预期。

另一种观点认为,对于计量预期信用损失而言,必须采用多种前瞻性经济情景,因为,一方面,采用单一情景并未提供在计量预期信用损失时反映多种情景所需的细节;另一方面,当一系列不同的前瞻性情景的概率和信用损失不是线性关系时,来自单一情景的预期信用损失与考虑过多种不同前瞻性情景后的预期信用损失将会不同;此外,忽略掉少数派观点并不总是适当的。例如,在2008年经济危机之前,某些地区的少数几位经济学家预测到了房地产市场的崩溃,但是他们的观点并未被大多数人所接受;再有,准则(5.5.17)提到了与未来经济状况预测有关的信息,这暗示需要考虑多种预测。

在准则专家委员会进行讨论时,一些会计专家认为,采用多种前瞻性经济情景更有可能得出一个对于预期信用损失而言无偏见的估计。然而,很明显第一种观点一定程度上反映了风险管理者对于风险计量一致性的考虑和要求。即既然金融机构已经耗费时间、精力和各种庞大的资源进行资本计量框架下的违约概率估计,那么这些违约概率本身就已经包括了对于多种情景进行概率加权平均的结果,是该金融机构能够得到的最理想的估计结果,同时它也包括了发生信用损失的可能性和不发生信用损失的可能性从而满足准则关于"各种可能的情形"的要求。

就准则本身而言,准则(5.5.17)明确要求预期信用损失应当反映通过评价一系列可能的结果而确定的无偏概率加权金额。此外,准则(BC5.263)还具体解释了使用"预期"这个技术词汇的考虑,说明其所指是分布的概率加权平均,不应与最可能发生结果或主体对最终结果的最佳估计这些概念相混淆。准则(BC5.264)也表示,主体必须考虑多种情景及可能发生的结果,以及它们发生的概率。但是,主体也应当注意:在计量预期信用损失时,主体不一定需要识别每一可能发生的情形;当存在多种可能的情况时,主体可以使用一个完整的分布中有代表性的样本来确定预期值;主体应通过反映信用损失发生的可能性及不会发生信用损失的可能性(即使发生信用损失的可能性极低),来考虑信用损失发生的风险或概率;估计预期信用损失的目的并非旨在对最坏的情形或最好的情形做出估计。

对于一系列不同的前瞻性经济情景,如果相应的违约概率并未呈现出线性关系,那么在计量预期损失时,未将多种经济情景纳入考虑则可能对于计量结果产生重要的影响。例如,考虑所有情景后对应的预期信用损失可能将高于仅考虑单一核心前瞻性情景对应的预期信用损失。

认为历史违约概率只需要加以调整就能够反映对于前瞻性信息的单一预期的观点有其依据和合理性,因为违约概率已经反映了在多种情景下发生信用损失的可能性和不发生信用损失的可能性。有些人认为,这已经可以满足准则的要求。

如果单一经济情景可以代表一系列前瞻性经济情景,例如存在线性关系时,那么仅考虑单一前瞻性经济情景可能满足无偏的预期信用损失计量目标。但是,如果各情景间不存在这样的关系,那么预期信用损失也不会呈现出线性的结果。在这种情况下,为了达到无偏概率加权平均金额这一目标,有必要考虑多种前瞻性经济情景。因此,在计量预期信用损失时,使用单一前瞻性经济情景无法在所有情况下满足准则关于无偏概率加权平均金额的目标。只有当各种情景与违约概率之间存在线性关系时,这种方法才能够达到准则的计量目标。

如果考虑了多位经济学家提供的单一核心经济情景,仍然会存在同样的问题。对于多位经济学家提供的多种前瞻性预测,每位经济学家提供的是他们每个人的核心经济情景。只有当每个核心经济情景可以作为一个完整的分布中的一个有代表性的样本时,才能够达到无偏概率加权平均金额这一目标。也就是说,如果仅仅将多种核心经济情景进行平均,这样的处理本身并不能满足准则的要求。当然,上述所有情况,也将有赖于主体是否可以在无须付出不当成本或努力的情况下可获得合理及可支持的相关信息。

另外,准则(B5.5.50 和 B5.5.54)指出,"预期信用损失反映主体自身对信用损失的预期",且"估计预期信用损失需要运用的判断程度取决于具体信息的可获取性"。但是,毕竟准则并未对于计量预期信用损失提出具体方法,而是模糊地要求,"合适的方法会视主体的完善程度、金融工具和数据可获取程度的差异而不同"。总之,在确定是否必须使用单一或多种前瞻性经济情景时,重点是计量预期信用损失的目标是达到无偏概率加权金额。

一些风险管理者从风险计量的角度出发,可能会认为,虽然从 Basel 内部评级模型的方法上看,目前用于风险管理的违约概率很大程度上反映的是历史信息、并且主要是基于历史财务数据和违约数据等历史信息计算的,但其本身作为一种预测未来的"概率"就蕴含了前瞻性的考虑。换句话说,如果认为对于额外的、更多的前瞻性信息的考虑和使用能够有助于改进违约概率的估计结果,那么,为什么在 Basel 框架下的资本计量和监管资本管理中不同样也运用这一成果呢?从另一方面来说,采用预测的宏观情景对违约概率进行调整,必然会在风险计量的 Basel 违约概率之外产生一套新的违约概率,那么这两者之间的关系如何界定和解释,特别是在内部管理和内部风险偏好的传导和落实上,也可能会产生新的问题。

(2)如有必要,如何将多种前瞻性经济情景纳入预期信用损失的计量中

而如何要使用前瞻性宏观情景进行违约概率的计算或调整,那么就需要讨论,通过何种方式将来自不同经济学家的不同观点纳入考虑,并以何种方法将多种前瞻性情景纳入预期信用损失的计量。对此准则专家委员会讨论了 4 种潜在的方法。

方法 1:使用单一的前瞻性经济模型,采用所有供考虑的情境中最有可能发生的情景;

方法 2:使用单一的前瞻性经济模型,采用所有供考虑的情境的加权平均值,权重是每种情景的发生概率;

方法 3:计算每种情景对应的信用损失的加权平均值,权重是每种情景的发生概率;

方法4：使用单一的前瞻性经济模型，采用所有供考虑的情境中最有可能发生的情景（方法1），并在此之上通过"叠加"调整反映发生可能性较小的情景。

对于上述各种方法，为了进一步说明相关问题及观点，专家们给出了如下的例子：假设主体有一个按揭贷款组合，该组合对于利率的变化较为敏感。主体获得了一些不同的利率预测，这些预测分别来自各位经济学家估计的最有可能发生的情景。这些预测也是其他财务报表编制者在确定前瞻性信息时普遍接受和采用的。7位经济学家预计利率将上升25个基点，而3位经济学家预计利率将上升100个基点。准则专家建议了4种不同的方法，用于计算预期信用损失，并探讨哪些方法是新准则能够接受的：方法1：按照利率上升25个基点直接进行计算，因为这是最有可能发生的情况。方法2：按照利率上升47.5个基点直接进行计算，因为这是可能出现的情况的加权平均值（25×0.7+100×0.3）。方法3：分别执行两次计算，第一次按照利率上升25个基点进行计算，第二次按照利率上升100个基点进行计算。将上述估计作为参数，分别给这两个情景70%和30%的概率权重，再进行加权平均（基于合理及可支持的信息是否可获得，主体有可能使用自己的判断来确定两个情景的权重）。方法4：假设利率上升25个基点并直接进行计算，因为这是最有可能出现的情况（即方法1），但是在此基础上"叠加"调整，以考虑来自较少的几位经济学家做出的可靠估计，即利率将上升100个基点，因为这些估计并未被纳入关于预测的市场均值估计中。这种方法是方法3的近似模拟，但相对而言更加务实。

事实上，上述每种方法都会产生一个不同的预期信用损失。经济情况的变化，在某些概率较低的情境中可能产生很大的影响。例如，利率上升25个基点可能对于借款人的影响有限，但是利率上升100个基点可能促使很多借款人由于不能承担更高的融资成本而发生违约。这意味着，实质上方法3和方法4通常会得出比方法1和方法2更高的预期信用损失，因为方法3和方法4对于少数派观点所对应的更高利率涨幅，给予了相对更高的可能性。

从方法本身来说，方法1和方法2存在着缺陷。方法1和方法2未能顾及在某些情况下，违约概率和信用损失并未随着不同经济情景中变量的改变而相应发生线性的变化。因此，从这个角度看，方法3和方法4可能更为适当。

准则制定者和专家们均指出，可以采取多种方法计量预期信用损失，但是，被使用的方法必须满足准则关于计量预期信用损失的目标，即计算出无偏概率加权金额。因此，当使用多种前瞻性经济情景时，针对每种情景确定的信用损失应当反映其可能性的权重。准则专家指出，在非线性关系的情况下，使用单一情景无法完全实现准则的计量目标。因此，方法1和方法2对非线性关系处理的不当就决定了它们的缺陷，而方法3和方法4可能满足IFRS 9的目标，即计算无偏概率加权金额。在方法4中，应当按照符合这种计量目标的方式进行"叠加"调整。专家们同样指出，准则对于如何计量预期信用损失并未规定一套具体的方法。只要主体采用的方法可以满足准则的目标，可以反映出不同的前瞻性经济情景和与之对应的信用损失之间的非线性关系，就是可以接受的。

(3) 前瞻性经济情景的适当信息来源是什么

对于前瞻性经济情景的获得方式,准则专家也给出了以下建议:一是一位经济学家提供的一系列他认为合理的前瞻性经济情景及其相应的可能性,这些信息支持它们的单一核心经济情景;二是多位经济学家提供各自的单一核心经济情景。此外,对于宏观信息的预测,考虑到该信息会对减值结果产生巨大影响,从客观性的角度考虑,是否可以使用企业自己雇用的内部经济学家或部门来确定一系列前瞻性信息,而非使用外部经济学家观点,也存在争论的必要。确定什么是前瞻性经济情景的适当信息来源,按照准则的原则性要求,有赖于是否可以在无须付出不当成本或努力的情况下可获得合理及可支持的相关信息。

(4) 在进行损失阶段划分时如何考虑前瞻性信息

在评估信用风险显著增加时,也存在类似的前瞻性信息的预测和处理的问题,主体是否应当考虑多种前瞻性经济情景,以及如何将前瞻性经济情景纳入信用风险显著增加的评估。

对于如何将前瞻性经济情景纳入信用风险显著增加的评估,准则专家委员会在讨论时提出了三种潜在的方法:

方法1:在初始确认后,根据单一前瞻性经济情景评估相应的违约风险发生的变化;

方法2:在初始确认后,根据多种前瞻性经济情景来计算加权平均值,即以每种情景发生的可能性作为权重对各种情景下的违约概率进行加权平均;

方法3:对每种情景,单独评估相应的违约风险发生的变化,例如将日后的违约概率与初始确认时的违约概率分别进行对比。主体根据发生信用风险显著增加的情景和情景所发生的可能性,将组合的一部分分配为已经发生信用风险显著增加。

以上不同的方法将导致不同的结果。对于方法1,如果在计量无偏的预期信用损失时使用了多种前瞻性经济情景,那么同样的情景(即多种情景)也应当在评估信用风险显著增加时予以考虑。因此,使用单一前瞻性情景来确定信用风险显著增加并不适当。

对于方法2,所建议的方法中,违约概率是针对每种情景而确定的。在评估资产组合的信用风险是否出现显著增加时,每种情景的违约概率被简单加权平均为一个数值,该数值被用于和初始确认时点的违约概率进行比较。这种方法是与准则的目标相一致的,因为在评估中已经考虑了一系列前瞻性经济情景及其可能性;然而,这种基于违约概率的定量方法并不是符合准则目标的唯一方法。根据准则(B5.5.12、B5.5.18)所述,在评估金融工具的信用风险自初始确认后是否已显著增加或者在计量预期信用损失时,可运用各种不同的方法;这些方法可能包括定性方法、统计或非统计的定量方法,只要它们能够达到准则设定的目标。

对于方法3,各种前瞻性经济情景之间的结果可能是互相排斥的。一种前瞻性经济情景不能适用于一项资产或具有共同信用风险特征的金融资产组合的一部分，而其他情景则适用于该金融资产或组合的其他不同部分。因此，对于具有共同信用风险特征的金融资产组合，相同的前瞻性经济情景应当是与该组合中所有的资产都相关的。在评估金融工具是否出现信用风险显著增加时，应当同时考虑相关的前瞻性经济情景及其可能性。因此，如果按照方法3的建议，仅根据每种情景发生的可能性作为基础，来将组合的一部分分配为已发生信用风险显著增加，是不适当的。

准则专家委员会指出，准则对于评估信用风险是否出现显著增加并没有规定使用何种具体方法，而可能的方法包括定性、统计或非统计的定量方法。对于计量预期信用损失和判断信用风险是否出现显著增加，如果多种前瞻性经济情景是相关的，那么主体在进行上述分析时，都需要将多种前瞻性经济情景纳入考虑。但是在实际操作中，某些情景可能仅与计量预期信用损失相关，而与判断信用风险是否出现显著增加的分析并不相关，因此对于两者而言，并不要求使用的前瞻性经济情景具有完全直接的对应关系。

专家委员会的以上论断简单言之，就是，专家们认为需要考虑前瞻性的经济情景信息，但是进行损失阶段划分（判断信用风险是否出现显著增加）和进行预期信用损失计量时对于前瞻性信息的使用可以使不同的。

此外，很明显无论以何种方式预测和使用前瞻性宏观情景信息，都将增加减值结果的灵活性、降低客观性和可比性，因此，无论是准则本身还是准则专家都强调了披露如何使用前瞻性信息的重要性。

（5）可以纳入预期信用损失计量的"合理及可支持"的前瞻性信息

前瞻性信息的内容和来源通常有很多种，但最普遍的，是关于宏观经济的假设和预测，以及来自突发问题或者不确定的未来事项的其他前瞻性信息。通常宏观信息一定程度上已反映在主体的预测流程中，绝大部分为了满足准则要求建立的预期信用损失都会予以考虑，而其他特殊信息由于其性质，一般难以作为日常因素被纳入主体的基础风险模型或者一般的宏观经济预测，因此需要确定哪些信息作为"合理及可支持"的信息应被纳入减值评估考虑。

如果对前瞻性信息使用的边界处理不当，可能会造成两类问题，一是剔除了过多的信息，导致在确定预期信用损失时无法做出恰当的反映；二是考虑对未来可能性的所有推测，无论其信息源的可靠性，即使有可能导致不恰当的分析。

准则要求信息必须是合理及可支持的，关于未来事件及其经济后果的信息如果不充分，也可能意味着它是不可支持的，尤其对于一次性无先例的事件，更是如此。

准则强调了评估预期信用损失需要进行适当的前瞻性判断，而判断的程度将依赖于具体信息的可获得性。准则要求主体考虑各种来源的信息，包括主体用于预算和预测流程的，也可以包括其他通常未包括在预算和预测流程中的前瞻性信息。然而，对于突发事项相关的前瞻性信息，最适当的方式还是在组合层面对其影响整体进行考虑。同时，对于预期信用损失变化的估计，应当反映各期可观察数据的变化，且应当在趋势和量级上保持一致。同时还要定期复核估计的预期信用损失适用的方法和假设，以减少估计损失和实际损失之间的差异。

在确定哪些信息属于相关的前瞻性信息时，要考虑准则规定的在不必付出不当成本和努力情况下获得的所有合理及可支持的信息。准则专家委员会强调，主体应当切实为做出相关估计而付出努力，估计应该能够反映主体自身对于信用风险的预期，并且主体应当能够解释如何运用合理及可支持的信息得出这个估计结果。

同时，也应该随着后续获得的合理及可支持信息来更新估计。应当确保有适当的书面记录来支持上述分析。不应当仅仅因为某些未来事件发生的可能性很低或者该未来事件的影响金额不确定而不将其纳入考量。

在实务中，对于未来事件进行估计可能存在相当大的困难和挑战，尤其是需要估计某些未来事件的经济后果，并且是一个需要进行重大判断的问题，也是新准则减值模型的关键要素。因而，对于做出这个判断的相关流程，应当设定充分有效的监督和控制，并随着经验的积累不断优化。按照在模型计算的结果基础上叠加对于未来事件前瞻性信息的调整时，应当保证在总体上预期信用损失的计量结果符合准则的总体目标，并避免在计量过程中重复计算。

此外，还应当通过披露反映哪些前瞻性信息被纳入和预期损失的计量，而哪些信息并未被纳入计量。对于某些未来事件，可能即使竭尽努力也无法估计其对预期信用损失的影响，那么披露与之相关的前瞻性信息是很重要的，这样才能使报表使用者充分了解和理解所面临的信用风险。

4.3.2.3　如何确定存续期

对于初始确认后信用风险已显著增加的金融资产，准则要求按照预计存续期的预期信用损失计量损失准备，因而就涉及存续期的确定和计量。对于一般的信贷类业务或债券等投资类业务，存续期的确定比较明确，因为有十分具体和确定的到期日，因此在不考虑提前还款的情况下，这类业务的存续期确定基本不需要过多的论证和说明。但是，有些特殊的业务，本身就没有明确的到期期限，或者在到期后默认进行接续，就需要进行深入的探讨。

根据 IFRS 9 新准则的规定，在计量预期信用损失时需考虑的最长期限为主体面临信用风险的最长合同期限（包括续约选择权），而非更长的期间（即使该更长的期间与商业惯例一致）。但是，准则（5.5.20）同时针对某种情况规定了一项例外，即某些金融工具（例如循环信贷协议）同时包含贷款和未使用的承诺部分，而主体根据合同要求还款及取消未使用承诺的能力并未将主体面临信用损失的期间限定在合同通知期内。

在这种情况下，某笔特殊的业务确实有可能需要考虑更长的预计存续期，甚至可能超过合同期限。比如，比较典型的例子就是信用卡透支。通常信用卡透支没有固定的期限，客户可以在发生透支后再下一个账单日之前全额还款，也可以按照与银行的约定只归还其中的一部分，而银行业不会因客户没有在账单日足额还款就认定客户违约。如此，该笔透支业务的期限就比较模糊和不确定。具体来说，假设某银行规定，客户每期信用卡账单的最低还款额为本期账单未还金额的 10%，只要还款金额大于这个数字，就不认定客户违约，仅按正常标准计收利息。假设某客户进行了一笔透支交易 100 元，他即可选在立刻将其全部还清，也可以选择在账单日到来时仅归还 10%，甚至当出现了新的透支后，按照与银行的约定，该客户可以在每个账单日均只归还当期账单为归还金额的 10%。如此，之前发生的 100 元透支的期限将十分模糊，也完全无法预先判定。再比如，对于活期账户透支贷款，也存在类似问题。还有一些到期后可以自动延期的业务，除非客户主动提出不再续贷或银行采取强制措施，否则贷款到期后自动延续至下一期，相当于"滚动"办理信贷业务。普遍意义上，这些业务都是为了便捷授信、便利用信而设计的允许客户在授信额度内多次、重复用信，或者到期后自动延长用信时间的业务。

关于这一问题，准则专家委员会（ITG）给出了具体的说明示例，指出，某银行以组合方式管理一个住房按揭贷款组合（以摊余成本计量）。贷款的合同期限为 6 个月。合同同时约定，除非借款人或者银行终止贷款，否则贷款可以自动延期 6 个月，贷款利率在延期当天重设为当时的市场利率。银行可以随时拒绝延期且不受任何限制。在实务中，借款人一般不会选择在到期日后终止该贷款。这是因为将房贷换至其他银行或重新另行申请新的信贷产品一般不会为借款人带来更多经济利益。银行也不会执行定期的信贷复核，而是仅在收到特定借款人负面信用事件信息时终止相关单项贷款。根据历史情况，上述贷款产品实际的延期次数较多，期限可持续长达近 30 年。

准则专家委员会给出了两种解释观点。一种观点认为不应该延长预计存续期。准则（5.5.19）中提到的"续约选择权"应理解为借款人权利，并因而给银行带来信用风险敞口，而本例中提及的是银行拥有的权利。另外，上面的例子中不存在未使用的贷款承诺，因此不能适用 IFRS 9 第 5.5.20 段的例外。综上，对该类贷款每次计量预期信用损失时，应该考虑的最长期限是合同约定的 6 个月。另一种观点认为需要对延期进行考虑。准则提到"续约选择权"时并未特别指明是借款人权利或银行权利。此外，如不考虑超过 6 个月以上的期限，相应的预期信用损失将不能反映银行实际管理信用风险的方式和实际面临的信用风险敞口。因此，对于该类贷款计量预期信用损失时，应考虑的最长期限应当是基于历史经验确定的期限。

从专家委员会发布的会议纪要公告情况看，ITG 成员基本同意第一个观点，即根据准则的相关要求，在上述例子中，只要银行有实质性权利在 6 个月的合同期末终止贷款，计量预期信用损失时应考虑的最长期限应当是最长合同期限（即 6 个月）。部分专家委员指出，在确定银行是否有实质性权利在 6 个月的合同期末终止贷款时，主体可能需要考虑监管机构的权利。例如，如果监管机构限制了银行在 6 个月的合同期末终止贷款的合同权利，在计量预期信用损失时应考虑更长的期限。相关评估应当根据具体情况具体分析。在专家委员会的讨论中，准则制定机构（IASB）的代表也重申了准则（5.5.20）进行相关论述时仅针对同时包含贷款和未使用的承诺部分的金融工具适用，不宜扩大适用范围。

在我国目前的信贷产品设计中,类似准则专家委员会提到的"到期续做"的实际产品并不多见,在国外有很多住房按揭贷款是以这种形式办理的,而我国的住房按揭贷款都会约定一个比较长的最终到期日(比如20年或30年)和具体的分期还款计划及还款方式。但是,随着产品创新,可能会出现类似的金融工具需要进行判断分析,此外,对于没有明确到期日的金融工具的存续期的确定,是国内金融机构所必需要面临解决的问题。

4.3.2.4 预期信用损失的计量频率

准则规定,主体应在每个报告日计量预期信用损失。但准则在一些示例中似乎暗示在其他时点也需要计量预期信用损失。例如,准则(3.2.12)指出,在金融资产整体予以终止确认时,下述两者之间的差额应当计入损益:

(1) 账面价值(以终止确认日计量为准);与

(2) 所收到的对价(包括获得的任何新资产减去承担的任何新负债)。

此外,在准则的第14个示例中,也描述了对于以公允价值计量且其变动计入其他综合收益的金融资产,在初始确认时计量预期信用损失的会计分录。

因此,需要考虑并解答两个问题:除了报告日,是否还要求在终止确认日或初始确认日计量预期信用损失。

对于终止确认日的问题,新准则关于终止确认的损益计算理论上应当基于终止确认时重新计算的预期信用损失。如果该损益是重要的相关信息,则还应该根据会计准则关于财务报表列报的要求在财务报表上单独列示。对此应该说准则的要求是明确的,但很多银行有很多终止确认贷款的日常交易,这种情况下,每天计算预期信用损失在实际操作中通常是相当困难的。因此,在考虑重要性水平的前提下,每月进行预期信用损失的计算可以为贷款终止确认提供合理的近似结果。从现实的角度出发,对于这个实务问题,应根据自身情况进行适当的判断。

对于初始确认日的问题,新准则对于在初始确认日计算预期信用损失并没有明确的要求,在实际操作中,每天在确认贷款时计算预期信用损失会是相当困难的。在初始确认日,主体应当按照公允价值确认金融资产。之后,应至少在每个报告日计量预期信用损失。

简而言之,理论上应当在每个金融工具的终止确认日计量预期信用损失,而对于初始确认日,应当按照公允价值确认,但是在具体实务中,考虑到操作和实施的成本和可行性,一般来说按照逐月计量的频率开展减值测试和预期信用损失计量也是合理的,并且绝大部分金融机构特别是大型金融机构也是按照这一频率在进行财务报告管理。

4.3.2.5 合同条款修改的影响

根据准则(5.4.3)要求,如果金融资产的合同现金流量予以重新议定或做出其他修改,并且该重新议定或修改并未导致终止确认该金融资产,主体应当重新计算该金融资产的账面总额,并在损益中确认修改利得或损失。重新计算金融资产的账面总额时,应使用经重新议定或修改后的合同现金流量,以及金融资产的初始实际利率(除非该金融资产是购买或源生已发生信用减值的资产或者某些被套期项目,则有例外)。

比如说,某银行初始发放一笔贷款后,认为该贷款的信用风险出现了显著增加,并确认了整个存续期间的预期信用损失。之后,借贷双方对于合同现金流进行了修改,但是该修改并未导致对贷款的终止确认。于是,便可能存在以下问题:

(1) 该银行如何计算合同修改的损益。
(2) 在报告日,该银行如何计量新的存续期预期信用损失。
(3) 合同修改损益和预期信用损失准备的变动应当如何列示。
(4) 哪些合同修改需要披露。

对于问题一,银行应根据准则(5.4.3)要求重新计算贷款的账面总额,用以确定修改损益。根据准则关于修改损益的定义,银行为确定新的账面总额而预计现金流时,不应当考虑预期信用损失。此外,如果在合同修改前发生过贷款核销,上述贷款账面总额应当是扣减核销之后的金额,因为核销已构成终止确认事件。

对于问题二,银行与借款人重新商定了条款,并将合同现金流调整至预期借款人能够偿还的金额,因而银行可能认为信用事件发生的可能性很低。然而,根据准则(5.5.18)要求,银行在计量预期信用损失时必须考虑信用损失的可能性,而不能直接假定其为零。这是因为在计量预期信用损失时,预期现金流反映了出现信用损失的可能性,而修改后的账面总额未考虑这些预期信用损失。

对于问题三,准则并未明确要求将修改利得或损失列示于损益及其他综合收益表的哪个具体报表项目。然而,在决定损益及其他综合收益表中是否需要增加一个单独的报表项目时,银行应该考虑单独列示修改利得或损失是否有助于理解主体的业绩。对于预期信用损失准备的变动,银行应考虑在损益及其他综合收益表中设置一个单独的报表项目,以反映减值损失和转回。原则上,修改损益和预期信用损失准备的变动的列示方式应当有利于报表使用者理解主体的经营业绩。适合的方式有可能是分别列示两项的总额,也有可能是列示两项的净额。重要性水平也是应当考虑的因素。

对于问题四,银行必须考虑信用风险披露的总体目标,当合同修改是实现该目标的重要手段,也应当适用关于合同修改的披露要求。结合信用风险披露的总体目标,且从报表使用者的角度,可能需要更加关注涉及信用原因的合同修改。

4.3.2.6 担保抵押质押等信用缓释作用

在计量预期信用损失时,需要确定如何考虑来自担保物和其他信用缓释或信用增级的现金流,例如保证担保合同等,尤其是何为符合准则要求的"作为合同条款组成部分"的信用增级,并因而在计量预期信用损失时考虑其相关的现金流。

按照准则(B5.5.55)要求,在计量预期信用损失时,应当包括来自担保物和其他信用增级的现金流,例如保险和财务担保合同,只要这些是属于合同条款组成部分且未被主体单独确认。计量预期信用损失主要涉及关于担保的两个方面的具体问题:

(1) 当提到应当包括来自担保物和其他信用增级的现金流时,"属于合同条款组成部分"是指什么，是否一项信用增级必须是在相关资产的合同中有条款明确提到的，才能够在计量信用损失时纳入考虑。

（2）是否未被主体单独确认的其他信用增级是可以被纳入考虑的。

准则专家委员会指出，从经济意义上和从风险管理的角度分析，如果可以从信用增级获得补偿，出借方不会认为存在损失。根据实务情况，大多数银行在执行旧准则的减值测试时，都会将信用增级反映在已发生损失模型的会计处理中。然而，对于在计量减值时应当包括的现金流，由于新准则和旧准则的要求发生了明显的变化，因而在进行过渡时，实务中的处理可能需要进行一些调整。

关于"属于合同条款组成部分"，按照 B5.5.55 所述，为达到计量预期信用损失的目的，预期现金差额的估计应当反映源自属于合同条款组成部分，且未被主体单独确认的担保物及其他信用增级的预期现金流量。而 IFRS 9 将信用损失定义为主体根据合同应当收取的现金流量和主体预期收取的现金流量两者之间的差额。对于主体预期收到的现金流量，应当包括出售所持有的担保物或源自属于合同条款组成部分的信用增级的现金流。

尽管准则并未对"属于合同条款组成部分"进行定义，然而，这并未仅限于适用减值评估的金融资产的相关合同中涉及的明确条款。在处理源自担保物的现金流计量预期信用损失时，考虑属于合同条款组成部分的担保物，可以更好地反映现金差额的经济实质。

单独确认的信用增级不会在计量预期信用损失时被予以考虑。这是为了避免会计处理时的重复计算。例如，来自信用违约掉期的现金流已经作为衍生工具按照公允价值计量且其变动计入当期损益的方式进行了单独的会计处理，因此它不应再被包括在计量与其相应的基础资产的预期信用损失中。

此外，按准则要求还需要对减值使用的担保信息进行披露。披露的目标是，应当使财务报表使用者能够了解担保物和其他信用增级对预期信用损失的金额的影响。准则也给出了更加具体的披露要求，包括：在不考虑任何所持有的担保物或其他信用增级的情况下，主体最大信用风险敞口的金额；以及由于存在担保物，主体并未确认损失准备的金融工具的相关信息。

4.3.2.7 确定"当前实际利率"

根据准则的要求，如果金融工具有可变利率，则预期信用损失应当采用当前实际利率进行折现。对具有浮动利率的金融资产，需要明确什么是"当前实际利率"。

准则专家委员会例举了如下情景：假设一项金融工具的剩余期限是 10 年，并挂钩 12 个月 LIBOR 的浮动利率（本例中假设信用点差为零）；LIBOR 利率在每年末被重置；在报告日，12 个月的 LIBOR 是 2%，并且在最近这次利率重置时估计每年 LIBOR 利率上升 10%；利息收入根据报告日的 12 个月 LIBOR（即 2%）确认。

在上例中，需要明确在报告日哪种 LIBOR 利率应当被用来计量预期信用损失。要么将"当前实际利率"解读为"报告日当天的利率"，这是对于"当前"这个词语最自然地解读，并且这也是在操作层面最容易实施的方法；要么在实务操作中根据当前收益率曲线估计利率作为每个产生现金流量差额的期间所应使用的实际利率，从而使根据合同估计未来现金流量以及相关的现金流量差额时使用的利率与用来对现金流量差额进行折现的实际利率保持一致。

根据准则（B5.5.44）要求，必须使用初始实际利率（或者其近似值）对于预期信用损失进行折现。对于具有浮动利率的金融工具，实际利率会随着市场利率发生变化。因此，对于此类金融工具，应当采用根据准则（B5.4.5）精神确定的当前实际利率进行折现。

计量预期信用损失的折现率应当和确认利息收入的利率保持一致。因此，如果一个主体在利息收入确认时使用报告日的当前 LIBOR 利率，那么这也是同一个报告日计量预期信用损失时应使用的适当利率。

准则专家委员会最终认定，准则对于"当期实际利率"的要求是清楚的，然而使用"报告日当天的利率"或者根据当前收益率曲线估计利率都是可接受的方法，但第一个方法无疑更加简便易行，利于实务中的操作。此外，专家也强调，在实际应用这些方法时应当注意，被折现的现金流和折现率应当使用一致的口径，而且计量预期信用损失时使用的当前实际利率应当与计算利息收入时使用的利率保持一致。

4.3.2.8 已减值资产

对于摊余成本计量的金融工具，如果发生了信用减值，也面临计量账面总额和损失准备的问题。特别是，还要平衡利息收入确认的金额和账面总额和损失准备的计算之间的联系。

根据经验，对于已经发生客观减值迹象的以摊余成本计量的金融资产，目前按照旧准则的要求确认损失准备时，实务中也存在不同的处理。对于进入阶段 3 的已发生信用减值的金融资产（并非购买或源生的已发生信用减值的金融资产），新准则对计量其损失准备的要求与对阶段 2 的金融资产的要求相同，即在每个报告日阶段 2 和阶段 3 的金融资产的损失准备都应当按照整个存续期的预期信用损失来计量。

准则的要求是：一方面，损失准备是将预期现金流差额用初始实际利率折现至报告日计算出来的结果。上述初始实际利率是在初始确认时点确定的，或者使用其近似值代替；另一方面，实际利率是将整个预计存续期的估计未来现金付款额或收款额恰好折现为该金融资产的账面总额的利率；此外，一项金融资产的账面总额实际上应当满足：金融资产的初始确认金额减去偿还的本金，加上或减去使用实际利率法确定的初始金额与到期金额之间差额的累计摊销额。但这个金额不再针对损失准备做出调整。实际利率法是对预期合同现金流适用实际利率的计算方法，但不考虑预期信用损失。

另外，需要指出的是，对于已发生信用减值的金融资产（阶段 3），利息收入是按照账面总额扣除损失准备后的净额计算利息收入，这与进入阶段 2 的金融资产按照账面总额计算利息收入的方法有所不同。对于已发生信用减值的金融资产（并非购买或源生的已发生信用减值的金融资产），利息收入应当根据该资产的摊余成本和实际利率计算得出。

因此，准则专家委员会认为，准则对于上述讨论中的信用减值资产有明确的要求，其中账面总额是使用初始实际利率对预期合同现金流进行折现，损失准备是使用初始实际利率对预期现金流量差额进行折现。为了具体说明，专家们给出了计算示例：

企业持有以摊余成本计量的金融资产（并非购买或源生的已发生信用减值的金融资产）。20×1年12月31日，这项资产的账面总额（即未扣减损失准备的金额）是100。该资产的实际利率是10%。20×1年12月31日，这项资产发生信用减值，相应的损失准备被确定为60。因此，20×1年12月31日该资产的摊余成本为40。

20×2年12月31日，该项资产未发生现金清偿，且对于未来现金流发生的时间和金额也没有任何变化。出于简化的目的，假设使用实际利率而计算得出20×2年的利息收入是4 =40×10%，20×2年12月31日的摊余成本为44=40+（40×10%）。

专家委员会认定的符合准则的方法为：账面总额是按照实际率10%折现得出的，因此，在20×2年12月31日，账面总额是110 = 100+（100×10%）。损失准备是账面总额和摊余成本之间的差额，因为账面总额和摊余成本都是根据实际利率计算得出的，损失准备也是按照实际利率10%折现得出的，20×2年12月31日的损失准备是66 = 110 −44，或者66 = 60+（60×10%）。

4.3.3 特殊业务和特殊问题处理

4.3.3.1 信用卡未使用额度的处理

准则专家委员会在讨论时特别关注了循环信贷产品的未使用额度的减值计量问题，特别是关于未设定绝对信贷额度的产品，如何确定合理的敞口。

按照准则要求，循环授信产品未来提款金额的估计，应当限定在合同约定的信用限额内。然而，在某些情况下，循环授信产品可能并没有绝对的信用额度，因而需要进一步分析。比如说以下没有绝对信用额度的信用卡的情况：

银行A在×国对其零售客户发行了具有以下条款的信用卡：没有绝对的消费限额，银行A将客户的历史消费记录和已知收入水平作为参数，并使用统计模型生成该客户的预计消费能力。银行A在每笔消费时根据动态的预计消费能力对本卡上的记账金额（即客户的交易金额）进行审批；即使客户按时付款且该卡对应的银行账户并未出现违约，银行A仍有权暂停客户通过记账进行消费，且有权取消该卡对应的银行账户；该卡对应的消费金额在每月末到期且不收取利息，但超过月末未付款的金额将被收取罚金；如果银行A暂停客户通过记账进行消费或者取消该卡对应的银行账户，那么客户仍然必须按照原来的到期日偿还未付的记账金额，即相关金额仍将在月末到期；且当客户通过该卡记账消费时，商家需要向银行缴纳服务费。

上述例子，没有合同约定的信用额度，于是，在估计预期信用损失时是否应当考虑未来的提款金额以及如何考虑，将成为问题。由于没有合同约定的信用额度，银行A对于交易进行逐笔审批。因此，从信贷准入的角度看，信用额度应当被视为零，而在计量预期信用损失时不再考虑未来的放款。然而，如果将信用额度视为零，则该做法是否与准则特别是第5.5.20段的要求不符，其规定适用于同时包括贷款和未使用承诺部分的金融工具。对于有合同约定信用限额的信用卡，似乎不存在这一问题。

一般来说，为了针对上述这种特殊的业务确定适当的会计处理，银行首先必须确定该金融工具的合同条款，合同约定的信用额度应当根据金融工具的实质性合同条款确定。在上面的例子中，因为没有合同约定的信用额度，银行必须考虑是否存在一个暗示的信用额度，如果是那么需要确定这个信用额度应当是什么，在进行上述决定时，银行应当考虑所有相关的事实和情况，包括这些信用卡在实务中的管理方式。

例如，银行应当考虑是否在每次消费时按照逐笔交易审批的方式进行管理，或者事实上按照对其他合同承诺类似的管理方法来延续授信。一旦银行决定了信用额度的性质，就可以进一步考虑这些信用卡应采用何种处理方式。按照准则要求，银行对于已提款部分和未提款部分计量预期信用风险损失时，必须覆盖银行面临信用风险而无法通过自身信用风险管理进行缓释的期间，即使该期间超过了最长合同期限。

此外，为了满足准则信用风险披露的目标，应当提供信用风险管理实务的信息以及如何与预期信用损失的确认和计量相关联。在上述案例中，这样的披露尤为重要。为了达到信用风险披露的目标，可能还必须披露额外的更多详细信息。

因此，在信用卡的合同约定没有明确指出信用限额的情况下，可能由于银行采取不同的管理方式而导致存在两种不同的方式和结果，要么视为实际限额为零，要么视为实际上存在某种暗示的限额。根据准则专家委员会的意见，如果在客户每次使用信用卡时，银行确有自主权决定贷款审批结果的实质，那么在每笔交易审批前并没有形成贷款承诺，因而报告日仅对已使用的金额确定预期信用损失。

准则专家委员会所关心的这种特殊情况，主要是没有合同约定的透支额度的信用卡或其他信贷产品，但通常这种业务银行都会在每次用信实际发生时进行审批控制。真正不受控制的无限额信用卡在国内是与监管要求相矛盾的，因此基本不存在这类情况。

4.3.3.2 循环信贷产品的计量期间

对循环信贷产品还有一个问题，就是如何确定合理的减值计量期间，即该笔业务的存续期。按照准则的精神，"在计量预期信用损失时需考虑的最长期限为主体面临信用风险的最长合同期限（包括续约选择权），而非更长的期间（即使该更长的期间与商业惯例相一致）"（5.5.19），以及"然而，某些金融工具同时包含贷款和未提用的承诺部分，而主体根据合同要求还款及取消未使用承诺的能力并未将主体面临信用损失的期间限定在合同通知期内。对于此类金融工具（并且仅限于此类金融工具），主体确认预期信用损失的期间为主体面临信用风险且预期信用损失无法被信用风险管理措施所缓解的期间（即使该期间延长至超过最长合同期限）"（5.5.20）。因此，在确定最长期间时，银行需要回答应当考虑何种风险管理措施，以及如何设定最长期间的起点和终点。

在计量预期信用损失时确定最长期间的主要问题，是对于涉及循环授信的信用卡组合，在确定最长期间时，银行应当考虑何种风险管理措施。具体而言，准则专家委员会指出了如下具体问题：

（1）主体是否应当考虑所有操作上和法律上可行的信用风险管理措施，或者是只应当考虑主体预期会采取的那些措施；

（2）主体是否只需要考虑用来减缓信用风险的管理措施，或者是应当考虑所有可能的信用风险管理措施，后者也包括那些不能减缓信用风险的措施，例如恢复之前已经取消的授信；

（3）对于可以减缓信用风险的管理措施，主体是否只需要考虑将该风险敞口彻底终结的措施，或者应当考虑以某种方式限制风险敞口的措施。

确定主体面临信用风险的最长期间，应当估计未来提款时的正常信用风险管理措施无法降低预期信用损失的期间。准则专家给出了如下示例：

银行 A 向其零售客户发行了附有如下条款的信用卡：具有良好状况的客户可以在事先依据合同约定的信用额度内使用该信用卡；即使客户按时还款且未在该账户下发生违约，根据合同安排，银行仍有能力取消该卡对应的银行账户；该卡的协议没有约定的到期日，但是已透支的金额需要按照最低还款计划偿还。此外，银行 A 还有如下政策：对于没有出现迟付情况的客户，其账户很少被取消；出现超过合同约定付款日 30 天的逾期将被视作已经发生了信用风险显著增加；出现超过合同约定付款日 60 天的逾期时，银行将限制借款人继续使用该卡进行透支；出现超过合同约定付款日 90 天的逾期将被视作发生违约，即出现信用减值。在此时，银行将取消提供的贷款承诺；出现超过合同约定付款日 180 天的逾期，该账户的余额将被认为无法收回而被核销。

关于确定最长期间应当考虑何种风险管理措施，专家给出了以下三种观点：

观点 1：银行 A 应当考虑所有操作上和法律上都可行的，且管理层预期将执行的信用风险管理措施（可以从管理层以往采取的措施以及当前的政策和计划中找到大量的证据）。

观点 1 的考虑是，根据准则的要求，主体应当考虑一旦金融工具的信用风险增加，主体预期采取的信用风险管理措施（例如，减少或取消未使用的额度）。根据这种观点，所有的信用风险管理措施，包括可以降低预期信用损失的措施（例如暂停授信额度），以及其他措施（例如在未来重新恢复信用额度）都被考虑在内，只要它们是预期主体将采取的措施。然而，那些理论上有可能存在但并不预期会被采取的措施，主体并不予考虑。对于上述示例，这种观点对应的结果是银行 A 将考虑两种类型的措施，即对于逾期 60 天的信用卡通过暂停这些账户的授信来降低信用风险，以及未来对于这些账户重新给予授信。

观点 2：银行 A 应当考虑所有操作上和法律上都可行的，且管理层预期将执行的信用风险管理措施（可以从管理层以往采取的措施以及当前的政策和计划中找到大量的证据），并且这些措施有助于降低预期信用损失。

观点 2 认为,关于仅考虑那些预期被执行的措施,有利的证据和观点 1 相同。然而,在此观点下,只有那些针对信用风险上升而采取的降低预期信用损失的措施应当被考虑。而在此之后采取的相反措施(例如重新给予授信)不会被考虑。对于上述示例,这种观点对应的结果是银行 A 将仅仅考虑对于逾期 60 天的信用卡通过暂停这些账户的授信来降低信用风险,但不会考虑未来对于这些账户重新给予授信。

观点 3:银行 A 应当考虑所有操作上和法律上都可行的(即使这些措施在实务中并不预期被执行),并且这些措施有助于降低预期信用损失。

观点 3 认为,出借方将继续提供一段时间超出合同通知期的授信,而只能在借款人信用风险增加后对其撤销授信,这有可能导致无法及时避免全部或者部分预期信用损失。理论上讲,在评估信用风险显著增加的信息时,管理层有机会对所有可获得的信息进行检查,并采取措施降低信用风险。因此,在那时相关的措施是指全部可以用来降低预期信用损失的措施,只要对于主体来说在操作上和法律上是可行的,不论过去是否曾经采取过这类措施。对于上述示例,这个观点对应的结果是:银行 A 将考虑的是,在逾期 30 天以后,一旦获知信用风险上升,银行能够采取措施暂停相关账户授信。在此之后有可能发生的重新给予授信的措施则不被考虑。

根据准则的指引(5.5.20&B5.5.40),主体应该考虑的是其预期采取的日常信用风险管理措施,而不是所有操作上和法律上可行的信用风险管理措施。此外,准则 5.5.20 的例外仅适用于非常有限的情况,在这些情况下合同通知期并不能反映主体面临信用风险的最长期间,不应当考虑出借方有权决定将信用风险敞口延长至最长期间以外的措施。因此,主体不应当考虑诸如对已好转的借款人恢复信用额度的相关措施。基于上述讨论,主体必须考虑那些可以减缓预期信用损失的信用风险管理措施,而且不应仅限于将该风险敞口彻底终结的措施,还应当考虑以某种方式限制风险敞口的措施。

4.3.3.3 不良或违约金融资产的转让

自我国宏观经济进入"新常态"以来,随着经济增速放缓和经济结构调整的深化,一系列风险逐步显现和暴露,金融机构的资产质量承压加重。在此背景下,金融机构普遍加大了不良资产的处置力度,同时在传统的自主清收和核销等手段之外,创新出了一些市场化的处置手段。在这其中,不良资产或违约资产的转让最具代表性,在总处置金额中的占比也最大。在我国,不良资产通常是以打包批量转让的方式进行市场化转让处置的,最普遍的交易参与方是商业银行和资产管理公司,包括四大国有资产管理公司及一些地方性的资产管理公司。随着市场化改革的深入,越来越多的民营资产管理公司也参与到此项业务之中,使得不良或违约资产转让称为各类金融机构、特别是银行类金融机构进行坏账处置和消化的重要手段。

不良资产转让市场的发展和完善无疑有利于金融机构打通金融资产全生命周期经营链条,提高经营集约程度,同时保持相对良好的财务报表资产质量。但是,对于需要考虑金融资产未来现金流入的减值计量而言,转让处置手段的引入也带来了方法上的新问题，即针对可能的、预期的出售不良或违约金融资产获得的现金流，是否可以在减值计量时予以考虑，以及如何进行考虑。

作为一种资产处置手段，尽管不良或违约资产的转让自本世纪第二个十年起才在我国逐渐出现和兴起，但在国外却是一种相对普遍的情况。因此，准则专家委员会在讨论时也关注了相关问题。

根据准则（B5.5.28）的解释，预期信用损失是对金融工具预计存续期内信用损失（即所有现金差额的现值）的概率加权估计值，现金差额是指主体根据合同应当收取的现金流量和主体预期收取的现金流量的差额。根据这种定义方式就需要明确，预期将已违约的贷款出售给第三方所获得的现金流，是否可以被包括在预期信用损失的计量中。

在实务中，金融机构可能会使用多种方式进行清收。例如，金融机构可能首先对逾期6个月以内的债权使用内部催收人员追偿的方式，而对于逾期超过6个月的贷款，将雇用外部代理机构再追偿6个月；在此之后，则会将仍未收回的贷款出售给第三方，即不良资产的专业买家。假设存在上述清收行为的顺序，当该金融机构对一个资产组合进行现金流差额的评估时，它也会估计现金流的一部分将来自违约贷款的出售。这引出一个问题，即出售贷款本身获得的现金流是否可以被包括在预期信用损失的计量当中。

在计量预期信用损失时，可能存在两种不同的处理方式：一是考虑预期出售贷款获得的现金流按照实际利率贴现后的金额；二是只考虑直接从借款人处收回的现金流按照实际利率进行贴现后的金额。此外，贷款的合同条款中有时会具体说明该贷款是否可以被出借方转让给第三方，以及是否需要进一步取得借款人的同意。

准则专家提出，在没有合同条款允许借款人将金融资产出售给第三方的情况下，准则中关于信用损失的定义是判定能否纳入现金流考虑的主要依据，因此不应考虑。相关表述为："主体应通过考虑金融工具在整个预计存续期内的所有合同条款（例如，提前偿付选择权、展期选择权、看涨期权和类似期权）来估计现金流量。所考虑的现金流量应包括源自出售所持有的担保物，或源自属于合同条款组成部分的信用增级的现金流。"根据上述定义，由于出售贷款本身并不是合同条款的一部分，因此源自出售贷款的现金流不能被包括在预期收回的现金流中。向第三方出售金融工具产生的现金流，并非来自贷款合同赋予的可行使权利。

但是，另一方面，因为摊余成本计量反映了主体持有该贷款以收取合同现金流的业务模式，不考虑来自贷款出售的现金流将与贷款本身按照摊余成本计量的基础不符。准则认为，在资产信用风险增加的情况下进行出售并不会与持有资产以收取合同现金流的业务模式矛盾。即使主体在资产信用风险增加时出售金融资产，业务模式也可以是持有资产以收取合同现金流量。为确定资产的信用风险是否增加，主体应考虑合理及可支持的信息，包括前瞻性信息。因资产信用风险增加而发生的出售（无论其频率和价值如何）并不与持有金融资产以收取合同现金流量的业务模式的目标相悖，因为金融资产的信用质量与主体收取合同现金流量的能力相关。旨在最大限度地减少因信用恶化导致的潜在信用损失的信用风险管理活动对该业务模式而言是不可或缺的。因金融资产不再满足主体的书面投资政策所载的信用标准而将其出售，是因信用风险增加而发生出售的其中一个例子。即使在不存在该政策的情况下，主体也可通过其他方式来表明出售是因信用风险增加而发生。鉴于此，可以认为出售违约贷款是信用风险管理措施的一部分，其目的是将信用质量下降造成的潜在信用损失尽可能降低到最低程度。

在存在合同条款允许借款人将金融资产出售给第三方的情况下，由于出售金融资产而产生的现金流并不是这项金融工具的合同条款中约定的向借款人收取的现金流，因此也可以认为不应该考虑在预期信用损失计量中。基于此观点，在合同条款中反映的向第三方出售金融资产的权利，仅代表出借方因为获得了借款人的事先同意而具有的向第三方转让该贷款的权利，但其本身并不代表一项收取现金流的合同权利。但是，由于将金融资产出售给第三方的现金流已经在合同条款中被提及，因此将其纳入考虑也具有一定的合理性。

根据上述讨论，是否可以将预期出售不良或违约资产产生的现金流纳入预期信用损失计量的考虑，存在着争议。对此，准则专家委员会给出了判断参考。专家们认为，主要的问题在于判断主体预期收取的现金流量，是否应当包括出售金融资产获得的现金流。根据信用损失的定义，主体应通过考虑金融工具在整个预计存续期内的所有合同条款来估计现金流量。信用损失的定义并未要求预期现金流量仅来自合同条款或者仅来自借款人。相反地，它只是要求主体考虑所有的合同条款来确定预期现金流量。根据准则（5.5.17）要求，主体通过评价一系列可能的结果而确定的无偏概率加权金额来计量预期信用损失。对于不能从借款人获得全部清偿的情景，主体将考虑从其他来源获得清偿，例如出售担保物。作为这个评估的一部分，专家认为对于已经出现信用损失的情景，如果不能直接从借款人处获得清偿，出售金融资产也是主体预期收回现金流的一种可能的方式，并且这样的出售通常发生在资产已经出现违约时。在此情况下，如果与已发生信用损失的情景相关，那么从借款人以外的来源获得现金流也将被纳入考虑。

然而，在计量预期信用损失时，出售金融资产产生的现金流必须是"主体预期收到的现金流"。如果主体并没有这样的意图或能力来出售金融资产（或者转让金融资产以达到终止确认），那么相关的现金流量则不应该被包括在预期信用损失的计量中。例如，如果主体不具有出售（或转让）金融资产的合同权利，则不能在计算预期信用损失时包括相关金额。

准则所指的预期信用损失是根据合同现金流的回收情况确定的。因此，只有在考虑追偿情景时，出售资产收到的款项才是相关的。例如对于未发生违约的情景，出售资产获取的现金流不能被考虑在确定预期信用损失的现金流中。此外，商业模式（以及对于合同现金流的评估）决定了金融资产如何计量，也决定了该资产是否应当适用减值要求。尽管信用恶化导致的资产出售与持有并收取合同现金流的业务模式并不矛盾，这并不意味着在这种业务模式下资产出售将会发生。源自资产出售的现金流仅仅应当在已经出现信用损失并实际预期发生资产出售的时候，在预期信用损失的计量中进行考虑。

综上所述，准则专家委员会认为，如果是对于已经违约的贷款进行的考虑，合同安排不禁止主体出售资产，而且在法律环境上也允许主体出售资产，那么出售已发生违约贷款的行为是清偿模式下一种收回现金流的方式。此外，在符合上述条件的情况下，主体也应当有出售资产的意愿和预期，并且能够获得合理及可支持的信息来反映某些出售情景下的资产出售价格。主体在估计出售贷款的预期现金流时，不限于贷款处于哪个阶段，但只能将其考虑在贷款违约的情景中。应当注意的是，主体在考虑资产出售的预期现金流时，应当扣除资产的销售成本。对于上述估计和假设，主体都应当基于不必付出不当成本和努力而可获得的合理及可支持的信息，而且主体应当在文档中正式记录上述背景情况的相关分析，以及在计量预期信用损失时如何做出关于资产出售现金流的估计。

第 5 章　减值计量模型

5.1　减值计量的一般模型

5.1.1　现金流折现模型（DCF）

5.1.1.1　DCF 模型一般方法

现金流折现模型测试基于对未来现金流入的预测确定单笔金融资产损失准备。通常对单笔金融资产逐笔进行 DCF 测试，因此有时也称为单项测试方法。通过在测试时点预计与金融资产相关的未来各期现金流入，并按照一定的折现率折现后加总，获得金融资产未来现金流入的现值，账面余额与现值之间的差额，即为该笔金融资产应计提的损失准备。

现金流折现模型同样可以用于对一些表外金融资产（如财务担保合同等）计提预计负债，此时，一般需要先扣除该表外业务的保证金，确定表外资产可能形成表内垫款风险敞口的金额，再进行现金流预测和折现计算，预计垫款金额与未来现金流现值的差额即为应计提的预计负债。

DCF 测试的具体计算公式为：

损失准备金额 = 账面余额 - PV

其中，$PV = \sum_{t=1}^{T} \left[\dfrac{CF_t}{(1+i)^t} \right]$，为预计未来现金流入的现值；$CF_t$ 为第 t 年的现金流入（$t \leqslant 5$）；i 为折现率。

开展 DCF 测试工作的基本流程为，首先预测现金流，通常以客户或者以单笔金融资产为单位，对未来借款人、担保人可能的还款情况，以及抵质押物或借款人自有资产的处置变现情况进行预测，确定可用于偿还债务的现金流，确定可收回金额及每笔现金流能够实现的时间。然后再计算贴现现值，运用未来现金流量折现计算，以原贷款合同利率为贴现率，以预计收回时间与当前时间之差为折现期间，将上述预测的未来现金流量折现至当前时点，得到未来现金流的现值；最后将贷款现值低于贷款面值的部分，作为每笔贷款的可能损失，得出损失准备金额。

DCF 测试通常对每笔金融资产以交易或者凭证为单位，逐笔进行测算。因此，开展 DCF 测试工作需要一定数量的工作人员，同时还要进行一定程度的主观判断或预测，其中最重要的就是预计未来现金流情况。

预计未来现金流入应该包括与金融资产有关的各类现金流，可以使交易对手或者借款人自身正常经营产生的、按照合同约定正常履约的现金流入，也可以是保证人代偿产生的现金流入，还可以是处置抵质押物产生的现金流入。

DCF 测试需要对每笔金融资产都进行详细、细致的现金流预测分析，尽管测算的精细化程度比较高，能够全面、客观地反映金融资产的价值情况，但具体操作起来比较烦琐，特别是当需要进行测试的金融资产数量较多时，如果对每笔资产都进行测试，工作量将是难以承担的。因此，通常对于没有发生明显风险的金融资产按照组合的方式计提损失准备，对已经出现较大风险或金额较大、比较重要的金融资产，使用现金流折现模型逐笔计算损失准备。在实务中，通常对已经形成不良或已减值的金融资产采用 DCF 模型测算损失准备。

例如，假设某银行有一笔不良贷款 100 万元，借款人已经无力偿还，但贷款有两宗住房抵押物，预计能够通过司法拍卖收回一定资金。预计其中一套住房可以在 1 年后完成处置，处置总价为 30 万元；另外一套住房需要 3 年后才能完成处置，预计处置总价为 20 万元。以该笔贷款原本的合同利率 8% 为折现率，于是：

$$\text{预计未来现金流入的现值 } PV = \frac{30}{(1+8\%)} + \frac{20}{(1+8\%)^3} = 43.65$$

$$\text{该笔贷款的损失准备} = \text{账面原值} - PV = 100 - 43.65 = 56.35（万元）$$

5.1.1.2 未来现金流的来源和预测方法

未来用于归还贷款的现金流可能来源于多种途径，比如借款人经营现金流、担保人代偿产生的现金流、抵质押物处置变现、查封财产处置变现，等等。为落实还款来源可靠，保证减值计量结果不低估损失，必须采取相应手段对现金流预测进行控制。比如，对于产生于借款人直接偿还的现金流，如果认定为能够在计算减值时予以考虑，必须签订相应的还款协议，取得借款人的还款承诺或担保人的代偿协议。而对抵质押资产和查封的借款人自有财物，需要确保具有充分且占先的权利主张，依照法律规定的抵质押资产抵质押登记手续必须完备有效，查封资产需符合法律程序且具备完善的法律手续，等等。通过上述各种约束限制，防止金融机构或金融机构的部分经营部门在开展 DCF 测试时对未来现金流的预测过于乐观和随意，导致损失准备计提不充分。

如果预计借款人还能通过正常经营产生一定的还款现金流，那么做出相应的预测要有客观证据。相应的要求可以由上级管理机构或者监管机构提出，并可以通过审计师的审计评估进行重检和约束。比如，主要依据至少需要包括经权威审计师审计的、至少为最近连续两个年度及近期财务报表，对不能获得符合要求的财务报表，但有证据表明其尚在正常经营且未来发展前景较好的，如要考虑必须给出充分依据，并需要酌情减少经营现金流预测。企业能够直接用于还款的资金来源，一般为息税折旧摊销前收益，即税后利润+所得税+借款利息支出+固定资产折旧+递延资产摊销+无形资产摊销。这种考虑视角除了企业经营产生的利润外，还包括了虽然在利润中扣除、但实际仍然由企业掌握，只是用于抵扣以往的固定资产开销或其他支出的财务资源，所考虑的还款现金流来源范围更加广泛。根据企业过去的经营现金流情况和产量、销量等进行数据，对未来现金流进行预计是合理的预测方式，而企业如果已停止正常经营，则不应该考虑经营现金流入。

对具有公开市场的抵质押或查封物资产，可以依照市场价格确定变现价值，但必须提供充分的具有可比性的证据。对没有公开市场的，可以依次以中介评估价值、法院裁定价值、金融机构内部估价或者账面余额价值为基础，估算资产的变现价值，作为现金流预测的依据。其中，资产评估中介机构应当具有独立性。金融机构的内部估价也应该依据审慎原则和历史经验，对不同资产分别给予一定比例折扣。同时，还需要根据法律规定和实践经验，扣减处置过程中所需支付的各项费用，最后计算可变现净收入。即处置抵押物或查封物的现金流为，可变现净收入-折扣比例-处置费用。

5.1.2 迁徙模型（MM）

迁移模型测试（MM）首先将金融资产进行合理分组，在组合层面按照资产迁徙情况确定金融资产损失准备。迁移测试将金融资产划分为具有相同信用风险特征的若干组合，再分别测算组合中每一级次资产向下迁移的迁移率及损失率，并将测试时点各级次金融资产余额与对应的损失率相乘，从而得到各级次金融资产应计提的损失准备。

假设将金融资产按照风险程度划分为若干（M+N 个）级次，每一级次的应计提损失准备的损失率（拨备率）记为 L_i，其中（按风险程度由低到高排序）后 N 个级次的损失率 L_{M+1}, L_{M+2}, $\cdots$, L_{M+N} 是目前已知的，现在需要使用迁移模型计算前 M 个级次的损失率。对第 i 级的金融资产，迁移测试的计算公式如下：

i 级次金融资产损失准备=i 级次金融资产余额×L_i

其中，$Li = \sum_{j=i+1}^{M+N} P_{i,j} \times L_j$，M 为需要使用迁移模型计算损失率的级次数量；N 为直接确定损失率的级次数量；M+N 为全部级次数量；$P_{i,j}$ 为金融资产由 i 级次下迁到 j 级次的迁移率；L_i 为 i 级次贷款的拨备率。

商业银行在使用迁移模型进行信贷资产减值测试时，所使用的级次划分工具一般为风险分类，即按照贷款在不同的分类形态之间的迁徙情况、特别是形态下迁情况，计算各分类形态的损失率。

以最基本的贷款五级分类（风险由低到高依次为正常、关注、次级、可疑、损失，其中后三类统称为不良类）为例。如果已经通过其他方法如 DCF 测试计算得到了不良贷款的损失率，那么只需要使用迁徙模型计算正常类和关注类的损失率。

首先，分析关注类贷款向下迁徙的情况，如图所示。

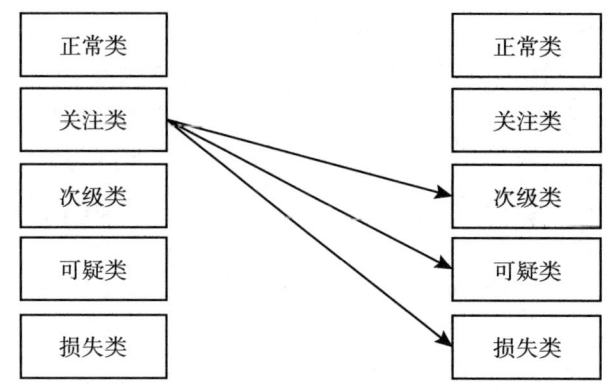

于是，关注类贷款损失率 = 关注类向损失类迁徙的迁徙率 × 损失类贷款损失率
　　　　　　　　　　　+ 关注类向可疑类迁徙的迁徙率 × 可疑类贷款损失率
　　　　　　　　　　　+ 关注类向次级类迁徙的迁徙率 × 次级类贷款损失率

进而，可以继续根据正常类贷款向下迁徙情况计算正常类损失率：

正常类贷款损失率 = 正常类类向损失类迁徙的迁徙率 × 损失类贷款损失率
　　　　　　　　+ 正常类类向可疑类迁徙的迁徙率 × 可疑类贷款损失率
　　　　　　　　+ 正常类类向次级类迁徙的迁徙率 × 次级类贷款损失率
　　　　　　　　+ 正常类类向关注类迁徙的迁徙率 × 关注类贷款损失率

而如果没有通过其他方法计算得到较差级次的损失率，如个人贷款、信用卡透支等资产数量较多、无法逐笔进行 DCF 测试的情况，可以使用其他方法确定不良类或者损失类贷款的损失率。例如，基于清收数据进行分析，或者直接指定损失类贷款损失率为 100%，等等。

5.1.3 滚动率模型（DFM）

滚动率模型与迁徙模型类似，也是在组合层面计算金融资产在不同风险类别之间的滚动率和损失率，从而确定贷款损失准备。与迁徙模型使用风险分类等信息进行迁徙不同，滚动率模型通常按照逾期天数对贷款进行类别划分，每一类别的贷款在经过一期后只能向下滚动一期，因而被称为"滚动率测试"。

以信用卡透支为例，将贷款按照逾期天数的长短划分为若干组合，将未逾期的划分为第 0 个组合，逾期 1 期（1 个信用卡账单周期，通常为 1 个月）的划分为第 1 期，逾期 2 期的划分为第 2 期，以此类推。分别测算组合中每一类别贷款向下的滚动率及损失率，并将各类别贷款余额与对应的损失率相乘，得到各类别贷款应计提损失准备结果。

滚动率测试的计算公式如下：

i 类别损失准备 = i 类别贷款余额 × L_i

$L_i = P_{i,\,i+1} \times L_{i+1} = \prod_{j=i}^{N-1} P_{j,\,j+1} \times L_N$，其中 $L_N = 100\%$

5.2 预期信用损失模型（ECL）

5.2.1 ECL 模型整体方法论

按照新准则的规定，预期信用损失是指以发生违约的风险为权重的金融工具信用损失的加权平均值。信用损失是指企业按照原实际利率折现的、根据合同应收的所有合同现金流量与预期收取的所有现金流量之间的差额，即全部现金短缺的现值。在估计现金流量时，主体需要考虑：有关金融工具预期期限的所有金融工具的合同条款（包括提前偿还权、展期权、买入期权和类似期权），在少数情况中，当金融工具的预期期限无法可靠估计时，要求主体采用该金融工具的剩余合同期限；以及来源于所持担保品的出售或作为合同条款部分的其他增信措施的现金流量；同时准则还进一步说明应当以概率加权平均为基础对预期信用损失进行计量，预期信用损失的计量应当反映发生信用损失的各种可能性，但不必识别所有可能的情形。

计量金融工具预期信用损失的方法应当反映下列各项要素：

1. 通过评价一系列可能的结果而确定的无偏概率加权平均金额；
2. 货币时间价值；
3. 在资产负债表日无须付出不必要的额外成本或努力即可获得的有关过去事项、当前状况以及未来经济状况预测的合理且有依据的信息。

基于以上准则的基本要求，广泛共识下的预期信用损失建设的总体思路是，首先计算银行在各种可能的情况下对该金融标的的预期现金流与合同现金流的差值，然后对各种可能性下所产生的现金流差额进行加权平均从而得到预期信用损失（ECL）。银行在预测所能收到的现金流时，也可以采用加总所有边际损失的方法进行计算，即在报告日将每个时点的边际损失加总从而计算预期信用损失。

在实际应用中，为了充分运用已有的风险计量成果，预期信用损失通常是各现金流差额折现后的概率加权的预测，即根据违约风险的大小进行加权平均后的信用损失。预期信用损失的计量方法则是通过评价一系列可能的结果而确定的无偏统计，预期信用损失的计算主要包括的关键要素有：

违约概率（PD）：是指在未来某个特定时期内（未来 12 个月或整个存续期间）债务人不能按照合同要求偿还本息或履行相关义务的可能性；

违约损失率（LGD）：是指债务人如果发生违约将给银行所造成的预期损失数额，

即损失的严重程度。违约损失率的计算主要是基于合同现金流和银行预期债务人未来偿还现金流之间差额进行计算；

违约风险暴露（EAD）：是指在未来某个违约时点的预期风险暴露，需要考虑在报告日后，所有预期的违约敞口变化情况，其中包括合同及相关文件规定的应还本金和利息，以及相关债项未来支取的合理预期等。

除了以上三个基本参数，预期信用损失的计算往往还需要涉及其他重要的要素：

折现率（Discount Rate）：是指在报告日对预期损失进行折现的折现率；

存续期（Life Time）：用于计算整个存续期预期信用损失的各个期限的加总；

阶段划分标准：决定从阶段1过渡到阶段2（或阶段3）的损失阶段划分标准，主要基于自初始确认后信用风险是否发生了显著变化。

计算预期信用损失的基本公式为：

未来12个月内预期信用损失 $ECL_{12m} = PD_{12m} \times LGD_{12m} \times EAD_{12m}$

整个存续期内预期信用损失 $ECL_{LifeTime} = PD_{LifeTime} \times LGD_{LifeTime} \times EAD_{LifeTime}$

或 $ECL_{LifeTime} = \sum_{t \leq LifeTime} PD_t \times LGD_t \times EAD_t$

整个存续期预期信用损失的两个计算公式的区别在于，是对存续期内的违约概率（PD）和风险敞口（EAD）进行汇总计算，还是分拆各期现金流进行边际计算再进行加总。从计量精细化程度的角度考虑，可能会认为后者更加精确，但笔者认为，由于估计长期（1年以上）违约概率本身的高难度，以及整个存续期预期信用损失尽在信用风险显著增加时才需要计算（此时信用风险已经比较大、很可能无法按规定还款），因此分拆现金流计算每一期的边际违约概率和预期信用损失的实际意义比较有限。特别是要去估计一个借款人或者交易对手第二年、第三年、第四年等等每一年违约的概率，甚至更小的时间区间（季度、月）内的违约概率，其准确性是很难保证的，至少在数据基础和方法论方面不如估计一段时间内的累积违约概率成熟。因此，可以认为两种计算方式（汇总计算存续期内预期信用损失或分拆现金流计算边际值再加总）都是可取的合理做法。

同时，还应该注意到，由于第二个公式考虑了后续的还款计划的履行，因此其计算的每一期的风险敞口是逐渐减小的，因此第二个方法的计算结果要比第一个方法更小，或者说，第一个方法更加审慎。

按照准则要求，在计算预期信用损失时，需要在报告日考虑在无须付出不当成本或努力的情况下可获得的信息，包括有关过去事项、现状及对未来经济状况的预测。所有信息应包括特定于借款人的因素、一般经济状况以及在报告日对当期状况及相关状况预测方向的评估。同时，银行需要定期复核用于估计预期信用损失的方法和假设。以减少估计值与实际信用损失经验之间的差异。这些原则性的规定，决定了在计量预期信用损失时可以使用以及应该使用的信息的范围和内容，这也是在确定具体方法和模型开发时需要重点考虑的。

首先的任务是进行损失阶段划分，从而确定相应的计提方法。根据自初始确认后借款人或交易对手的信用风险是否显著增加的情况，在进行预期信用损失计量时，选择两种不同的期限进行计量。对于自初始确认后信用风险没有显著增加的风险敞口，划分为第一阶段，仅需计提其 12 个月的预期信用损失作为损失准备；而对于自初始确认后信用风险出现了明显恶化的风险敞口，划分为第二阶段或第三阶段，则需要计提其整个存续期的预期信用损失作为损失准备。

其中，整个存续期的预期信用损失是指因金融工具在整个预期存续期内所有可能发生拖欠事件而导致的预期信用损失；12 个月预期信用损失是整个存续期预期信用损失的一部分，并代表若在报告日后 12 个月内（若金融工具的预计存续期少于 12 个月，则为更短的期间）发生拖欠将引致的存续期现金短缺在考虑发生违约后的加权金额。12 个月的预期信用损失是这些违约发生可能性的加权数值，其定义与巴塞尔委员会预期损失的定义类似。

在具体计算时，体现时间区间（12 个月或存续期）的风险参数是违约概率，即由违约概率（是未来 12 个月发生违约的概率或是存续期发生违约的概率）反映金融工具的预期存续期。

使用违约概率、违约损失率等风险参数进行预期信用损失计量，是一种类似于组合测试的方法论。尽管这种计算也是针对每笔资产逐笔计算的（每个客户、每笔资产都有各自的违约概率和违约损失率），但毕竟相同特征的资产具有相同的风险参数，而且有时这些风险参数的计量和确认并未经过逐一的单独评估。

在进行组合层面的损失阶段划分和信用损失的减值计提时，应根据风险敞口的共同的信用风险特征进行分组。这些共同的信用风险特征可以包括地域或机构信息、客户类型、行业信息、产品类型、客户评级、新/老客户、剩余到期期限、担保品质量、抵质押率，等等。不同的归类反映了不同的违约概率及债项发生违约时其回收率的不同。同时，还需要制定相应的流程，确保在一个组合内的所有信用风险具有相似的特点，同时在必要的情况下，对信用风险特征发生变化的金融工具进行重新分类，使其始终能够划分至一个合适的组合进行组合层面的测试。

而对于某些较大的或重要性较高的风险敞口（如对公客户的不良贷款等），在计算预测信用损失时，需要进行单项评估。在单项评估时，同样需要综合考虑借款人或交易对手的特定信息、未来现金流以及前瞻性信息。

5.2.2 Basel 与 IFRS9

尽管新准则的预期信用损失模型与 Basel 资本计量框架的内部评级体系非常类似，在实践中大部分金融机构也会基于内部评级法构建新准则的减值模型，特别是应用内部评级违约概率（PD）的计量成果，但是，似乎在大部分会计专家和模型专家看来，会计准则减值计量适用的违约概率与 Basel 资本计量适用的违约概率还是存在一定的差异。其中，最重要的因素就在于评级所反映的计量哲学，即跨周期评级和时点评级的区别。

一般认为，在信用评级领域存在两种不同的评级哲学，分别是：时点评级法（PIT）和跨周期评级法（TTC）。理论上，任意一家金融机构构建的信用评级体系，均采用PIT、TTC或者介于二者之间的混合的方法。根据外部机构研究，内部评级与外部评级机构所采用的评级哲学截然不同，一般认为，有些银行等金融机构的内部评级属于"时点评级法"，而外部评级（穆迪、标普等外部评级机构）通常采用"跨周期评级法"。

根据巴塞尔协议，时点评级法一般是指在评级时考虑所有可以考虑的因素，包括宏观经济环境、行业环境及当前被评级客户自身的信用风险特征，评估当前及未来一段时间内客户的信用风险；而跨周期评级法一般是为了考虑某个客户在整个信用周期的信用风险，主要考虑客户自身的风险（包括其抵御经济周期的特征）以及其他可预测的在未来将继续持续的某种信用环境特征（不包含可以重复出现的周期性因素）。

相比时点评级法，跨周期评级法的评级结果更具有前瞻性和稳定性，能够反映其在未来可预测的某种持续信用环境下客户的信用风险。根据巴塞尔协议，跨周期评级法一般是为了考虑某个客户在整个信用周期的信用风险，主要考虑客户自身的风险（包括抵御经济周期的特征）以及其他可预测的在未来将持续的某种信用环境特征（不包含可以重复出现的周期性因素）。

通常时点评级法短期违约预测的准确性相对更高，但评级结果稳定性较差，评级转移较为频繁，对经济形势变化反应较快，能够反映当前的经济形势特点；而跨周期评级法中长期违约预测的准确性相对更高，稳定性较好，但是敏感性较差，一般情况下只有当被评级主体的基本面发生变化时，才会发生评级改变。两种评级哲学各有优劣，时点评级法的缺点是稳定性较差，无法反映客户中长期的信用状况，而跨周期评级法短期内可能无法准确真实的反映客户的信用风险。

部分专业人士认为，由于Basel资本计量是站在监管者的角度提出的审慎性的要求，要求在各种经济环境下都保有充足的资本能力，因而应用于Basel资本计量的内部评级法下使用的评级方法很可能是更加偏重于TTC的。而减值计量作为一种会计政策，要求反映实时的、客观的准确信息，既不能过于乐观、也不能过于审慎，因此是更加偏重于PIT的方法论。

当然，对于Basel和会计准则所要求的评级到底是PIT的还是TTC的，以及金融机构所建立的内部评级体系是更加偏重于PIT或是更加偏重于TTC，没有权威的结论，只是理论领域和实践领域的讨论和实施探索，特别是在基于Basel内部评级法向会计准则预期信用损失模型转化时所做出的一些探索性的改造尝试。

严格地来讲，没有绝对100%的PIT评级也没有绝对100%的TTC评级，每一种评级方法论都是可以认为介于二者之间，只是偏重的程度有所不同。尽管更多的只是理论争论，但对PIT和TTC的界定和分析有利于更加深入地理解评级方法论和评级结果的实质。PIT评级和TTC评级的区分分析可以从使用的模型方法特征的角度进行定性分析,也有一些量化的指标可以作为参考,其中共识度比较高的是评级迁移指标和相关性指标。

通过评级迁移指标区分 PIT 评级和 TTC 评级,是指分析评级结果的迁移情况,对评级迁移矩阵进行比较,稳定性高、评级迁移少的,属于更加偏重于 TTC 的评级,反之如果稳定性差、评级迁移多,则属于更加偏重于 PIT 的评级。

这种量化分析的出发点在于,评级体系是采用时点评级法还是跨周期评级法,对评级迁移矩阵具有重大的影响。跨周期评级对信用的度量与经济状态相互独立,也就是说评级结果应该可以跨越整改经济周期,特别是在金融危机期间。时点评级的评估基于当前的时点信息,特定级别的违约概率应该一直保持不变。相反地,跨周期评级级别对应的违约概率随着外部形势的变化而变化。这一特性决定了时点评级法比跨周期评级的波动性更大。完美的 TTC 评级框架下是没有评级迁移的。TTC 评级体系下的迁移矩阵对角线上的数值(代表了评级未发生变化的主体所占的比例)都比较大,代表了评级结果的稳定性较好,并且随着时间变化较小,但是 PIT 评级体系下迁移矩阵对角线上的数值比较小,且随着时间变化较大。外部评级机构,比如标普、穆迪及惠誉的评级迁移矩阵通常呈现出典型的跨周期评级的特点,对角线的数值普遍较大,在某一时间区间客户评级维持不变的占比较大。

以国际三大评级公司的评级结果为例,其稳定性一般都非常高。除了直接对不同评级体系的迁移矩阵或迁移矩阵的对角线数值进行比较,还可以构造一些反应评级变化的指标。为了便于更好地描述迁移矩阵的特点,一些研究者涉及了量化指标,其中比较有代表性的是评级变动方向(direction)和评级变动速率(speed)。评级变动方向定义了评级变动的整体方向,是向上迁移还是向下迁移;评级变动速率揭示的是评级向邻近级别变动的速度。因此,PIT 的评级将有更大的评级变动速率,PIT 的评级变动方向则可能与经济周期呈现一定的相关性,例如,在经济下行期评级变动方向则是负的。

评级变动方向(direction)和评级变动速率(speed)的计算方式如下:

$$\text{direction} = \frac{\sum_{i=1}^{K-1}(\sum_{j<i}p_{ij} - \sum_{j>i}p_{ij})}{K-1}$$

$$\text{speed} = \frac{\sum_{i=1}^{K-1}\sum_{j=1}^{K-1}|i-j|p_{ij}}{(K-1)^3}$$

其中,$p_{i,j}$ 表示评级转移矩阵第 i 行、第 j 列的数值,即由期初的 i 级向期末的 j 级迁移的比例;K 是信用等级的数量。

通过相关性指标分析分 PIT 评级和 TTC 评级,是指分析评级与宏观经济的相关性程度。一般来说,PIT 评级会与宏观经济呈现更高的相关性,而 TTC 评级本身比较稳定,与宏观经济的相关性较弱。

穆迪、标准普尔等国际评级机构均运用跨周期评级法,通常是评估评级对象处于最差时期的违约风险,因此也被称作压力情景评级。评级公司通常使用相关行业的历史违约率开展压力测试,在跨周期评级法下,压力情景发生了调整,评级才会发生改变。与此对应,依赖于定量信息和定性信息建立的时点评级体系,采用了大量如企业当期的财务报表之类的定量信息,以及管理水平、产品竞争力、经济周期信息等定性因素,并将这些定量或定性的信息通过评分模型转换评级结果。基于这种方法论的时点评级就会有较大的波动性。

5.2.3 违约概率计量

5.2.3.1 估计 PD 的一般方法简述

根据风险计量的一般实践(巴塞尔新资本协议方法论),违约概率 PD 估计可以通过以下三种方式:内部违约经验、映射外部数据、统计违约模型。

使用内部违约经验方法要求银行须拥有评级模型或打分卡,以提供贷款客户信用水平下的评级级别顺序。这种方法的难点在于,要保证打分卡确实可以充分准确地区分好坏客户,并准确判断与其信用水平相适应的级别顺序。每一级别的违约概率可利用每一级别的内部违约历史数据估计出来。通常在评级模型自身不能直接提供 PD 估计的情况会使用这种方法。

外部数据映射方法可以通过找到一个有效的从内部评级到外部评级的映射方式,来提供一个有效的 PD 估计值。建立一套这样的映射关系不是件易事。最简单的映射关系可以通过在内部评级级别和外部评级级别之间建立某种映射方程,前提是银行具有足够既有内部评级又有外部评级的客户。

统计违约模型,是利用内部可获得的违约和非违约历史数据,利用统计方法开发的统计违约概率预测模型。这种方法的挑战在于需要足够的内部违约数据以满足模型开发的需要。统计模型最常用的方法就是 Logit 模型,可以通过模型开发样本得出 PD 的统计估计值,然后校准到组合真实的 PD 水平。

此外,还需要获得专家经验的支持。如果仅仅采用财务信息对债务人进行定量分析,则模型分析结果可能不能反映一些信贷分析专家所了解的具体风险因子。信用打分模型和其他技术评级程序,通常只使用获得信息的一部分。尽管技术评级程序有时避免了一些以主观判断为主的评级体系所犯的错误,对有限信息的技术处理也是评级错误的原因。信用打分模型和其他技术程序可作为评级的主要基础或部分基础,在评估损失特征中发挥作用。必须要有足够的主观判断和人工监控以保证所有相关的信息,包括模型以外的信息也得以考虑,同时模型被正确使用。因此,无论统计模型多么先进,都不能完全取代银行信贷分析专家的经验和决策。

信用评级模型(或称违约概率模型)主要依据历史数据或信用分析专家经验来评估债务人的信用等级。需要说明的是,该模型并非用于识别债务人的"好"或"坏",而只是提供了一个债务人属于"好"或"坏"的可能性。因此,即使一个属于"好"的债务人,也有一定的违约概率。

信用评级模型能够提供这种可能性的估计是因为它建立在对与债务人风险高低相关的风险因子的趋势分析上。例如，一个消费者贷款模型可能得出结论，收入越高的消费者一般违约的可能性较小。但是，这并不意味着高收入的消费者就不会违约。该模型是用于分析债务人的违约可能性与风险因子的一般关系。实际上，一个能涵盖所有具有风险区分能力的风险因子的模型是不存在的，这是因为过于具体的风险因子不具有一般性，不能适用于所有的债务人。因此，需要结合实际情况，对模型分析结果进行调整，具体问题具体分析。

如上所述，依据历史数据或信贷专家经验，都能建立起债务人违约可能性与风险因子的一般关系。这两种方法的主要差别在于，在第一种方法中，我们可以借助统计优化程序，对风险因子的相对重要性进行估计，从而得出每个风险因子的权重，并建立一个具备最佳预测效果的模型。但是，该统计模型需要较大的数据样本量。在小样本条件下，可以在样本范围内得出一个拟合度很高的模型，但该模型并不适用于样本以外的数据，这不是我们期望得到的模型结果。

后一个方法又被称作专家判断模型，主要依据信贷专家经验得出风险因子的权重。在历史数据样本量不足的情况下，可以借助该方法。专家判断模型不具备最佳预测效果，但在样本量不足的情况下，统计模型同样也可能达不到最佳预测效果。

除了统计模型和专家判断模型以外，还有一种信用评级模型："影子评级法"（或"基准"法）。该模型主要依据外部评级信息作为评估债务人信用等级的基础。这其中就假定了外部评级信息都是正确的。在该模型中，外部评级信息被用作评估债务人"好"与"坏"的标准。这种方法主要应用于外部评级信息的大中型公司。下文提出的标杆法是影子评级法的一个特例，是利用外部评级机构的评级信息，采用传统的统计方法建立模型，并最终形成和银行内部评级标尺的映射。

零售违约概率的估计则通常采用分池评级方法。

首先要找到并确定用于 PD 计算的各种统计值和参数，进行账户级或客户级的 PD 相关分析。通过特征变量分析，找出每个候选的细分变量与 PD 的相关性，并进行成熟性效应分析，再根据风险计量的细分要求（例如：按产品类型来定义按揭、合格循环贷款和其他零售）、相关业务变量（如担保贷款的抵押类型）、借款人信息（例如账龄）、逾期时段、风险评分值等确定变量选择范围及方法。根据特征变量分析和其他标准筛选出相关的变量。

然后，再根据初步分析所掌握的信息，通过细分分析找出用于 PD 估计的最佳细分结构。细分结构需要考虑风险评分模型细分、相关监管或管理要求、从基础分析中发现的其他有意义的变量等。

在此基础上，就可以确定每个 PD 分池的风险参数估值。确定 PD 细分后，使用风险评分模型（一般可以分为申请、行为和催收评分模型），通过对风险评分段和相应的违约定义进行校准的方式来估算 PD。在细分分析时确定每个评分模型的校准层面。每个确定的 PD 段将成为 PD 风险池。

通常在开发模型并进行参数估计后，还要对开发的风险参数估计进行验证。一般采用预留样本验证，即在开发样本中留出一定比例的数据，如30%来验证开发模型；或者采取跨时间验证法，即采用更近的数据用于验证开发模型。

5.2.3.2 计算IFRS9 PD

如前面提到的，Basel体系下的违约概率与新会计准则要求的违约概率有可能是有区别的，最主要的差异就体现在跨周期评级（TTC）和时点评级（PIT）两种不同的评级哲学上。当然，目前也没有定论，规定用于Basel资本计量的评级和违约概率一定是跨周期的，但是，从会计准则的逻辑和理念出发，用于计算减值的违约概率应该是充分反映当前时点情况的（无偏估计），而不应该是一个跨周期意义上的平均值。因此，对于希望以内部评级体系为基础开发新会计准则减值模型的金融机构来说，很有可能需要对Basel的违约概率进行必要的调整，以满足计算新会计准则减值的需要。

由于TTC评级与PIT评级最显著的区别就是与经济周期的相关性和对周期性因素的考虑和使用，因此，一个合理的选择是，使用宏观因子模型对Basel PD进行调整，得到可以用于计算新准则减值的IFRS9 PD。

这种方法的基本原理是，假设某金融机构的Basel体系的PD被认为是更加偏重于TTC的，那么它其实是反映了整个经济周期的违约概率平均水平，那么可以建立宏观因子回归模型，建立违约概率与宏观经济指标之间的关联关系，从而能够据此计算不同经济条件下的违约概率取值，即得到满足准则要求的、充分反映当前时点信息的违约概率的无偏估计。当然，这其中还要用到对未来宏观经济的预测信息，通过宏观因子回归模型计算的实际上是预计未来宏观经济情景下的违约概率（对宏观经济的预测自然也要求是无偏估计，而不是最大可能性或压力情景下的估计值）。

通过建立宏观因子回归模型计算IFRS9 PD的模型开发和计算主要需要完成以下重点工作。

首先，进行模型分组。模型分组是指根据IFRS9的PD模型分组方案确定不同业务组中客户的分组模型，再针对不同的分组结果分别开发违约率调整模型。

其次，对宏观经济指标进行分析并选择合适的建模指标。可以通过统计局、数据供应商（如Wind）等渠道收集宏观指标的历史数据，如国内生产总值、工业增加、CPI、PPI等指标，并（视情况）进行必要的移动平均、标准化等数据预处理，然后按照模型选择的基本原理和建模需要，选择合适的将用于建模的宏观指标。入选模型的宏观经济因子应该符合以下原则，一是满足相关性要求，指标之间相关性较低；二是与违约率的变动方向符合经济含义；三是指标有可靠的预测信息，并且能够方便地直接获取。

再次，就可以建立反映IFRS9违约概率与宏观经济因子关系的计量模型。具体来说，就是建立宏观经济因子映射到各个模型分组时点违约概率（违约率）取值的回归模型，其中宏观经济因子为解释变量，违约率为被解释变量。如果借鉴Basel违约概率建模的思想，认为违约概率服从logistic模型，那么回归模型具有以下的形式：

$$\ln\left(\frac{PD}{1-PD}\right) = \alpha + \beta_1 F_1 + \beta_2 F_2 + \cdots + \beta_n F_n$$

其中，F_1、F_2、$\cdots$、F_n 为宏观经济指标，α、β 为模型回归系数。

最后，就可以建立 Basel 违约概率与 IFRS9 违约概率的转换关系。在得到预测的宏观经济情景下的 Pit PD 值之后，可以使用预测的 Pit PD 值对原有的 Basel 评级主标尺进行校准，将原本 Basel 的（TTC 的）主标尺转换为 IFRS9 的（PIT 的）主标尺，以校准后的主标尺 PD 值作为 IFRS9 PD 值。此外，也可以不使用以调整系数校准主标尺的方法，而是直接使用宏观模型输出的 PD，作为计量减值的 IFRS9 PD。

5.2.4 存续期违约概率计量

5.2.4.1 基本生存公式法

生存公式法源自精算理论中的生命表，最初应用于人的寿命研究，通过对人的生存和死亡时间的统计分析，给出某一年龄的个体生存或死亡的概率。这一方法不局限于对人寿命的研究，已被应用到金融学、生物药学、工程学等领域。

从违约的视角来看，生存公式的原理非常直观和简单。假设未来 1 至 n 年，每一年某个主体发生违约的概率分别为 P_1、P_2、$\cdots$、P_n，那么，由此可以计算出前 m 年发生违约的累积违约概率。即：

第一年违约的概率为 P_1，从而第一年不违约的概率为 $1 - P_1$，第 i 年不违约的概率为 $1-P_i$；前两年不违约相当于第一年不违约并且第二年也不违约，因而前两年不违约的概率为 $(1 - P_1)(1 - P_2)$，从而前两年发生违约的概率为 $1 - (1 - P_1)(1 - P_2)$；

以此类推，前 m 年没有违约的概率为 $(1 - P_1)(1 - P_2)\cdots(1 - P_m)$，前 m 年发生违约的累积违约概率为：$1 - (1 - P_1)(1 - P_2)\cdots(1 - P_m)$。

而如果假定未来每一年的违约概率都是相同的，记为 PD^*，那么前 m 年发生违约的累积违约概率为：$1 - (1 - PD^*)^m$；而第 m 年发生违约（相当于前 $m-1$ 年未违约并且第 m 年违约）的概率为：$(1 - PD^*)^{m-1} \cdot PD^*$。

5.2.4.2 评级迁移矩阵法

评级迁移矩阵法是通过研究评级迁移情况和宏观经济的关系，建立模型预测未来的评级变化，估计存续期违约概率。具体方法为，基于条件概率迁移矩阵的方法，是通过考察宏观经济对信用等级迁移矩阵的影响，将信用等级迁移矩阵与经济周期相联系，得到压力情景下的信用等级迁移矩阵，从而得到银行客户和贷款余额的评级分布的变化，以及信用风险水平的整体变化。通过金融理论和统计数据建立相应的模型计算信用等级迁移矩阵，通过建立信用等级转移模型，可以开发基于信用转移和违约率的信用风险管理模型。

从经济意义上说，信用等级迁移矩阵和宏观经济状况有着密切的关系。当宏观经济状况比较好的时候，企业的违约概率降低，信用质量变好的可能性加大；当宏观经济状况不好的时候，企业的违约概率增加，信用质量差的可能性加大。信贷组合内信用评级的分布决定了组合的风险高低。

根据国外学者（Gupton，Finger，and Bhatia，1997）对信用迁移矩阵的研究，假设信用转移受到一个隐蔽的、连续的信用变化指数 X（Credit-change Indicator）的影响，并且可以假定该指数符合标准正态分布。由此可知，针对给定的初始评级，由初始评级迁移到期末评级的迁移率，实际就是条件概率分布曲线在初始评级和期末评级之间的面积。

为了建立模型呈现上述过程，首先引入违约风险因子 X。假定 X 为一个服从正态分布的随机变量，当 X 的值低于某一个值 C（一般称为违约距离）时，即认为客户发生违约。而 X 的不同取值，则对应了不同的信用等级。即客户评级为 AA，即为：

AA 对应的区间下限 $< X \leqslant$ AA 对应的区间上限

从而，客户的违约概率 $PD = P(X \leqslant C)$；而客户信用等级为 G 的概率
$P(G) = P(TH_G^d < X \leqslant TH_G^u) = P_\Phi(TH_G^d < x \leqslant TH_G^u) = \Phi(TH_G^u) - \Phi(TH_G^d)$，

其中 TH_G^u、TH_G^d 分别为评级区间对应的上下限，Φ 为标准正态分布的概率累积函数。

进而，可以把客户的信用等级的迁移看作基于初始信用等级的条件概率分布，也使用上述的分析框架。例如，客户由期初的 AAA 级迁移至期末的某一等级的概率，即为期初信用等级为 AAA 条件下的条件概率分布。

记期初时的客户信用等级为 G，期末时的信用等级为 g，以 x_g^G 表示初始评级为 G、期末评级不低于 g（含 g）的条件概率函数的区间下限。即：

P(期末评级不低于 g | 期初评级为 G) $= P(X > x_g^G)$

因此，如果 X 落入区间 (x_g^G, x_{g+1}^G)，则意味着评级从期初的 G 迁移到期末的 g。故而从期初的 G 到期末的 g 的评级迁移概率为：

$P_g^G = P(G, g) = P(x_g^G < X \leqslant x_{g+1}^G) = \Phi(x_{g+1}^G) - \Phi(x_g^G)$

然后，可以参考借鉴 Vasicek（1987）和 Belkin, Suchower, and Forest（1998）的做法，将违约风险因子分解为系统性因素和非系统性因素之和：

$X = \sqrt{1-\rho} \cdot \varepsilon + \sqrt{\rho} \cdot Z$

其中，Z 为系统风险因素，ε 为主体自身因素，ρ 表示系统性因素 Z 与个体性因素 ε 之间的关联关系。基于上述条件概率转移公式，可以得出 t 时刻的评级迁移概率：

$$P_t(G, g) = \Phi\left(\frac{x_{g+1}^G - \sqrt{\rho} \cdot Z_t}{\sqrt{1-\rho}}\right) - \Phi\left(\frac{x_g^G - \sqrt{\rho} \cdot Z_t}{\sqrt{1-\rho}}\right)$$

上式成立的原因在于假定个体因素 ε 也服从标准正态分布，于是有：

P(期末评级低于 g | 期初评级为 G, $Z = Z_t$) $= P(X \leqslant x_g^G | Z = Z_t)$

$= P(\sqrt{1-\rho} \cdot \varepsilon + \sqrt{\rho} \cdot Z_t \leqslant x_g^G) = P\left(\varepsilon \leqslant \frac{x_g^G - \sqrt{\rho} \cdot Z_t}{\sqrt{1-\rho}}\right)$

$= \Phi\left(\dfrac{x_g^G - \sqrt{\rho} \cdot Z_t}{\sqrt{1-\rho}}\right)$

在 $P_t(G, g)$ 的计算公式中，Z 表示系统性风险因子，反映的是整体的信用状况水平，Z 越大表明宏观经济运行越好，评级下调和违约的可能性越低；Z 越小表明宏观经济运行越差，评级下调和违约的可能性越高。因此，可以建立系统性风险因子与宏观经济变量的模型：

$$Z_t = \beta_0 + \beta_1 Y_1 + \beta_2 Y_2 + \cdots + \beta_n Y_n$$

通过回归分析和优化计算，可以得到模型的参数估计值。从而，可以基于对未来经济指标的预测，计算未来一定时期的评级迁移矩阵，以及相应的存续期的违约概率。

5.2.5 违约损失率计量

5.2.5.1 估计 LGD 的一般方法简述

违约损失率 LGD 是指债务人一旦违约将给债权人造成的损失数额，即损失的严重程度。从贷款回收的角度看，LGD 决定了贷款回收的程度，因为，违约损失率（LGD）= 1-回收率。

Basel 关于违约损失率（LGD）的基本定义是经济损失金额与违约风险暴露之比，因此，在一般情况下，LGD 值为 0 到 1 之间的连续数值，与违约的定义只有两个状态（违约、非违约）不同，因此 LGD 具有非二元特征。

PD 和 LGD 都是反映债权人面临债务人违约的信用风险的重要参数，因此，两者都受到债务人信用水平的影响，然而，从性质上看，两者又有重要的区别。总的来说，PD 是一个交易主体相关变量，其大小主要由作为交易主体的债务人的信用水平决定；而 LGD 具有与特定交易相关联的特性，其大小不仅受到债务人信用能力的影响，更受到交易的特定设计和合同的具体条款，如抵押、担保等的影响。因此，对于同一债务人，不同的交易可能具有不同的 LGD，如对于同一债务人的两笔贷款，如果一笔提供了抵押品，而另一笔没有，那么前者的 LGD 将可能小于后者的 LGD。因此，对 PD 和 LGD 的分析应有不同的着眼点。

历史数据及很多文献研究表明，影响损失的因素众多，尤其是与交易的交易结构相关，例如是否存在担保、具体的担保方式等，导致其波动较大。实证的数据表明，损失的分布通常是非正态的，例如大部分的损失集中于低于 20% 或高于 80%，因此至少存在双峰的情况。从统计表现上说，LGD 估计值表现出三个重要的特征，即非正态分布（至少双峰分布）、非线性和非二元特征。

因此，与 PD 不同，由于 LGD 有非二元、非线性和非正态分布的特性，利用统计技术开发 LGD 模型是非常困难的，而且难以得到准确、可信的结果。LGD 反映了包括催收政策、回收效率等诸多内部因素，因此在 LGD 计量和验证方面，基准测试与返回测试也会特别困难，所以普遍认为统计技术的使用在 LGD 计量中并非最重要的因素，数据质量以及 LGD 的实际经验更为重要。换句话说，使用什么数据要比使用什么模型更加重要，与其建立复杂的计量模型，莫若夯实数据基础。

目前有几种主流的违约损失率（LGD）模型的开发方法，主要包括基于可观察的市场价值进行分析的反映信用差异和价格差异的比较法，以及通过回收经验和历史数据建立的现金流分析法和历史全部损失法。

基于市场价值（Market Value）的 LGD 估计方法，需要获得贷款违约前后的市场价值（Market LGD，市场 LGD），或贷款在不同信用等级下的市场价格变动情况，通常适用于低违约敞口，例如主权、银行以及大型企业等。在欧美一些市场上，能够部分的获得这类模型开发所依赖的数据，而当前的中国市场上则缺乏相应的数据。

基于回收及成本经验（Recovery and Cost Experience）的方法，即隐含的历史 LGD（Implied Historical LGD）方法，是基于组合的层面进行 LGD 估计，在国外实践中通常适用于零售敞口。一般的对公敞口采用清收 LGD 方法论，该方法是基于银行的回收/损失和成本经验，LGD 估计值应该要代表历史实际损失和成本的经验，同时应该与回收政策与实务一致。

如上文所述，数据基础对 LGD 的估计至关重要。通常为完成 LGD 估计，一般需收集违约客户基本信息，违约债项的基本合同信息、风险缓释信息以及违约时点的风险暴露信息等违约债项基本信息，抵质押品信息、保证信息等债项风险缓释信息，违约债项的每一笔清收信息，包括清收的类别、金额以及日期等，违约债项的每一笔清收活动所对应的费用信息，等等。对于未结构化记录每笔违约债项清收及费用信息的金融机构，获得以上数据的难度是非常大的，也可以收集违约（或不良）债项的金额变动信息，以此推断其回收情况。

通常在计算 LGD 时，也应考虑未完成回收流程的违约债项，并且必须确定何时结束清收，即确定清收期限（认为清收多长时间以上的贷款就不可能再收回了）。如果违约债项仍未完成清收，那么它们通常会被排除在建模参考数据集之外，但是，在特定情况下这些数据能够反映某些损失特征。对于清收期，可以采用清收门槛（例如，当剩余的未回收价值低于敞口的 5%），或者一个给定的时间门槛（例如违约后的三年）。清收期长度的定义不能使得很多违约债项被排除在 LGD 估计之外，否则就需要进行重新修改。此外，违约损失率估计应考虑实际回收数量和支付的成本，如对债务人的清收尚未最终完成，应确定一个清收完成时间点，时间点的选择应有充分依据。

一旦确定了未完成回收期间，LGD 参考数据集便也应该包括那些回收期已达到未完成回收期的门坎的债项。LGD 的计算将会考虑在门坎时间前发生的回收金额与成本，而门坎时间后发生的回收金额与成本则不作考虑，尚未回收回来的金额则被当作损失。

为了决定未完成回收期间，需要通过考虑债项特征来分析回收的模式。对于无担保债项，回收的来源通常是借款人的现金、借款人资产处置、破产清算等，所以，通常会有多笔的现金在不同的时间点分次流入，回收期间也倾向非常长。对于抵质押品担保的债项，回收的来源通常是抵质押品的处置，所以，回收的现金流通常只有一次。

回收期间会受如下因素影响：担保物类型、处置的流程，例如，需要多久才能进入拍卖市场以及在拍卖与拍卖之间等待多久。对于保证人提供保证的债项，典型的时在客户违约的情况下，保证人在规定的时间内按保证合同一次性偿付；但通常根据回收实践，在清收过程中，部分债项的保证人存在一次性偿还的情况，但是也存在保证人逐步清偿的情况，即有多笔的回收金额，回收期间会被拉长。

对基础数据的加工处理就是计算回收率。通常按月计算累计回收率。当回收时间增加，累计回收率便会上升，在若干时间过后，累计回收率会达到一个相对稳定的水平，该特定的时段将被定为未完成回收期间的门坎基础；在此基础上，结合业务实践，综合判断确定未完成回收期长度。累计回收率的具体计算步骤如下：

1. 对每个违约账户计算其在违约后，截止到当前时间点的所有清收金额总和；
2. 对每个违约账户分别按月计算截止到第 N 个月的累积清收金额占所有清收金额总和的比例，此值为该笔债项第 N 月的清收百分比；
3. 取 N＝1、2、3……，重复此计算过程；
4. 对所有违约债项的第 N 个月的清收比率分别计算算术平均清收比例、违约金额加权平均清收比例、清收金额加权平均比例；
5. 找出清收比例达到预设值（如90%）的月份作为清收的最佳固定表现期。

然后，在基础数据积累、加工和现金流分析的基础上，计算违约损失率：

$$LGD = 1 - \frac{\sum \frac{(清收现金流 - 清收成本)_t}{(1 + 折现率)^t}}{EAD}$$

其中，回收现金流受不良贷款的核销政策影响，不良贷款最终回收金额的确认也需要很多年的时间。因此，为了全面估计历史回收金额，需要债项有一个较长的表现期，作为债项的终结标志。

回收成本方面，如果按照 Basel 的计量要求则需要包括直接成本和间接成本，直接成本是能够归结到某笔具体债项的成本，间接成本是因管理或清收违约债项产生的但不能归结到某笔具体债项的成本。从 IFRS9 的要求来说，通常认为，由于无须过多考虑监管要求的审慎性，一般在进行 LGD 估计的时候无须考虑间接成本，如人力成本、办公成本和管理成本等。

折现率反映资金的时间价值，在 Basel 计量中通常可选择作为折现率的包括贷款基准利率、一年期国债利率、贷款执行利率等，准则则明确要求使用实际利率进行折现。因此，在折现率选择时，需要选择 IFRS9 中提及的实际利率。

5.2.5.2 计算 IFRS9 LGD

将 Basel 体系的违约损失率 LGD 调整为符合新会计准则要求、能够用于减值计算的 LGD，主要需要考虑以下几个方面的调整因素。一是剔除 Basel LGD 中的一些基于资本监管和风险计量要求的审慎性考虑，如经济衰退期因素等；二是 Basel LGD 中考虑的损失是经济损失，既包括金融资产的直接损失，也包括间接损失，而减值计量作为一种会计手段，考虑的是财务损失；三是在 LGD 中考虑前瞻性因素；四是按照准则要求在计量 IFRS9 LGD 时要使用实际利率进行折现。

对于 IFRS9 LGD 的估计，也可以使用与 PD 估计类似的宏观因子回归模型。其基本思路是，在现有的 Basel 内部评级模型债项 LGD 的基础上，建立调整模型，将 Basel 违约损失率调整成为 IFRS 9 违约损失率。

首先，依然是进行模型分组，然后针对不同的分组开发不同的违约损失率调整模型。如果金融机构仅有内部评级初级法模型（即仅估计内部违约概率，违约损失率使用监管标准），考虑到 Basel 监管 LGD 标准不够细分，以及不同类型债项的违约损失表现差异，可能需要进行必要的分组评估分析，重点应是区分不同的债项特征。如果金融机构已经建立了内部评级高级法（即存在 LGD 的内部估计值），由于 Basel 债项评级模型在进行分组时，已充分考虑债项的行业、业务品种、抵质押品等情况，可能需要在 Basel 债项评级模型的分组的基础上进行调整或整合，得到 IFRS 9 违约损失率模型分组划分规则，重点应是综合考虑 Basel 高级法 LGD 模型分组要求与 IFRS9 减值计量需要的联系与区别。

其次，就可以采用与 PD 类似的方法，建立模型估计 IFRS9 违约损失率，得到调整因子。从 Basel 考虑的 LGD 与 IFRS9 考虑的 LGD 的联系与区别出发，这种调整可以分两个步骤完成。第一步主要考虑 Basel LGD 与 IFRS9 LGD 在参数基础定义上的差距，具体内容如上所述，包括 Basel LGD 的保守和审慎的特性（如经济衰退期考虑），IFRS9 LGD 考虑财务损失因而不包括间接损失，IFRS9 LGD 需使用实际利率进行折现，等等。第二步再建立违约损失率与宏观经济因子之间的关系，主要考虑将宏观经济的预测信息加入前瞻性考虑。

在模型开发完成后，将获得由宏观经济因子和 Basel 债项评级结果到 IFRS9 违约损失率之间的映射关系。

5.2.6 风险敞口计量

根据准则要求，预期信用损失是对金融工具预计存续期内信用损失（即所有现金短缺的现值）的概率加权估计值。现金短缺是指主体根据合同应收的现金流量与主体预期收取的现金流量之间的差额。由于预期信用损失考虑付款的金额和时间，因此即使主体预计可收取全额付款但付款时间迟于合同规定的到期期限，也会产生信用损失。

因此，按照预期信用损失的定义，还款计划及还款计划的执行情况将对预期信用损失的计算产生影响。这种影响主要体现在，如果违约发生在不同的时点，那么风险敞口的实际金额是不一样的。例如，假设一笔贷款目前余额 100 万元，期限为 10 年，每年偿还 10 万元。那么，如果该笔贷款现在违约，风险敞口就是 100 万元，而如果明年发生违约，因为借款人履行了今年的还款计划，归还 10 万元本金，所以风险敞口实际将为 90 万元，而如果第十年才发生违约，那么理论上讲届时风险敞口实际应为 10 万元。因此，在不同的违约时间，由于分期还款计划的作用，风险敞口将会不同。而如果要把这些不同时点的风险敞口及据此计算的各个现金流的预期信用损失进行加总，则需要进行现金流折现加总计算，按照准则要求，所使用的折现率应为实际利率。

综上所述，基于还款计划可获得未来的应收现金流明细，结合违约率和违约损失率可计算出每个还款周期内的预期信用损失。具体计算公式如下：

$$ECL = \sum_{1}^{N} PD_i \times LGD_{IFRS9} \times EAD_i$$

其中，EADi 为还款计划内每期的折现后应还款金额，PDi 为还款计划内的一期边际 PD 值。

如果已知每一期的违约概率 PD 并且假设每期违约概率相同，那么边际违约概率的公式为：

$$PD_i = (1 - PD)^{i-1} \times PD$$

如果已知或已经计算得出累积违约概率，那么边际违约概率的公式为：

$$PD_i = PD^*_i - PD^*_{i-1}$$ 其中，PD^*_i 为前 i 期的累积违约概率。

边际违约率的计算方法还需考虑一些特殊因素。一方面，针对还款计划不是固定按年还款的债项，边际 PD 还需依据实际还款计划相应调整；另一方面，如果假设同一客户在未来各年份的违约概率相同，必须清楚这是一个比较强的假设条件，需要做出必要的评估或说明，并且其 PD 值应是符合 IFRS9 要求的无偏和前瞻性估计值；另外，还款计划内的未来现金流 EADi 需经过折现后使用，应使用初始确认时候的实际利率或近似值进行折现，以体现货币的时间价值。

以上拆分现金流的计算过程是在理论形式上比较符合准则精神的方法，然而，考虑到实务中的一些特殊因素，对风险敞口的计算是否需要考虑还款计划并进行现金流拆分和折现加总，也是可以进一步研究讨论的。

事实上，对于未来现金流的估计，对于第一阶段资产，由于准则要求对其计提未来 12 个月预期信用损失，因此（除非考虑 1 年以内的非常精细的分期还款和边际违约概率）不需要考虑 1 年以后的现金流的还款情况和 1 年内的分期还款；对于第二阶段及第三阶段资产，考虑到其信用风险已显著增加，若使用原还款计划进行现金流计算（相当于认为信用风险显著增加的借款人也能够按时履行还款计划）很可能低估风险。因此，为了不低估风险、少算减值，也为了简化方法、减轻计算的复杂程度，可以考虑将未来现金流假定为按照存续期内的本金与产生的利息都在合同最后到期日偿还，并考虑实际利率进行折现。

此时，对于需计算减值的资产，违约发生时的风险敞口为目前的贷款余额与从现在到违约时点产生利息之和（按照实际利率进行计息），而折现率同样为实际利率。因此，经过折现后的当前报告日时点的风险敞口即为目前的贷款余额（可能还要包含按照权责发生制已经产生的应计利息）。

5.2.7 宏观经济模型

在根据新准则的要求计算减值时，无论是体现准则中的所谓考虑前瞻性信息的要求，以及考虑"各种可能的情形"的要求，抑或将 Basel 内部评级体系的风险参数转化调整为可以用于计算减值的 IFRS9 参数，都需要使用宏观经济信息，因而需要建立宏观模型。

用于 IFRS9 减值计算的宏观模型的普遍做法，一般都源自风险管理中的压力测试方法论。压力测试（Stress Testing）是银行常用的一种以定量分析为主的风险分析方法，它将宏观经济因素与风险因子相联系，用来评估一些"异常但可能"的宏观经济冲击对金融体系稳定性影响。根据银行系统受宏观经济波动的影响是单一风险因子冲击还是多风险因子冲击，可以将其分为敏感性分析和情景分析。敏感性分析又叫单一因素分析，是分析单一冲击的影响。例如，分析汇率的波动对银行总资产的影响，或者分析房价的变化对按揭贷款质量的影响。该方法只考虑单一因素的变动影响，既不考虑滞后影响，也不考虑其他因素的变化。情景分析又叫多因素分析，是分析单一冲击或多种冲击的共同影响。例如，对于分析经济出现大萧条情况下的可能影响，可以假定 GDP 增速下降、CPI 上升、房价下跌、汇率贬值等多方面因素共同作用，分析上述因素对金融机构违约率、资本充足率等指标的影响。

IFRS9 减值计量中的宏观模型通常参考宏观压力测试的一般做法，采用情景分析的方法选取一定量的宏观经济指标，通过对单个变量统计分析、变量间的相关性分析之后，最终选取合适的宏观指标建立回归方程，预测风险参数。

建立宏观模型的一般过程如下：

首先，进行数据采集和数据初步处理。数据初步处理包括对数据进行差分、对数、清洗异常值等预处理。例如，数据的标准化是对模型采用的各宏观指标历史数据进行标准化处理，通常做法是对各指标值分别减去各自平均值再除以标准差，即：$\tilde{X} = \dfrac{X - \mu_X}{\sigma_X}$。此外，根据不同模型的建模需要，可能还要对数据（特别是违约数据）进行必要的变换。例如，如果采用 Logit 回归模型，就需要对模型采用的风险参数进行 Logit 变换，即：

$$Logit\_PD = \ln\left(\dfrac{PD}{1-PD}\right)$$

其次，就可以建立回归方程。将已经进行必要变换后的违约概率、违约损失率等参数与宏观经济指标建立回归方程。为了便于进行模型选择，可以每次选取宏观经济指标库中的多个不同指标分别进行回归建模，得到多个备选回归方程，并计算其模型统计表现。

最后，基于以上结果选定回归模型，确定宏观模型。回归方程的效果通常通过复相关系数 R^2、p-value 来评价。一般情况下，R^2 越高、p-value 越小，说明模型回归结果表现越好。在选择宏观压力模型时，还要对宏观经济指标进行经济含义分析，筛选掉一些指标不符合经济含义的模型，然后对每个模型和其中各个指标的显著性、相关性等进行分析、筛选，并结合每个回归方程的表现，筛选出最符合准则要求的理想的回归方程。

5.3 计量预期信用损失的简化模型

预期信用损失的估计是一个非常复杂的任务,特别是要按照 Basel 风险计量和资本监管的要求进行数据清理、模型开发和分析预测,是一项需要投入大量成本的系统性工程。为了顺利实施新会计准则,按照预期信用损失模型的理念计量损失准备,对于具备风险计量能力和内部评级基础的大型金融机构而言,可以依托现有的系统和模型进行改造性的开发,因而实施的基础较好,此外大型金融机构也有能力投入足够的资源和成本解决准则落地实施中的一系列具体问题。然而,对于不具备内部评级体系、同时能够投入的资源又比较有限的中小型机构,如果完全按照科学、严谨的要求,甚至参照 Basel 的方法论和验证框架建立新准则减值预期信用损失模型,则其高成本恐怕是无法承受的,过于追求复杂模型也与准则"无须付出不当成本"的精神不符。此外,即使是大型机构,也会有一些在内部评级体系覆盖范围之外的特殊业务,或者一些不适合使用违约概率、违约损失率方式计量的资产。因此,就需要在违约概率模型之外,建立一些复杂程度较低、但同样符合准则精神的简化模型。

对于简化方法的使用,准则也予以充分的认可,并且认为非常必要。准则指出,主体可在计量预期信用损失时运用方便实务操作的方法,其中一个例子是,可使用准备矩阵来计算应收账款的预期信用损失。主体可参照应收账款的历史信用损失经验来估计金融资产 12 个月的预期信用损失或者整个存续期预期信用损失。准备矩阵可能会列明诸如取决于应收账款逾期天数的固定准备率(例如,若未逾期,则为 1%;若逾期少于 30 天,则为 2%;若逾期天数为 30—90 天,则为 3%;若逾期天数为 90—180 天,则为 20%,等等)。取决于主体客户群的多样性,如果主体的历史信用损失经验表明不同客户细分发生损失的情况存在显著差异,则主体应当使用适当的分组。可用于对资产进行分组的标准的示例包括地理区域、产品类型、客户评级、担保品或贸易信用保险以及客户的类型。

估计预期信用损失的简化方法基本都可以归类为上述"准备矩阵"法,或者说类似于准备矩阵法,即将资产按照一定的规则划分为不同的类别或组合,通过历史数据分析、外部参数映射等方法,在组合层面确定资产的损失率或计提比率。

5.3.1 损失率模型

通常来说,构建一个完整的信用风险模型,有两个基本概念或基本要素是不可回避的,即损失的可能性和一旦损失发生后的损失规模,或者称之为损失的严重程度。两者分别对应违约概率与违约损失率两个概念,两者结合在一起才能全面反映信用风险水平。然而,要估计这两个指标具有非常大的难度,需要积累和处理大量历史数据,并进行统计建模分析。因此,在采取简化方式时会考虑突破违约发生可能性、违约后损失程度这样的两维分析框架,而是直接估计最终的"损失程度",即损失率。

在使用损失率方法时,相当于把违约概率和违约损失率合并作为同一指标,主要基于过去的违约损失情况,并根据现状和对未来情况的预测进行调整。就方法论本身而言,此方法更适用于非按揭的、较短期限的风险敞口,相比而言这些敞口使用二维分析框架的必要性更小。

为了符合准则的要求,在使用损失率法时,需要将发生违约风险的变化与引致预期信用损失的其他因素(如担保品)的变动区分开来,并在做出评估时考虑自初始确认后发生拖欠的风险的变化、金融工具的预期存续期以及准则提到的无须付出不当成本或努力便可获得的、可能影响信用风险的合理及可支持的信息。

在损失率法下,不需要区分发生违约的风险和违约产生的损失。虽然这对计量 12 个月或整个存续期信用损失而言不是一个大问题,但在此方法下,可能无法对基于违约风险变化的信用风险显著增加进行评估。将资产按照不同的风险特征分组,通过计算某观察点之后 12 个月或整个存续期的已发生损失,除以观察点的资产组合余额,得到损失率。

损失率法较简单,不需要过多假设,基本计算步骤如下:

1. 基于资产的信用风险特征(是否违约、贷款用途、贷款类型、剩余期限等)来区分资产;

2. 获取不同资产组合 12 个月和整个存续期的损失率(在不同的观察点);

3. 根据前瞻性信息做出调整。

例如,参照准则提出的例子,可以将某一类金融资产(如某个贷款业务品种)按照逾期天数进行分组,按照逾期少于 30 天、逾期天数为 30—90 天逾期天数为 90 天以上进行划分。然后,通过历史数据分析或其他方法估计每一类资产的 12 个月和整个存续期的损失率。比如,可以查看和分析历史上的逾期 0—30 天的贷款,在 12 个月以后发生损失的比例和程度有多少,以及在存续期(多年)发生损失的比例和损失,等等。其中,损失的界定和计算需要预先给出标准,从而在此标准之下进行数据清理和统计。例如,可以以逾期 90 天或不良作为发生减值损失的标准,认为逾期超过 90 天或者形成不良的贷款遭受一定程度的损失,具体损失程度可以通过历史上贷款损失情况进行估计。在此基础上,确定各个组合的损失率,作为减值测试的计提比率。例如,如准则所述的,若未逾期,则为 1%;若逾期少于 30 天,则为 2%;若逾期天数为 30—90 天,则为 3%;若逾期大于 90 天,则作为阶段三(已减值)贷款,其中若逾期天数为 90—180 天,则为 20%;等等。

5.3.2 滚动率模型

滚动率模型是用于预测未来损失的最常见的模型。很多金融机构在旧准则(IAS39)下的拨备计提中就使用了滚动率模型。滚动率模型基于历史数据,测算不同风险级别贷款(或具有类似信用风险特征的贷款组合)的平均滚动率,来测算不同类别贷款的平均损失率，最终得出不同类别的贷款的损失金额。

根据资产的风险特征、交易对手等信息，将不同类别的资产分组。例如，可以在各个分组下，按逾期天数将资产分为不同的组合，作为滚动率计算的等级界限。假设分别记为 M0（未逾期）、M1（逾期 1—30 天）、M2（逾期 31—60 天）、M3（逾期 61—90 天），等等。

完成分组后，再用历史数据计算 M0（未逾期）递延至 M1（逾期 1—29 天）、M1 递延至 M2（逾期 30—59 天）、M2 递延至 M3（逾期 60—89 天）、M3 递延至 M4（逾期 90—119 天）、M4 递延至 M5（逾期 120—149 天）、M5 递延至 M6（逾期 150—179 天）、M6 递延至 M7（逾期 180—209 天）等的历史滚动率，以及每个等级的近 n 期的平均滚动比率，公式为：

Mn 级别的平均滚动比率 = 本月 Mn 级别资产额/上月的 Mn−1 级别资产额×100%

随着资产逾期时间越长，其回收的可能性越小，预期损失率越大且相对越稳定，根据分析资产的历史信用损失数据，确定预期损失率的稳定期 N，并设定大于等于第 N 期的损失率为 100%。然后，计算所有滚动路径上每个等级的预期损失率：

Mn 的预期损失率 P_n = 100%

Mn−1 的预期损失率 P_{n-1} = P_n ×（Mn−1 到 Mn 的平均滚动比率）

……

M1 的预期损失率 P_1 = P_2 ×（M1 到 M2 的平均滚动比率）

最后，就可以根据各个等级的预期损失率，计算各组合项下的减值准备金。

5.3.3 外部映射模型

映射法的基本思路是寻找风险类似的"标杆"，以"标杆"的违约概率或损失率等参数作为相应业务的参数，用于计算减值。

例如，对于某类业务，可以首先对产品进行细分，将资产组合分解至产品层面；然后再进行分组，例如利用客户的征信评分结果，映射至内部的评分标准；进而，再通过匹配外部累计违约率，使用征信机构的不同征信评分、不同产品（住房抵押、抵押贷款或信用贷款等）的违约概率曲线。违约概率曲线一般为 12 个月或 24 个月时间长度，可将其调整为更长存续期的曲线；在必要的时候，依据地区差异性，调整违约概率曲线。

以上方法需要依赖于外部机构的详细的信用评分或评级数据以及违约数据。例如，美国的个人征信机构会持有大量且长期的此类数据，能够对金融机构提供必要的支持。而如果缺乏这种信息和数据，则无法通过建立映射关系获取必要的风险参数信息。在国外市场上，除了有个人征信机构外，还有标普、穆迪等评级机构，长期跟踪企业、主权等信用评级情况，并积累大量的历史数据和经验。我国目前的征信信息基础还比较薄弱，央行征信体系目前能够提供的信息还比较有限，其他评级机构（如大公、中诚信等）的数据积累、信息披露还比较有限，评级结果也未经过长期历史实践的检验。

对金融机构而言，特别是一些信息和数据积累比较完善的大型机构，即使不使用外部信息，也可以利用已有的信息，在不同业务之间建立映射关系，据此计算减值。例如，假如某金融机构对一部分业务建立了内部评级体系，那么对于一些内部评级体系未覆盖业务品种（可能由于该业务开办时间短、数据积累少或其他原因未被内部评级体系所覆盖），通过比对产品性质、贷款额度、贷款期限和风险属性，将未覆盖业务匹配至类似的已覆盖业务。在计算预期信用损失时参考"标杆"产品对应的计提比例，然后根据各损失阶段、风险分类、表内/表外标识等信息分别计算计提比例。

第六章　固定收益证券的估值

6.1　固定收益证券简述

6.1.1　固定收益证券的定义及种类

固定收益证券在金融资产中占据非常重要的地位，它是一大类重要金融工具的总称。通常最典型、最常见的固定收益产品就是债券，但固定收益产品并不仅仅包含债券。一般而言，人们把固定收益证券定义为一种要求借款人或交易对手按照预先规定的时间和方式向投资人支付利息和偿还本金的合同安排，在这种交易结构下，如果借款人或者交易对手能够按约履行合同，那么投资人就获得未来发生的一系列确定数额的收入。

传统的固定收益证券通常根据未来现金流的特征进行分类，包括未来现金流的期限、频率、风险程度，等等。传统的固定收益证券包括银行票据、商业票据、买入返售、卖出回购以及债券等等，通常都是典型的债务工具，没有过于复杂的交易结构和合同安排。时至今日，上述传统固定收益产品依然是整个固定收益市场的主体，甚至在整个金融市场范围内看，由于债务融资方式依然占据主导地位，如果将贷款等信贷类产品纳入，广义的固定收益产品可以说在金融体系中依然发挥着投融资核心和主流工具的作用。随着金融市场的不断发展和成熟，金融创新得到了极快的推进，许多由传统固定收益产品演变而来的具有特定现金流特征的新型固定收益证券不断增多，例如可转换债券、可交换债券、资产支持证券，等等。这些新型的金融工具，在过去很长一段时间内被完全纳入金融衍生品的范畴，但就其本质而言，它们与期权、期货等基于基础资产价格波动而创造的衍生工具明显不同，具有更多的"固定收益"特征。目前，众多金融机构也将这些新型固定收益产品的投资管理设置在 FID（Fixed Income

Department），也有越来越多的金融机构设置了 FICC（Fixed Income、Currencies & Commodities）部门，负责固定收益产品、货币和商品投资，与股票交易和投资相比，这一大类投资显然具有更高的量化分析技术要求。

6.1.2 货币市场工具

货币市场工具一般是期限小于或等于一年的债务工具，一般流动性较好、信用风险较低，具有类似货币的属性，经常被金融机构用于头寸管理和流动性管理，同时也能通过交易带来收益。例如信用拆借、同业存款、同业借款、回购协议等，都属于货币市场工具。在我国的金融市场交易体系下，信用拆借是在全国银行间同业拆借市场的金融机构之间，通过全国统一的同业拆借网络进行的无担保资金融通行为。信用拆借可以满足短期的资金融通和投融资需求，无须担保和质押品，以交易对手的信用额度作为资金融通依据。同业存款是银行类金融机构之间开展的同业资金存入与存出业务，如果是向非银行金融机构借出资金，则通常称为同业借款。同业存款与同业借款与信用拆借不同，它属于金融机构之间的"线下"资金存拆行为，不在统一的交易市场进行。一般而言，信用拆借、同业存款、同业借款等都属于同业往来类资产，其性质和贷款类似（甚至可以称之为"存款"，因为资金借入方同样为金融机构），因此一般也都采取与贷款相同的价值计量方式。回购协议则是由借贷双方签订协议，约定借款人暂时向贷款方出售一笔特定的金融资产，从而换取相应的实时的、可用的资金，同时借款方在合同中承诺在一定期限后按照合同约定的价格赎回这笔金融资产，赎回价格通常为原始购入成本加上资金借贷所产生的利息。本质上，回购协议是一种类似质押担保方式的资金借贷。通过回购协议产生的资产，就是买入返售资产，相应的负债则是卖出回购。

6.1.3 票据

票据是以支付金钱为目的的有价证券，为由出票人签发，无条件约定自己或委托他人无条件支付一定金额，可流通转让的有价证券，持有人具有一定权力的凭证，包括汇票、支票及本票等。涉及票据的金融交易以汇票为主，包括商业承兑汇票和银行承兑汇票。商业承兑汇票的付款人是合同中应给付款项的一方当事人，通常是非金融机构，即一般企业作为该汇票的承兑人；银行承兑汇票的付款人是承兑银行。票据贴现则是持有票据的人或企业将未到期的票据卖给银行或其他资金提供方获得流动性的行为，这样持票人可以提前收回垫支资金，而对银行或贴现公司来说，贴现是与商业信用结合的放款业务。在票据贴现业务中，放款人实际承担的不是贴现申请人（持票人）的信用风险，而是票据承兑人的信用风险。即使持票人没有支付能力甚至出现破产，出资方仍然可以从票据承兑人那里收回资金。因此，票据贴现业务的信用风险较小，尤其是当承兑人为银行时，信用风险极低。因此，金融机构不仅仅将票据贴现业务作为获利方式，还用其进行流动性管理。这就意味着票据业务的业务模式比较灵活，对于通过办理贴现业务获得的票据，即可以将其持有至到期，要求承兑人兑付获取利息收益，也可以随时将其转出（转贴现）。

6.1.4 债券

债券是最重要的固定收益产品，是发行人按照法定程序发行，约定在一定期限内还本付息的有价证券。债券是一种债权债务关系的权利证明凭证，体现为债权人从债务人处获取利息收益并到期收回本金的权益。在我国目前的债券市场，按照是否含有信用风险，将市场上交易的债券分为利率债和信用债，其中利率债是主权债或准主权债，包括国债、地方政府债、政策性金融债、央行票据（简称央票）等；信用债按照发行主体和发行审批渠道等不同，可以分为金融债（包括银行发行的次级债和非银行金融机构债券）、企业债、公司债，以及非金融企业遵照相关规定发行的债务融资工具，等等。债券有多种付息方式，有的约定定期付息、一次还本，有的分次还本，还有一些是零息债券，这种债券通常采取折价发行，折价部分即为发行利率；有些债券还有保证担保或抵押品，有些还是由金融机构或者政府提供担保。

下面介绍几类比较特殊的非传统债券，它们的合同除一般的还本付息条款外，通常还包括一些选择权，这赋予了债券额外价值（可能为正也可能为负）。

6.1.4.1 提前赎回条款

债券契约包含提前赎回特征或提前赎回条款，意味着发行人拥有在既定到期日前完全或部分购回债券的权利。这样一个条款的主要好处是，允许借款人在市场利率降低时，发行利息成本更低的债券以取代原有债券。作为发行人的一种选择权，提前赎回特征对于发行人具有附加价值，它可以帮助发行人在债券最终到期日之前就选择通过赎回的方式终止债券，同时也能摆脱债务条款的约束。一般来说，希望重构资产负债表的公司，或者希望规避利率市场的不利变化的公司，都有可能行使提前赎回获得额外的好处。

与发行人的影响相反，提前赎回条款对投资者是有害的，因为他们必须承受在利率下降时失去高息票利率债券的风险，或者面临再投资风险。借款人提前赎回债券时，投资者必须寻找其他投资渠道，而考虑到发行人有提前赎回的动力一般是因为市场利率出现了有利于发行人但不利于投资者的最新变化，因此投资人重新进行投资的收益率往往都比之前的债券低。

除了因为发行人赎回对投资人造成的直接影响，对于投资者的另一个问题是债券价值，提前赎回的预期限制了利率下降时债券应有的增值。换句话说，在市场对债券进行定价时，必然要考虑债券蕴含的提前赎回条款，从而在债券价值中予以反映。由于提前赎回特征对发行人有利而对投资者不利，所以，可赎回债券比那些不能提前赎回的债券有更低的价格，或者说更高的收益率。当投资者相信市场利率将下降，借款人可能要用新的低息债券代替原有的高息债券时，收益率的这个差异很可能加大。然而，仅仅有更高的收益率往往不足以补偿投资者在发行人行使提前赎回权时遭受的损失，因此，在合同中约定的债券被赎回价格（即提前赎回价格）通常比本金或面值更高，提前赎回价格与本金之间的差额叫作提前赎回溢价。这种赎回溢价安排，一方面是对投资人可能面对的赎回风险的补偿；另一方面也降低和限制了发行人行使赎回权的概率，从而使双方在签订债券合同时更容易达成一致。

由以上讨论可知，在对债券进行估值和定价时，必须要考虑其中蕴含的提前赎回条款，在某些情况下，类似选择权对债券价值具有非常重大的影响。与之类似的还有一些其他与债券绑定的选择性权利，其中一些是对发行人有利，一些则是对投资者有利。具有类似选择权的债券，事实上已经与传统的还本付息债券有了很大不同，它们往往带有期权属性，这类债券的估值方法也要更加复杂，估值难度更大。

在实务中，除赎回溢价外，合同中通常还有对投资者的其他保护条款，例如对借款人拥有提前赎回权设定提前赎回保护期或递延期。保护期是一种特定的年限，规定发行人在债券发行后的这个年限内不得赎回债券。保护期是发行人为了促使债券发行成功对投资者的另一种让步，它相当于发行人的赎回选择权的行权时间受到了限制。

债券换新则是债券赎回的一种特殊操纵方式，在这种模式下，发行人通过发行新的债券募集资金，使用新募集的资金赎回原有债券，以便获得市场利率变化的好处。与一般赎回不同，债券换新的债券赎回来自发行人外部，类似于"借新还旧"或债务置换，而一般情况下赎回旧债的资金理论上应该来自发行人内部，例如发行人经营性现金流、销售收入，或者股东追加的投资，等等。对于那些以享受市场利率变动收益为目的的赎回人来说，无疑通过债券换新的方式更为便利，但对于以重塑资产负债表为目的的赎回人，就需要自行解决资金问题了。

6.1.4.2　回售条款

与提前赎回条款相反，可回售债券赋予投资者在指定日期以面值将债券回售给发行人的权利。这种债券对投资者的好处是，如果发行日后利率上升，从而导致债券的市场价值降低，投资者可以要求发行人以面值赎回债券。与赎回条款的"赎回保护期"类似，一些带有回售条款的债券也通过合同约定对投资人可以回售给发行人的债券数量或时间进行了限制。有些情况下，投资者行使回售条款赋予的权利，并非是由于市场利率的变化，而是由于发行人信用风险状况的变化。当发行人信用风险恶化，投资人认为其持有的债券面临无法接受的违约风险，就可能通过回售的方式使债券提前终结，从而结清自己的风险敞口。因此，回售条款不仅仅是对投资人的利率（市场风险）保护，也是对投资人的违约（信用风险）保护。当然，这种信用风险的保护作用只有建立在对风险的提前识别基础上才能真正实现，否则，当发行人真正陷入困境无力偿还债务时，也没有能力或没有意愿履行回售义务，同样会导致违约和投资人蒙受信用损失。

6.1.4.3　可转换债券和可交换债券

可转换债券是可以按指定数量转换为发行公司普通股的债券。可转换债券不能做逆向转换，转换条款由公司在债券契约中规定。最重要的条款是转换比率和转换价格。

转换比率指可转换债券的持有者认领的普通股数。例如，假设某公司在历史上曾经发行了一定数量的可转换债券。这些可转换债券的息票利率为 5%，每张债券转换比率为 2。这意味着发行时的转换价格为每股 50 元（100 元面值除以转换比率）。此外，可转换债券也可以在发行时直接以转换价格的形式约定转股价格。

可转换债券的转换权可以在债券整个存续期有效，也可以仅在一段时期内有效。因为需要随股票拆分和分红而进行相应的调整，因此转换比率或转换价格是随时间推移而变化的。一些可转换债券还内置提前赎回条款，发行人可以提前赎回可转换债券，这实际上是对可转换债券的价值设定了上限，类似于允许发行人强制终止可转换债券。可以想象，当股价过高，之前约定的转股价格对投资人十分有利而对发行人造成股权以不合理的价格被稀释的不利作用时，发行人就会选择进行赎回，从而避免损失。

可交换债券是指能被交换成其他公司而非债券发行公司的普通股票。正常情况下，可交换的股票都是发行人所实际持有的，因此实际上可交换债券的发行人是标的公司的股东。可转换债券和可交换债券都属于具有较复杂选择权的特殊债券，可以看作"债券+期权"的资产组合，他们的定价和估值往往非常复杂，除了与债券发行人自身的履约能力和利率水平相关外，还受到股价的影响，因此其资产价值的计量具有类似衍生品的特征。

在目前的中国金融市场中，可转换债券和可交换债券都非常普遍。但与这些债务融资工具创立的初衷可能有些偏离，目前很多企业在发行上述债券时的目的已不再那么"单纯"。事实上，由于债券与股票进行了直接的关联，在操作中一些企业将可转换债券作为再融资工具，而将可交换债券作为减持工具。

6.1.5 固定收益衍生品

伴随着金融创新的不断演化，出现了一系列具有固定收益性质的金融衍生品。其中，抵押贷款支持证券（Mortgage-Backed Security，MBS）是比较常见、也是理论界研究较多的一种。MBS 是一种依赖于基础抵押贷款集合产生现金流的复合金融工具，是一种基于资产证券化业务的金融衍生品。对 MBS 等衍生工具，将在后面章节进行进一步讨论和估值方法的详细分析。

为 MBS 投资者带来收益的是基础资产的现金流，这些现金流依赖于基础抵押贷款。MBS 是资产支持证券的一种，其偿付给投资者的现金流来自由住房抵押贷款组成的资产池产生的本金和利息。住房抵押贷款证券化是指金融机构（以商业银行为主，在国外也包括专门从事住房按揭信贷业务的其他金融企业或准政府机构）把自己所持有的流动性较差但具有未来现金收入流的住房抵押贷款汇聚重组为抵押贷款群组。由证券化机构以现金方式购入，经过担保或信用增级后以证券的形式出售给投资者的融资过程。这一过程将原先不易被出售给投资者的缺乏流动性但能够产生可预见性现金流入的资产，转换成可以在市场上流动的证券。

比 MBS 更加一般化的固定收益性质衍生工具是资产支持证券（Asset-Backed Security，ABS），它同样是由一组基础资产包集合组成的，但基础资产的类型可以多样化，不仅仅局限于住房抵押贷款。资产支持证券的基础资产可以是各类型的资产或应收款，比如信用卡透支、消费贷款、企业贷款，甚至物业租赁应收款，等等。

6.1.6 优先股

优先股虽然名义上是股权，但具有明显的固定收益证券特征。在形式上，优先股是一种股票，而不是债务工具，但它兼有普通股和债务工具的特点。与普通股一样，优先股的持有者有权享受公司的分红回报，但与普通股不同，优先股股息率一般为固定比率，而普通股的股息根据公司的盈利状况会有所变化，盈利多时股息高，盈利低时没有股息。如果发行人不能按期支付优先股股息，那么就需要按照发行条款规定进行处理。有些优先股规定，在完全付清之前，股息偿付额可累积，称为累积优先股；另外一些优先股规定，如果企业某次不能发放股息，则可以不予以发放，优先股持有者必须放弃本次收益，这种优先股称为非累积优先股。如果公司经营不善需要进行破产清算，优先股的清算优先级要高于普通股，但劣于一般债权。

通常，优先股的持有者没有投票权，不能参与公司的经营决策，但根据优先股发行条款规定，有些优先股不分发股息时，企业将被迫接受管理上的一定限制，包括优先股股东被授予投票权等。

6.2 债券估值概述

估值就是通过计量工具和方法寻找公允价值，并持续跟踪公允价值的变化、及时识别和计量这些变化的过程。故而，估值是建立在金融资产的公允价值计量法基础之上的一项衍生工作，而公允价值相关制度的完善和改进对估值方法的优化和估值标准的统一也具有重要的意义，是进行估值的先决条件。随着在会计政策和会计计量中越来越多地应用公允价值，估值的重要性也越发凸显，可以预见，公允价值计量是未来金融工具会计方法发展的方向，而估值对反映金融资产、金融企业乃至金融体系价值状况和风险水平的作用和地位也会越来越重要。

对金融资产进行估值的需求源自公允价值法的应用。美国会计标准委员会（FASB）于2006年发布了《公允价值计量》会计准则，明确要求对资产负债进行公允价值计量和披露，并强调了对公允价值的计量必须按照一致性和可比性的原则进行。我国则在经历了一段时期的争议后，于2007年在《企业会计准则》修订时引入了公允价值的概念。自此，如何衡量金融资产的公允价值、如何动态调整金融资产的公允价值，就成为金融资产的定价、投资、核算、报告、风险管理、内部控制等领域的重要课题和研究对象。

所谓公允价值，如第二章所介绍的，是指熟悉市场情况的买卖双方在公平交易的

第六章 固定收益证券的估值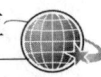

条件下和自愿的情况下所确定的价格，或无关联的双方在公平交易的条件下一项资产可以被买卖或者一项负债可以被清偿的成交价格。在公允价值计量下，资产和负债按照在公平交易中，熟悉市场情况的交易双方自愿进行资产交换或者债务清偿的金额计量。根据其本质含义，公允价值也可以认为是金融资产定价理论中的均衡价格。

固定收益产品，由于其"固定"属性，从某种意义上说使用摊余成本法进行价值计量也是合适的，在很长一段时间内，特别是在泛金融创新时代开启之前，大部分固定收益产品也的确是基于成本法计量的。但随着金融创新的深入，以及金融市场的丰富、完善和发展，人们买入和持有固定收益产品的目的很多时候并不是为了通过长期持有获取稳定的利息收益，而是试图通过市场交易进行获利，如国债、公开发行的公司债等主流固定收益产品也形成了非常完善、流动性丰富的交易市场，因而，继续采用成本法计量将无法准确反映一部分固定收益产品带给持有者的收益或损失，定价更加灵活、更加灵敏，价值波动也相对较大的公允价值计量便得到了越来越多的应用。

随着公允价值法和各类估值模型方法的完善，估值在固定收益产品的产品定价、投资决策、会计核算和内部管理等方面发挥的作用越来越大。而由于固定收益产品在金融中的基础性地位，固定收益产品的估值又有着独特的地位和作用。对投资者或企业而言，客观、准确的估值是资产定价的重要参考和投资过程的重要决策依据，也是对该笔资产的价值进行衡量、对该笔投资的效益进行评价的重要标尺。对金融体系而言，固定收益金融资产，特别是债券，组成了一个金融体系最重要、最基础的资产交易市场平台，准确、客观、灵敏的债券定价机制以及据此产生的不同期限结构的收益率曲线，是几乎所有金融资产定价和估值的基础。

中国的债券市场从改革开放伊始的20世纪80年代开始起步，早期以柜台交易市场为主，随后又逐步发展为以交易所和银行间市场为主。债券市场的规模也在不断扩大，量级已达到数十万亿元。随着债券市场的发展完善，各种价值参考基准信息也逐步建立起来。2003年起，上海证券交易所和中国国债登记结算公司开始发布债券指数，通过对市场债券价格的加权汇总，反映债券市场的整体水平和价格走势。除了债券指数、中债登等机构或公司也开始编制收益率曲线，逐渐成为金融市场对债券乃至各类金融资产进行定价和估值的重要参照基准和基础参数变量。

讨论估值，就必须要先厘清"价格"与"价值"的联系和区别。按照马克思主义政治经济学和古典经济学的观点，商品的价格是围绕价值上下波动的，价值是价格的基础，价格反映价值，但价格不等同于价值，在数值上价格与价值也往往存在差异。正由于价格与价值是不等价的，而且有众多资产不存在可观察的价格，因此估值才有其必要性。导致价格与价值背离的主要因素是供给与需求的失衡，按照金融学原理，在完备市场中，在信息完全透明和充分交易的情况下，市场交易价格是价值的真实反映。因此，对于存在公开活跃的交易市场的金融资产，通常其市场交易价格就是确定其公允价值的最优选择，也是最容易达成一致的估值确定方法。然而，对于没有活跃市场，或者就没有可观察的交易价格的资产，就不得不建立一定的模型方法来计算其价值。当产生价格的市场本身不完善，或交易不活跃时，使用市场交易价格作为金融资产的公允价值是不恰当的。例如，某个投资者购买了一笔债券，计划长期持有并获得利息收益，而该债券的发行人的经营情况也非常稳健，偿债能力极佳且非常稳定，在这种情况下，没有任何理由认为该投资者会收到任何意外的损失或突然产生除了利息收益之外的其他收益。但是，假如说该债券在市场上平时几乎没有交易，但突然出现了巨额的卖单（有很多种可能性，比如某个持有大量债券的投资者因流动性原因需要大规模出售资产），而市场上又没有相应的购买需求，从而导致债券成交价大幅低于债券面值。此时，从交易价格来看，该债券价格大幅缩水，但从债券的真实价值看，从对上述打算长期持有的投资者的损益情况看，因为短期供需失衡和市场因素导致的价格短期波动对债券的价值并没有影响，没有理由认为投资者因债券价格下跌遭受了损失。因此，使用不完备的市场交易出的价格作为价值就有失公允，无法真实反映投资人的资产质量和损益情况。同样地，假设因为某种原因导致该债券的交易价格反常地大幅上升，我们也不能据此认为上述投资者获得了相应的升值收益，因为该投资者并不打算出售债券资产，即使出售，之前的成交价格也没有任何参考意义。

因此，对交易活跃的公开发行债券，可以直接使用市场价格作为公允价值，而其他情况则要花费更多成本和精力来确定一个合理的价值。在实务中，无论是柜台交易市场、交易所，还是银行间市场，以及近几年逐渐兴起的"机构间市场"，都存在大量交易不活跃的债券，甚至有些债券就根本没有交易量。即便一些债券在某些交易日有成交，也会因为各种原因出现交易价格异常。因此，在债券估值时，一个重要任务就是给没有价格信息的债券确定一个合理、公允的价值，这个计算出的价值应能反映该债券能够为持有者带来的收益，能够体现市场信息，并能够识别、剔除和修正非正常交易价格的影响。达成这一目的的工具，就是债券的估值。

从估值的角度，任何一种金融工具的真实价值都可以认为是未来现金流的现值。用于计算现值的利率（或折现率）通常取决于市场上可比证券的收益率，它既反映了货币的时间价值，也体现了信用风险溢价和流动性溢价等风险成本。因此，对债券进行估值的重要步骤，就是确定现金流和折现率。

为了便于理解，我们首先来考虑没有信用风险、仅有利率风险的债券，比如国债。这种债券是一种无风险资产，因而，在无套利均衡定价模式下（具体原理可以参见第三章和第十一章），它的收益率一定是无风险利率。在实务中，无信用风险的债券通常被称为利率债，在我国的债券市场上主要包括国债、政策性金融债等，而相对应的则是信用债，包括商业银行债、企业债公司债、地方政府债、平台债，等等。事实上，由于信用风险较低，大部分商业银行债和地方政府债也具有接近于国债的低利率水平，有时甚至会出现个别债券品种利率低于国债的情况（一般是由于短期的供需关系造成的，不属于常规现象）。

对于仅有利率风险的国债，其公允价值就是无套利均衡状态下的价格（事实上，大部分国债是有公开交易价格的，这里仅是以国债给出一个计算的示例，实际上可以直接取市场价格作为国债的公允价值,只要认为市场是"有序交易"的)。我们可以从这个角度来理解无套利均衡状态的市场交易。设想一个流动性非常好的市场,无论投资者想买入或卖出任意数量的金融资产,都能够在不对该金融资产价格产生影响的情况下实现(即不因为投资者的大笔买入而导致价格迅速上升,也不因投资者的大笔卖出导致价格迅速下跌,其前提是市场容量充分大,任意单一投资者的买卖行为都不会对市场产生有意义的影响);同时,投资者都能够充分获取、理解并利用所获得的市场信息,即市场信息是完全公开和透明的;此外,对任意资产,投资者都可以在两个"方向"上对其进行交易,即买入和卖空均不受限制。在这种市场机制下,如果某一金融资产的价格高于其价值,那么投资者就可以通过卖高买低来获取无风险收益,从而实现套利。即卖出价格高估的资产,买入价格低估的资产,从而获取超过无风险利率的超额收益。如此,由于市场上的每个交易者都充分掌握信息并具备信息利用能力,于是在市场机制作用下价格将很快收敛到真实价值,此时套利机会将不复存在或缩小到可以忽略不计(如相对于交易成本),此时债券的价格就是均衡价格,即公允价值。其实,从定义上讲,均衡价格和公允价值是两个概念,均衡价格概念源自金融资产定价理论,是现代金融学的范畴,而公允价值源自会计计量理论,是现代会计学的范畴,但可以直观地从二者的定义和特征中看出,它们是紧密联系的,都是在某种非常"理想"的市场环境下产生的反映资产真实价值的价格,因此,我们可以认为二者是相通的。在实际操作中,现在用于估计公允价值的模型方法基本都是来源于金融资产定价理论。

衡量债券均衡价格的重要参数是收益率,后面可以看到,债券价格与收益率是一一对应的。由债券价格所决定的内部收益率表示债券的风险收益水平,对无风险资产,如利率债,只有利率风险而没有信用风险,因此利率应该是仅反映货币时间价值的无风险利率,而对于信用债,则在无风险利率之外还要有一部分信用风险溢价,如果是流动性比较差的债券,那么还应该有一部分的流动性溢价。

收益现值法,或称为未来现金流折现法,是任何一项金融资产最基础的价值计量方法,它表示金融资产的内在价值等于其未来预期现金流的现值之和。作为固定收益证券的债券,其未来预期现金流就是定期支付给债券持有人的利息和到期返还的本金,那么债券的价值就应该等于债券票面利息的现值再加上本金(票面价值)的现值。

用公式来表现,假设债券期限为 T,面值为 B,每一年的票面利率为 c,以市场利率 r 为贴现率,那么债券价值为:

$$P = \sum_{t=1}^{T} \frac{c \cdot B}{(1+r)^t} + \frac{B}{(1+r)^T}$$

完全从现金流的角度,把每一年债券的本金或利率产生的现金流入都看作一般的现金流 $\{CF\}$,那么债券的价值也可以表达为:

$$P = \sum_{t=1}^{T} \frac{CF_t}{(1+r)^t}$$

可以从两个方面来理解和使用上面的计算公式，即计算债券价值，以及计算收益率（上面公式里的贴现率）。首先，是计算债券价值。我们只要选定一个合适的利率 r，代入到上述计算公式之中，就可以得到债券的均衡价格或公允价值。如果是利率债，只要选择一个合适期限的无风险利率就可以了（关于期限的影响可以参见后面章节的利率期限结构），对于信用债，则要选择一个期限和信用质量都具有同质性的利率。其次，是计算收益率。在无套利均衡的市场状态下，对于我们已知价格的债券，将其价格代入上面的公式之中，可以计算反解得到利率。这一利率，是代表了债券持有人以当前的价格买入债券并持有至到期，按时收到本金和利息偿付的情况下，能够获得的年化收益水平。通常这种利率被称为到期收益率（Yield to Maturity，YTM，也有其他称呼，下面将提到）。

到期收益率与票面利率明显不是同一概念。票面利率是债券发行时就通过合同约定好的，固定不变，或者至少是根据合同要求确定规则不变、可能与某个指标挂钩，而到期收益率则与债券的价格有关。从财务分析角度看，到期收益率是投资者在投资购买债券时的内部收益率，也是反映了资金成本的盈亏平衡点。从上面的计算可以看出，债券的价格与到期收益率呈反向关联关系，债券价格越高，收益率越低，这是债券最基本、最重要的性质，在后面的分析讨论中还将反复提及。同时，对于不熟悉债券业务的人而言，还要改变一个思考习惯，即将传统习惯思维里的债券利率替换为到期收益率，需要更加习惯于从到期收益率的角度考虑债券的问题。一般在谈及债券定价时所讨论的收益率，都是指到期收益率而非票面利率。

基于上述论述，债券的估值，说到底就是估计现金流和折现率的问题，一般是采用一定的数学模型，在分析清楚现金流的情况下，首先估计出一整条收益率曲线，然后使用收益率曲线上的对应收益率对现金流进行折现计算，从而得到债券的估值。这种现金流折现公式，就是债券的估值公式或定价公式。债券的现金流是由债券合同决定的，收益率曲线则需要在估值时自行计算或合理选取。因此，构建科学合理的收益率曲线就是债券估值的核心步骤。收益率曲线的估计一般是基于市场观测数据，使用数值差值来确定，使用的估计模型主要有样条模型、Nelson-Siegel 模型以及 Hermite 模型。

在后面的章节我们将深入研究构建收益率曲线的数值插值方法和利率的期限结构理论。下面，我们将介绍最基本的债券估值思想和基础计算。

6.2.1 确定现金流

对债券进行估值的第一步是确定它的现金流量。普通债券（不包含提前赎回等选择权）的现金流由以下两者组成：一是直到到期日为止的定期息票利息收入；二是到期日得到的面值（或到期价值）收入，简单而言就是利息和本金。理论上，支付利息的时间和频率是可以任意制定的（参见货币的时间价值章节对计息规则的介绍），但通常普遍做法是按照月、季、半年或年支付利息，一般付息频率不会高于每月一次。大部分债券都是按季度付息或者按半年付息，也有不少按年付息。

毫无疑问，债券的现金流与债券的本息支付情况密切相关，一旦债券发行人违约，本息支付受到影响，债券持有人收到的现金流将无法实现或只能延期、折价实现。在实际操作中，即使我们忽略违约的可能性，确定债券的现金流量依然不是一件简单的事情。利率固定并且不附有选择权的债券的现金流计算相对简单。而可赎回债券的现金流则取决于发行人的提前赎回选择，由于无法提前预知选择权被行使的日期，因此现金流是不确定的。此外，如果债券息票利率是浮动利率的而不是固定利率（如：与央行基准利率挂钩或与某个市场利率挂钩），现金流取决于参考利率的未来值，那么分析也将复杂一些。后面的章节（6.2.3.3）将讨论处理不确定性现金流的方法，本小节则假定债券现金流确定且已知，并在此基础上讨论债券定价的基本要素。

无选择权债券的现金流由利息年金和面值（或本金）组成。例如，假设某只债券为20年期固定利率债券，每半年支付一次利息，票面利率10%（年化，半年实际利率为5%），面值为100元。上述债券的现金流如下：

每半年的息票利息＝100×0.5＝5；到期收回本金＝100

因此，在未来20年内，每半年有一次利息收入，一共有40次，每次5元，20年后一次性收回本金100元。现金流为前20年每半年流入5元，最后一次收回本金100元及最后一期利息。

对债券来说，本金是基本确定的，一般就是债券的面值，估计现金流最大的研究对象一般是利息。大部分付息债券都是以面值发行，如绝大部分的公司债券。为了让投资者能够接受以面值作为初始购买价格，发行时所确定的票面利率即发行利率就十分重要。如果发行利率过低，投资者发现购买该债券获得的收益不如在市场上进行其他可比投资的收益率高，那么就会面临无人问津，可能导致发行失败。这就意味着债券的发行人和承销商必须选择与市场收益率极为接近的利率水平作为发行利率。债券的发行市场称为债券的一级市场，在一级市场上，承销商承担着把债券推荐给投资者的责任，如果票面利率不合适，一旦与当前的市场利率或该债券的信用风险水平差异过大，投资者将不会选择购买。如果是零息债券或者不通过面值发行的债券，则需要根据市场竞价情况确定一个合适的发行价，该发行价就隐含了债券的收益水平。

如上所述，债券发行的票面利率或发行价需要根据市场情况来合理确定。但这种情况也不是绝对的，特别是在一些非市场因素起作用的时候。例如，某些情况下，一些债券的发行票面利率或发行价折价率甚至会比同期限的国债还低，比如一些地方政府债就出现过此类情况。这并不意味着这些地方政府债的风险水平比国债还低，这也是不可能的，而是因为发行债券的地方政府设置了一些购买本府债券的激励或不购买本政府债券的惩罚机制，例如对购买达到一定数额的商业银行给予财政存款奖励，对不达标的则撤出财政存款，从而使得投资者在参与竞价时并非仅仅考虑这一笔债券交易的成本收益因素，竞相压低报价，使得债券发行利率或发行价格比国债更优。这也从另一个侧面用事实表明，即使是公开交易的市场，由于存在着非市场因素，或者存在投资者的短视行为或信息壁垒，所得到的成交价也不能认为是反映金融资产真实价值的均衡价格。

债券发行以后，对于除了内嵌选择权等衍生工具要素的债券之外的一般债券，它的现金流特征就基本确定了。此后，投资者可以在交易市场上对债券进行买卖交易，称为债券的二级市场。在二级市场上，债券价格受市场力量的影响发生变化，随供需关系的变化而波动，此时再要确定债券的均衡价格，就需要确定一个合理的收益率水平。债券价格一般与市场利率反向运动，即负相关。这种利率的波动给债券等固定收益证券带来了市场风险，也带来了价值的波动。下面就讨论债券的收益率相关问题。

6.2.2　确定收益率

对于在进行债券估值时使用的收益率（从计算过程来理解，事实上是贴现率）有很多种不同的名称，例如前面提到的到期收益率（YTM），另外还有隐含收益率、必要收益率、实得收益率，等等，它是指投资者做债券投资时所要求的利率或折现率，从投资过程看也可以认为是投资者以当前的公允价值购入债券持有至到期后实际获得的收益率。在这里，我们将其简称为收益率。在债券现金流确定的情况下，债券价值与收益率是一一对应的。而一旦债券合同确定了，通常债券的现金流就比较明确了（带有选择权等复杂条款的债券除外），因此，确定收益率是债券估值的关键环节。

由于债券价格与收益率一一对应，因此，对于存在活跃市场交易价格的债券，它们的收益率是已知的，可以通过市场价格倒算出来。当然，由于存在可信的市场价格，可以直接采用市场价格作为公允价值，因此这类债券也不存在估值问题。对于没有可信的活跃市场交易价格的债券，在估值中最经常使用，也是可信度、公认度较高的方法，是根据市场可比债券的收益率确定债券估值。通过对市场上各种债券的比较分析，可以从市场上选取有同样信用等级、同样到期日、同样合同条款（无选择权）的债券，以这类债券的收益率或收益率均值作为计算债券估值所需的收益率。

收益率通常以年利率的形式表示。当现金流是其他频率时，可以使用单利或复利方式计算出等价的实际利率。一般情况下，对一只债券，在计算其价值时使用一个固定的收益率，这种计算方法比较简便，但理论上存在争议。一些观点认为，应该用不同的收益率折现不同时期的现金流，因为每一个现金流本质上如同一只零息票债券，一只息票债券也就如同一组零息票债券的集合。因此，对于每一个现金流来说，恰当的收益率应该基于一种在时间上连续的理论利率，该理论利率是根据与现金流有相同期限的零息票债券利率确定的。这种计算方法更加复杂，对一般的简单债券也必要性不大，但对一些现金流构造复杂或利率敏感性较强的金融工具，则十分必要。

债券收益率的计算虽然定义清晰、方法明确，但由于其中涉及诸多细节处理，如果标准不统一，可能造成不同机构计算的收益率数据不可比。我国银行间债券市场到期收益率的计算公式是由人民银行制定，并通过发文的形式公开发布和权威确定的（《中国人民银行关于全国银行间债券市场债券到期收益率计算标准有关事项的通知》

及后续修订）。具体的计算规则和计算公式为：

1. 日计数基准

银行间债券市场（包括债券回购交易）日计数基准为"实际天数/实际天数"，即应计利息天数按当期的实际天数计算（算头不算尾），闰年2月29日计算利息，付息区间天数按实际天数计算（算头不算尾）。在2007年修订相关方法之前，采用的是"实际天数/365"的日计数基准规则，即认为1年365天，在2007年人民银行对此进行了调整。

2. 内含应计利息的债券全价计算

到期收益率是将债券未来现金流折算为债券全价的贴现率，债券全价等于债券净价与债券应计利息之和，应计利息计算公式如下：

$$AI = \frac{C}{1\text{年实际天数}} \times t$$

其中，AI 为每100元面值的应计利息；C 为每百元面值年利息，对浮动利率债券，C 根据当前付息期的票面利率确定；t 为起息日或上一付息日至结算日的实际天数。

对到期一次还本付息债券，每百元债券的应计利息额为：

$$AI = K \times C + \frac{C}{1\text{年实际天数}} \times t$$

其中，AI 为每100元面值的应计利息；C 为每百元面值年利息，对浮动利率债券，C 根据当前付息期的票面利率确定；t 为起息日或上一理论付息日至结算日的实际天数；K 为债券起息日至结算日的整年数。

对零息债券，每百元债券的应计利息额为：

$$AI = \frac{100 - P_d}{T} \times t$$

其中，AI 为每100元面值的应计利息；

P_d 为债券发行价；

T 为起息日至到期兑付日的实际天数；

t 为起息日至结算日的实际天数。

3. 债券全价与到期收益率的互算

对处于最后付息周期的固定利率债券、待偿期在一年及以内的到期一次还本付息债券和零息债券，到期收益率按单利计算。计算公式为：

$$y = \frac{FV - PV}{PV} \bigg/ \frac{D}{1\text{年}}$$

其中，y 为到期收益率；

PV 为债券全价；

D 为债券结算日至到期兑付日的实际天数；

f 为年付息频率。

FV 为到期兑付日债券本息和，固定利率债券为 $M+C/f$，到期一次还本付息债券为 $M+N\times C$，零息债券为 M；其中 M 为债券面值；N 为债券期限（以年为单位），即从起息日至到期兑付日的整年数；C 为债券票面年利息；

1年为当前计息年度的实际天数。

对待偿期在一年以上的到期一次还本付息债券和零息债券，到期收益率按复利计算。计算公式为：

$$PV = \frac{FV}{(1+y)^{\frac{d}{1年}+m}}$$

其中，PV 为债券全价；

FV 为到期兑付日债券本息和，固定利率债券为 $M+N\times C$，到期一次还本付息债券为 M；

y 为到期收益率；

d 为结算日至下一最近理论付息日的实际天数；

m 为结算日至到期兑付日的整年数；

M 为债券面值；

N 为债券期限（年），即从起息日至到期兑付日的整年数；

C 为债券票面年利息；

1年为当前计息年度的实际天数。

对不处于最后付息周期的固定利率债券，到期收益率按复利计算。计算公式为：

$$PV = \frac{C/f}{(1+y/f)^{\frac{d}{1年/f}}} + \frac{C/f}{(1+y/f)^{\frac{d}{1年/f}+1}} + \cdots + \frac{C/f}{(1+y/f)^{\frac{d}{1年/f}+n-1}} + \frac{M}{(1+y/f)^{\frac{d}{1年/f}+1}}$$

其中，PV 为债券全价；

C 票面年利息；

f 为年付息频率；

y 为到期收益率；

d 为债券结算日至下一最近付息日的实际天数；

n 为结算日至到期兑付日的债券付息次数；

M 为债券面值；

1年为当前计息年度的实际天数。

对于浮动利率债券的到期收益率，可参考上述固定利率债券算法，假定未来各期票面利率与当前付息期票面利率相同进行计算。

出于对债券进行定价和估值的需要，除了计算单一的收益率点估计之外，通常需要构建一整条或者一系列债券收益率曲线。有了收益率曲线，就可以从曲线上选择一个点或一组值来进行债券估值的相关计算。债券收益率曲线是反映货币单位、币种、信用风险等基本要素相同，仅有期限不同的债券收益率的曲线。它的横坐标是不同的债券期限，纵坐标是到期收益率。根据发行人的不同，收益率曲线有国债收益率曲线、企业债收益率曲线、市政债收益率曲线等等，根据利率种类不同，又可以分为即期收益率曲线和远期收益率曲线等。

构建债券收益率曲线的一般方法，是利用市场上已知债券的价格信息和到期期限信息，通过一定的模型处理，推导出任意期限所对应的收益率。这里所用到的模型，一般是各种数值差值模型，即已知曲线上的几个点，去估计整条曲线，最经常使用的差值模型是样条模型、Nelson-Siegel 模型以及 Hermite 模型等。

当然，对于需要进行债券估值的投资者或者企业来说，并不是一定都要运用各种复杂的差值方法来进行计算，有很多现成的、同时也是比较权威的选择。每个成熟完善的经济体和金融市场，都会有一些计算并提供债券收益率曲线等市场基本指标的信息供应机构，特别是针对国债这样的重要债券品种，通常信息都是比较完善的。就我国而言，债券收益率曲线是随着我国的债券市场特别是银行间债券市场的发展和完善而不断优化改进的。早期编制并提供收益率曲线信息的机构是中国国债登记结算有限责任公司，它是在我国债券市场上提供债券登记托管等基础服务的机构，中债登公司于 1999 年编制了我国第一套债券收益率曲线，并于之后不断升级，于 2002 年推出中债指数，并通过中国债券信息网对外发布。此后，债券收益率曲线构建方法在不断的探索和研究中持续完善，据了解，目前中债登使用的债券收益率曲线构造模型是 Hermite 模型。

6.2.3 计算债券价值/价格

有了债券的现金流和收益率，就可以对债券进行估值。债券的价值或价格等于现金流量的现值，通过加总利息现值和本金的现值，就可以得出债券价格。

假设某只债券收益率是 12%，按年付息，票面利率 10%，20 年期，面值 100 元，那么这只债券的现金流为：

第1年	第2年	第3年	第4年	第5年	第6年	第7年	第8年	第9年	第10年
10	10	10	10	10	10	10	10	10	10
第11年	第12年	第13年	第14年	第15年	第16年	第17年	第18年	第19年	第20年
10	10	10	10	10	10	10	10	10	110

使用 12% 作为贴现率计算上述现金流的现值，得到：

$$\sum_{n=1}^{19} 10 \times \frac{1}{(1+12\%)^n} + 110 \times \frac{1}{(1+12\%)^{20}} = 85.06$$

即该债券的价值应为 85.06 元。可以看到，由于票面付息利率（10%）低于收益率（12%），债券价值低于票面价格（100 元）。在本息现金流确定的情况下，收益率越高，债券价值越小；收益率越低，债券价值越大。当收益率与票面付息利率相等时，

债券价值等于面值。还是上述债券,在不同的收益率水平下债券价值如下:

收益率	8%	9%	10%	11%	12%
价值/价格	119.64	109.13	100.00	92.04	85.06

下一节将讨论债券价格与收益率的这种负相关关系。现在首先具体看一下主要债券品种的定价方法以及它们之间的区别。

6.2.3.1 利率债定价

利率债是债券市场中最基本、最主要的品种,也是整个金融市场的基石,上文中我们对债券估值方法的分析都是假定债券发行人没有信用风险的情况,因此实际上就是利率债的定价和估值方法。

利率债指的是金融市场中信用风险为零的债券,由于没有信用风险,因此它主要承担并反映的就是以利率风险为主的市场风险。在债券市场上,通常由国家发行的国债或者由国家担保兑付的债券可以认为是利率债,在我国的债券市场上,一般把国债、中央银行票据(央票)、政策性金融债视为利率债。所谓政策性金融债,又称政策性银行债,是我国的三家政策性银行(国家开发银行、中国农业发展银行、中国进出口银行)为筹集信贷资金,通过市场化招标发行金融债券。早期,政策性金融债经国务院批准由中国人民银行用计划派购的方式,向邮政储蓄银行、国有商业银行、区域性商业银行、城市商业银行、农村信用社等金融机构发行,后于1999年开始全面实行市场化发行改革,通过市场化招标方式公开发行。政策性金融债是我国债券市场中发行规模仅次于国债的券种,特别是近几年,政策性金融债券品种的创新力度很大,为推动我国债券市场建设发挥了重大作用。在三家政策性银行中,又以国家开发银行为主要发行体,国开债的发行量在整个政策性金融债券发行量中占绝对主导地位。需要特别指出,尽管都是国有制的银行类金融机构,但政策性银行与国有商业银行有着本质的区别。政策性银行承担一定的货币、财政及行政等政府类职能,其投融资都体现了一定的政策性意图,例如2008年金融危机后出台的四万亿元刺激政策,很大一部分都是由国开行作为渠道进行的信贷支持,近几年在相应中央号召、支持企业走出去的过程中,进出口银行业发挥了巨大的引领作用,而农发行在粮食收储、维护国家粮食战略稳定方面非常重要。其风险也统一由中央政府承担,因而和国债、央票一样,可以视为无信用风险的利率债;而国有商业银行,虽然也为国有,但是均已经经过股份制改造和市场化运营,理论上自担风险、自负盈亏。因此,尽管国有银行的信用风险也很小,出现违约的可能性极低、甚至通常都可以忽略不计(比如,储户在商业银行存款时,事实上就承担了一定的银行信用风险,但没有人会在意,此前都可以理解为有中央政府的隐性担保,将来要逐步建立和健全存款保险制度,不同类型和不同风险程度的银行的差异就将逐步通过存款利差体现出来)。这种政策性银行与国有银行在信用风险方面差异，在通常情况下都不会有任何体现和感知，但在债券的估值和定价中却表现得非常充分。由于国有银行的信用风险要高于无风险的政策性银行，因此就不能以无风险利率作为收益率，国有银行债券和政策性银行债券在定价和收益率上就会出现明显的差异，这一部分利差，反映的主要就是国有银行那"微不足道"的违约风险。

图：国债、政策性银行债、商业银行债的收益率水平比较

在对利率债进行估值和定价时，可以直接参照市场基准利率制定收益率，事实上，在某些情况下，利率债的市场交易价格所体现的收益率本身就可以看作基准利率，至少是市场通过充分交易所体现的基准利率（有别于央行颁布的基准利率）。一般在实务操作中，国债估值就取国债本身的收益率（通过市场上有交易价格的券种通过收益率计算和收益率曲线差值得到），央票收益率如无法通过交易则可以参照人民银行公布的定期存款利率制定，政策性金融债的收益率也采用类似方法，但由于税收政策的不同，在定价和估值过程中有时还需要进行特殊的考虑和处理。

在我国，国债属于免税的债券业务品种，因此，持有国债收取的实际利息收益和其他债券是不同的。故而，在分析国债与非国债的估值问题时，如果要做到尽可能的细致和准确，就必须要考虑免税因素对投资者实际获得的利润和对实际收益率的影响。

假设 y_1 为不享受免税政策的非国债的到期收益率，y_2 为国债到期收益率，C 为投资者的资金成本，$TaxRate$ 为名义税率。

由于国债可以免税，因此，其实际账面收益率就是 y_2，但对于非国债，由于所获得的利息还要缴纳所得税，因此其实际账面收益率应为 $y_1 - (y_1 - C) \times TaxRate$。国债和非国债多属于无信用风险的利率债，那么在其他要素都相同的情况下，根据均衡定价原则，有理由认为它们的实际账面收益率相等，于是，

由 $y_2 = y_1 - (y_1 - C) \times TaxRate$，可以得出 $y_1 - y_2 = (y_1 - C) \times TaxRate$

上式就可以看作税收利差，即因为税收政策问题导致的国债和非国债的价格或价

值及收益率中的差异，反映的是对非国债所缴纳利息税的价格补偿。通过上式也可以看出，税收利差和非国债自身的收益率水平、金融机构的资金成本以及名义税率等因素有关，其中之所以会与资金成本有关，是由于税收扣除政策导致的。当然，在金融机构也实行营改增后，如果要考虑得特别完美和精细，也将是极其困难的。

以上分析是从投资者的实际纳税和实际获得收益的角度出发，能够解释形成国债和非国债税收利差的成因和结构，但却没有对投资国债的资金成本可以抵税进行充分的考虑。

继续进行更加深入的分析，假设 y_1 为非国债的到期收益率，y_2 为国债到期收益率，C 为投资者的资金成本，$TaxRate$ 为名义税率，并假设投资者的税前免税收入为 A，税前非免税收入为 B，实际发生总成本为 D。

从而，投资者的税前利润为 $A + B - D$，纳税为 $(B - D) \times TaxRate$，税后利润为 $A + B - D + (B - D) \times TaxRate$。通常情况下，非税净营收应为正值，即 $B - D > 0$。假设在此时，投资者需要做出新增的总量为 N 的投资决策，从免税的国债和非免税的非国债中做出选择。

如果投资于国债，那么税后利润为

$A + B + N \times y_2 - N \times C - D - (B - N \times C - D) \times TaxRate$

如果投资于非国债，那么税后利润为

$A + B + N \times y_1 - N \times C - D - (B - N \times C - N \times y_1 - D) \times TaxRate$

注意到，以上两个表达式的区别仅在于新增的投资 N 在分别投资于国债和非国债时的收益（分别为 $N \times y_2$ 和 $N \times y_1$）是否可以在计税时予以免除。

假设两种情况下的税后利润相等，则可以得到

$y_2 = y_1 \times (1 - TaxRate)$，从而

税收利差 $y_2 - y_1 = y_1 \times TaxRate$

在实际市场上，国债和非国债所体现出的税收利差可能要与上面的理论计算结果有所差异，通常会比较小。这主要是因为，一方面，按照政策，对基金等机构投资者和个人而言，投资政策性金融债同样也是可以免税的（对商业银行政策性金融债免增值税但不免所得税），因而税收因素对一些投资者没有差异；另一方面，由于传统上认为国债的"资产配置"属性更强，而政策性金融债的"交易"属性更强，因此市场价格可能会体现不同的配置偏好或者当时的市场情绪；此外，对投资机构的考核评价方式（税前或税后，如果是税前利润考核，那么投资者很可能更愿意持有收益率更高的非国债），是否有一些投资者因亏损原因而不受税收因素影响等，都会对税收利差产生影响。

税收因素导致的价格或估值的差异不仅仅体现在利率债中的国债与非国债中，在其他债券品种上，也有一些因为政策原因有差异化的税收影响。例如，财政部曾经出台过对原铁道部发行的铁道债实行利息税减半的优惠政策，就导致铁道债的收益率有所下调。

6.2.3.2 信用债定价

与利率债不同，信用债价值和收益率的影响因素要更多。由于利率债的发行人没有信用风险，因而利率债定价基本反应的是市场资金利率和流动性的情况，个体性特征比较不明显。但信用债因为发行人信用风险的不同，随发债主体履约能力的高低不同而呈现明显的分化。因此，在对信用债进行估值和定价时，就需要分析包括发行人的信用状况在内的诸多因素。

理论上信用债估值和收益率的驱动因素可以分为两类，一类是与利率债共有的驱动因素，主要是一些市场因素，包括基准利率、经济增长情况、通胀预期，以及市场资金情况（流动性）、投资者风险偏好和情绪等；另一类是信用债因其承担发行人信用风险而特有的驱动因素，包括能够反映并影响企业还本付息的履约能力的各种要素，比如企业盈利能力，企业经营景气程度，企业整体负债水平，企业现金流情况，等等。此外，信用债由于其发行规模要较利率债更小，因而其受单一券种的供求关系的影响也更加明显。例如，相对于利率债动辄数百亿的发行规模，有些信用债的体量只有几个亿或十几亿，很容易受到大额买卖交易的影响而对市场价格造成冲击。

在信用债的估值中，最重要的部分是体现发行人信用风险的信用风险溢价。一般可以用信用利差来表示这种溢价。信用利差为信用债产品收益率与基准利率之间的利差，它代表了投资者为了弥补债券发行人可能违约的信用风险而要求获得的收益补偿。

图：不同信用等级债券的信用利差

违约率或违约概率是反映债券信用风险的最直接的指标。其中违约是指债券发行人未能按照合同约定履行对本金或利息的偿还责任，或违反了债券中的违约触发条款；违约率是指过去一段时间内实际发生违约的主体数量在全部主体中的占比；违约概率是对某一类型发行人未来可能发生违约的可能性大小的一种估计和预测。简单来说，违约率是历史实际发生的违约数据，是历史经验，而违约概率是对未来发生违约可能性的预估，通常对违约概率的估计都要使用大量的历史违约率数据、财务数据、经济数据以及专家的主观判断。还需要说明的是，有时候即使债券发行人没有拖欠债券的本息，也会导致违约，即一些"技术性违约"的情况，比如重新修订债券合同中的重要条款、债券发行人财务状况恶化触发合同中的相应条款，等等。所谓技术性违约，直观地说就是债券发行人或贷款人等债务承担方在向债权人取得债务融资的时候，在与债权人签订的协议中设定的对债务人进行的财务、经营、偿债计划等方面的一系列安排、约定和限制，通常在这些约束中会对债务人的一些经营举措（比如，通过其他途径举债扩大负债率的限制）或者财务比率（比如，资产负债率、利息保障倍数等）做出上下限规定，一旦当债务人出现财务危机或违背合同约定时，尽管债务人还是可以做到按时偿付本金和利息，但债权人依然有权宣布债务人违约，从而宣布债务提前到期要求债务人立即偿还，或者要求合同约定范围内的利率上浮等其他措施。因此，严格来讲，技术性违约并非指的是因为清算系统错误、银行转账失败等"技术性"问题导致的资金未能及时到位出现的违约，而是指因违反合同中的"技术性"条款导致的违约。技术性违约虽然不像债务人未能及时、足额偿还本金或利息一样性质那么严重，不代表着债务人一定就丧失了偿付能力，但其性质也是比较严重的，通常代表着债务人的信用状况有了极大的恶化，债权人的权益和债券的价值已经遭受了明显的损害。一个完善的债券市场没有违约是不可能的，也是不正常的，近几年，随着债券市场的扩充，以及经济金融形势的变化，一些发债企业出现信用状况恶化甚至破产重整，导致债券出现违约。

根据发债主体和债券的信用风险的大小，债券通常又被分为投资级债券和投机级债券。投资级和投机级的区别在于信用风险的差异，隐含了投资者购买这种债券的目的是长期持有、稳健获利的投资行为，还是承担较大风险、搏取高额回报的投机行为。在国际市场上，通常把标准普尔评级在 BBB 级（含 BBB+、BBB-）以上的债券称为投资级，以下的则称为投机级（有时也会被成为垃圾债券）。事实上，由于国外几大评级机构的评级标准都比较严格，而且评级主标尺划分也和国内不尽相同，因此，国内评级公司的信用等级与国际评级公司并不能直接对等（国内评级 AAA 和国际评级 AAA 完全不是一个概念，例如，中国主权评级为 AA-，即代表了中国的任意一家发债主体的国际评级不可能超过 AA-，但在国内债券市场上国内评级为 AAA 的比比皆是）。从相对风险而言，标普 BBB 级并不能说是真正意义上的绝对"高风险"和"垃圾"，只是相对于投资级信用风险更高而已。例如，根据公开信息，京东的标普评级就是 BBB-，同时为 BBB- 的还有匈牙利主权评级，二者均处于投资级的边缘地带，甚至还有大量国家的主权评级低于投资级。

无论成熟市场还是新兴市场，投资级债券还是投机级债券，信用利差都和代表信用风险绝对水平的违约率紧密联系。违约率的变化与经济增长状况、在经济周期中所处阶段密切关联，即受外部经济环境的影响较大。同时发行人的个体因素也起着决定性作用，包括企业整体利润的增长情况、营收情况、资负率情况、现金流情况，等等。

债券信用利差在理论上应当与违约的可能性以及预期损失的大小成正比，而这两者又往往与市场整体性风险状况有关。特别是对于等级较高的债券，实际的违约概率和损失率往往比信用利差所反映的水平要低，但即使高等级债券不会违约或违约可能性很小，在市场整体利差水平提高、信用风险总体加大的情况下，也会促使投资者要求更高的风险补偿，信用利差也会相应扩大。这种作用和影响，可以视为信用风险和信用利差中的系统性因素，它既包括了不同的发债主体由于同处于一个经济金融环境而受到的一些共性因素的共同影响，也包括了市场风险偏好、投资者情绪等因素的作用。

在理论上，按照债券价格蕴含收益率信息，而收益率信心蕴含信用风险信息的原理，根据信用利差可以倒推计算出债券发行人的违约概率，至少可以说是市场认为的债券发行人的隐含违约概率。或者从另一个角度，如果我们知道了债券发行人的违约概率，那么可以计算出债券的价格或价值。其基本原理是，如果将来债券违约，投资者将蒙受损失，如果债券未发生违约，投资者将获得利息收益，由于债券不是无风险资产、具有一定的信用风险，因而目前的债券价格反映的收益率应该在上述二者中间，即未来可能受到的收益的平均水平（数学期望）。因此，我们有如下等式。

该情景为离散情景。假设 P_t 为 t 时刻（第 t 期）债券违约的概率，Recover 为债券违约后可以收回的价值，i 为利息，d 为折现因子，B 为本金，假设债券每期偿付利息，最后一期偿付本金，那么债券的现值

$$PV = \sum_{t=1}^{T-1} \left(\prod_{s \le t} (1 - P_s) \right) \cdot i_t \cdot d_t + \left(\prod_{s \le T} (1 - P_s) \right) \cdot (i_T + B) \cdot d_T$$
$$+ \sum_{t=1}^{T} \left(\prod_{s < t} (1 - P_s) \right) \cdot P_t \cdot \text{Recover} \cdot d_t$$

上式中，$\sum_{t=1}^{T-1} \left(\prod_{s \le t} (1 - P_s) \right) \cdot i_t \cdot d_t + \left(\prod_{s \le T} (1 - P_s) \right) \cdot (i_T + B) \cdot d_T$ 为该笔债券在不发生违约的情况下投资者可以收到的未来现金流的贴现值，其中区分为最后一期之前收到的利息部分和最后一期到期后收到的最后一期利息加本金部分；而 $\sum_{t=1}^{T} \left(\prod_{s < t} (1 - P_s) \right) \cdot P_t \cdot \text{Recover} \cdot d_t$ 则代表了该笔债券在第 t 期出现违约的情况下投资者可以收到的未来现金流的贴现值，其中 $\left(\prod_{s < t} (1 - P_s) \right) \cdot P_t$ 为第 t 期出现违约的概率（即前 $t-1$ 期均未违约但第 t 期违约的概率），违约后的收回金额为 Recover。

上述公式对债券现值的计算，实际上就是未来各种情形下（违约或不违约）可能收回的所有现金流的现值的概率加权平均。这种方法其实也可以用来进行债券的估值，只不过，得到债券的违约概率和得到债券的公允价值这两项问题相比起来，很难说哪一个更加容易做到。特别是对于有公开市场交易价格的债券，其价格往往是可观测的，而违约概率则不是。因此，通过这种方法可以解出债券的隐含违约概率。

在上面的概率加权平均现值计算公式中，假定未来每一年债券发生违约的概率都是相同的，即 $P_1 = P_2 = P_3 = \cdots P_T = P$，同时假定债券理论上的现值（均衡价格或公允

价值）等于市场交易价格，那么公式中除了违约概率 P 之外其他变量均为已知，从而可以计算出隐含的违约概率 P。

有很多机构采用上述方法，通过债券市场价格计算隐含违约概率，并据此对债券进行评级，如中债登债券隐含评级。这种方法的理论基础在于，假定市场是完备且均衡的，市场能够获知并反映包括债券违约在内的一切有用的信息，因而债券违约概率这一关键信息已经在债券价格中有所体现，只需要通过均衡计算方法建立等式然后将其反解出来。遵循这一思路，可以建立各种债券的均衡等式，无论债券何时付息、如何偿还本金，本质上现值（交易价格、均衡价格、公允价值）都应该是未来现金流现值的概率加权平均。上述例子是债券分次付息、一次还本的情况，如果是其他情况，则相应修改和调整现金流的计算即可。这一公式，既可以用于在已知债券价格或价值的情况下计算隐含违约概率，也可以在已知违约概率（或已经得到违约概率的可靠估计值）的情况下为债券进行定价或估值。

实际操作中，通过债券价格反解计算出的隐含违约概率有时候会远高于通过历史实际数据统计出的实际违约率，这一点是有多重原因的。一方面，过去几年债券市场实际违约很少，其实并不是实质风险很低，而是风险和损失没有彻底表现出来，特别是在债券刚性兑付打破之前，即使出现一些发行人无力偿还债务，也通过股东代偿、政府出面重整甚至保荐机构以自有资金或贷款置换等方式予以偿付，没有表现为违约，风险被掩盖和隐藏起来，因此实质的风险程度和违约概率的确要比历史数据呈现的要更加严重一些；另一方面，隐含违约概率体现了市场和投资者对未来的预期和偏好，在投资者普遍风险厌恶程度很高的情况下，信用利差扩大的情况下将尤为明显，如果投资者对未来看不清楚或不愿承担额外的不确定性风险，也可能导致其不愿投资一些前景不甚明朗的债券，从而导致价格下跌、收益率上升和隐含违约概率增加。

除了占据主导地位的信用风险，信用债由于其发行规模有限、市场流动性未必充分，因而还承担着一定的流动性风险，也在收益率中进行了一定的体现和补偿。实际上，上面对隐含违约概率的计算有一个前提假设，即债券收益率的溢价全部是由于信用风险导致的，没有考虑流动性溢价问题，如果增加了这一方面的考虑，那么就应该在计算时引入流动性溢价因素。债券的收益率应该包括无风险利率加信用风险溢价加流动性风险溢价，如果还有其他风险和影响因素，如税收、国别、特殊政策因素等，也应该一并估算。只是，通常只需要考虑最主要的风险即可。

为了确保公平、一致和均衡，对流动性越差的债券，市场就需要给出越高的利差作为补偿，从而使得投资者原因承担一定的流动性风险。在我国银行间市场上，按照交易和报价活跃程度由强到弱的品种的排序，依次是央行票据（央票）、国债、政策性银行债、短期融资券（短融）、中期票据（中票）、商业银行债、企业债、私募债，交易所市场的情况也大致相同。以上流动性的差异，除了债券品种本身的发行规模之外，还有两个重要因素，即投资者持有该债券的业务模式和是否能够方便地在市场上通过回购、买返等方式进行融资。如果投资者持有此类债券的业务模式主要是长期持有获取固定收益,那么即使发行量很大,由于参与到市场交易和市场流动中的资产少,因而流动性也就相对比较匮乏,如国债,虽然发行量极大大,但交易量只占发行量的一小部分。而如果某种债券除了直接在市场上出售能够回笼资金外,还可以通过回购融资、买入返售等方式进行短期的资金融通,则方便了投资者根据自身的资金状况灵活进行资产配置,其市场交易需求和流动性也会因此上升。

无论是信用风险还是流动性风险,一切外部要素要作用到债券的价格上,最终都要通过供需因素来实现。而有时在各种基本影响因素之外的供需关系本身也会对债券产生巨大影响。在有些特殊年份,对信用债利差冲击最大的因素就是供需状况的急剧恶化。其中供给因素主要是债券的发行量和参与到市场中的可交易资产数量,需求因素则主要是参与债券市场投资和交易的资金情况。例如,2008年信用债发行总量占债券发行量总额的比例明显提高,即供给量很大,从而对市场形成一定压力;又如自2016年年初以来,由于股灾影响IPO暂定、股票市场交易冷淡,大量资金由于无处配置纷纷涌入债券市场,导致债券市场资金量膨胀、投资需求旺盛,而债券的新增供给却没有明显增加,从而导致各种债券的价格一路上升、收益率持续下降,信用债的利差也不断收窄(同一时期相同的影响也作用到房地产市场,从2015年疯狂的股市中涌出"无处安放"的大量资金涌入哪里,哪里就一片泡沫,导致2016年一线城市房价飙升)。

供需因素还对市场心理产生一定的影响,甚至还表现出一定的季节性作用。从供给的角度,一般而言,由于企业通常在年初制定全年发债计划、年中予以准备和实行,因而一年中下半年信用债发行量往往多于上半年;而在需求方面,由于投资债券会形成风险、占用监管资本,商业银行及证券公司等金融机构在临近季末、年末等监管考核时点的时候倾向于减少对信用产品的投资(转而配置低风险占用、低资本消耗的国债或持有现金、存放央行等),不愿意做配置,供需矛盾将直接反映在信用利差上。受此影响,信用债收益率往往呈现出前低后高的特点,即表现出一定的季节性特征。不过在绝大部分情况下,影响信用债走势的还是宏观经济、市场状况、信用质量等因素,季节性和技术性因素在其中发挥的影响作用非常有限,在"大势"之下大部分时间是难以清晰地观察到的。

此外,债券的价格和价值还受其他一些因素影响,包括债券的期限、税收等。其中期限影响主要是因为它决定了承担的风险暴露期的长短,期限越长的债券意味着未来潜在的不确定性和风险越大,这里既有信用风险也有利率风险,期限越长,在债券存续期间发行人违约的可能性就越大,同时市场利率发生不利变动的可能性也越大,因而利差也就越大。税收因素的作用在前面分析比较利率债中国债和非国债的过程中已有所体现,信用债通常没有免税或税收优惠政策,均需要缴纳税款。

在我国,由于一些特殊的政策和市场惯例原因,在对债券进行合理定价和估值时还需要考虑其他一些特别的额外因素,当然,对这些因素的作用和是否应该在估值中体现,存在不同观点,但至少在现阶段的市场价格上,这些因素的差异化作用是非常明显的。在我国信用债实际定价中,除了以上最基本的信用风险、流动性风险因素外,还有一些其他特殊因素会影响债券的评级和定价,主要包括政府背景和支持程度、发行人的社会地位、发行人的股东性质,等等。

这些因素,在债券市场上的很多分析师和投资者风趣地将其归于"信仰"问题,可以认为是支撑投资者信心和投资选择的某种默契和共识。早期,对债券市场的"刚性兑付"存在信仰,彼时中国的债券市场"零违约",但随着越来越多的发行人失信违约,最早是超日太阳、无锡尚德等民营企业,于是普遍意义上的刚兑信仰已不复存在;随后,投资者又建立起"央企信仰",即青睐于中央直属的大型国有企业发行的债券,认为即使央企出现一些经营困难,因为其央企背景,也不会出现违约,直至中冶、中钢等大型央企陆续违约,央企信仰也被打破,但似乎还未完全消除,部分央企尽管亏损严重、财务恶化,但其债券定价水平明显优于理论结果;此外,市场还一度存在着"平台信仰"(地方政府融资平台不会违约,即使违约地方政府也会出手)、"银行主承信仰"(大型商业银行作为主承销商承销的债券不会违约,即使违约银行也会想办法予以"解决")等各类潜意识中的默契。总体而言,这些各种各样的"信仰",本质上都是在决定债券价值的基本因素之外,投资者寻找到的一些额外的"心理安慰"。但由于我国债券市场和经济、金融、社会环境的特殊性,有时这些非市场因素的作用也的确不能忽视。比如,作为央企,即使经营情况和财务状况出现恶化,但由于其国有大型企业的特点和背景,通常其经营管理要较一般的民营企业更加规范和严格,而银行对央企的支持力度和风险容忍度也要高于一般民营企业,因此,央企在信用风险表征上的确有某种"加成"。因而,这些信仰在进行债券的价值分析时也不能全部放置不管,必要时也需要进行合理的分析和反映。归根到底,由于市场机制的完善不是一日之功,一些非市场因素的作用目前还不能完全忽视,但也要放在基本的分析框架中进行严谨的、量化的计算和分析,不能凭空采信。

通常可以将政府对发行人支持分为两种情况,一是政府公开事实,比如政府出具担保承诺函或安慰函(前期财政部的新政已明确对政府出具承诺函做出严格限制甚至禁止,对"平台信仰"和政府隐形债务的信用风险又造成新的冲击);二是虽然政府没有公开承诺,但根据以往经验,一旦发现出现债务偿付困难,政府将出面给予一定的处理和解决,即提供某种形式的隐性担保,大部分政府没有出具书面文件的城投平台债务即属于这种情况。

发行人的社会地位也是重要影响因素,因为承担重要社会职能、社会地位较高的发行人,往往被认为能够获得更大的政府支持。该情况主要适用于发行人所从事的行业涉及关乎国计民生的关键领域,例如铁路、电力、电信等公用事业机构,基本上都是一些国有重点企业或者央企,在债券的价格和价值中会体现出一定的差异。例如,同样作为中央企业,铁路总公司(原铁道部)发行的债券就与其他央企债券不在同一收益率水平,而国家电网等公共性和社会性更强央企的债券定价和估值也要优于一般普通央企。

此外，发行人股东性质也是重要影响因素。通常具有政府持股背景、最好是政府控股的企业可以获得一定程度的估值优惠，并体现在债券价格上。而具有国有垄断性质的行业和企业尤其如此，比如港口、机场、高速公路等，通常会获得相对于其他财务指标表现相近的企业更高的评级和更优惠的收益率，而民营企业特别是股东背景不强的民营企业则通常要承受更高的收益率水平。股东背景的作用不单单在国有企业上有所表现，知名民企的子公司和一般民营企业，即使规模、利润、财务指标等接近，也会受到市场的差异化对待。

6.2.3.3 浮动利率债券

上述利率债和信用债的分析并不区分是固定利率还是浮动利率。而实际上，对于浮动利率债券，不管是利率债还是信用债，重定价和估值过程中，得到的结果除了受上述因素影响外，还有一些浮动利率的作用。因为利率的变化决定了未来现金流的变化，因此，这也是债券定价和估值的重要基础信息。目前，国内的浮动利率债券的主要参考利率主要包括一年期定期存款利率、七天回购利率，以及3个月Shibor利率（上海银行间同业拆放利率）。

在初始发行和确定合同时，浮动利率债券的票面利率是参照某一个基准利率来确定的，因而会产生票面利率与基准利率的差，在发行上市后的交易过程中，到期收益率也会和基准利率之间存在一个差值。因而，票面利率和收益率都可以分解为基础利率和利差两部分，其中票面利率与基础利率的差称为基础利差，收益率与基础利率的差称为收益率利差，即：

基础利差（$\tilde{s}$）= 票面利率（c）− 基础利率（r）

收益率利差（s）= 收益率（y）− 基础利率（r）

基础利差与收益率利差的差值称为收益率点差，记为 $\Delta s = \tilde{s} - s$

浮动利率债券的理论均衡定价可以用下面的公式表示：

$$PV = \sum_{t=0}^{T-2} \frac{(r_t + \tilde{s})/f}{[1+(r_t+s)/f]^{\omega+t}} + \frac{(r_t + \tilde{s})/f + B}{[1+(r_t+s)/f]^{\omega+T-1}}$$

$$= \frac{1}{[1+(r_t+s)/f]^{\omega}} \left[B + \sum_{t=1}^{T-1} \frac{\Delta s}{[1+(r_t+s)/f]^t} \right]$$

其中，PV 表示浮动利率债券的现值；

B 为债券面值（本金），通常为100元；

f 为每年的付息次数，T 为债券的总的剩余期限（按照付息次数计数而不是按自然年），或者说是剩余的付息次数，那么 $T-1$ 就是目前还剩余的完整的付息期间，相应的 ω 则为第一个不完整的付息期间，即 $\omega = \dfrac{\text{目前至下一付息日的实际天数}}{\text{1年的实际天数}/f}$；

r_t 为第 t 个付息期内的基础利率，$\tilde{s}$ 为基础利差，s 为收益率利差，Δs 为收益率点差，它们都可能随时间的变化而变化。

从估值计算的角度来说，上面的浮动利率债券均衡定价公式表达形式不仅仅为债券的分析提供了便利,也为直接计算浮动利率债券的价值提供了一种方式。既然可以用性质类似的价格已知的债券的收益率代表价格未知、需要进行估值的债券的收益率,那么同样地,对于浮动利率债券,也可以用性质类似的价格已知的浮动利率债券的点差代表价格未知、需要进行估值的债券的点差,从而进行估值分析和计算。而在实际操作中,则可以根据历史价格表现和债券性质的近似性,进行合理选择。

目前,国内债券市场的浮动利率债券主要参考以下利率作为基础利率:

一是 1 年期存款利率。相较于债券收益率和各种市场利率的瞬息万变,1 年期存款利率相对稳定,在债券市场中,一般可以作为中长期利率的比较基准。基于 1 年期存款利率的浮动利率债券,其收益率水平通常参照同期限固定利息债券加以确定。一般来说,在加息周期中,由于投资者预期基准利率会攀升,浮动利率债券的收益率会略低于固定利率债券;相反地,在降息周期,浮动利率债券的收益率则会略高于固定利率债券。通过两者差异的比较,也可以一定程度上反映加息或减息预期的强弱,市场对调整利率的预期越强烈、越统一,浮动利率债券和固定利率债券的估值和收益率差异就会越大。

从以往经验看,在加息周期中,浮动利率债券的利差在每次加息后都会有所收窄。这是因为加息后基准利率调整幅度往往大于固定利率债券收益率的上升幅度,进而浮动利率债券收益率的上升幅度也低于基准利率的升幅。基于浮动利率债券的利差期限结构,还可以倒推市场对未来 1 年期存款利率的走势和预测。

二是 3 个月 Shibor 利率。基于 3 个月 Shibor 利率的浮动利率债券的点差基本与同期限固定利息债券减 3 个月 Shibor 的差值走势大致一致,两者间的差别隐含了市场对 3 个月 Shibor 利率走势的预期。通常,3 个月 Shibor 利率走势与 3 个月 AAA 级短期融资券较为接近。

图:3 个月 Shibor 利率与 3 个月 AAA 级短期融资券收益率

三是 7 天回购利率。基于 7 天回购利率的浮动利率债券收益率水平大致与 1 年期央行票据等短期债券一致。

图：7 天回购利率与 1 年期央行票据

6.2.3.4 回购协议

回购协议在本质上属于以证券为抵押物的短期抵押贷款融资，其实质其实是一种金融机构同业之间的同业资金拆借业务，而不是一种投资业务。但由于回购类业务（包括买入返售业务）的交易是以各种各样的固定收益有价证券为基础进行的，其本身也具有固定收益的特征，因此在这里一并进行讨论。

债券回购协议是指债券交易的双方在进行债券交易的同时，以契约方式约定在将来某一日期以约定的价格（通常分为本金和按约定回购利率计算的利息），由债券的"卖方"（正回购方，融资方）向"买方"（逆回购方，融券方）再次购回该笔债券的交易行为。从交易发起人的角度出发，凡是抵押出债券，借入资金的交易就称为进行债券正回购；凡是主动借出资金，获取债券质押的交易就称为进行逆回购。

债券回购交易是一种以债券作抵押的资金借贷行为。在交易中，买卖双方按照一个互相认可的利率（通常以年利率表示）和拆借期限，达成资金拆借协议。即融资方（资金需求方）以相应债券作足额抵押，获得一段时间内的资金使用权；融券方（资金供应方）则在此时间内暂时放弃资金使用权，获得相应期限的债券抵押权或所有权，并于回购到期日收回本金及相应利息。这当中买方的目的在于获得高于银行存款利息收入，而卖方的目的在于获得资金的使用权。

如上所述，回购协议在本质上属于以证券为抵押物的短期抵押贷款融资，抵押证券的买卖价差，就是资金融出方的收益（相当于利息），也就是资金借入方的成本。回购协议收益率的高低，主要取决于回购协议的期限和抵押债券的质量。此外，正如上一段所述，回购实质上是金融机构间的资金融通和拆借行为，因此回购协议的利率还与银行间拆借利率有着密切联系。

目前，影响回购协议定价和估值的主要因素中，最重要的就是期限。由于我国交易所和银行间两个市场上债券回购的主要基础资产品种是以国债为代表的利率债，因此,由于抵押债券的同质性很强,其安全性和流动性等的差异几乎没有,对回购利率的影响也比较小,使得回购期限成为影响回购协议收益率的最主要因素。一般来说,回购协议的期限越长,利率越高。当然,市场利率期限结构出现倒挂时,情况另当别论。

从国外成熟市场的回购协议的实践来看,由于可用于回购的基础抵押证券品种繁多、差异较大,因此收益率水平和抵押债券的质量密切相关。而我国也在不断丰富和完善回购市场,以推进债券市场的完善。目前,已允许对高等级信用债开展回购业务操作,但折扣系数取值标准要明显高于利率债。通常,可以从抵押债券的安全性(信用风险)、流动性(流动性风险)和可获得性三个方面对抵押债券的质量进行考量和分析。一是回购利率与抵押品安全性成反比。回购业务本质上是基于资金借贷的拆借,抵押品质量越高,回购业务相应的违约风险也越低,从而风险溢价越低,回购利率越低,类似于借款人信用质量越好或提供的抵押品价值越高则贷款利率越低。二是回购利率与抵押品流动性成反比。抵押债券的流动性越强、价格波动越低,流动性溢价越低,回购利率越低。这主要是考虑了一旦需要处置债券时可能发生的流动性价值损耗。三是回购利率与抵押品的可获得性成正比。如果抵押品恰好是逆回购者非常想得到而在市场上不易获得的,则该项回购的利率将会降低。此外,相较于质押式回购(抵押债券的所有权未出现转移),对于买断式回购,逆回购者获得抵押品,便有机会利用抵押品获利,此时则可以接受利率有所降低。

此外,回购协议还受到银行间拆借利率水平的影响。正是由于回购业务本质上和拆借业务相同,在我国,回购市场与银行间拆借市场密切联系,两个市场的收益率水平存在很强的正相关性。一般来说,拆借利率要高于回购利率,因为同业拆借属于信用贷款,而回购属于抵押贷款,两者间存在的价差相当于对提供了抵押资产之后对信用风险和信用利差的弥补。

回购协议分为质押式回购和买断式回购。质押式回购又称封闭式回购,类似于质押贷款,债券的所有权并非发生转移,仅提供风险缓释作用。买断式回购又称开放式回购,债券的所有权发生了实质性的转移,资金融出方对债券有自由处置的权利。相对于质押式回购,买断式回购的灵活性更大。并且,买断式回购在促进了市场的流动性的同时,还在客观上建立了做空机制。比如,某投资人认为某债券将要下跌,那么可以通过买断式回购以融资方身份获得债券的所有权,再以当前的市场价格将其卖出,回购业务到期后再以将来的市场价格(按照投资者的预期应比当前价格更低)买回债券,结清回购头寸。同时,投资人也可以利用买断式回购进行短期融资,平衡头寸,并且便于控制风险。

质押式回购利率通常是以人民银行超额储备存款利率等参照利率为基础,综合考虑交易对手风险情况和市场供求情况来确定的。在买断式回购业务中,债券的所有权已经发生了实质性的转移,因而应计利息和到期收益率的计算都与现券买卖业务相同。这是从估值的角度来看,但从实际交易来看,质押债券的利息和收益率并不是交易双方关注的焦点，因为回购业务是出于融资（做多债券）或融券（做空债券）为目的，交易双方衡量该笔回购业务成本收益的最主要标准是回购利率。因此在交易双方谈判竞价时，回购利率是最关注的指标。

6.2.4 债券价格与收益率的关系

普通债券的价格与收益率负相关，二者逆向变动，当收益率上升时债券价格下跌，当收益率下跌时债券价格上升，原因在于债券的价格是现金流量的现值，而收益率则是现金流贴现计算的贴现率。当收益率上升时，现金流现值减少，债券价格降低；反之，当必要收益率下降时，现金流现值增加，债券价格上升。从上一小节的例子可以清晰地看到这一点。

如果把债券的价格与收益率关系用线型图表示，可以发现它是一个弧形，这个形状代表了债券的"凸性"。凸性对债券的定价、投资和风险管理都有重要意义，在后面的章节还将详细介绍。

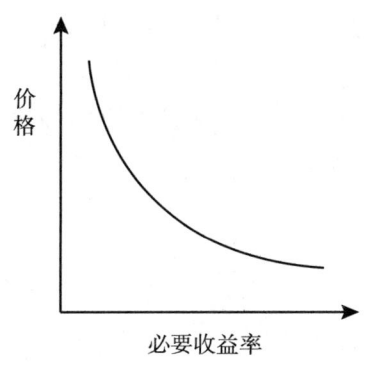

由于收益率与债券价格直接相关，而收益率代表着投资者可以接受的投资该债券的必要回报水平，受到市场利率的影响，因此，当市场利率发生变化时，即使债券的现金流和债券发行人的偿债能力都没有出现变化，债券的价格也会出现波动。

对于给定的普通债券，票面利率和到期期限是固定不变的。因此当市场收益率改变时，投资者在新的必要收益率下得到的补偿只能来自债券价格的改变。正如前面的例子所显示的，收益率上升（下降），价格降低（上升）。通常，债券发行时的息票利率设在接近于市场一般收益率的水平，即市场利率。在这种情况下，债券价格大约等于它的面值。当收益率等于息票利率时，债券价格就是它的面值。

当市场的必要收益率高于息票利率时，债券的价格必须做出调整以使投资者能得到一些额外的利息。调整是通过债券价格降到面值以下实现的。面值和价格的差额是资本利得，代表由于息票利率低于必要收益率而补偿给投资者的一种利息。债券以低于面值的价格出售称为折价出售。当收益率高于票面利率时，债券的价格总是低于面值。

而当市场上必要收益率低于息票利率时，债券价格必然高于面值。因为以面值购买债券的投资者能得到超过市场水平的收益率。结果，投资者对这种有吸引力的债券竞相购买，抬高了债券的价格，直到债券收益率等于市场收益率。债券以高于面值的价格出售叫作溢价出售。于是，票面利率高于收益率时，价格高于面值。

通过市场价格变化与供需关系的相互影响，可以在经济意义上说明收益率与价格的关系建立机制。例如，假设某债券的票面利率为10%，这一票面利率水平是基于该债券发行时的市场利率确定的，债券发行价格与面值相同，为100元。一段时间后，市场利率出现了下跌，跌至8%，此时投资者再购买新发行的债券，只能获得8%的利率，而上述债券10%的利率无疑将具有极高的吸引力。因此，对票面利率为10%的债券的市场需求将会上升，随着买入的增加，债券价格会随之上升，使得投资者要获得该债券需要付出更多成本，从而拉低实际回报水平，直至价格升至该债券的实际回报水平与其他债券一致，即实际回报率达到市场利率水平，方能实现供需均衡状态，同时也是价值均衡状态。

债券价值与收益率的关系，不但解释了债券价值形成和均衡定价的经济含义，还为我们比较不同债券提供了便利。由于债券的期限、利率等各种要素都不相同，因此两个不同的债券很难直接用价格或价值进行比较，比如，一个10年期、票面利率为5%的债券，现在售价99元，和一个20年期、票面利率为6%的债券，现在售价101元，很难直接去判断哪个债券更加"便宜"，购买哪个更加划算。而债券收益率为这种比较和分析提供了工具。

考虑下面的五只不同债券。

第一只，面值100元，发行期限30年，票面利率4.76%，每半年付息一次，此时交易价格为100.27元；

第二只，面值100元，发行期限10年，票面利率4.41%，每半年付息一次，此时交易价格为103.56元；

第三只，面值100元，发行期限7年，票面利率3.29%，每1年付息一次，此时交易价格为96.20元；

第四只，面值100元，发行期限3年，票面利率3.66%，每1年付息一次，此时交易价格为100.95元；

第五只，面值100元，发行期限0.5年，无票面利率，此时交易价格为98.31元。

通过现金流分析和内部收益率计算，可以得到上面五只债券的到期收益率（按照复利方式进行年化）为4.79%、4.02%、3.92%、3.32%、3.47%。显然，通过收益率的比较，可以清晰地看出各只债券的价值高低排序。同时，我们也发现，一般而言，期限越长的债券，其隐含的到期收益率越高，从而其相对定价越低，而短期债券则收益率更低、价格更高。这一定程度上体现了市场投资者的偏好，人们一般倾向于认为短期债券的风险更小、而长期债券风险更大，因而长期债券需要有更高的利率定价。一般来说，这种利率随着期限的增加而上升的情况是常态，但也有例外的时候，比如当大部分投资者迫切希望持有相对安全、能够稳定地获得长期受益的长期资产时，长期债券价格就会上升、收益率就会下降，甚至会出现长短期利率倒挂现象。在上面的例子中，3年期债券与半年期债券的收益率就是倒挂的。

对收益率而言，债券的价格、期限、利息是其决定因素，而市场对债券的定价，又蕴含了大量的市场信息。将统一特质（如全部选择国债）、不同期限的债券收益率进行比较，可以获得投资者对未来一段时间内利率趋势的预期，如果是公开交易的成熟市场，这种市场成交价背后反映的信息可以认为是市场的一致预期。从上面的例子看，投资者倾向于认为未来30年的长期利率水平在4.79%附近。当然，这种预期会随着经济金融环境的变化而发生变化，但价格变化体现的信息却是重要的金融信号。因此，在后面可以看到，对利率期限结构的分析，不仅仅对债券的定价有重要意义，甚至可以说是整个金融系统研究的重要基础性问题。

6.2.5 债券价值的影响因素

正如股票价格随时间波动会画出一条股价曲线图，债券价格随时间的变化也可以用债券价格走势图来表现。只是，由于债券的价格相对稳定，不像股价波动那么剧烈，因此，债券价格走势相对平缓。最极端的情况，如果从债券购买日开始到到期日为止的这段时间收益率不变，那么债券价格会恒定不变。另一种极端是，如果一旦债券发行人出现严重的信用风险恶化，例如破产清算、无力偿还债务，那么债券投资人将很有可能无法收回本金和利息，现金流受到影响，债券价值将大幅下跌，甚至可能为零。

影响债券价值的因素有很多，主要包括：一是市场利率水平的变动，例如，如果央行基准利率由于货币政策调整而上升或下降，市场上的投融资收益率水平将随之变化，投资者的预期也会发生变化，债券价格也将随之降低或上升。二是付息率的变化，一些债券的利率不是固定不变的，而是与某个指标挂钩，除基准利率外，很多债券利率与LIBOR或SHIBOR等利率挂钩。此时，即使到期收益率不变，随着时间变化，付息率出现变化，现金流将随之增加或减少，债券价格也将发生变化。三是发行人信用质量的变化。债券投资者能够获得利息和本金现金流的前提是发行人具有偿付能力且愿意按照合同约定定期支付本息。一旦发行人的信用质量出现恶化，对债券价值的负面影响是巨大的。通常债券收益率与市场利率或无风险资产（如国债）利率之间的差额称为利差，表示了债券的信用风险相对状况。同样地，如果发行人的信用质量得到改善和提升，其债券价格将上涨；如果信用质量提升到非常好接近于无风险的程度，那么债券的收益率水平也将降到与无风险利率接近。从这个角度来说，高收益率的债券的利差（溢价）事实上是对发行人信用风险的补偿。四是对于内含选择权的债券（如可赎回债券、可回售债券和可转换债券），债券价格会随影响内含选择权价值的因素变化而改变。五是其他一些能够影响债券供需关系进而影响债券价格的因素，包括市场投资者的资产配置偏好（更喜欢股票还是债券）、市场交易的活跃程度，等等，但这些短期因素都作用于债券的交易价格，通常债券的实际价值可以认为未受影响。

6.2.6 零息债券

以上讨论的都是附息债券，即定期向投资者支付利息的债券。有些债券没有任何期间利息支付，投资人的利息收入是通过债券到期价值和购买价格之间的差额实现的。这种债券称为零息债券，它以折价方式发行，发行价低于票面价，二者之间的价差就是投资者能够获得的利息。极端特殊情况下，由于极度风险厌恶或极端市场环境等原因，也可能出现零息债券的发行价高于票面价格的情况，即"负利率"。

零息债券的定价与附息债券的定价并无不同：价格是预期现金流量的现值。但零息债券仅有一个现金流，即到期价值。因此，零息债券的价格就是到期价值的现值。假设某零息债券的期限是 10 年，到期价值 100 元，如果收益率为 8%，那么它的价格等于 20 期以后的 100 元按 8% 利率折现所得的现值，即：

$$100 \times \frac{1}{(1+8\%)^{20}} = 21.46$$

上述计算结果再一次表明，货币的时间价值的威力是巨大的。在 8% 的利率水平下，20 年后的 100 元的折现价值折扣率非常高。

6.2.7 应计利息、净价与全价

在之前的分析和例子中，均有一个隐含的假设条件，就是债券价值的计算发生在付息日，刚刚支付了上一期的利息，而下一期的利息还没有开始计算。但通常，投资者会在两个付息日之间购买债券，对债券进行估值的时间也无法限制在付息日当天。

但实际上，由于对债券价值的现金流贴现分析是面向未来的，是针对未来发生的现金流入，因此，即使考虑了已经产生但尚未支付的利息，债券价值依然是未来现金流的现值，只是目前的时点正好处在两个付息日之间。由于时点不同，因此在同等条件下，现在的债券价值要比上一个付息日的债券价值略高，差额部分就可以视作债券的应计利息的价值（即按照权责发生制已经实现但尚未收到现金的利息）。

再来看 6.2.3 中的例子，假设这只债券收益率是 12%，按年付息，票面利率 10%，20 年期，面值 100 元，现在时点不是第 0 年，而是第 0.5 年，那么这只债券的价值为：

$$\sum_{n=0}^{18} 10 \times \frac{1}{(1+12\%)^{0.5+n}} + 110 \times \frac{1}{(1+12\%)^{19.5}} = 90.02$$

第 0.5 年时债券的价值 90.02 与第 0 年时债券的价值 85.06 的差额 4.96，就可以认为是这半年的应计利息的价值体现。

由于有应计利息的存在，所以债券的价格有净价与全价之分。债券的应计利息，是指自债券的上一利息支付日至买卖结算日产生的利息收入，具体而言，如果是附息债券，就是指本付息期起息日至交割日所含利息金额。理论上讲，在债券出售之前产生的应计利息，应该属于之前的债券持有人所有，但由于没到付息日，所以实际上是由债券交易后新的持有人获得了，所以，在双方进行债券交易时，就必须要在债券价

格中对之前的债券持有人做出一定的补偿,来弥补本应由他获得但却由新的持有人代收的那部分应计利息。

基于以上原因,债券的报价就分为净价和全价两种。由于债券的利息都是定期支付的,因此在二级市场上进行债券买卖时,实际成交的价格都应该包括应计入而未支付的利息部分,这种包含了应计利息的价格就是全价。理论上讲,全价对于债券的买卖成交来说是合适的,但也会造成一些问题。如果债券的报价和成交价中包含应计利息,那么这一价格就不能真实反映债券本金价值的变化,此外还可能涉及一些税收政策问题,因此,就需要计算一个不含应计利息的债券价格,就是净价。

在实务中,自 2001 年 7 月起,银行间债券市场的债券交易采用净价交易。所谓净价交易,是指在债券现券交易时,以不含应计利息的债券价格(即净价)报价并成交。在实际交易中,需要将债券现券的净价和应计利息进行分解。其中,净价仅仅反映未来现金流部分价值的变化,应计利息则按照票面利率按天计算,债券持有人在交易后可以享有持有期间的利息收入。净价方式的好处是,在净价交易模式中,由于债券交易价格不含应计利息,其价格形成和变动机制能够更加准确地反映债券的内在价值,也能够体现债券的供求关系和市场利率变化情况,而不会受到计息规则和计息时间等外部因素的影响,更加"纯粹"。同时,按照净价方式进行报价和成交也能够带来一些税务处理上的便利。按照相关规定,国债的利息收入一般享受免税优惠,因此,采用净价方式也便于进行税务处理。

在净价交易模式中,尽管报价和交易采用净价,但为了保障债券持有人的利益,实际结算时仍然采用全价。即债券持有人在卖出债券后实际结算获得的应该是:全价=净价+应计利息,其中,如果是国债,利息部分可以免税。这种报价和结算方式在带来便利的同时,维护了交易的公平和投资者的权益。

以上讨论是在债券交易的场景下发生的情况,在会计核算中,由于应计利息是单独核算和单独记账的,因此与债券的净价交易模式类似,在对债券进行公允价值估值和估值调整时,实际上也需要把应计利息的部分抽离出来。

6.3 利率期限结构

在对债券进行估值时,确定收益率是最为关键的技术环节;而对于有公开市场交易价格(均衡价格)的债券,通过债券价值与收益率均衡定价公式反解出的收益率则是市场价格蕴含的重要信息。因此可以说,利率(收益率)在债券研究中处于核心位置。而利率期限结构则反映了对当前及未来各种利率的预期。

利率期限结构是指在某一时点上,不同期限资金的收益率与到期期限之间的关系。利率的期限结构反映了不同期限的资金供求关系,揭示了市场利率的总体水平和变化方向,可以成为债券定价与估值,以及投资者投资选择和货币政策部门决策的依据。

严格地说，利率期限结构是指某个时点不同期限的即期利率与到期期限的关系及变化规律。由于零息债券的到期收益率等于相同期限的市场即期利率，从对应关系上来说，任何时刻的利率期限结构是利率水平和期限相联系的函数。因此，利率的期限结构，即零息债券的到期收益率与期限的关系。利率期限结构可以用一条曲线来表示，如水平线、向上倾斜和向下倾斜的曲线，甚至还可能出现更复杂的收益率曲线。收益率曲线的变化本质上体现了债券的到期收益率与期限之间的关系，即债券的短期利率和长期利率表现的差异。

由于利率是重要的金融基础变量，因此，利率期限结构是整个金融体系的基准，它不但与债券价值直接相关，其形状和变动也为投资者和货币政策制定者提供了重要的信息。利率期限结构理论主要是从经济背景的角度对利率期限结构的形状和变动进行解释，并致力于构建合理的、充分反映市场信息的利率期限结构曲线。现代利率期限结构的研究主要是以模型为工具，描述利率期限结构及其变化规律。由于与宏观经济变量之间的相关性，现代利率期限结构研究还关注宏观经济和利率期限结构的关，既有宏观经济变量影响下的利率期限结构，同时也有对微观经济结构和宏观经济结构之间的交互作用机制的分析。利率期限结构所蕴含的重要信息，不但能够用于债券定价和估值，还可以为投资策略制定甚至宏观政策提供有效的前瞻性指导。

利率期限结构与宏观经济的关系有时候是非常明显的，因此可以视为重要的宏观预判和决策参考。例如，通常情况下，利率期限结构曲线呈现出前低后高的形状，即短期利率较低、长期利率较高，但一些因素会对利率期限结构产生影响。如果市场流动性出现过度紧张，市场参与者极度渴求短期资金，将会推高短期资金利率，从而可能出现短期利率高于长期利率的利率期限结构"倒挂"现象。而此时，针对市场的流动性状况，宏观政策制定部门可能就需要考虑向市场适当投放短期流动性，或调整紧缩政策预期。

如上所述，利率期限结构中含丰富的信息，特别是政府债券利率期限结构，由于没有违约风险、交易量大、流动性好，其利率期限结构的当前水平和形状以及他们所隐含的未来信息对债券市场参与人具有重要作用。作为债券市场的基准收益率曲线，利率期限结构基本确定了债务市场工具的收益率和价格，代表了债券市场的情况，是了解债券市场、加强债券市场管理和提高管理效率的一个工具，同时为我国的利率市场化进程提供基准利率支持。另外，债务工具的发行人也主要根据利率期限结构为其债券和金融工具进行定价，各类投资者或企业也需要根据利率期限结构对持有的债券进行估值。

此外，随着金融衍生品的迅速发展，利率期限结构为金融衍生品定价和设计提供了坚实的理论基础，不仅满足具有不同风险偏好投资者的需要，而且促进了衍生品市场的发展。利率期限结构揭示了当前不同期限零息债券的报酬率，因此投资者可以根据利率期限结构评估到期日不同的各个投资对象的相对价值从而进行投资决策和项目评估，同时它的形状和未来利率预期相对应（下文中将有所体现，利率期限结构是如何反映未来利率预期的），债券市场参与人员可以从中获得有关未来市场利率走向的信息，从而对投资和风险管理都具有很重要的作用。

6.3.1 利率期限结构的形成和解释

一般来说，任何时点上收益率曲线大致表现出四种形状：平坦的、向上倾斜的、向下倾斜的和拱形的。早期对利率期限结构的研究主要是从经济背景的角度对利率期限结构的形状和变动进行解释，逐渐形成了不同的理论，主要有预期理论、流动性偏好理论、市场分割理论等。

6.3.1.1 预期理论

预期理论认为：隐含远期利率等于预期即期利率，从而长期债券利率取决于先期短期债券和预期短期利率。预期理论指出，持有长期债券的收益率，等于连续投资于一系列短期债券的收益率。若投资人认为未来短期利率不变，那么长期债券利率就与短期利率相等，收益率曲线水平，若投资人认为未来短期利率上升，那么长期债券利率高于当前短期利率，收益率曲线向上倾斜。

预期理论表明，利率的期限结构反映了对未来利率的预期，但这种理论完全没有考虑风险因素对债券收益率的影响，认为远期利率进而债券的远期价格是确定的，实际上债券的到期价格是不确定的，因此远期利率也就无法确定。

具体来说，有三种预期理论：纯预期理论、流动性理论和偏好理论，所有这些理论都同意短期远期利率行为的假说，并且假定当前长期债券的远期利率与市场对未来短期利率的预期密切相关。这三种理论的不同之处在于，对是否有其他因素影响远期利率以及如何影响观点不一。纯预期理论主张，除了预期的未来短期利率外，没有别的系统性因素影响远期利率；流动性理论和偏好理论则认为，存在其他影响因素，因此后两者被称为有偏预期理论。

按照纯预期理论，远期利率只代表预期的未来利率。因此，某个特定时间的整个期限结构就反映了市场当前对未来短期利率的预期。按照这一观点，上升的期限结构表明市场预期短期利率会在未来相应的时间段内上升，水平的期限结构反映了市场预期未来短期利率大体上是稳定的，而下降的期限结构则反映市场预期未来短期利率会稳步下降。按照纯预期理论，假设初始的利率期限结构为水平状，并假定市场参与者预期利率会上升。那些原本对长期投资感兴趣的投资者将不再愿意购买长期债券，因为他们预期收益率曲线迟早会上升，会导致债券价格下降并带来持有长期债券的资本损失。于是他们转向短期债务工具，直到收益率曲线上升。上升的收益率曲线使他们可以以更高的收益率再投资。当预期利率会上升的投机者预期长期债券的价格将下降时，会卖出他们持有的所有长期债券或者"卖空"手头现在没有的长期债券。而一旦利率如预期的那样上升，长期债券价格便会下降。投机者会卖空债券，然后以较低的价格买入债券以填补卖空的部分，从中赚取利润。所有出售长期债券或卖空债券取得的收入将投资于短期债务工具。想获得长期借款的借款者将会选择现在借款，因为根据预期，以后借款会更昂贵。所有这些原因将引起对长期债券净需求的减少和长期债券供应的增加，这两种反应将增加对短期债券的需求。市场均衡要求长期收益率相对于短期收益率呈上升趋势；也就是说，投资者、投机者和借款者的这些行为将使期限结构上翘，直至它与预期的更高的未来利率相一致。同理可知，引起对未来利率有下降预期的事件将使收益率曲线向下倾斜。

然而，纯预期理论有一个严重的缺陷。它忽略了投资于债券和类似证券的内在风险。如果远期利率能完美地预测未来利率，就可以确切地知道债券的未来价格，任何投资期限内的收益率也是确定的，且不依赖于证券的剩余期限以及投资人打算持有的期限。但是，当未来利率不确定从而未来债券价格也不确定时，对这些证券的投资就会成为有风险的投资，因为在一定投资期内的收益率是不确定的。

有两种风险可以导致一定投资期内的收益率不确定。第一种是投资期末债券价格的不确定；第二种是投资期内债券收入再投资的利率的不确定，即再投资风险。经济学家对纯预期理论提出了几种解释。广义的理解认为，不管选择何种期限策略，投资者预期投资期限内的收益是一样的。第二种解释称为局部预期形式的纯预期理论。该理论认为，从现在起的一个短投资期限内，收益将是相同的。例如一个投资者有6个月的投资期限，那么购买5年期、10年期还是20年期的债券都将产生相同的收益。缩短了期限的局部预期理论已经被证明是唯一可以维持均衡的纯预期理论。第三种解释认为，在某一投资期限内以短期滚动式投资所得的收益率将等于到期期限与投资期限相同的零息票债券的收益率。这种解释称为到期收益率预期。

6.3.1.2 流动性偏好理论

纯预期理论的缺陷在于没有考虑与债券投资密切联系的风险。现在需要强调在投资期内，持有长期债券也是有风险的，并且这一风险将随债券期限的延长而增加，因为期限与价格的波动性是直接相关的。

考虑到这一不确定性以及投资者对不确定性的普遍厌恶，一些经济学家和金融分析家又提出，只有在长期债券提供的长期利率比平均预期利率高出足够的部分，从而能够补偿投资期限较长带来的风险时，投资人才会投资长期债券。并且，远期利率应当反映利率预期和流动性溢价两部分内容，期限越长，溢价应该越大。这个理论称为期限结构的流动性理论。根据这个理论，隐含的远期利率并非一种市场对未来利率的无偏估计，因为它包含了流动性溢价。因此，向上倾斜的收益率曲线既可反映未来利率上升的预期，也可反映未来利率水平不变（甚至下降）的预期；但是因为收益率曲线包含了随期限延长增长足够快的流动性溢价，结果形成了向上倾斜的形状。

流动性偏好理论认为，投资者喜欢保持资金的流动性，由于期限越长，债券价格受到利率的波动的影响越大，因此投资人偏好短期债券，风险规避引起远期利率系统性地大于预期即期利率，并且超额部分随着期限的增加而增加，这个超额部分被称作期限溢价，对于债券发行人而言，期限溢价用来引诱投资者购买更长期债券所需要的成本，对投资人而言，是其持有更长期债券所要求的风险补偿。投资人的风险规避特性和市场特质造成长期利率必须含有风险溢价，且该溢价同到期期限成正比，因此，即使预期未来短期利率不变，收益率曲线也是向上倾斜的。

流动性偏好理论虽然考虑了不同期限债券的风险程度与利率期限结构的关系，但是它对于风险溢价随期限单调上升的假设却不符合实际情况。根据流动性偏好理论，长期利率将会始终高于短期利率，利率期限结构曲线永远是上升的，这显然有悖实际情况。

6.3.1.3 市场分割理论

市场分割理论认为，投资人有强烈的个体期限偏好，而这种偏好在不同的投资人之间又是存在差异的，不同期限的债券在独立的市场上进行交易，因此所有期限溢价为正并且随期限增加而增加的流动性偏好理论是不成立的。对不同的投资个体而言，由于期限偏好和自身资产管理的限制，长期债券并不一定比短期债券的风险更大，远期利率对预期即期利率没有系统性联系。市场分割理论认为不同到期期限债券彼此完全无关，某种期限的债券收益率上升不会影响其他不同期限债券的收益率。

市场分割理论为一些西方国家的经济刺激政策提供了理论依据。2008年金融危机以来，美国、日本等国家试图通过降低短期利率从而降低长期利率的政策使得短期利率接近零下限，却并没有达到压低长期利率从而刺激经济的目的，随后各国央行开始采取非常规货币政策，通过直接购买长期债券用以压低长期利率，即扭曲操作（Twist Operation）。一方面，市场分割理论在一定程度上解释了央行传统货币政策的失效的原因；另一方面，它也为非传统货币政策提供了合理化基础。但是，该理论却不能解释不同期限的债券收益率有相同的变动趋势这一经验事实。

6.3.2 利率期限结构曲线的构造和估计

最重要、最基本的利率期限结构曲线，是反映无风险利率（如国债收益率）的利率期限结构信息，即零息国债到期收益率曲线，它是利率期限结构动态模型研究的基础，也是各种金融产品定价和估值以及风险管理的重要基准。同时，零息国债的利率期限结构信息可用于预测未来利率走势，估计未来通货膨胀预期，预测经济波动等。随着利率市场化进程的加快，各种金融产品的定价和风险管理必须盯住利率，在金融资产定价和估值中利率所发挥的基础性作用越来越重要和无可替代。此外，作为宏观政策制定者，央行也会采用利率期限结构的信息来分析和执行货币政策，因此估计利率期限结构曲线具有十分重要的意义。

经典利率期限结构模型通常以经济理论为基础，而利率期限结构曲线构造则是以实务为目的，通常采用数量利率期限结构模型，直接利用观测数据对国债利率期限结构进行拟合与预测。

直接估计和构造利率期限结构曲线的通行方法，与上文提到的债券估值利率曲线构造方法一致，是各种数值插值法。当前应用较多且反响较好的数量利率期限结构模型包括样条类模型和NS模型。其中，样条函数是一种分段拟合技术，其理论基础是以魏尔斯特拉斯逼近定理为主要内容的连续函数多项式逼近理论。魏尔斯特拉斯逼近定理指出，对于给定区间上的任何连续函数均可以由一个多项式集合任意逼近，从而为样条函数构建提供了重要理论基础。最基本的就是样条方法，包括二次样条法、三次样条法等。对利率期限结构进行分段拟合的普遍做法是三次多项式样条模型。在该方法下，贴现因子具有发散特征，使得估计出的利率期限结构可能存在剧烈波动现象，但总体效果优于二次多项式样条模型。对于样条模型而言，样条数目越小，待估参数越少，曲线平滑性越好，但对于异常价格的冲击反应越强烈，拟合误差也会较高；而当样条数目较大时，虽然拟合效果变好，但待估参数增加，曲线平滑度变差。同时，在可观测数据数目有限的情况下，增加待估参数的数量还将导致过度拟合问题。因此，对于样条数目的选择需要进行权衡和比较，受到普遍认可的是三次样条函数方法。

此外，更加复杂一些的还有指数样条法（Vasicek & Fong，1982）、B样条法（Steeley，1991）等。指数样条法认为多项式样条函数会导致远期利率剧烈波动，而采用指数函数可有效避免这一现象，能够得到一条连续且光滑的远期收益率曲线。

而针对样条方法需设置多个节点、待估参数较多等实操中会出现的问题，又演化出Nelsen-Siegel模型（NS模型），即不设置内部节点的所谓"节约型"参数模型。NS模型不同于样条模型，能够直接对整段利率期限结构进行拟合，待估参数相对较少。在NS模型下，利用参数化拟合技术对利率期限结构进行估计，并建立含有多因子（最初也是最常见的为Nelsen-Siegel的三因子）的参数模型，分别刻画利率的短、中、长期特征，不但结构简单灵活且拟合效果也较好，为利率期限结构研究开拓了新思路。

下面将围绕利率期限结构的基本概念和各种模型，对利率期限结构的各种估计方法进行了理论分析并介绍利率期限结构曲线的构造。在讨论利率期限结构曲线估计方法之前，首先介绍所用到的几个基本概念。这些概念和数学表达方式在前面章节，特别是货币的时间价值部分，已有介绍。

用$B(t, T)$表示到期时刻为T的单位零息票债券的价格，即贴现函数。在离散条件下，息票债券价格的表达式为：

$$P(t, T) = 100 \cdot B(t, T) + \sum_{i=0}^{n} C \cdot B(t, T_i) \tag{6.3.2-1}$$

其中t为现在时刻，T为债券的到期时刻，T_i为债券的利息支付时刻，CC为债券的利息额。

根据定义，贴现函数满足以下的边界条件：

$B(T, T) = 1$

用$R(t, T)$表示t时刻时到期时刻为T的即期利率，若以连续复利计算，则有：

$$R(t, T) = \frac{\ln B(t, T)}{T - t} \tag{6.3.2-2}$$

根据相关概念，如果能从债券价格中求出贴现函数，利用上面$R(t, T)$的方程就可以得到利率期限结构曲线。

用 $f(t, T)$ 表示瞬时远期利率,即时刻 t 约定的、T 时刻的瞬时利率,那么根据瞬时利率的概念,以及简单的极限和偏微分计算,有:

$$f(t, T) = \lim_{\Delta \to 0} \frac{\ln B(t, T) - \ln B(t, T+\Delta)}{\Delta} = -\frac{\partial \ln B(t, T)}{\partial T} \tag{6.3.2-3}$$

根据瞬时远期利率的定义,可知期间实际利率 $R(t, T)$ 和每个瞬间的瞬时利率 $f(t, T)$ 存在以下关系(类似的关系可参见货币的时间价值章节中的利息力函数和连续时间利率):

$$R(t, T) = \frac{1}{T-t} \int_t^T f(t, s) \, ds \tag{6.3.2-4}$$

如前文所述,最重要、最基本的利率期限结构曲线,同样也是利率期限结构动态模型研究的基础,是零息国债到期收益率曲线。但由于市场上交易的国债以附息国债为主,仅有少量的零息国债,因此必须从附息国债的交易价格中估计利率期限结构曲线。可以采用的方法包括息票剥离法、样条函数拟合法和参数模型拟合法。其中,息票剥离法是直接估计法,后两者是通过拟合贴现函数得到利率曲线的间接估计法。

6.3.2.1 息票分离

息票分离,又称息票剥离法,是将息票从债券中进行剥离并在此基础上估计零息票债券利率水平的一种方法。具体的计算方法为:

首先根据回购利率或零息票债券得到一个最短期的即期利率水平 $R(0, T_0)$,其到期时间为 T_0。假设市场上有两个到期时间分别为 T_1、T_3 的息票债券,价格分别为 $P(0, T_1)$、$P(0, T_3)$。短期债券在到期前不支付利率,长期债券在 T_2 时刻支付一定的利息 C。由于短期利率在到期前不支付利息,因此等同于零息票债券,其到期收益率等于即期利率,为:

$$R(0, T_1) = \frac{\ln M_1 - \ln P(0, T_1)}{T_1}, \text{其中 } M_1 \text{ 为短期债券到期时的本息之和。}$$

对于长期债券,当 $T_2 < T_1$ 时,可通过对期限为 T_0、T_1 利率水平的线性插值求出期限为 T_2 的利率水平:

$$R(0, T_2) = \frac{T_2 - T_0}{T_1 - T_0} R(0, T_0) + \frac{T_1 - T_2}{T_1 - T_0} R(0, T_1) \tag{6.3.2-5}$$

而且,由于 $P(0, T_3) = C \cdot e^{-R(0, T_2) \cdot T_2} + M_3 \cdot e^{-R(0, T_3) \cdot T_3}$,其中 M_3 是长期债券到期时的本息和,

所以

$$R(0, T_3) = \frac{\ln M_3 - \ln[P(0, T_3) - C \cdot e^{-R(0, T_2) \cdot T_2}]}{T_3} \tag{6.3.2-6}$$

当 $T_2 > T_1$ 时,同样采用线性插值可求出 $R(0, T_2)$ 和 $R(0, T_3)$。这种方法可以通过递推计算扩展到不同到期期限的即期利率,从而得到一条即期利率曲线。

6.3.2.2 样条函数拟合

息票剥离法实际上是假定在两个到期时刻间即期利率满足线性关系,因此得到的

利率曲线为连接各个节点的一条折线。若采取样条曲线插值计算，就可得到一条光滑的利率曲线。样条函数拟合法则是利用债券市场上的债券价格，假定贴现函数为样条函数，先估计出其贴现函数，然后根据贴现函数和即期利率的关系推导出期限结构曲线。根据贴息函数的不同设定，具体方法可分为：多项式函数整段拟合、分段二次样条函数拟合、分段三次样条函数拟合、分段指数样条函数拟合、B样条函数拟合等。

1）多项式函数整段拟合

假设有多项式函数：$D(t) = 1 + a_1 t + a_2 t^2 + a_3 t^3$，

然后根据方程（6.3.2-1），利用国债价格估计出系数 a_1、a_2、a_3，得到贴现函数，根据方程（6.3.2-3）求出利率期限结构曲线。

这种多项式函数的形式，可采用简单的线性回归方程估计系数，得到的曲线光滑且二次可导。但是，由于采取整段设定，使得拟合精度较低，而且存在比较严重的多重共线性问题。

2）分段三次样条函数

若采用分段函数作为样条插值函数，其形式可以是多样的。但在提出了通过二次多项式样条函数作为贴现函数对利率期限结构进行估计的方法后，研究发现二次样条函数拟合期限结构将产生一个不光滑的远期利率曲线，而要得到一个光滑的远期利率曲线，必须至少采用三次样条函数。

假设贴现函数为如下形式的三次多项式样条函数：

$$\begin{aligned} D_1(t) &= 1 + a_1 t + b_1 t^2 + c_1 t^3 \quad t \in [0, T_1] \\ D_2(t) &= 1 + a_2 t + b_2 t^2 + c_2 t^3 \quad t \in [0, T_2] \\ D_3(t) &= 1 + a_3 t + b_3 t^2 + c_3 t^3 \quad t \in [0, T_3] \end{aligned} \quad (6.3.2-7)$$

……

为保证分段函数在分段点的平滑过渡，必须保证贴现函数在整个定义域内连续且一、二阶可导，因而需要满足如下约束条件：

$$D(0) = 1, \ D_i(T_i) = D_{i+1}(T_i), \ D_i^{(1)}(T_i) = D_{i+1}^{(1)}(T_i), \ D_i^{(2)}(T_i) = D_{i+1}^{(2)}(T_i)$$

(6.3.2-8)

样条数量越多，拟合程度越好，但曲线平稳度越差。根据债券市场情况和经验，通常可将样条数量定为3或者4，并进行比较。例如，如采用三段三次样条曲线，则可以选取5年和8年为贴现函数的分界点；而如果选取四段三次样条曲线，为了使各段的债券数量尽可能均匀。可以选取3、6、14年为分界点。

3）指数样条函数

采用了指数样条函数拟合贴现函数由Vasicek和Fong提出，贴现样条函数的形式是：

$$D_j(m) = a_j + b_j e^{-\alpha m} + c_j e^{-2\alpha m} + d_j e^{-3\alpha m}$$

上述样条函数的拟合，都可以通过最小二乘法进行参数估计。

6.3.2.3 参数模型拟合

Nelson 和 Siegel 提出了一个利率期限结构参数模型。该模型认为，产生典型收益率曲线形状的一类函数是与微分或差分方程的解相联系的。利率期限结构的预期理论提供了研究这类函数的启发性动机。如果即期利率由微分方程产生，那么远期利率将是这些方程的解。

假定到期期限 m 的瞬时远期利率 $f(t, m)$，可表示为一个具有两个相等根的二阶微分方程的解：

$$f(t, m) = \theta_1 + \theta_2 \cdot \exp\left(-\frac{m}{\tau}\right) + \theta_3 \cdot \exp\left(-\frac{m}{\tau}\right) \cdot \frac{m}{\tau}$$

其中 θ_1、θ_2、θ_3、τ 是需要估计的参数。相应的即期利率、贴现函数如下：

$$R(t, m) = \theta_1 + \theta_2 \cdot \frac{m}{\tau} \cdot \left[1 - \exp\left(-\frac{m}{\tau}\right)\right] + \theta_3 \cdot \left\{\frac{m}{\tau} \cdot \left[1 - \exp\left(-\frac{m}{\tau}\right)\right] - \exp\left(-\frac{m}{\tau}\right)\right\}$$

$$B(t, m) = \exp\left\{-\theta_1 \cdot m - \theta_2 \cdot \tau \cdot \left[1 - \exp\left(-\frac{m}{\tau}\right)\right]\right.$$
$$\left. - \theta_3 \cdot \left\{\tau \cdot \left[1 - \exp\left(-\frac{m}{\tau}\right)\right] - m \cdot \exp\left(-\frac{m}{\tau}\right)\right\}\right\}$$

尽管表达式很复杂，但事实上，Nelson-Siegel 模型中的参数有明确的经济学含义。可将 θ_1、θ_2、θ_3 理解为三个潜在的动态因子，系数 θ_1 的依附项是常数 1，随期限延长 $R(t, m)$ 渐进地接近 θ_1，可以看作为控制利率期限结构水平的长期因子；系数 θ_2 的依附项是 $\frac{m}{\tau} \cdot \left[1 - \exp\left(-\frac{m}{\tau}\right)\right]$，是一个开始为 1 但很快地单调衰减为 0 的函数，因此它可看作为一个短期因子。θ_3 的依附项是 $\frac{m}{\tau} \cdot \left[1 - \exp\left(-\frac{m}{\tau}\right)\right] - \exp\left(-\frac{m}{\tau}\right)$，它开始为 0，先增加然后再衰减为 0，可看作为一个中期因子。

上述三个参数 θ_1、θ_2、θ_3 也可理解为水平、倾斜和曲度因子，参数 τ 则控制了系数 θ_3 的依附项取得最大值的位置。

无论采用什么方法构建利率期限结构曲线，根据利率期限结构原理和典型事实，所选取的估计方法应满足如下原则：一是所选取的函数形式应能整个时间范围具有多种的形状，包括向上倾斜、向下倾斜、驼峰形状等，而平均利率期限结构曲线是随期限增加而平滑增长，并且是凹型的。二是该方法的贴现函数至少应该是二阶可导的，以保证所得到的远期利率曲线是连续的。因此，对于采用样条曲线作为贴现函数形式而言，至少应选取三次样条曲线。三是利率期限结构曲线的短端比长端更具有波动性，而长期利率比短期利率更具有持续性。四是利率期限结构曲线在远期应该保持平稳、而不是发散，因为显然人们不会对以后 20 年和以后 25 年的利率信息有多大的差异，所以曲线要具有一个平坦的长期尾部。

基于上述原则，首先可以剔除多项式整段拟合和二次样条函数估计法，因为它们的形状单一或不满足连续可导性。因此，常用的估计方法包括三段三次样条函数、三段指数样条函数和 Nelson-Siegel 模型。

6.3.2.4 实证分析

选取上交所附息国债的收盘价为样本数据（排除到期期限小于 1 年的国债），分别采用上述三种方法对当日利率期限结构曲线进行估计，所得到的估计参数如下：

三段三次样条：$b_1 = -0.0153$，$c_1 = -0.0033$，$d_1 = 0.0003$，$d_2 = -0.0002$，$d_3 = 0.0001$；

三段指数样条：$\alpha = 0.1237$，$a_1 = 0.647$，$b_1 = 0.3806$，$c_1 = 0.1943$，$d_1 = -0.2221$，$d_2 = -0.2242$，$d_3 = -0.2287$

NS 模型：$\theta_1 = 0.0353$，$\theta_2 = -0.0217$，$\theta_3 = 0.0226$，$\tau = 6.0921$

对应的利率期限结构曲线如下：

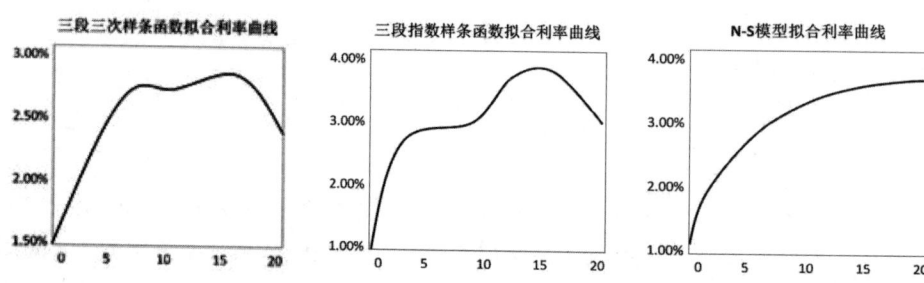

从利率曲线图形来看，三段三次样条函数的利率曲线在远端呈幂级数下降。但是，如果将分界点确定为 5 年、10 年，再次采用三段三次样条函数拟合，所得到的曲线在远端呈幂级数上升，这均不符合我们所确定的第四条原则，即利率曲线要具有一个平坦的长期端部，同时也说明了三次样条函数拟合结果会因分界点、分段的选择而不同，对样本数据极端敏感，所拟合的曲线表现不稳定。

三种估计方法中，Nelson-Siegel 模型拟合精度最高，也完全符合事先确定的四条目标原则。三次样条函数作为一种纯数学上的插值近似函数，虽然可以通过增加节点提高其样本内拟合精度，但待估计参数增加同时曲线起伏波动，也不具备随到期期限延长而外推的能力，相比较而言，Nelson-Siegel 模型一方面参数具有经济学意义，另一方面具有更好的样本外预测表现，因而通常情况下能够得到更好的应用效果。

6.3.3 利率期限结构的连续化模型

传统利率期限结构研究（预期理论、市场分割理论以及流动性偏好理论）都有一个普遍的缺陷或问题，即是只解释了长短期利率差异的原因，却不能准确地说明利率的动态变化。现代的利率期限结构理论则通过引入连续时间模型来论述上述动态机制，把利率的运动假设为随机变动过程，以短期利率的期望值或短期利率的波动率为变量建立随机模型来模拟描述现实世界的利率变化。在现代利率期限模型中，通常有两个重要的随机变量参数：一是所谓的漂移项（趋势，即数学期望），二是所谓的波动项部分（波动率，即标准差）。通常，在大部分的利率结构模型中，认为利率变动的漂移项部分有所谓的均值回归现象，即短期利率受长期平均利率的吸引，围绕长期平均利率上下波动。因而，当短期利率上涨或较高时，会有力量自然使其下降，向长期平均利率靠拢；当短期利率下降或较低时，会有力量使其上升，从而不偏离长期利率水平。而在波动项的设定上，较早的模型通常假定利率的波动性是固定的。但由于与实际不符（大量实证分析表明利率曲线的波动率本身也是"波动"的而不是恒定的常数），便开始有模型将利率的波动性假定为利率水平的函数，也就是所谓的利率水平项效应。

6.3.4 利率期限结构反映的信息

一个普遍的观点是，利率期限结构包含货币政策含义。利率期限结构是根据市场上债券的实际交易价格推导出来的，集中反映了金融市场的各种信息，体现了市场投资者对未来经济的预期，因而对利率期限结构进行研究，可以为中央银行制定货币政策以及投资者进行投资分析提供重要的参考依据。因此，利率期限结构对中央银行制定货币政策有着极为重要的意义。首先，利率期限结构为中央银行的宏观调控提供了比短期利率更为完善和全面的信息。中央银行可以通过各种货币政策工具，如公开市场操作和法定存款准备金比率，调节经济体中的货币供应量，从而间接地影响短期利率。然而，真实经济变量如固定资产投资主要受长期利率的影响。其次，利率期限结构体现了市场对未来短期利率水平及其变动的预期。影响利率期限结构的因素很多，但是投资者对未来短期利率的高低及其变动的预期无疑是最重要的影响因素。另外，利率期限结构也有可能包含了未来通货膨胀率的信息。

由于利率期限结构蕴含了大量的市场信息，因而它无疑是一个信息和数据的宝库，即能为货币政策制定者所用，也能成为市场投资者、监管者的评估和决策参考工具。而在对金融资产估值中的应用，自然是这众多领域中的一个。

6.3.4.1 未来名义利率

利率期限结构本身暗含了许多经济信息。这些信息通过利率曲线的形状、长短期利率的利差、利率水平的高低等因素反映出来。对这些因素进行分析，可以清楚地了解宏观经济变量与利率期限结构之间的关系，分析利率期限结构的形成机制。在宏观领域，通过分析利率期限结构，可以有效地预测宏观经济变量的变动，判断未来经济的走势。在微观领域，利率期限结构是金融市场中固定收益债券定价和估值的基本工具。传统利率期限结构理论认为，影响利率期限结构的因素有对未来短期利率的预期、风险溢价和市场供求状况，其中，市场对未来即期利率的预期是最主要的影响因素。而市场对未来利率的预期，即未来可能的名义利率的预测。从准确性的角度来说，这种预测未必百分之百准确，但它的确是最能反映市场共识和一致预期的结果。

按照利率期限结构的预期理论，远期利率等于预期的未来即期利率与风险溢价因子之和。根据对风险溢价因子的不同假设，预期理论可分为三个不同的版本。一是纯粹预期假说，该假说认为利率曲线的形状及其变动完全是由投资者对未来短期利率的预期引起的，远期利率不包含预期的风险溢价，即风险溢价因子等于零。二是合理预期假说，即风险溢价理论 根据合理预期假说，风险溢价因子是一个不随时间变化的常数，因而，远期利率等于一个不随时间变化的风险溢价因子与预期的未来即期利率之和。三是风险溢价因子随时间而变化的预期假说，即远期利率既不等于未来即期利率预期值，也不只是未来即期利率预期值加上一个不变的风险溢价因子，而是未来即期利率的预期值加上一个随时间而变化的风险溢价因子。

根据纯粹预期理论，远期即期利率之差与风险溢价因子的相关系数为零，而与即期利率变化的相关系数为1，也就是说，远期即期利率之差与未来即期利率的变化是一一对应的关系。相反，如果远期利率与即期利率之差完全是由风险溢价因子决定的，远期即期利率之差与风险溢价因子的相关系数为1，而与即期利率变化的相关系数为零。

很多学者和研究人员都对预期理论进行了实证检验。从已有实证结论来看，利率期限结构对短期利率有较强的预测能力，而对长期利率的预测能力较弱，对未来6个月以内的即期利率有较强的预测能力，而对未来更长期内的即期利率的预测能力较弱。主要采用了两种回归模型：一是以长短期利差为自变量、以未来即期利率或风险溢价因子为因变量的线性回归模型；二是以远期即期利率之差为自变量，考察远期利率与未来即期利率和风险溢价因子的线性关系。为了进一步分析利率期限结构的边际预测能力，区分不同期限远期利率对即期利率变化的解释能力，许多学者还利用不同期限远期利率之差对即期利率变化进行回归。

上述结论显示，通过利率期限结构蕴含的市场信息预测未来短期利率走势，或预测未来较短的时间内的利率走势，能够得到相对更加准确的预测结果。这和一般的认知习惯也是一致的，时间越久，预测难度越大；而长期利率走势的外部影响因素更多（如国际形势、宏观政策、人口社会等非市场因素），通过市场信息预测的精度也更差。

根据国外研究使用美国国库券价格数据考察利率期限结构对未来即期利率和风险溢价因子的预测能力的结果，利率期限结构同时包含了关于未来即期利率的和风险溢价因子信息。有人指出，利率期限结构对未来利率的预测能力可能与货币政策有关。从某种意义上讲，如果货币政策的制定本身是为了达到一种货币供应和货币价值（利率）的相对均衡状况，那么货币政策事实上是在按照利率期限结构的指导来决策和执行的。然而，也有美国学者利用远期利率对未来的即期利率进行预测的实证检验表明，利率期限结构的预测能力与货币政策制定当局是否采取盯住目标利率的货币体制无关，利率期限结构对未来1周到9周的短期利率有较强的预测能力。此外，一些研究还表明远期利率对即期利率有较强的边际预测能力。而其他一些人选取德国利率期限结构数据作为分析对象、对预期理论进行检验时，在发现支持预期理论的有力的经验证据的同时，也发现德国的利率期限结构对未来即期利率的预测能力比美国更强，但不能反映未来风险溢价因子及其变动。这种差异可能就可以归结为美、德两国的不同的货币体制，即是以盯住货币供应量还是以盯住目标利率为货币政策制定的目标。

而纵观我国中央银行的货币政策，近年来，货币总量、基础货币量在货币政策决策和操作中的作用日益淡化，货币政策越来越转向为以利率为主的政策。这种从货币供应量到利率的转变是由两个因素所推动的：一方面是由于支付和交易技术的发展带动的金融创新，弱化了货币数量指标与经济的直接联系（例如，互联网支付的兴起和普及所导致的对基础货币支付结算的需求变化，混淆了经济基本面的供需影响），使得货币供应量等指标逐渐淡化，而价格指标（利率）更能够综合反映全方位要素的影响；另一方面，利率指标以及反映在利率期限结构中的短期利率和长期利率的关系在揭示通货膨胀率、宏观经济未来走向方面的优势日趋明显。虽然中央银行只能影响短期利率，而短期利率并不能影响消费、投资、出口等，但是长期利率对国民经济的重要部门如消费和投资都有显著而直接的影响，货币政策就是由对短期货币政策市场发生作用，进而影响长期市场而对宏观经济发生作用的。利率期限结构是一组反映长短期利率的关系图，所以利率期限结构就成了反映货币政策状况的重要体现。中央银行通过货币政策的调整来改变预期，从而引导和影响利率的期限结构，这一点在近几年我国的货币政策和金融市场表现得尤为明显。

6.3.4.2 预测通货膨胀率

根据经济学中的 Fisher 公式，名义利率等于实际利率与预期的通货膨胀率之和。因而，名义利率的变动有可能是由于预期通货膨胀率的变动引起的，也有可能是由于实际利率的变动引起的。预期理论模型检验的是利率期限结构对名义利率总的预测能力，而综合考虑预期理论模型和费希尔公式可以区分利率期限结构对未来通货膨胀率和实际利率的预测能力。

与通常的认知直觉相反，相关实证结果表明，利率期限结构对未来一年内通货膨胀率的预测能力较弱，而对更长时期内的通货膨胀率的预测能力较强。这可能是由于短期通胀通常更容易受商品本身的供需影响，而长期通胀则与货币供应有更大的关联并且也更加稳定，因而更容易通过利率期限结构进行预测和分析。国外学者使用美国国库券价格的月度数据分析利率期限结构包含的有关未来通货膨胀率的信息的实证研究结构显示，利率期限结构不能对未来 6 周内的通货膨胀率水平及其变化进行预测，却能对未来 6 周内的实际利率进行预测。反之，当期限延长到 9 个月和 12 个月时，利率曲线的坡度主要反映了未来通货膨胀率的变化。而采用美国、英国、西德和瑞士四国的利率期限结构月度数据进行的实证分析也进一步证实，在较长期限内，利率期限结构对未来通货膨胀率有较强的解释能力，而对同期的年实际利率变化的预测能力较弱。此外，在对物价指数连接债券的收益率和其他固定收益债券的收益率的分析中，发现当前利率期限结构中隐含着未来通货膨胀的信息，但有过高估计未来通货膨胀率的趋势。由于估计的偏误相对比较稳定，也就是说，这种估计是系统性的向上的偏误，因而利率期限结构对未来通货膨胀率具有较强的预测能力。这种系统性的高估，或许也体现了货币与通胀的内在关系：随着货币增发，通胀自然上升，于是使用货币因子（利率期限结构，特别是一般都是正利率）预测的通胀就出现了系统性的高估。于是，利率期限结构被赋予了重要的货币政策含义，较陡的利率曲线预示着未来几年内通货膨胀率有上升的压力，反之，较为平坦的利率曲线说明未来通货膨胀率有下降的趋势。

6.3.4.3 与实际产出的关联

曾经一个经济现象引起了的广泛关注，自20世纪50年代以来，在每一次经济衰退出现之前，美国长短期利差都会显著下降。在90年代相关的实证分析结果首次公之于众的时候，这一规律又一次得到了验证。后来，在其他发达国家如德国和加拿大也发现了类似的经验证据。通常的规律是，当10年期国债利率与3个月国债利率之差为负时，经济衰退就会接踵而来。由于该发现能为货币当局的宏观调控提供重要的参考依据，利率期限结构竟然可能能够发挥预测未来实际总产出和经济衰退的作用，因而受到了广泛的关注。

从理论上来看，利率期限结构通过以下途径影响实际经济活动：短期利率上升，将导致社会总投资下降，未来的实际产出水平下降；利率期限结构可能包含了当前宏观调控措施的信息。例如，当经济过热、存在通货膨胀压力时，央行采取紧缩性货币政策。一方面，银行准备金水平将呈现下降的趋势，同业拆借利率上升，进而引起其他短期利率上升；另一方面，短期利率的上升终将导致长期利率的上升，由于当前的货币紧缩政策是暂时的，长期利率调整幅度将远远小于短期利率的调整幅度，利率曲线的坡度变缓。

另外，利率期限结构的倒挂（如10年期国债利率与3个月国债利率之差为负），通常可以认为是经济衰退或金融危机的结果。因为利率指标的敏感性，因而它会早于其他指标最先表现出来。通常情况下，长期利率要高于短期利率，因为随着期限的增加不确定性也会增加，于是需要有相应的风险溢价。但是，在极端经济和市场环境下，可能由于投资者的恐慌情绪和风险偏好的扭曲，造成利率期限结构曲线的扭曲。例如，在经济衰退时期，投资者普遍悲观甚至恐慌，不愿意进行风险投资，如股票、企业债券等，而此时，无违约风险、同时又能带来稳定的长期回报的国债就会受到青睐，成为避险资金的避风港。随着避险资金的涌入，长期国债价格推高、收益率下降，于是可能出现长期收益率低于短期收益率的利率期限结构曲线倒挂现象。

对上述理论进行实证分析，可以运用线性回归模型，用长短期利差预测未来年经济增长率的变化；也可以利用长短期利差预测未来一年内发生经济衰退的概率。在计算长短期利差的时候，一般选取10年期的国债利率作为长期利率，3月期的国库券或其他短期无风险资产利率作为短期利率。实证分析的证据表明，长短期利差对未来4年内的实际经济变量有较强的解释能力，对未来1年半内的经济增长率有较强边际解释能力。而同时考察美国、德国、英国、意大利和法国5国的利率期限结构与货币政策工具变量、通货膨胀率和真实经济活动之间的关系的相关研究发现，利率期限结构对未来1至2年的国民生产总值的增长率有较强的预测能力。甚至还可以运用最大似然法估计滞后一年的经济衰退发生的概率，发现5个国家的数据均能准确地预测经济衰退发生的概率，特别是美国和德国。

利率期限结构的货币政策含义受到了各国央行的高度重视。英格兰银行的《通货膨胀报告》从 1994 年开始定期公布根据利率期限结构推导出来的预期通货膨胀率,而美联储早在 1996 年就决定把利率期限结构作为一个重要的先行经济景气指数,并定期公布长短期利差的变动。利率期限结构包含了未来利率走势、通货膨胀率和实际产出及其变动的信息,与货币政策目标有较强的关联性。但是,尽管利率期限结构模型对宏观经济变量有较强的解释能力,但二者相关关系的稳定性可能会随货币政策体制的变化而发生变化。例如,随着信息的充分识别和交互,市场投资者对利率期限结构的解读和使用更加充分,特别是在美联储等货币政策制定部门以其作为决策变量之后,利率期限结构在将来能否用来预测货币政策目标还是一个未知数。换句话说,从货币政策制定和投资的角度来看,只有没有被市场上的大多数参与者察觉和使用的信息才是有价值的,否则,根据有效市场理论,一切已在市场价格中有所体现,无须再做更多的预测和分析。

因而,利率期限结构可以作为现有货币政策工具的补充,对货币当局的决策起辅助作用;同样,利率的期限结构也可以作为投资决策的辅助工具;而对于金融资产估值来说,与货币政策制定和投资决策相反,估值最需要的恰恰不是未被察觉的信息,而是一致的、公认的预期,因而这种因素对其准确性和公信力的影响要小得多。

6.4 债券风险

债券的估值和定价以现金流和利率为基础,尽管具有相对稳定的现金流,但债券价值仍受违约风险、利率风险等多种风险的影响,如何对债券进行风险管理,并在估值中体现风险因素,是在进行债券估值时需要考虑的基本问题。本节讨论债券的风险价值,即从承担风险、获取溢价的视角,分析债券的风险收益特征,从而理解债券面临的多种风险及其对债券价值的影响。结合债券合约的特征和收益现值的估值原理,使用债券的套利均衡定价及到期收益率计算,在引入利率期限结构的基础上,进行债券的风险度量。重点是分析债券收益水平的利率敏感性特征和期限的利率风险内涵,在下一节还将引入久期度量,更加深入地挖掘其性质与信息,据此还能形成资产负债久期匹配的管理策略。

债券等固定收益证券之所以被冠以"固定收益"的名称,是因为这类证券要么承诺提供一种固定的现金流,除非发行人出现偿付能力不足或破产等困难,否则这些收益和现金流都是固定的。但债券发行者确实有破产的可能性,因此债券投资面临违约风险,或者称之为信用风险;而债券息票率一旦确定就不能改变。当市场利率升高时,原有债券的投资就产生利率损失,这就是利率风险,或者说是市场风险;与此同时,债券还面临整个金融体系的流动性风险、突发事件风险和全局风险等,因而需要在认识债券面临的风险的基础上评估债券的风险价值,债券的价值中其实有一部分就是对信用风险、市场风险、流动性风险的溢价。

6.4.1 债券的信用风险

债券违约风险通常被称为信用风险。通常债券信用风险的测定由信用评级机构负责，国际主要的信用评级机构有：穆迪投资服务公司、标准普尔公司、惠誉国际公司等。中国比较有影响的评级机构有大公国际资信评估有限公司、中债资信等。以上这些机构，都基于发行人的财务信息并对所发行的企业债券、市政债券等按其资质和违约风险大小进行信用评级。一般用字母等级表示所发行债券的安全性，如 AAA、AA+、A-等。不同评级机构的评级符号不同，如标普采用 AAA、AA、A 等，穆迪则采用 Aaa1、Aaa2 等。

债券评级机构主要根据发行公司财务状况的变动趋势与水平对其所发行债券的信用状况进行等级划分。以信用研究中经常引用的 Z-score 模型为例，通常分析发行人信用风险最经常使用、也是最看重的重要财务指标包括偿债能力、杠杆率、流动性比率、盈利比率等。

偿债能力比率（coverage ratio）是公司收入与固定成本之间的比率。具体可以是多种指标的结合。例如，已获利额对支付利息的倍数比率（times-interest-earned ratio）是支付利息和税收之前的收入与应付利息的比率。固定费用偿付比率（fixed-charge coverage ratio），用扣除税金、利息和税金前的净收益总额除以利息、税金和调整税项后的偿债基金支付款项的总数。低水平或下降的偿债能力比率意味着可能会发生现金流动困难。

杠杆比率（leverage ratio）是债务与资本总额的比率。过高的杠杆比率表明负债过多，标志着公司无力获取足够的收益以保证债券的安全性。

反映流动性比率（liquidity ratio）的最常见的指标是流动比率（current ratio）和速动比率（quick ratio）。流动比率即流动资产与流动负债的比值；速动比率即包含存货在内的流动资产与流动负债的比值。这些比率反映了公司用流动性最大的资产进行偿债的能力。

盈利比率（profitability ratio）是有关资股或股权收益率等级的指标。盈利比率是一个公司整体财务状况的指示器。其中，资产收益率（支付利息和税收之前的收入与总资产的比值）或净资产收益率等是最常见和最经常使用的比率。

现金流对总负债比率（cash flow to debt ratio）则是现金总流量与债务的比值，反映了企业的现金流实现能力与负债水平的关系，用以判断企业是否能够产生足够的现金流来支持债务本金和利息的偿付，从而避免陷入偿债危机。

Z-sore 模型用差异分析法来预测违约，将公司按财务状况打分，分值超过临界点则被认为是可以信赖的，低于临界点则表明在不久的将来有重大违约风险。这是进行信用风险分析的一个简单的例子，在实际操作中各评级机构采用的评级方法要更加复杂，一般包括财务指标的定量分析模型和专家判断的定性分析模型，同时还要使用大量的历史数据和统计分析工具。除了信用评级机构，一般大型金融机构特别是商业银行也都会建立自己的内部评级体系，基于内部数据构建内部评级模型进行信用风险计量，以便更好地分析自己客户的信用风险和资产质量。

如上所述，对于除了国债等主权国家发行、不存在违约风险的无风险债券外，由一般公司等其他发行人发行的债券都存在信用风险。而为了补偿可能发生的违约，公司债券必须提供违约溢价或信用风险溢价，即给出比国债更加有吸引力的利率定价。在实务中，信用溢价是公司债券的承诺收益率与无违约风险的中央政府债券收益率之差。如果公司的偿还还是有保障的并且实际兑现了，投资者就会得到比中央政府债券更高的到期收益率。如果公司违约甚至破产，公司债券的收益率就比政府债券更低，甚至可能遭受本金损失。公司债券与无违约风险的中长期国债相比，存在两种潜在的可能性——更好或更坏的收益率。换句话说，它更具有风险性。风险性债券的违约溢价模式被称为利率的风险结构。违约风险越大，信用溢价越高。这一方面的分析，也可以参见信用债定价中关于信用溢价和隐含违约概率的介绍。

6.4.2 债券的市场风险

债券的市场风险中最主要的是利率风险，当然，对于结算币种不是本币而是外币的债券，还存在汇率风险或其他风险。

普通债券等典型的固定收益证券价值通常与利率反向变动：当利率上升（下降）时，固定收益证券的价格将下降（上升）。对于打算持有到期的投资者来说，不用关心到期之前证券的价格变化，然而，对于到期日之前可能主动或不得不出售固定收益证券的投资者来说，利率上升意味着当期的损失。这种风险被称为市场风险中的利率风险。

由于绝大部分债券的发行人最终不会发生违约，因此，一般情况下，利率风险是迄今为止管理者和投资者在固定收益证券市场面对的最主要的风险，也是最为关心的风险。

通常，经常用国债的收益率水平表示市场利率，大多数其他证券的收益率用适当的国债收益率的利差表示，这里面体现的就包括上文提到的信用溢价。所有固定收益证券的收益率是相互关联的，它们的价格随国债收益率（市场利率）的变化而变化。债券价格变动的实际程度依赖于证券的各种特点，比如息票利率、到期日和包含在证券中的各种选择权（例如提前赎回和可回售条款）等等。为了控制利率风险，就必须对其进行量化分析。衡量利率风险最普遍使用的尺度是久期和凸性，这将在下文中予以介绍。

除了因为市场利率上升或者下降导致的债券价值变动这种直接的利率风险，再投资风险也可以认为是一种特殊的利率风险。它代表了如果把资金收回，可能无法获得原债券的利率水平，其本质上也是由于市场利率变化所导致的。由于投资中收到的现金流通常需要被用来再投资，从再投资中获得的收入被称为利息的利息，额外收入的多少依赖于再投资时的利率水平和再投资策略。按照既定策略进行再投资时，由市场利率变动导致收益波动的风险就是再投资风险。再投资风险源自债券收回的现金流进行再投资时利率的下降，持有时间越长，再投资风险越大；现金流越多越早，再投资风险也越大。这种再投资风险和一般的利率风险正好是相反的。例如，当利率上升时，债券价值会出现下跌，存在利率风险；而当利率下降时，已经收回的现金将无法获得原有的利率水平，存在再投资风险。

6.4.3 流动性风险

流动性风险（liquidity risk）是投资者不得不以低于最近一次交易标示的债券真实价值的价格出售债券的风险。在存在交易商或做市商的市场，可以使用债券交易商报出的买价与卖价之差作为衡量流动性高低的基本指标。买卖价差越大，流动性风险越大。一个流动性高的市场通常有很小的买卖价差，并且不会因大宗交易而明显扩大。

对市场整体而言，买卖价差可以用最高买价（交易商愿意买进证券的最高价格）和最低卖价（交易商愿意卖出证券的最低价格）表示。这个反映市场的流动性的指标也叫作市场买卖价差。对于计划投资债券并持有到期的投资者，不必随时根据市场价格对资产进行重新估值，对流动性风险可以不那么关心。相反，那些计划以交易作为持有证券的目的，需要不断根据市场价格确定资产价值的投资者，必须时时关注流动性风险。按照当前市场价格对资产定价，意味着将投资组合中的证券价值，按照当前市场价格重新评估。例如，可以按照收盘价格重新评估持有资产组合的价值，从而据此计算所有投资组合的价值。

而对于市场价格的获取，一般地，证券流动性越小，交易商获得的买价差异就越大。如果证券的流动性很低，其价格确定将受到大额交易的极大冲击，在出现大额买单时价格可能暴涨，而在出现大额卖单时价格可能暴跌。这种短期的流动性冲击对价格的影响都是短暂性的，其本质上并没有改变债券的真实价值，但确实会对市场价格产生明显的冲击。因此，从交易和投资的角度，可以认为流动性因素也是构成债券价值的要素之一，具有高流动性的债券理应在定价上得到一定的照顾。而对投资者而言，从避免风险的角度出发，如果两只债券其他要素相同，毫无疑问通常会有限选择市场流动性较好的债券。所以，一般认为企业债券等其他债券相较于国债等市场基础资产的价差之中，除了信用溢价和市场风险溢价之外，还会包含一部分流动性溢价。

6.4.4 其他风险

除了上述主要的信用风险、市场风险和流动性风险，债券还面临其他一些风险类型。

比如，存在内嵌选择权的可赎回债券就存在提前赎回风险。有许多债券包含一个允许发行人在到期日之前购回或赎回全部或部分债券的条款。发行人通常保有这个权利，以便于未来市场利率下降到低于息票利率时对债券进行再融资。

从投资者角度看，提前赎回条款有三个不利之处。首先，可赎回债券的现金流模式是不确定的。其次，因为当利率下降时发行人可提前赎回债券，投资者会暴露在再投资风险之下。也就是说当债券被赎回时，投资者将不得不按较低的利率，将收到的现金进行再投资。最后，债券的升值潜力将减小，这是因为可赎回债券的价格不可能高于债券的赎回价格。尽管可以通过降低价格、提高收益率等手段对投资人承受的提前赎回风险予以补偿，但补偿是否到位难以确定。对于固定收益证券组合的投资管理来说，由于本身就是依赖货币的时间价值获利，因此关于时间风险普遍存在，一旦无法完成整个投资周期，即使本金利息未受损失也将导致整个投资计划或财务计划的失败，因此许多市场参与者或研究者把它看作仅次于利率风险的第二大风险。

此外，对于使用非本位币（对中国企业而言一般为人民币）计价的债券（即以外国货币偿付的债券）的折合本币的现金流是未知的，因此债券可能还面临一定的汇率风险。

此外，还有政治和法律风险。有时政府会宣布扣缴或增加额外的债券税收，或宣布对某个债券免税。另外，监管机构可能会断定，某个债券对其监管的投资实体来说是不合适的。这些行为可能会对证券价值产生消极影响，也可能产生积极影响。任何有可能对证券价值产生消极影响的政治或法律行为，均构成政治风险或法律风险。

当然，并非所有的债券或其他固定收益证券都会使投资人面临上面讨论的所有风险。但是，即使不考虑风险管理的需要，在对债券进行估值和定价时，也需要在应用各种工具和投资组合分析模型时深入研究和讨论风险因素的影响。因为从本质上讲，包括债券在内的所有金融工具都是因承担风险而获益的工具，因此可以认为所有的溢价都是由所承担的各种风险要素带来的定价补偿所组成的。

6.5 凸性和久期

6.5.1 债券价值与利率

债券价值的变化与利率的变化是反方向的。如果利率上升，债券资产的价值将减少，造成损失。相反地，如果对做空债券的投资者来说，利率的下降将带来损失。然而，投资人绝不满足于仅仅知道何时头寸将遭受损失，他们还要了解更多的东西。为控制利率风险，投资者必须能够量化风险将造成的后果。

衡量利率风险的关键是对利率反向变动后头寸的价值作精确估计。估值模型就是用来做这件事的。如果没有可信赖的估值模型，就没有办法准确衡量利率风险暴露程度。

在测算债券头寸或投资组合对利率风险暴露的程度时，最容易想到的方法是对利率改变后的资产或头寸价值作重新评估。这种评估要在假设的利率变动情景下进行。

例如，一个投资者可能希望衡量利率瞬时改变 50 个基点、100 个基点和 200 个基点时的利率风险暴露程度。这种假定利率变动情景，然后重新评价债券或债券组合价值的方法称为情景分析法。

例如，假定一位投资者有面值总额 100 元、息票利率 9%、20 年期的债券头寸。该债券是无选择权债券，按百元面值标示的市场价格为 134.67 元，对应 6% 的收益率（即到期收益率）。既然持有债券，这位投资者很自然要关注收益率是否有导致头寸价值降低的上升趋势。为评价市场收益率上升时的风险暴露程度，投资人决定考察当收益率按照下面三种情景做瞬时改变时，债券的价值将怎样变化：第一种情况，上升 50 个基点；第二种情况，上升 100 个基点；第三种情况，上升 200 个基点。这意味着这位投资者需要估计这只债券的收益率从 6% 增加到 6.5%、7%、8% 时，头寸价值的变化。因为无选择权，价值评价相对简单。我们假设，用一个收益率折现所有的现金流，也就是假设收益率曲线是水平的。按这只债券的面值价格，100 元面值头寸的价值和价值变动如下表所示：

情景	收益率变化（基点）	变动后收益率	变动后债券价值	价值相对变动
1	50	6.5	127.76	-5.13%
2	100	7	121.36	-9.89%
3	200	8	109.90	-18.40%

上述情景分析法事实上就是把债券的价值完全按照估值的方法进行一次重新的计算，其特点是直截了当。如果有一个好的估值模型，只要估计在收益率曲线平行或非平行移动的不同情景之下投资组合或单个债券价值将怎样改变，就可测算出一个投资组合的利率风险。使用完全估价法时，常常遇到的问题是如何选择情景。某些情况下，一些情景是监管机构设置的。例如，人民银行在开展压力测试时，就会要求金融机构在给定基点瞬时变动（上升或下降）时，计算对债券组合价值的影响。

当然，在评价收益率曲线变动如何影响投资组合的风险暴露程度时，理论上可以设置无数多的情景并评价价值变动。最科学的做法是，通过一些统计分析（如历史模拟法），根据历史数据确定一组最有可能出现的收益率曲线移动情景，再进而分析债券价值的变动。

假设投资者有一个好的估值模型，可用来估计在任何一个利率情景之下债券的价格，我们就能用情景分析法评估任何情景，从而估算出一只债券或一个投资组合对利率变动的风险暴露程度。在评估单个债券头寸或是少量的几种债券的投资组合时，情景分析法有其优势，但对于由多种债券或种类较少但结构复杂（例如内含的选择权）的债券组成的投资组合而言，情景分析法就过于耗时了。如果利率曲线平行移动，投资者们需要一种能够直接测知投资组合或者单个债券价值将怎样变动的衡量方法，而不必通过重估投资组合价值才能获得答案。这个衡量方法就是久期,以及它的辅助方法凸性。

6.5.2 久期

债券的期限越长,利率变化的不确定性就越强,利率风险就越大。因此,为了简易、直接地识别债券的价值变动、特别是债券价值关于利率的变动,就需要一个恰当的债券时间属性的指标来刻画利率风险。

对于最简单的零息票债券,由于到期前没有利息派发,因此它的期限越长则利率风险越大。对于一只息票债券,情况就更加复杂一些。为了解决债券利息或本金多次支付的"期限"问题,需要建立一种测度以便度量债券发生现金流的平均期限,从而能够对债券的关于投资成本的有效期限进行有经济意义的度量,并据此刻画债券价值关于利率变化的敏感性。显然,债券价值的敏感性会随着到期时间的增长而增加,如何这种影响和关系进行量化,对于分析债券的价值和风险具有很大意义。

为此,麦考利提出了久期的概念。一个期限为 T、价值为 P 的债券的久期为:

$$D = \sum_{t=1}^{T} t \cdot \left[\frac{CF_t}{(1+i)^t} / P \right]$$

其中,i 为该债券的到期收益率,CF_t 为第 t 期的现金流。由此可以知道

$$P = \sum_{t=1}^{T} \frac{CF_t}{(1+i)^t}$$,即上述权重之和为 1,因为按照到期收益率折现的各期现金流的现值之和即为该债券当前的价值 P。

久期是债券的每次息票利息或本金支付时间的加权平均。每次支付时间相关的权重应当同那次支付对债券价值的贡献度相联系,从而权重应该是这次支付在债券总价值中所占的比例。这个比例即为这笔现金流支付的现值除以债券价格。

假设有一种面值为 1000 元,按年以 9% 为息票利率支付利息、10% 为到期收益率的 8 年期债券所引发的现金流。前 7 年中,每年的现金流就只是 90 元的利息;最后一年中,现金流是利息与本金之和,即 1090 元。该债券的现金流呈现一种前轻后重的状态,即一开始偿还的现金流较小,最后偿还较多,债券的久期就是使这整个期限现金流平衡的支点,在这个例子中就是 5.97 年,即以现金流现值占总现值的比例为权重、对每次现金流发生时间进行加权平均的结果。显然,对于存在分次付息或者分期还款的债券,到期日之前的利息或本金支付使债券的有效加权平均期限小于实际到期时间。

而对于零息债券,由于只有一次支付,因此支付的平均期限就是债券的期限,因此,零息债券的久期等于该债券的到期时间。

久期成为固定收益证券估值定价或风险分析中的一个重要概念,主要有以下原因。一方面,久期是对固定收益资产组合平均期限的一个合理的而又简单直观的估计,能够反映一个固定收益证券的"平均期限";另一方面,久期可以被用作固定收益证券利率风险计量和管理的重要工具,能够反映债券关于利率的价值波动关系,是债券或债

券资产组合利率敏感性的非常有效的度量。

一般而言，长期债券相较于短期债券有更加明显的利率波动敏感性，即长期债券的价值对于到期收益率的变化更加敏感。以久期作为度量尺度，可以量化上面所述的这种关系。具体而言，当利率（到期收益率）发生变化时，债券价值的变化与到期收益率的变化相关，并且呈现出以下的近似数量关系：

$$\frac{\Delta P}{P} = -D \times \frac{\Delta(1+i)}{1+i}$$

上式的推导，实则就是债券价值公式（现金流使用到期收益率的折现现值之和）的一阶泰勒展开，利用一阶求导计算可以得出公式的证明。

由 $P = \sum_{t=1}^{T} \frac{CF_t}{(1+i)^t}$，

于是 $\frac{dP}{di} = \sum_{t=1}^{T} \frac{-t \cdot CF_t}{(1+i)^{t+1}} = -\frac{1}{1+i} \sum_{t=1}^{T} \frac{t \cdot CF_t}{(1+i)^t}$

进而 $\frac{dP}{di} \cdot \frac{1}{P} = -\frac{1}{1+i} \cdot \left(\sum_{t=1}^{T} \frac{t \cdot CF_t}{(1+i)^t} \right) \cdot \frac{1}{P} = -\frac{1}{1+i} \cdot \sum_{t=1}^{T} t \cdot \frac{CF_t/P}{(1+i)^t}$

从而 $\frac{dP}{P} = -D \times \frac{d(1+i)}{1+i} = -\frac{D}{1+i} di$，即（离散形式）：$\frac{\Delta P}{P} = -D \times \frac{\Delta(1+i)}{1+i}$

在实际运用时，久期所表达的敏感度依然不是非常直观，因为其中还与到期收益率有关。我们会说，如果利率增加1%，债券价格下降 $-\frac{1}{1+1\%}D$，这是很不方便也不符合习惯的。因此，在实际应用久期时，在形式上做一些变化。

定义修正久期为：$D^* = \frac{D}{1+i}$

由于 $\Delta(1+i) = \Delta i$ 或者说 $d(1+i) = di$

因而 $\frac{\Delta P}{P} = -D^* \Delta i$

这样所得到的是债券价格关于市场利率的关系，其实际含义为，市场利率增加一个百分点，将引起债券价格下降百分之 D^*，反之，市场利率下降一个百分点，将引起债券价格上升百分之 D^*。或者说，债券价格变化的百分比恰好等于修正久期与债券到期收益率的变化的乘积的负数。因为债券价格变化的百分比同修正久期成比例，因此，修正久期可以用来测度债券在利率变化时的风险暴露程度。然而，实际上由于修正久期和久期与债券价值、利率关系的计算是在一阶泰勒展开下计算的，相当于没有考虑二阶以上的变化，因此仅在利率的变动较小时比较精确。在债券收益变化很大时，可能出现比较大的偏差。

久期的计算并不复杂，主要是使用折现现金流权重对时间期限进行加权平均。假设一只5年期、每半年支付一次利息、面值1000元、票面利率4%的国债，假定到期收益率为5%，那么该只债券的久期计算如下：

5年期、票面利率4%、到期收益率5%的国债久期计算

序号	时间（年）	支付金额	折现现值 （收益率5%、每期折现率2.5%）	权重	久期计算分项 （时间×权重）
1	0.5	20	19.51	2.04%	0.01
2	1	20	19.04	1.99%	0.02
3	1.5	20	18.57	1.94%	0.03
4	2	20	18.12	1.89%	0.04
5	2.5	20	17.68	1.85%	0.05
6	3	20	17.25	1.80%	0.05
7	3.5	20	16.83	1.76%	0.06
8	4	20	16.41	1.72%	0.07
9	4.5	20	16.01	1.67%	0.08
10	5	1020	796.82	83.33%	4.17
	合计		956.24	100.00%	4.57

如上所示，当到期收益率为5%时，上述5年期国债的久期为4.57年，也就是说，该国债的利率敏感度是4.57，每当市场利率上升一个百分点，那么该债券的价格就会（近似的）下降4.57个百分点；反之，每当市场利率下降一个百分点，那么该债券的价格就会（近似的）上升4.57个百分点。

久期的概念的建立，使我们得以将债券价值关于利率的敏感性量化，这大大提高了价值分析、风险管理和投资决策的便利。例如，作为管理者非常关系未来利率变化将对所持有的债券资产的价值产生影响，进而对整个企业的资产状况和损溢产生何种影响，均可以通过久期来进行分析。此外，如果希望保持利率"中等水平"，并且仅与所选债券市场指数的利率敏感性相匹配，则通过久期可衡量这一敏感性，并在组合中进行模拟。为此，理解久期的性质以及久期的影响因素至关重要。

影响债券价值对市场利率变化的敏感性包括到期时间、息票利率和到期收益率等基本要素，这些决定价格敏感性的因素对于固定收益资产组合管理十分重要。前面已经提及，零息票债券的久期等于它的到期时间。付息债券之所以比零息票债券有更短的久期，是因为最后支付前的一些息票利息支付都将减少债券的加权平均时间。

此外，市场利率和到期时间不变时，债券的久期随着息票利率的降低而延长。其原因是较早的息票利息支付对债券利息支付的平均期限的影响。这些息票的利率越高，越早支付的权重就越大，支付的加权平均期限就越短。假设息票利率分别为10%和15%的息票债券，两者的到期收益率都是15%，息票利率为15%的息票债券的久期曲线将位于息票利率为10%的息票债券的久期曲线的下方。

再有，当市场利率和息票利率不变时，债券的久期通常随债券到期时间的增长而增长。债券无论是以面值还是以面值的折价或溢价出售，久期总是随到期时间的增长而增长。然而，久期并不总是随到期时间增长而增长，对于折现率很高的债券，久期可能会随到期时间的增长而下降。

而在其他因素都不变，债券的到期收益率较低时，息票债券的久期较长。较高的收益率减少了债券所有支付的现值，减少了更远期支付的数额，因为远期支付所占的比例更大。因此，在较高收益率时债券总值的更多部分依赖于它的早期支付数额，依赖于减少有效到期时间。当然，对于零息票债券，久期等于到期时间，无须考虑到期收益率的大小。

6.5.3 凸性

久期是一个简洁有效的利率敏感度的度量，但是，正如前文所述，久期事实上是债券价值的一阶泰勒展开，而作为一阶微分近似，其近似有效的条件在于利率变化不大。如果利率变化陡峭，从其图形上表现出突出的凹凸，就需要二次导数的补充了，这就是泰勒级数逼近的思想的更加深入的应用。这里所说的二次导数项一般被成为债券的"凸性"。

凸性之所以能够对久期进行补充，是因为它是对债券价格关于到期收益率变化函数弯曲程度的一种度量。由于久期反映了一阶近似，因此它只是每一个点的局部关系，不是一条债券价格关于利率变化的完整关系。在形式上，用于刻画债券价值与利率关系的修正久期也不是一个（关于利率变动的）常数，而是依赖利率的函数。这就是一条曲线的各点的切线。债券价值变化率与到期收益率之间的关系不是线性的。因此，久期虽然是对于当前债券投资的到期收益率或者由此预期的市场利率较小变化的良好近似表达，但是，它并不能对较大程度的变化做出精确的说明。

因此，要进一步描述真实价格关系，我们需要刻画曲线二阶微分（弯曲程度）的曲率指标。由于债券价值对于到期收益率关系的曲线形状是凸型曲线，因此，这种价格与收益率曲线的曲率就称为债券的凸性。

可以将凸性量化为债券价格与到期收益率曲线斜率（久期）的变化率，并表示为债券价格变化率的一部分。可以将刻画价格变化率大小的债券价格所具有的较大凸性视为价格与收益率关系的曲率较大的表现，此时凸性的指标就不可被忽略。严格地讲，不可赎回的一般债券的凸性有正值，到期收益率增加时斜率变大。

如前所述，久期表现的是债券价值的一阶泰勒展开，凸性则是更加精确的二阶展开。为了更清晰地表达了定义凸性，并给出具体的数学公式，对债券价值 P 进行二阶泰勒展开：

$$dP = \frac{dP}{di}di + \frac{1}{2}\frac{d^2P}{di^2}di^2$$

$$= \left(\sum_{t=1}^{T} \frac{-t \cdot CF_t}{(1+i)^{t+1}} \right) di + \frac{1}{2} \left(\sum_{t=1}^{T} \frac{t(t+1) \cdot CF_t}{(1+i)^{t+2}} \right) di^2$$

因而，

$$\frac{dP}{P} = \frac{1}{P} \left(\sum_{t=1}^{T} \frac{-t \cdot CF_t}{(1+i)^{t+1}} \right) di + \frac{1}{2P} \left(\sum_{t=1}^{T} \frac{t(t+1) \cdot CF_t}{(1+i)^{t+2}} \right) di^2$$

$$= -\frac{1}{1+i} \left(\sum_{t=1}^{T} \frac{t \cdot CF_t/P}{(1+i)^{t+1}} \right) di + \frac{1}{2} \left(\sum_{t=1}^{T} \frac{t(t+1) \cdot CF_t/P}{(1+i)^{t+2}} \right) di^2$$

在上式中，第一项一阶展开系数就是修正久期的相反数，第二项二阶展开系数就是凸性。因此，凸性的定义及公式为：

$$V = \sum_{t=1}^{T} \frac{t(t+1) \cdot CF_t/P}{(1+i)^{t+2}} = \left[\sum_{t=1}^{T} \frac{t(t+1) \cdot CF_t}{(1+i)^{t+2}} \right] / P$$

从具体含义上看，凸性是各期现金流的现值关于期初价值的权重对时间 $t(t+1)$ 进行加权平均，再进行到期收益率的二次调整（$(1+i)^2$）。

普通债券价格一般都具有的正的凸性，不管市场利率是上升还是下降，第二项的调整作用总是正的。因此，如果仅适用久期估计债券的价值，当收益率变动时总是低估债券的价值。把凸性考虑进来则更加精确。从债券价格变化率的角度，久期和凸性是刻画利率敏感度的一次项和二次项。而从二者的关系来看，凸性是修正久期的导数，这也是由泰勒展开的性质所决定的。

对于债券的价值，凸性的作用是正向的，因而从投资的角度或从价值分析的角度凸性一般比较受欢迎，而不像久期被视为利率风险的特征。具有较大曲率的债券在收益率下降时，其价格的增加量大于收益率上升时价格的减少量。假设在初始收益率下久期相同的两种债券 A 和 B，债券 A 的凸性比债券 B 更大，当利率有较大波动时，债券 A 的价格或者比 B 涨得多，或者比 B 跌得少。如果利率不稳定，那么这个富有吸引力的不对称现象将增大债券的期望收益率，因为债券 A 在利率上升时收益较大、在利率下降时损失较小。

6.6 利率曲线插值方法

如上面介绍的，包括固定收益证券等在内的金融工具最常见的估值技术，就是通过估值模型构建收益率曲线，并选取金融资产相应的收益率，将未来现金流量折现为当前金额，反映未来金额的当前市场预期。

从估值技术应用看，估值技术主要包括公允价值估值计算和收益率曲线构建两大部分。其中，所谓公允价值估值计算，一般都是各种现金流的折现方法（衍生品等会涉及更加复杂的公允价值估值模型，比如均衡定价等），当然其中具体的处理细节会有差异，比如使用单利或者复利，使用离散方法还是连续方法，等等，但其形式和处理都相对简单。因此，对固定收益证券来说，估值技术的核心就是收益率曲线构造。

根据实践中的具体情况，经常使用的收益率曲线构建方法包括 Hermite 插值模型、分段样条拟合模型和贝叶斯拟合模型。

6.6.1 Hermite 模型

Hermite 模型利用 Hermite 插值技术定义已知样本点间的函数形式，并根据插值条件得出未知节点收益率曲线。

Hermite 插值模型的贴现因子 $D(t)$ 是关于年化剩余期限 t 的一个多项式分段连续函数。结合票据业务的期限特征和市场惯例，将 t 划分为若干个期限区间。设 t_1, $t_2 \cdots t_N$ 为一列给定的关键期限点，且 $0 < t_1 < t_2 < \cdots < t_N < +\infty$。

以上述 $t_1, t_2 \cdots t_N$ 为分段的拟合曲线函数表达式为：

$$D_1(t) = a + b_1 t + c_1 t^2 + d_1 t^3 \quad t \in [0, t_1]$$
$$D_2(t) = a + b_2 t + c_2 t^2 + d_2 t^3 \quad t \in [t_1, t_2]$$
$$\cdots \cdots \cdots$$
$$D_N(t) = a + b_N t + c_N t^2 + d_N t^3 \quad t \in [t_{N-1}, t_N]$$

其中，t 为固定收益业务的剩余期限（年化）；$0 < t_1 < t_2 < \cdots < t_N < +\infty$ 为期限范围内分段函数的间隔点；$D_i(t)$ 为期限范围内贴现因子的函数。

为保证函数的平滑性及在分段点的连续性，Hermite 插值函数需满足两个约束条件：相邻的两段函数在相交的节点处取值相等、一阶导数相等且为指定值，即：

$$D_i(T_i) = D_{i+1}(T_i), \quad D_i^{(1)}(T_i) = D_{i+1}^{(1)}(T_i)$$

其中，$D_i^{(1)}(T_i)$、$D_{i+1}^{(1)}(T_i)$ 分别表示相应的函数 $D(t)$ 在 T_i 处的一阶导数。

上面的插值函数形式与前面章节中介绍的分段多项式样条函数拟合基本一致，Hermite 插值技术的特殊之处在于，通过构造 Hermite 基底函数来构建差值函数。

假设在构造差值曲线时已知部分节点的数值，即在 $t_1, t_2 \cdots t_N$ 的贴现因子分别为 $D_1, D_2 \cdots D_N$，那么对于任意的 $t: t_i < t < t_{i+1}$，其贴现因子的计算公式为：

$$D(t) = D_i H_{1,0}(t) + D_{i+1} H_{1,1}(t) + m(t_i) \hat{H}_{1,0}(t) + m(t_{i+1}) \hat{H}_{1,1}(t)$$

其中，D_i、D_{i+1} 分别为期限 t_i 和 t_{i+1} 所对应的贴现因子（均为已知点），$m(t_i)$、$m(t_{i+1})$ 分别为期限 t_i 和 t_{i+1} 所对应的斜率（一阶导数）。

$H = \begin{pmatrix} H_{1,0}(t) & H_{1,1}(t) & \hat{H}_{1,0}(t) & \hat{H}_{1,1}(t) \end{pmatrix}$ 即为 Hermite 基底函数。其中：

$$H_{1,0}(t) = \left(1 + 2 \frac{t - t_i}{t_{i+1} - t_i}\right)\left(\frac{t_{i+1} - t}{t_{i+1} - t_i}\right)^2 = 3\left(\frac{t_{i+1} - t}{t_{i+1} - t_i}\right)^2 - 2\left(\frac{t_{i+1} - t}{t_{i+1} - t_i}\right)^3$$

$$H_{1,1}(t) = 3\left(\frac{t - t_i}{t_{i+1} - t_i}\right)^2 - 2\left(\frac{t - t_i}{t_{i+1} - t_i}\right)^3$$

$$\hat{H}_{1,0}(t) = \frac{(t_{i+1} - t)^2}{t_{i+1} - t_i} - \frac{(t_{i+1} - t)^3}{(t_{i+1} - t_i)^2}$$

$$\hat{H}_{1,1}(t) = \frac{(t-t_i)^3}{(t_{i+1}-t_i)^2} - \frac{(t-t_i)^2}{t_{i+1}-t_i}$$

使用以上差值函数计算出的为贴现因子,如需获得对应的收益率,还要进行转换。比如,对于连续化收益率和贴现因子,有:

$$D = (1+r)^{-1}$$

6.6.2 分段样条拟合模型

分段样条拟合模型的基本介绍也可以参见前面的6.3.2.2,其中最经常使用的是分段三次样条。分段三次样条拟合模型使用曲线拟合技术计算样本点到曲线的距离,并使用最小二乘法使曲线离样本点总距离最小。分段三次样条拟合模型充分反映市场所有合理的样本点信息,降低单个异常样本点对曲线构建的影响。

分段三次样条拟合模型贴现因子 $D(t)$ 是关于 t 的一个多项式分段连续函数,利用样条函数来逼近贴现因子。结合固定收益证券交易特征和市场惯例,将 t 划分为若干期限区间。设 $t_1, t_2 \cdots\cdots t_N$ 为一列给定的期间的间隔点,且满足 $0 < t_1 < t_2 < \cdots\cdots < t_N < +\infty$。则相应的三阶样条函数为:

$$D_1(t) = a_1 + b_1 t + c_1 t^2 + d_1 t^3 \quad t \in [0, t_1]$$
$$D_2(t) = a_2 + b_2 t + c_2 t^2 + d_2 t^3 \quad t \in [t_1, t_2]$$
$$\cdots \cdots \cdots$$
$$D_N(t) = a_N + b_N t + c_N t^2 + d_N t^3 \quad t \in [t_{N-1}, t_N]$$

为保证分段函数的平滑性及在分段点的连续性,三阶样条函数需满足三个约束条件,即相邻两个分段函数在节点处连续、相邻两个分段函数的斜率在节点处连续、相邻两个分段函数的二阶导在节点处连续,具体函数形式如下:

$$D_i(t_i) = D_{i+1}(t_i), \quad D_i^{(1)}(t_i) = D_{i+1}^{(1)}(t_i), \quad D_i^{(2)}(t_i) = D_{i+1}^{(2)}(t_i)$$

6.6.3 贝叶斯模型

贝叶斯拟合模型将非参数回归转化为线性混合模型,该模型采用客观贝叶斯方法确定平滑参数模型,先验分布只依赖于模型,无须另外选取参数。

贝叶斯拟合模型使用 N 个三次多项式描述两个间隔点之间的贴现因子曲线,对于位于区间 $[t_i, t_{i+1}]$ 之内的任意 t,拟合贴现因子 $f_i(t)$ 的表达式为:

$$f_i(t) = a_i + b_i t + c_i t^2 + d_i t^3 \quad t \in [t_{i-1}, t_i], \text{ 且其中 } t_0 = 0$$

同样地,为保证分段函数的平滑性及在分段点的连续性,三阶样条函数需满足相邻两个分段函数在节点处连续、相邻两个分段函数的斜率在节点处连续、相邻两个分段函数的二阶导在节点处连续,即:

$$f_i(t_i) = f_{i+1}(t_i), \quad f_i^{(1)}(t_i) = f_{i+1}^{(1)}(t_i), \quad f_i^{(2)}(t_i) = f_{i+1}^{(2)}(t_i)$$

对于 $t \in [t_i, t_{i+1}]$,拟合贴现因子为

$$f_i(t) = z_i + b_i(t-t_i) + \frac{c_i}{2}(t-t_i)^2 + \frac{d_i}{6}(t-t_i)^3$$

其中，z_i 为在节点 t_i 处的贴现因子取值，并且参数 b、c、d 与 z_i 之间存在如下关系：记 $h_i = t_i - t_{i-1}$，那么

$$z_i = z_{i-1} + b_i h_i + \frac{c_{i-1}}{2}h_i^2 + \frac{d_{i-1}}{6}h_i^3$$

$$b_i = b_{i-1} + c_{i-1}h_i + \frac{d_{i-1}}{2}h_i^2$$

$$c_i = c_{i-1} + d_{i-1}h_i$$

6.7 特殊债权类资产估值

6.7.1 回购和逆回购

回购交易主要为以债券为抵押的债券回购，以及以票据为抵押的票据回购（包括买入返售等）。债券回购交易是一种以债券作抵押的资金借贷行为。在交易中，买卖双方按照一个互相认可的利率（年利率）和拆借期限，达成资金拆借协议，即以券融资方（资金需求方）以相应债券作足额抵押，获得一段时间内的资金使用权；以资融券方（资金供应方）则在此时间内暂时放弃资金使用权，获得相应期限的债券抵押权，并于回购到期日收回本金及相应利息。

在债券回购交易中，会在债券交易的双方进行债券交易的同时，以契约方式约定在将来某一日期以约定的价格（本金记为 A_0，约定回购利率记为 r_0），由债券的"卖方"（正回购方）向"买方"（逆回购方）再次购回该笔债券的交易行为。则到期日，债券的卖方回购该债券支付的价格（记为 A_1）为：

$$A_1 = A_0(1 + r_0\alpha)$$

其中，$\alpha = t_1 - t_0$ 是交易生效日（t_0）至到期日（t_1）的时间间隔。

在回购期限内，为了覆盖信用敞口的风险，该笔交易的价值也就包含抵押物的价值。如果逆回购方违约的话，正回购方将会失去抵押物，因此也就是说若抵押物的价值高于正回购方向逆回购方的借款，则存在信用风险敞口。相反，若抵押物的价值低于逆回购方借出的借款，逆回购方也会存在信用风险敞口。在质押式回购业务中，采用不同的债券作为抵押品，每个债券的实际价值不同，其能够质押的资金也不一样。回购业务主要在本币交易系统中进行，通过"折算比例"来确定债券所能质押的资金。

记 A 为质押债券的总额，D 为折算比例，那么在单券种质押式回购中的成交金额为 $T = A \times D$。而如果是多券种质押式回购，用于质押的每个券种的金额和折算比例不同，总成交金额为 $T = \sum_i A_i \times D_i$。

在买断式回购业务中，无论是出于融资还是融券的目的，交易双方的关注焦点和衡量成本收益的最主要标准是回购利率。回购利率是一种参考利率，是根据首期资金支付额、到期资金支付额以及回购期限等要素计算的。

记 IP 为首期资金支付额，FP 为到期资金支付额，TC 为回购期内回购债券发行人支付的利息（如有），D 为回购期限，d 为回购期间回购债券利息支付日至到期结算日的实际天数。假如回购期间未发生债券付息，那么回购利率为：

$$r = \left(\frac{FP}{IP} - 1\right) \div \frac{D}{365}$$

假如回购期间发生了债券付息，那么回购利率为：

$$r = \frac{FP - IP + TC}{IP \times \dfrac{D}{365} - TC \times \dfrac{d}{365}}$$

6.7.2 可转债

可转换债券是一种由公司发行的债券类金融工具，它允许持有者在债券到期日之前的任何时刻将债券转换为一定数量的股票。因此，如果标的股票的价格显著上升，持有者可以执行转换。反之，如果标的股票的价格不变或下降，则可转换债券可视为普通债券。

债券转换为股票的数量由转换因子（Conversion Ratio）决定。转换价格（Conversion Price）为债券单位面值（Face）和转换因子的商。比较常见的方法是通过构建二叉树对可转债进行估值，这里先做介绍，具体的理论（如股票价格的随机过程等）可以参考期权估值章节的相关内容。

记股票当前价格为 S，在一个周期内上行至价格 Su 或下行至价格 Sd。利用二叉树结构以离散化的方式模拟股票价格的连续变动，即该离散过程与连续过程的均值和方差相等。连续的股票价格变化服从以下随机微分方程：

$$dS = (r_s - \delta)Sdt + \sigma S dW_t$$

其中，r_s 为无风险利率；δ 为股票分红率；σ 为波动率；$(W_t)_t$ 服从 Wiener 过程。

由该随机微分方程可得出以下两个公式：

$$e^{(r_s - \delta)\Delta t} = pu + (1 - p)d,$$
$$e^{(2(r_s - \delta) + \sigma^2)\Delta t} = pu^2 + (1 - p)d^2$$

其中，Δt 为二叉树步长。令 $p = \dfrac{1}{2}$，可解出：

$$u = e^{(r_s - \delta)\Delta t}\left(1 + \sqrt{e^{\sigma^2 \Delta t} - 1}\right)$$
$$d = e^{(r_s - \delta)\Delta t}\left(1 - \sqrt{e^{\sigma^2 \Delta t} - 1}\right)$$

债券到期日当日，可转换债券的收益为 $\max(N + c, nS)$。其中，n 为转换因子（Conversion Ratio），N 为单位面值（Face Value），c 为利息。

因此，在上行状态下：$V_u = \max(N + c, nS_u)$；在下行状态下：$V_d = \max(N + c, nS_d)$。

其中，V_u 和 V_d 分别表示可转换债券在股票上行和股票下行状态下的价值。

$S_u = S \times u$，$S_d = S \times d$。

因此，每个结点（对应时刻 t）上可转换债券的价值可由其子结点 V_u，V_d 得出：

$$V = \max(H, nS)$$

其中，H 为可转换债券在该结点的持有价值（Holding Value）：

$$H = \frac{1}{2} e^{-r_B \Delta t} [V_u + V_d] + c$$

其中，r_B 为区间 $[t, t + \Delta t]$ 上的远期风险利率。

如果可转换债为可赎回且可回售的（callable and puttable），则在收益函数为 $\max[\min(N + c, K_c), nS, K_p]$，$K_c$ 为赎回约定价，K_p 为回售约定价。对于百慕大或者欧式可转债，不可赎回的日期 K_c 为无穷大，不可回售的日期 K_p 为零。

使用二叉树数值方法对可转债进行估值，需要进行二叉树结点构造。考虑精度和效率，取步长：

$$\Delta t = \frac{1}{f \left[\dfrac{\tilde{M}}{f T} \right]}$$

其中，$\tilde{M} = \max \left[M^*, \left(T \dfrac{\sigma^2}{\ln 2} \right) \right]$，$M^*$ 为目标树层数（默认值为 30），T 为债券到期期限，f 为付息频率。该公式的包含的限制条件为 $\Delta t < \dfrac{\ln 2}{\sigma^2}$，在该条件下，可以避免出现股票价格负值。对于 $f < 2$ 或零息债券，在此取 $f = 2$。

步长周期数为 $M = \left[\dfrac{T}{\Delta t} \right]$。付息日为节点的子集。当 $\left[\dfrac{T}{\Delta t} \right] \neq \dfrac{T}{\Delta t}$ 时，第一层为不规则步长：

$$\Delta t = \mathrm{mod} \left(\frac{T}{\Delta t}, M \right) \Delta t$$

当第一层步长为不规则时，二叉树第一层的参数需要调整，即令 $\dfrac{u_1}{d_1} = \Lambda$，其中，$\Lambda = \dfrac{u}{d}$。

从而得出：

$$e^{(r_s - \delta) \Delta t_1} = p_1 u_1 + (1 - p_1) d_1,$$
$$e^{(2(r_s - \delta) + \sigma^2) \Delta t_1} = p_1 u_1 + (1 - p_1) d_1^2$$

解出 u_1，d_1，p_1 得：

$$p_1 = \frac{-b + \sqrt{b^2 - 4ac}}{2a}$$

$$d_1 = \frac{e^{(r_s - \delta)\Delta t_1}}{p_1(\Lambda - 1) + 1}$$

$$u_1 = \Lambda d_1$$

其中,

$$a = (\Lambda - 1)^2$$
$$b = 2\Lambda - 2 - k(\Lambda^2 - 1)$$
$$c = 1 - k$$
$$k = e^{-\sigma^2 \Delta t_1}$$

此外，还需要考虑折现因素。可转换债券包含了股票特征和固定收益特征。普通的股票期权适用无风险利率曲线折现，而公司债券的现金流适用反映发行者的违约风险的风险利率曲线折现。当股票价格高时，可转换债券的折现方式接近股票折现方式；当股票价格低时，可转换债券的折现方式接近债券的折现方式。因此，应对二叉树上每个结点上的折现率进行调整以反映转换特征。

调整折现率的计算方法为，定义一个对冲投资组合 P 等价于股票价格：$P = V - \Delta S$。由于投资组合对标的股票价格变动不敏感，得出 $\Delta = \partial V / \partial S$，从而将可转换债券分为股票部分 ΔS 和债券部分 P，即 $V = P + \Delta S$。股票部分和债券部分的比例分别为：

$$\text{Equity proportion} = \frac{\Delta S}{V}$$

$$\text{Bond proportion} = \frac{V - \Delta S}{V}$$

因此，调整的折现率为 $y = \alpha r_s + (1 + \alpha) r_B$，$\alpha = \frac{\Delta S}{V}$。

将这一过程应用于二叉树上的每个结点（Δ 在每个结点上不同），在树的第 m 级：

$$\Delta_1 = \frac{V_2 - V_1}{S_2 - S_1}$$

$$\Delta_m = \frac{V_m - V_{m-1}}{S_m - S_{m-1}}$$

$$\Delta_i = \frac{V_{i+1} - V_{i-1}}{S_{i+1} - S_{i-1}}, \quad i = 2, \cdots, m - 1$$

其中，Δ_1 为第 m 级最底层结点（最低股票价格），Δ_m 为第 m 级最顶层结点（最高股票价格）。从而：$\alpha_i = \frac{\Delta_i S_i}{V_i}$

调整的折现率为：$y_i = \alpha_i r_s + (1 + \alpha_i) r_B$

调整的折现因子为：$D_i = e^{-y_i \Delta t}$

可转换债券在该结点的持有价值（Holding Value）为：

$$H = \frac{1}{2}[D_u V_u + D_d V_d] + c$$

6.7.3 含权债

含权债券主要包括可赎回债券和可回售债券。

可赎回债券是指发行人具备在约定的日期（行权日）以约定的价格（行权价）向持有者购回债券之选择权的一种债券。可赎回债券的价值相当于普通债券的价值减去债券赎回权的价值，债券赎回权意味着利率的看跌期权。

可回售债券是指持有人具备在约定的日期（行权日）以约定的价格（行权价）向发行人售回债券之选择权的一种债券。可赎回债券的价值相当于普通债券的价值加上债券回售权的价值，债券回售权意味着利率的看涨期权。

在对含权债进行估值时，一般将可赎回债券或可回售债券中所含选择权的价值作为含行权费（exercise fee）的百慕大式利率互换选择权（Bermudan swaption）进行定价。因此，含权债的估值理论和方法同样涉及比较复杂的衍生品估值模型理论。

假设一笔债券的赎回权在第 k 个付息日 t_k 被执行，则其在 t_k 时刻的支付函数为：

$$\sum_{i=k+1}^{n} C_i D(t_k, t_i) + D(t_k, t_n) - K_k$$

其中，K_k 为在 t_k 时刻行权的价格；C 为票面利率（当名义本金为 1 时即为利息）；D 为相应时间区间的折现因子。

这一支付函数同接受方利率互换期权（指持有者有权选择开始一笔利率互换，期间持有者获得固定利率）的支付函数一致，其对应的利率互换选择权在执行时需额外支付 $K_k - 1$ 的费用。同样地，债券的回售权相当于支付方利率互换期权（指持有者有权选择开始一笔利率互换，期间持有者支付固定利率），其对应的利率互换选择权在执行时需额外支付 $1 - K_k$ 的费用。

利率互换期权（Swaption）的估值方法可以参见衍生品相关章节。

第七章　股权类和基金类资产估值

7.1　影响股权价值的因素

从理论上讲，股权资产的价值是未来收益的折现值。市场上股票的实际交易价格除了受到股票收益和市场利率的影响之外，还要受到股票市场的供求关系等因素的影响。在评估过程中，需要综合考虑各种影响因素，从而得出更加合理和现实的估值结果。

影响股票价格的因素有多种，主要有企业层面、产业层面、宏观经济层面等方面的因素。

首先是企业层面的因素。各种股权类资产的价值，首先要受到发行企业内部各种因素的影响，公司的经营状况、财务状况、利润水平和收益分配政策、发展战略、高层人事结构等都会影响企业的盈利能力和发展前景，从而影响股票的预期未来收益。由于预期收益的大小决定了股票内在价值的大小，因此，企业层面的因素是决定股票市场价值的基础性因素。具体而言，企业层面的因素主要包括：

一是公司的经营状况。公司的经营状况决定了其当前的利润水平，股东一年的股息和红利有多少取决于公司税后利润的大小，而股息和红利是从税后利润中提取的，所以税后利润既是股息和红利的唯一来源，又是公司分红派息的最高限额。在一个经营财会年度结束以后，只有当上市公司盈利时，才能进行分红与派息，而且盈利越多，可用于分配股息和红利的税后利润就越多，股息和红利的数额也就可能越大。

二是公司的财务状况。公司的财务状况体现在各种财务指标和财务比率上，主要包括公司的短期偿付能力、长期偿付能力、资产管理水平、盈利能力、扩展经营能力和市场价值等指标，是分析和比较公司行为差异的基础，也是反映公司的未来发展前景的重要指标。财务分析的主要对象是财务报表，主要内容是资产负债表、利润表和现金流量表。

三是公司的收益分配政策。除了上面提到的公司的经营状况以外，公司的股息政策也影响股息与红利的发放。在公司取得盈利之后，其税后利润有两大用途：一是派息与分红；二是补充资本金以求进一步的发展。如果公司的股息政策倾向于公司的长远发展，则就有可能少分红派息或不分红而将利润转为资本公积金；反之，派息分红的量就会大一些。

四是公司的管理水平。公司领导层的经营管理水平和公司员工的整体素质，决定了企业的长期发展前景，因此也是影响股权价值的重要因素。一个管理水平高的管理团队往往能给公司带来效益，影响公司的经营业绩，并且也会通过影响投资者的预期，直接影响股权价值。另外，公司的治理结构也是影响股价的敏感因素之一，治理结构稳定、良好的企业，将获得更好的估值。

五是公司的未来发展前景。对公司的未来发展前景的分析主要考虑企业的成长性，成长性好的企业意味着更多的分红，这样的企业股权在股票市场上往往容易成为大家追捧的对象，而成长性差或者不稳定的企业股权估值则一般比较偏低。影响公司的未来发展前景的因素主要有内外两方面因素。公司内部因素主要包括公司的竞争地位和竞争能力、公司的技术创新和产品开发实力，以及公司的发展战略等；外部因素则主要包括公司所处产业的情况、宏观经济状况等。

7.2 非上市普通股权评估

上市公司股票具有公开的市场交易价格，因此可以取市场价格作为其公允价值。需要进行估值的主要是非上市公司股权资产。其中，最基本的是非上市公司普通股。非上市普通股是指上市普通股之外的所有普通股的统称，与上市普通股相比，最大的不同就是没有市场价格。

相较于数量有限的上市公司，非上市普通股其实是总量最多、比重最大的一种股票。作为普通股，其持股者在股东权利上没有限制，股票的未来收益也不固定。非上市普通股发行之后，其实际价值不仅与其面值相背离，而且不等同于其发行价格，更没有现行市价。因而，通常要以其预期收益作为评估的计算基础，采用未来预期收益折现的方法确定其公允价值。

股票收益会随着公司经营状况的变化而变化，具有不确定性，为了使评估结果更加准确，需要分析各种可能影响股票收益的因素。在实际评估之前，要全面、充分地了解和分析企业的经营情况、财务状况、发展前景及其他相关的信息。其中，净值是股权估值的基础。股票净值是企业以往和现在的经营实绩的结果与财务状况的体现，股票内在价值是企业发展前景和未来获利能力的写照。对净值的核实和对内在价值的测算，是分析股票价值的关键和基础。同时，还应全面分析影响股票价值的外部环境因素，比如利率水平、行业平均收益率、银行利率等，分析和确定被评估股票的风险程度和相应的风险报酬率水平。

由于非上市普通股没有市场价格，一般采用收益现值法评估。但是，如果能为其找到与其性质类似的上市普通股的市场价格，就可以利用这个价格对其进行评估，这种方法就是所谓的市场价格比较法。收益现值法和市场比较法就是非上市股权估值的两种基本方法。

7.2.1 收益现值法

收益现值法的计算公式为：

$$V = N \times P$$

其中，P 为每股股票未来收益的折现值，N 为股票的数量，并且

$$P = \sum_t \frac{D_t}{(1+k)^t}$$

其中，D_t 为第 t 年股票的预期收益（分红）；k 为折现系数，或者叫市场资本化比率，一般采用市场平均收益率，或者在无风险利率的基础上加一个固定的风险报酬率，代表了持有股票希望获得的期望回报。

上述计算具有一定的操作难度。首先，D_t 是对未来情况的预期，也就是所谓的事前的预期收益，而实际上只有历史的或事后的收益才能被观察出来，未来发生的各期实际收益几乎肯定会与现在的事前预期有所差别，造成很大的评估难度。而且，在预测过程中，不同的分析角度和分析方法对公司前景会有不同的预测判断，所得的结论往往也有所不同。此外，折现系数（即市场资本化率）的确定也是一个难题。理论上，因为市场对这只股票收益的预期常常会发生变化，所以每一期的预期收益都应该有不同的折现系数，但实际上为了计算方便往往取一个统一的系数，这也会造成评估的不准确。

使用收益现值法对非上市普通股进行评估，还要针对未来红利流的特点作进一步的分析，可以细化为三个模型：红利固定模型、红利稳定增长模型和两阶段增长模型。

红利固定模型是指该股票的未来预期收益保持固定，即 D_t 在各期取固定的数值，由于红利固定，这个模型也被称为零增长模型。

显然，选用红利固定模型进行评估有个基本前提，即所评估股票是属于稳定经营型公司，而且企业能有效地进行稳健型经营，财务状况良好，能基本保持股息红利水平的稳定（长时期内各年波动很小，或者只是偶尔出现较大波动但随之即恢复常态）。在这个前提下，可以认为未来各期的预期收益等值或基本相同。

将 D_t 在各期取固定的值（假定为 R），就可以得出评估计算公式：

$$P = \sum_t \frac{R}{(1+k)^t} = \frac{R}{k}$$

红利稳定增长模型也称不变增长模型，是指股票的红利逐年按照一个固定的增长

率增长，假设这个增长率为 g，那么公式中的 D_t 就可以通过如下公式得到：

$$D_t = D_1 (1 + g)^{t-1}$$

选用红利稳定增长模型进行估值评估，基本前提是股票属于成长型公司，股票的红利呈稳定增长的趋势。这意味着股票发行公司奉行积极发展战略，并且发展前景良好，将部分企业盈余用于追加投资，使公司盈利与股票收益得以相应增长。

红利稳定增长模型计算公式为：

$$P = \sum_t \frac{D_1 (1 + g)^{t-1}}{(1 + k)^t} = \frac{D_1}{k - g}$$

在稳定增长模型中，将 D_t 视为按固定增长率增长，所有的 D_t 都可以用 D_1 和 g 表示，这个模型就是金融经济学中的戈登模型。由模型本身可知，它要求评估股票的红利增长率 g 低于股票的市场资本化率（即 $g < k$），否则，由模型的推导过程可以看出，公司股票的红利不可能长久地按这一增长率增长，不然股票的价值会向无穷大发散或变为负值，出现不合理的结果。

红利稳定增长模型的三个变量中，基期收益 D_1 的确定相对容易，k 一般为无风险利率与风险报酬率的和，每年红利的增长率 g 的确定是模型的关键。

通常，g 的确定常用以下方法有两个：

一是历史数据分析法。即在系统分析企业红利分配的历史资料的基础上，采用统计方法计算出股票红利的平均增长速度，以此作为红利的稳定增长率 g。

二是发展趋势分析法。即根据股票发行公司的积累发展战略所确定的盈余分配政策，以企业盈余中用于再投资的比率与企业的净资产利润率的乘积作为红利增长率。因而在评估中，应该首先确定净资产利润率，即用盈余进行投资的收益率，这部分新增投资的收益是维持红利稳定增长的真正原因，并且新增投资的预期收益率应该高于股票的市场资本化率。特别地，当 g=0 时，红利稳定增长模型就简化为红利固定模型。

红利稳定增长模型提供了很多有意义的思路，但是高增长公司多半不可能永远保持常数增长率，而应期望在一个高速增长阶段之后过渡到另一个速度或者进入稳定增长阶段。确定这种公司股票价值的一个方法就是两阶段增长模型。

两阶段增长模型也被称为分段式模型、二元增长模型或混合模型，它可以用于任何具有两个不同发展阶段公司股票价值的确定，例如第一个阶段取一个较大的增长率 g_1，第二个阶段取一个较小的增长率 g_2（可以为零）；也可以将近期可以预测收益的各年作为第一个阶段，把各年收益分别折现加总，再将后期作为第二个阶段，按红利固定模型或红利稳定增长模型求值，最后将两段计算值相加得到评估值。

两阶段增长模型是对红利资本化模型简化形式的精细化，由此，还可以扩充到多阶段模型，使模型更加精细，更加接近现实。

一般地，以 n 为分界，从开始到第 n 期为第一个阶段，增长率取 g_1，从第 n+1 期以后为第二个阶段，增长率取 g_2，得到两阶段增长模型的计算公式：

$$P = \sum_{t=1}^{n} \frac{D_1(1+g_1)^{t-1}}{(1+k)^t} + \frac{D_1(1+g_1)^n(1+g_2)}{(1+k)^n(k-g_2)}$$

总体来看，红利固定模型和红利稳定增长模型更多的是两个特征性的模型，代表了特定类型的公司，但现实中的公司往往综合很多特点，而且往往在不同的时期有不同的发展战略，因而这两个模型的使用范围有限，两阶段增长模型则相对较为客观，适应性较强。

此外，两阶段模型可以作进一步的推广，发展到三阶段、多阶段模型，对不同的阶段分别取不同的红利增长率，甚至对某些年度取具体的红利值，进行评估。当然，模型的复杂化意味着要做出复杂得多的预测，对评估技巧的要求也更高。另外，在信息可用性方面，在对上市普通股的评估中，由于有各种信息披露的制度要求上市公司不断提供其经营、财务、管理等方面的信息，因而预测可依据的信息就多。对非上市普通股而言，如果发行公司没有上市，在评估时就没有这么多可用的信息，这也会影响评估的准确度。

7.2.2 市场比较法

市场比较法是指在市场上选择若干相同或相似的资产作为参照物，针对各项影响价值的因素，通过比较被评估资产与参照物的异同，将参照物的市场价格进行调整，再综合分析各项调整结果，确定资产评估值的一种资产评估方法。

市场价格比较法的运用形式主要有直接法和类比法。直接法是指在公开市场上，能找到与被评估资产完全相同的已成交资产的现行市价，即以此价格作为被评估资产的现行市场价格。类比法是指一项被评估资产，在公开市场上找不到与之完全相同的参照物资产，但在市场能找到相类似的资产，以此作参照物，进行必要的差异调整，确定被评估资产的价格。一般而言，类比法的适用条件有两个：一是存在三个或三个以上具有可比性的参照物或相同的资产；二是影响价值的因素明确并可以量化处理。

对一些特殊的情况，具备适用直接法的基础和前提。例如，对一些非上市普通股，如果发行公司本身是上市公司，同时公开发行上市普通股股票，以及一些不能上市交易的普通股，那么可以认为非上市普通股实质上享有与可上市交易的普通股同样的权利，则可以使用直接法，直接采用上市普通股的交易价格作为评估基准价格，作适当的调整得出评估价格。

如果发行公司属于非上市公司，则一般只能使用类比法，找处于同行业、规模类似、经营业绩类似的上市公司的上市普通股作为比较对象，在比较之后，将各个参照价格作适当调整、平均，得出评估价格。

7.3 优先股估值

7.3.1 优先股基本介绍

企业发行的股票除普通股外还有优先股,优先股是介于普通股和债券之间的一种具有混合性特征的有价证券。优先股是相对于普通股而言的,是股份公司发行的一种股息固定,并在分配红利和剩余财产时比普通股具有优先权的股份。优先股也是一种无限期的所有权凭证,股东一般不能在中途向公司要求退股,但少数可赎回的优先股除外。

优先股的优先权主要表现在两个方面:一个是股息领取优先权,股份公司分派股息的顺序是优先股在前,普通股在后。股份公司不论其盈利多少,只要股东大会决定分派股息,优先股就可按照事先确定的股息率领取股息,即使普通股股息普遍减少或没有股息,优先股亦应照常分派股息;另一个是剩余资产分配优先权,股份公司在解散、破产清算时,优先股具有公司剩余资产的分配优先权,不过,优先股的优先分配权在债权人之后,而在普通股之前。只有在还清公司债权人债务之后,有剩余资产时,优先股才具有剩余资产的分配权。只有在优先股索偿之后,普通股才参与分配。

相较于普通股,优先股有三个方面的主要特征:其一,优先股通常预先确定股息收益率。由于优先股股息率事先固定,所以优先股的股息一般不会根据公司经营情况而增减,而且一般也不能参与公司的分红,但优先股可以先于普通股获得股息,对公司来说,由于股息固定,它不影响公司的利润分配。其二,优先股的权利范围小。优先股股东一般没有选举权和被选举权,对股份公司的重大经营无投票权,但在某些情况下可以享有投票权,如公司股东大会需要讨论与优先股有关的提案。其三,优先股的索偿权先于普通股,而次于债券。

优先股的投资收回方式通常也有三种:一是溢价方式。公司在赎回优先股时,虽是按事先规定的价格进行的,但由于这往往给投资者带来不便和收益的不确定性,因而发行公司需要做出一定的补偿,通常在优先股面值上再加一定的"溢价"。二是公司在发行优先股时,从所获得的资金中提出一部分款项创立"偿债基金",专用于定期地赎回已发出的一部分优先股。三是采取转换方式,即优先股可按规定转换成普通股。通常这种选择的主动权在投资者而不在公司,对投资者来说,在普通股的市价上升时这样做是十分有利的。

优先股的分类方式很多,主要有以下几种:

一是累积优先股和非累积优先股。累积优先股是指在某个营业年度内,如果公司所获的盈利不足以分派规定的股利,那么以后优先股的股东对往年未付的股息有权要求如数补给。对于非累积的优先股,虽然对于公司当年所获得的利润有优先于普通股获得分派股息的权利，但如该年公司所获得的盈利不足以按规定的股利分配时，非累积优先股的股东不能要求公司在以后年度中予以补发。一般来讲，对投资者来说，累积优先股比非累积优先股具有更大的优越性。

二是参与优先股与非参与优先股。当企业利润增大，除享受既定比率的利息外，还可以跟普通股共同参与利润分配的优先股，称为参与优先股。除了既定股息外，不再参与利润分配的优先股，称为非参与优先股。一般来讲，参与优先股较非参与优先股对投资者更为有利。

三是可转换优先股与不可转换优先股。可转换的优先股是指允许优先股持有人在特定条件下把优先股转换成为一定数额的普通股。否则，就是不可转换优先股。可转换优先股是近年来日益流行的一种优先股。

四是可收回优先股与不可收回优先股。可收回优先股是指允许发行该类股票的公司，按原来的价格再加上若干补偿金将已发生的优先股收回。当该公司认为能够以较低股利的股票代替已发行的优先股时，就往往行使这种权利。反之，就是不可收回的优先股。

实际上，企业发行优先股时往往混合了几种特性，最常见的就是累积性、非参与优先股，或者再加上可转换条件等。在评估时应该具体分析，结合发行时给予优先股的权利进行。

7.3.2 优先股的估值方法

优先股实际上是介于普通股和债券之间的一种金融工具。优先股事先就约定了股息率，其收益又是比较有保障的，风险小于其他股票，因而具有准企业债券的性质。不过，它除了可以赎回或可转换成普通股的品种以外，没有明确的还本期或抽回投资的可能，这又是永久性投资的特点，因而比企业债券的投资风险要大。由于其风险高于债券，相应地其股息率通常也高于债券。

理论上，对优先股的评估同其他股票评估一样，实质是对其股票所代表的股权现时价值的评估，运用的基本方法是收益现值法。但在评估实践中应该具体分析优先股的特性来确定到底选择什么样的评估方法。按照优先股有无上市可能将评估分为两类：一般优先股的评估和有可能上市的优先股的评估。这种分类方式虽然并不正规，但体现了优先股的一个潜在特性，即它是否有可能有一个市场交易价格。如果不可能有，按照收益现值法将未来每期的股息率简单折现即可；但如果有或者将来会有这样的价格，而且投资者有出售欲望的话，股息率就不能体现优先股将给持有者带来的全部收益，这时，投资者的收益也变成了两部分：股息收益和股票上市后的出售所得的资本收益。

7.3.2.1 一般优先股

一般优先股通常指不可能获得一个上市价格的优先股，显然，不可转换优先股都属于这一类，对于可转换优先股，如果发行企业没有上市，一般也属于这一类。

根据这一类优先股的特性，评估时选用收益现值法。首先明确其股息率，并据以计算年收益额，再按股票发行公司的经营业绩、支付能力确定适当的风险报酬率，确定市场资本化率，即折现系数，进行资本化处理。

通常使用收益现值法确定一般优先股的每股未来收益的现值，计算公式为：

$$P = \sum_t \frac{P_0 \times r}{(1+k)^t} = \frac{P_0 \times r}{k}$$

其中，P_0 为优先股的每股面值；r 为优先股的股息率；k 为折现系数，或市场资本化比率。

7.3.2.2 可转换优先股

对于有可能转换为上市股票的优先股，其本身就具有了一定的市场特性，在持有者有转售意向的情况下，应该按预期收益折现值加上预期变现价格折现值来作为评估价值。这主要是考虑到股票上市一般都会给投资者带来一部分超额收益，这部分收益应该在评估中予以反映。

根据这一类优先股的特性，评估价值应该由以下两个部分组成：固定股息的折现和预期变现价格的折现。第一部分只要知道所持有优先股的股息率，就可以得到每一年股息额，然后选取特定期限进行折现即可；第二部分则涉及对未来股价的预测，预测的准确性直接影响评估结果的准确性，可以参考普通股的估值方法。

假设优先股有转换为上市公司股票的可能，而且上市后优先股的总持有时间为 n 年，则现值计算公式为：

$$P = \sum_{t=1}^{n} \frac{P_0 \times r}{(1+k)^t} + \frac{\tilde{P}}{(1+k)^n}$$

其中，n 为预计优先股转换为上市公司股票的年份；$\tilde{P}$ 为转换时的每股市场价格；P_0 为优先股的每股面值；r 为优先股的股息率；k 为折现系数，或市场资本化比率。

由于优先股没有一个即时、灵活的市场价格，因而对其评估同非上市普通股的评估一样，也是对其所代表的股权现时价值的评估，运用的基本方法是收益现值法。因为优先股已经预先规定好了股息率，不必再去预测，这就为应用带来了方便。但是当优先股是可转换的，并且发行公司是上市公司或者将成为上市公司股票，并且持有人又愿意出售，那么需要将未来的出售所得收益也折现到现在，作为评估价值的组成部分。这时，股票的市场价格就被引入进来了。基于这种简单的考虑，优先股的评估方法与普通股并无本质的不同，只是需要结合优先股的特性。

但是，如果要进行深度的分析和计算，就要复杂得多。首先，优先股比普通债权复杂，因为优先股的清偿顺序是在债权之后的，因此具有更大的信用风险和更高的风险回报率；此外，可转换优先股也比普通股票复杂，因为通常这种转换权是投资者可以选择的一种权利，隐含了某种期权属性。即当投资者认为股票的市场价格没有吸引力时，可以选择不转换，从而获取规定的类似于债权的收益，但当股价上涨、投资者认为转股更加划算时,则可以选择进行转换,从而获取股票价格上涨的收益。从这个角度出发,可转换优先股的估值将复杂得多,甚至需要借鉴衍生品估值的思路和技术。

7.4 共同基金

7.4.1 共同基金简介

从一般意义上说,共同基金是指通过信托、契约或公司的形式,通过发行基金券(如收益凭证、基金单位、基金股份等)将众多的、不确定的社会闲置资金募集起来,形成一定规模的信托资产,交由专门机构的专业投资人士进行分散投资,获得收益后由投资者按出资比例分享的一种投资工具。视各国的具体情况不同,共同基金的投资对象可以是资本市场上的上市股票和债券、货币市场上的短期票据和银行同业拆借,以及金融期货、黄金、期权交易,不动产等,有时还包括虽未上市但具有发展潜力的公司债券和股权。

我国的共同基金是指"一种集合投资制度。通过发行基金券,将投资者的资金集中,交由基金托管人托管,基金管理人管理,主要从事证券投资等金融工具投资,利益共享,风险共担。"其职能在于把众多投资者的零星资金汇集起来,交由专门的投资机构进行投资,收到基金增值和获利的效果,而投资者拥有投资收益,代理投资机构作为资金管理者收取一定的服务费用。

共同基金的种类繁多,按不同标准可以分成不同类别,主要是按照基金的投资目标、基金的发行方式、佣金的收取与否以及是否可以赎回等四个方面来进行分类。

按照投资目标,可以分为成长基金、收益基金、平衡基金。从基金的投资方向上看,有的主要投资蓝筹股,有的主要投资科技股,也有的以债券占大多数,其中的排列组合不胜枚举,因而形成各式各样,种类繁多的基金。总的来说,基金的投资目标主要可以归纳成三大类:一是追求资金的长期成长,二是追求眼前的利润收益,三是希望上述两者兼得。依此三种不同目标,可以将共同基金分为三大类,分别是成长基金、收益基金和平衡基金三种。一般来说,成长基金投资报酬率较高,风险也相对增大,投资的目标主要是股票。目标定在利润收益的所谓收益基金着重眼前的利润所得,投资的项目主要为债券,投资报酬率往往不及成长基金,但是相对的风险也较低。而平衡基金则将目标设定为两者兼得的,追求的是长期成长和眼前收益两者折中的效果。

按照投资项目或投资方式来看,有两种方式,一种是由基金经理主动地决定投资项目,称为主动管理基金;另一种是完全比照某一指数来进行投资,称为指数基金。就主动管理基金来说,由于这类基金是由基金经理来决定投资项目,因此等于是将钱投资在基金经理身上。

根据基金是否可以赎回,可分为开放式基金和封闭式基金。开放式基金是指基金规模不是固定不变的,而是可以随时根据市场供求情况发行新份额或被投资人赎回的投资基金。封闭式基金是相对于开放式基金而言的,是指基金规模在发行前已确定、在发行完毕后和规定的期限内,基金规模固定不变的投资基金。开放式基金的份额是变动的,投资者可以随时要求申购或赎回基金单位。它不像封闭式基金有一个封闭期,封闭期内基金份额固定不变。开放式基金这种可变的基金份额的设计有其优点:当基金运作成功、能够为投资者带来良好的业绩回报时,投资者势必会继续积极申购基金单位,这样无须再行设立新基金便可使基金规模得以扩大,为投资基金带来增量资金,同时也为投资者提供了良好的投资方向。封闭式基金则因封闭期内锁定基金份额,即使运作成功也无法扩大基金份额,其他投资者也因此无法分享基金业绩。反之,若基金运作失败、业绩较差时,开放式基金的投资者可以赎回基金单位,对基金经理人形成直接的压力,迫使其创造良好业绩以回报投资者。

7.4.2 共同基金的价值

共同基金的资金来源于众多投资者,又分散投资于金融市场的各种金融工具,由于金融市场的金融工具如股票、债券的价格处在不断的变动之中,投资基金本身的价值会因其资产构成部分的价格变化而增值或遭损。因此,对于共同基金在某一时点的净资产价值的估算十分必要,共同基金的资产价值是基金经营业绩的一个重要的指标,也是共同基金在发行期限到期后确定单位买卖价格的依据。

计算基金净值的方法通常有两种,即已知价和未知价。已知价是基金经理公司根据上一个交易日收市价的基金所掌握的金融资产总价值加现金除以已售出的基金单位总数,所得出的每个基金单位资产的净值,如果采取已知价交易,投资者当天就可以知道基金的买入价或赎回价,可以早一天办理交割手续。未知价市基金经理公司根据当天的证券市场的各种金融产品的收市价计算出来的,投资者必须在交易结束的第二天才能知道基金单位价格。

基金净资产价值估值方法是:当天的总资产扣除负债后所得的净额除以发行在外的股份数或收益凭证的单位数,计算公式为:

$$净值(NAV) = \frac{基金总资产价值 - 总负债}{份额总数}$$

其中,基金总资产包括基金的现金、股票价值、债券价值、其他有价证券价值,以及应发放的利息、股利。总负债主要是基金付给经理公司的经理费用,付给保管机构的保管费与必要开支。

一般来说,基金持有的上市股票的价值,是以计算当日股市的收盘价为准,国债、公司债及金融债券,凡上市公开交易的应该以计算日的收盘价为准,没有上市的以面值加上计算日为止应收的利息来计算。如恰逢基金分红,总资产价值还要扣除应该发放的红利的总值。

投资者可以根据基金管理公司每日公布的净资产指标,对其进行一段时间的续跟踪观察，考察其是否持续增长，增长的持续期及增长的程度。在时机适当的时候，投资者可以将手中的持有份额卖出去，以获得资本利得。对于大部分基金来说，投资组合汇总或多或少都包含一部分股票，因此基金的净资产价值总是随着股市的起伏波动。好的共同基金在股市处于牛市的时候，其净资产价值的升幅可能比整个股价平均指数的涨幅还大，而在股市处于熊市的时候，净资产价值的跌幅要比股价指数的跌幅要小。投资者可以通过对自己所选中的基金的净资产价值在多头市场和空头市场上的表现来检验自己的判断力。同时净资产收益的另一个用途是计算基金单位的交易价格。

第八章 衍生品估值

8.1 金融衍生品简述

　　金融衍生产品（derivative）是指由某种更为基本的金融资产或金融工具派生出来的金融产品。衍生产品的标的变量常常是某种交易资产的价格，衍生品的价格则由标的资产或基础资产的价格或其他变量所决定。例如，作为最常见的衍生品之一，股票期权的基础资产就是股票，它是由股票派生出的衍生产品。除了金融工具外，事实上衍生产品几乎可以依赖于任何变量进行设计，例如，在国外衍生品市场就有关于农产品产量或天气的金融衍生品工具，甚至还有以猪肉价格、降雪量、降雨量等作为基础标的变量。

　　进入 21 世纪以来，衍生产品市场在金融领域变得越来越重要。现在，期货和期权交易在全世界的许多交易所都十分活跃，而我国也已经建立了比较完善的商品和金融期货市场，股指期权交易也已经推出，金融衍生品场外市场更是蓬勃发展。在场外市场，金融机构、基金经理和企业的资金部之间经常进行远期合约、互换、期权和其他形式的衍生产品交易。此外，诸如股票期权、认股权证等衍生产品还经常被用于公司高管的报酬和激励，或用于资本投资项目，等等。

　　目前，在全球范围内，以标的资产进行衡量的衍生产品市场的规模远远大于股票市场，而衍生品在对冲风险、投机套利等领域的应用也越来越广泛和成熟。同时，过于繁荣和过度创新的衍生品交易也饱受诟病，特别是 2008 年金融危机以来，在为全球普及金融衍生产品知识的同时，也使得国内外普遍认为金融过度创新和衍生品投机交易是引发金融危机的主要原因之一，甚至是最直接的导火索。

　　鉴于金融衍生品在金融体系中的重要性以及与生俱来的复杂结构和产品设计，衍生品的估值和定价不可避免地成为了金融工具估值和定价的重点和难点。如何合理地评估金融衍生工具的真实价值,不仅仅对财务信息披露至关重要,对投资决策和衍生品交易也可以提供非常有益的帮助和参考。事实上,与债券、股票等传统金融工具投资仍然以价值分析和基本面分析为主的状况不同,衍生品交易的主力和主流基本都是掌握复杂量化分析工具的数理专业人士。在理论与事实之间,股票和债券的交易价格通常都会与理论模型的估值结果存在一定偏差,这种偏差在很多市场环境下甚至是系统性的、长期存在的,有些最终会实现价格与价值的收敛和统一,有些则不会,例如一些高溢价的股票。但是,在衍生品交易领域,基于套利定价模型得到的衍生品价值是其价格的重要参考,不仅仅在理论上衍生品价格最终会收敛至其均衡价值,而且如果市场价格与均衡价值之间出现了较大的偏差(大的足够弥补交易费用等额外成本),那么投资者是可以利用这种"价差"进行无风险套利投资的,从而促使价格快速地向均衡价值收敛。因此,相较于股票和债券等传统金融工具,除了基本的价值核算功能外,衍生品的估值模型对投资的参考和辅助意义更大。

8.1.1 远期

远期合约是一种比较简单的衍生产品,它是在将来某一指定时刻以约定价格买入或卖出某一产品的合约。远期合约与即期合约对应,即期合约是指在今天就要买入或卖出资产的合约。通常远期合约是在场外交易市场中金融机构之间或金融机构与其客户之间进行的交易,这一特点可以在接下来对期货的介绍中理解得更加充分,期货在某种程度上可以认为是在场内交易市场交易的标准化的远期合约。

远期合约是与即期合约相对应的。在即期交易中,交易完成后马上就要进行交割和结算,远期交易则在将来某时刻进行交割。在远期合约中,同意在将来某一时刻以某一约定价格买入资产的一方被称为多头,远期合约中的另一方同意在将来某一时刻以同一约定价格卖出资产,称为空头。

例如,某个收购商打算从市场上购买10单位原油,如果他与供应商签订即期合约,约定每单位原油价格为100元,那么在交易达成后收购商立刻将1000元支付给供应商并获得10单位原油实物;而如果签订的是远期合约,则一般要约定交割时间、交割价格等要素,假设远期合约约定3个月后以每单位原油100元的价格进行10单位原油的交割,那么在交易达成后并不会立刻执行,而是等到3个月后再进行交割和结算。届时,如果原油价格高于100元,那么收购商仍然可以按照100元的价格购买10单位原油,从而获益,而如果价格低于100元,收购商也不得不以100元购买(除非违约),于是收购商受损、供应商获益。无论是收购商还是供应商,都可以通过远期合约交易"锁定"未来3个月后的商品价格,从而降低或消除不确定性,或者以此进行投机谋求赚取交易收益。

在金融市场中,外汇远期合约是最流行、最常见的远期品种之一,许多大银行都同时进行大量的外汇即期和远期合约交易。例如,假设某银行打算通过远期合约对冲外汇风险。假定某日,该银行已经预知在6个月后要支付100万美元,准备对冲(美元兑人民币的）外汇风险，可以同其他银行达成一个远期合约，此合约约定在 6 个月后必须以每 1 美元兑换 6.5 元人民币的价格买入 100 万美元，于是在远期合约中该银行成为多头，也就是说该银行将在 6 个月后以 650 万元人民币的价格买入 100 万美元。另一家银行在合约中持有空头头寸，它必须在 6 个月后以 650 万元人民币的价格卖出 100 万美元。两家银行都必须履行合约，否则将形成违约事件。

在上述远期交易中，多头银行有义务在 6 个月后以 650 万元人民币的价格买入 100 万美元。当汇率上涨，假如 6 个月后 1 美元价值 7 元人民币，这时对多头来讲，远期合约价值为 +50 万元人民币（700 万元-650 万元）。因为远期合约保证多头银行可以按照每 1 美元兑 6.5 元人民币、而不是 7 元人民币的价格买入 100 万美元，多头银行完全可以在履行远期合约获得美元后立刻在市场上以市场价格出售美元从而获益 50 万元人民币。相反地，假如当 6 个月后汇率降到 6.2 时，对多头银行来讲，远期合约价值为 -30 万元人民币（620 万元-650 万元），而对空头银行来讲，合约的价值为 +30 万元人民币。这时多头银行买入美元的价格比市场价格要贵 30 万元人民币。

把上面的计算一般化，通常来讲，在合约到期时，对于远期合约多头，每一单位的合约收益为 $S_T - K$，其中 K 为合约的执行价格，S_T 为资产在合约到期时（T 时刻）的市场价格。

同样，对于远期合约的空头来讲，合约所带来的收益为 $K - S_T$，即在整个远期合约交易中，（排除掉交易费用或税金等所谓"市场摩擦"）一方的收益即为另一方的损失，因此远期合约交易是典型的"零和"投资。

8.1.2 期货

与远期合约类似，期货合约（futures）也是在将来某一指定时刻按照约定价格买入或卖出某一产品的合约。与远期合约不同的是，期货合约交易是在交易所进行的，是一种场内交易。为了保证交易的正常进行，交易所对期货合约指定了一些标准特性，期货合约的交易双方并不一定知道交易对手，也不需要知道或者了解交易对手，交易所设定了一套机制来保证交易双方履行合约承诺。

目前世界上最大的期货交易所是美国的芝加哥交易所（CBOT）和芝加哥商品交易所（CME），我国也已经建立了上海、郑州、大连三个国家级的商品期货交易所，以及中金所这一金融衍生品交易所，在各地区还会有一些地方性的交易所。在期货交易所中，期货交易的标的资产涉及广泛的商品资产和金融资产，商品资产包括猪肉、活牛、糖等农产品，钢铁、化工原料（如 PTA）等工业品，以及铜、铝等金属原料，也包括黄金、白银等贵金属；金融资产包括股票指数、货币和国债（收益率）；等等。目前我国的金融期货交易所仅能交易股指期货，历史上曾经于 20 世纪 90 年代推出国债期货，但因为一些特殊事件停办至今。

期货价格是市场定价机制的重要组成部分。假定在某年某月某日的 12 月份黄金期货的价格为 300 元，该价格为剔除佣金后，交易员同意买入或卖出在 12 月份交割的黄金价格。同其他资产价格一样,这一价格在交易所的最优价撮合交易过程中由资产的供需关系决定。如果较多的交易员想买入资产,价格就会上涨;如果有较多的交易员想卖出资产,价格则会下跌。因此,期货价格也是一种供需均衡的价格,而由于存在做空机制,不同于股票或商品现货市场等仅能买入不能卖空(通过价格下跌获利),因此期货价格反映的市场均衡信息更加充分,因此具有加强的价格发现功能。

期货交易还涉及很多交易技术细节,如交易所保证金要求、每日结算(盯市)、交割、结算,等等。

8.1.3 期权

在国际市场上,期权产品在交易所市场以及场外市场均广泛存在。期权产品可以分成看涨期权和看空期权(或看跌期权)。看涨期权(call option)的持有者有权在将来某一特定时间以某一确定价格买入某种资产,看跌期权(put option)的持有者有权在将来某一特定时间以某一确定价格卖出某种资产。期权产品中所说的确定价格被称为执行价格(exercise price)或敲定价格(strike price);期权产品所指的特定时间被称为到期日(expiration date 或 maturity date)。

同时,按照行权的方式不同,期权又可以分为美式期权和欧式期权。美式期权(American option)是指在到期前的任何时刻,期权持有人均可以行使期权;欧式期权(European option)是指期权持有人只能在到期日这一特定时刻行使期权。在交易所买卖的期权大多为美式期权。但是,从定价和估值技术的应用来看,由于行权时间固定,欧式期权比美式期权分析计算相对容易,而二者之间又有很多共性特征,有些美式期权的特性常常来自欧式期权特性,因此欧式期权估值定价通常会作为美式期权估值定价的基础。

与期货和远期不同的是,期权赋予持有者去做某事的权利而不是一定要履约的义务,当然持有者可以选择不去行使这一权利。与此相比,远期和期货合约中的双方必须要买入或卖出标的资产。因此,通常在远期或期货交易中不需要任何初始投资费用,即不需要花费初始资金去"购买"远期或期货合约,只是多空双方在共同认可的价格上达成协议,通常需要投入一定数量的保证金(不是远期或期货合约的价格),而买入期权(无论是看多还是看空)都必须支付期权费(option premium),即类似于购买股票一样购买期权。

假设在某股票期权交易所中,某年某月某日公司 A 股票收盘买入和卖出价格分别为 10.25 元和 10.20 元,期权的买入和卖出价格之间的差价通常比其标的股票的差价要大,当然这也取决于交易量和交易活跃程度。假如有两类关于 A 股票的看涨期权的执行价格为 10 元和 12 元,期权的到期日期分别为下一年 3 月和下一年 6 月。那么这两份期权合约分别意味着持有者可以在下一年 3 月之前(或 3 月行权日当天,取决于期权是美式还是欧式,下同)以 10 元每股的价格购买股票,以及在下一年 6 月之前以 12 元每股的价格购买股票。

期权合约均会约定每一份期权能够购买的基础资产的数量,通常为固定单位,如 100 股(一手)。假设投资者以 5 元的价格买入了上文提到的第二类期权(执行价格 12 元,到期日下一年 6 月),即获得了在将来某时刻以每股 12 元价格买入 100 股 A 股票的权利。如果在期权到期日之前,A 股票价格没有高于 12 元,从而期权持有人不会行使权利,投资者(期权持有人)因此也就损失了 5 元的初始投资成本。但是,如果 A 公司的股票未来走势表现很好,尽管目前价格只有 10.25 元,但在期权被行使时 A 股票价格为 12.5 元,这时期权持有人能够以每股 12 元的价格买入每股实际价值为 12.5 元的股票,每张期权合约可购买的数量为 100 股,那么这会给投资者带来 50 元[(12.5-12)×100]的盈利。将最初买入期权的初始费用成本考虑在内后,投资者的实际盈利为 45 元。当然,如果最终 A 股票价格走势不理想,期权持有人无法行权获利,那么他将损失掉初始投入的 5 元。而与之相应的,该期权持有人的交易对手,即发行期权的主体,将获得与投资者相反的收益或损失,即在第一种情况下损失 45 元,在第二种情况下收益 5 元(均不考虑交易费用、税金等)。

事实上,可以认为在期权市场中一共有四类参与者,看涨期权的买方、看涨期权的卖方、看跌期权的买方以及看跌期权的卖方。对于欧式期权,期权的最终价值取决于到期日的基础资产价格与执行价格之间的关系,如下图所示。

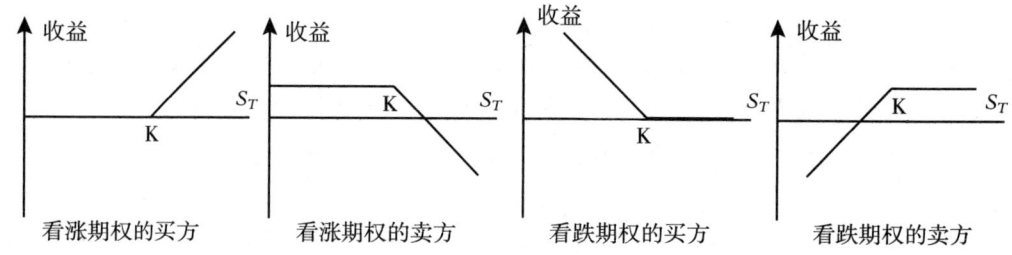

8.1.4 互换(swap)

互换合约在场外衍生产品市场起到非常重要的作用,特别是在货币和利率市场方面。

互换是指两家公司之间达成的在将来互换现金流的合约,在合约中,双方约定现金流的互换时间及现金流数量的计算方法。通常来讲,对于现金流的计算会涉及利率、汇率及其他市场变量将来的价值。

一个基本远期合约可以看作一个最简单的互换合约。假定现在某公司签署了一个一年期的远期合约,在合约中,这家公司同意在一年后以每盎司 1200 美元的价格购买 100 盎司的黄金,一年后,公司收到黄金后可以立刻在现市市场将黄金变卖。这个在一年以后生效的远期合约可以被认为是一个互换合约,在此合约中,公司同意在一年后以 12 万美元现金换取数量为"100×一年后黄金价格"美元的现金流。与远期合约在今后的某一时间进行一次现金流的互换不同,互换合约通常规定在今后的若干时间互换现金流。在市场上流行的互换合约类型中,标准利率互换及固定息的货币互换是最基本和最常见的。

最简单的互换合约为标准利率互换,即固定利率与浮动利率的互换。在这种互换中,一家公司同意向另一家公司在今后若干年内支付在本金面值上按事先约定的固定利率与本金产生的现金流,作为回报,前者将收到相同的本金而产生的浮动利率现金流。

国际市场上大多数利率互换合约中的浮动利率是 LIBOR 利率。对世界上所有的主要货币,均提供 1 个月期、3 个月期、6 个月期及 12 个月期的 LIBOR 报价,是国际金融市场的重要基础性参考变量。LIBOR 常常用于国际金融市场中贷款的参考利率,或债券发行利率的参考。比如,一个 5 年期的债券,该债券的票面利率为 6 个月期 LIBOR +0.5%,债券总期限为 60 个月,划分为长度为 6 个月的 10 个小的时间段,每个时间段(即 6 个月)所对应的债券利率为时间段开始时 6 个月期 LIBOR+0.5%,而相应的利息的支付在每个时间段的末尾进行。

以一个在 2020 年 1 月 1 日开始、为期 3 年、每期 6 个月的利率互换合约。假定这一互换合约是在 X 公司及 Y 公司之间达成的。我们假定 X 同意向 Y 支付年息 5%、本金 1 亿元所产生的利息;作为对应,Y 向 X 支付 6 个月期 LIBOR 基于同样本金所产生的浮动利息。X 为定息支付方(支付固定利息),Y 浮息支付方(支付浮动利息)。假定合约约定双方每 6 个月互换现金流。

于是,双方第 1 次利息现金流互换发生在 2020 年 7 月 1 日,即合约达成的 6 个月之后。X 将向 Y 支付 250 万元,这一数量是由本金 1 亿元按照年利率 5%(相应的 6 个月实际利率 2.5%)在 6 个月的时间内所产生的利息。Y 将向 X 支付浮动利息,其数量等于 1 亿美元乘以 2020 年 1 月 1 日所确定的 6 个月期的 LIBOR,假定为 4.2%,那么 Y 向 X 支付的浮动利息为 0.5×0 042×1 亿=210 万美元。

第 2 次利息互换发生在 2021 年 1 月 1 日,即合约签署一年以后。X 将向 Y 支付 250 万美元。Y 将向 X 支付浮动利息,其数量等于 1 亿元乘以 2020 年 7 月 1 日的 6 个月期的 LIBOR。假定为 5.6%,那么 Y 向 X 支付的浮动利息为 0.5×0.056×1 亿= 280 万元。

这一互换总共包括 6 笔利息的互换,其中固定利息总是 250 万美元,浮动利息则是利用所约定的付款日之前已确定的 6 个月期的 LIBOR 来计算的。在实践中,利率互换通常只需要一方支付互换现金流的差额。在上面的例子中,在 2020 年 7 月 1 日 X 向 Y 支付 40 万元(250 −210),在 2021 年 1 月 1 日 Y 向 X 支付 30 万元(280 −250)。交易双方总体的现金流互换情况可能是下面这种:

时间	LIBOR 利率	浮动现金流	固定现金流	净现金流（X 视角）
2020 年 1 月 1 日	4.20%			
2020 年 7 月 1 日	5.60%	280	−250	30
2021 年 1 月 1 日	5.00%	250	−250	0
2021 年 7 月 1 日	4.60%	230	−250	−20
2022 年 1 月 1 日	5.20%	260	−250	10
2022 年 7 月 1 日	4.80%	240	−250	−10
2023 年 1 月 1 日	4.90%	10245	−10250	−5
		11505	−11500	5

需要特别指出的是，这里的 1 亿元本金只是在计算利息时才被采用，本金并没有互换，也没有相应数量的资金真正地参与交易，因此它称为名义本金（notional principal）。换句话说，按照名义本金考察衍生品的交易量其实带有一定的误导性，因为实际涉及交易的资金量并没有那么大，很可能仅为名义本金的很小一部分。当然，这也体现了衍生工具的高杠杆特性。在上面的互换例子中，X 和 Y 两家公司仅通过每期几十万元的资金互换规模，就实现了对亿元数量级基础资金利率的交易，可以认为杠杆搞到几十倍甚至几百倍之多。

8.1.5 信用衍生品

远期、期货、期权、互换等衍生产品的主要用途是将风险从经济体中的一个实体转移到另一个实体，其转移的风险以市场风险（基础资产价格、利率、汇率等）为主，而证券化则是在金融交易中转移风险的另外一种重要方式，特别是在转移信用风险方面，因此也被称为信用衍生品。

资产证券化有多重细分产品类型，如资产支持证券（ABS）、债务抵押证券（CDO）、按揭抵押证券（MBS），等等。

传统的银行经营模式是吸收存款和发放贷款。但随着信贷需求特别是住房按揭贷款需求的日益增加，传统的模式已经无法跟上步伐，从而导致了抵押证券市场的发展。各类按揭贷款组合由此产生，其现金流（利息和本金）被打包成债券卖给投资者。

证券化后，尽管银行是住房按揭贷款或其他贷款的发行人，但是它们并没有把贷款保留在资产负债表上，从而释放和刺激了银行的放贷能力。证券化使得银行发放贷款的速度远远快于其存款增加的速度，大幅加大了杠杆。

资产支持证券（asset-backed security, ABS）是指发行贷款的银行把这些产生现金流的贷款组合卖给一个特殊目的机构（special purpose vehicle, SPV），然后这些贷款产生的现金流被分配到不同的层次（tranche）中，包括高层、中层（夹心层）和股权等部分。投资者可以选择不同的层次进行投资，高层份额风险小、但回报低，低层份额特别是股权层风险大但回报高，从而满足不同偏好投资者的需求，并为证券化的发行人创造流动性。

证券化的现金流是按所谓的瀑布形式进行分配，一般情况下，基础资产产生的现金流首先要分配给最高级份额，直到这个份额收到所有的本金和承诺回报后，现金流才会向低一层份额进行分配。假定高层份额本金和所承诺的回报可以被满足，这时现金流才会进一步向中层份额来分配，如果中层份额本金或所承诺的回报（具体根据证券化的合同约定）也被满足，而且现金流仍有剩余，这时现金流才会向股权份额进行分配。最基本的证券化分为优先级（高层）和劣后级（股权层）两档，复杂的证券化产品则可以设置夹心层，区分更多层级，甚至设计更加复杂的交易结构。

这种分层设计相当于用劣后级投资者的本金为优先级投资者进行保护，而劣后级投资者可能能够享有更大的收益，优先级则只能获得低风险的固定收益。各层级投资者所收到的本金和收益取决于基础资产的损失程度。假设瀑布式现金流的情况基本如下：最初5%的资产损失由股权份额承担，如果损失超过5%，股权份额将会损失全都本金，中层份额会承担剩余损失；如果损失超过20%，中层份额将损失全部本金，高级份额会接受剩余损失。

因此，可以从分配收益或承担损失两种不同的角度来看资产支持证券的结构：一种是按照瀑布式的现金流形式，现金流首先会分配给高级份额，然后是中层份额，最后才是股权份额；另一种是以承担损失的方式，股权份额首先承担损失，然后是中层份额，最后才是高级份额。评级机构会对不同的层级份额给出不同的评级，资产支持证券的设计目标通常是保证高级份额的信用评级为最高等级（如标普AAA），中层份额的信用评级通常为投资级（如标普BBB），而股权份额通常没有信用评级，其风险较大，甚至超过了垃圾债券。

以上只是对资产支持证券给出了一个简化形式，一般来讲，资产支持证券会有多于3个以上的份额，份额的评级分布也比较广泛。在瀑布式现金流规则中，现金流的分配是按次序进行的，即现金流首先分配给最高级的份额，然后是次高级，并依此类推。而在实际中，现金流的分配规则往往要更加复杂，会有非常明确和详细的法律文件和合同文本。

8.2 远期和期货估值

所有的金融衍生品的估值方法，基本上从理论上都可以认为是现金流折现方法，都是使用一定的收益率（通常为无风险利率）将未来均衡状况下的现金流进行折现计算现值，从而评估当前的公允价值。

首先来分析最基本最简单的衍生品，远期合约和期货。远期价格和期货价格由标的资产即期价格、到期日等一系列因素所决定，远期合约比期货合约更容易分析，因为远期合约不用每日结算，而只是在到期日一次性结算。然而，由于同一基础资产衍生出的远期合约和期货合约有相同期限时其价格通常非常接近，因此有关远期合约的结论通常对期货合约也是适用的。远期和期货定价的基础是远期价格与即期价格之间的关系，在此基础之上可以建立股指、外汇以及商品期货价格与即期价格之间的关系，从而得到估值方法。

8.2.1 远期价格计算

在理论上给出衍生品的估值模型，需要建立一系列的前提假设：

1. 进行交易时没有手续费；
2. 所有利润都适用同一税率；
3. 市场参与者能够以同样的无风险利率借入和拆除资金，不考虑交易的信用风险；
4. 当套利机会出现时，市场参与者会马上利用套利机会获利，从而使市场价格发生变化。

在真实的市场环境中，正是由于上面这些条件对像大型投资银行这样的关键参与者大致成立即可，特别是其中的套利投资假设，使得市场在这些关键参与者的行为以及寻找和应用套利机会的操作下决定了远期价格与即期价格的关系，从而实现了金融市场的价格和价值发现机制。正因为如此，可以看出，允许做空对于构建完善的市场机制具有至关重要的意义。

考虑一个以某项金融资产为基础资产的远期价格，资产的当前价格为 S_0，并且该标的资产在远期存续期间不提供任何中间收入（如股票分红或债券派息等）。于是，当前的远期价格（与即期价格的关系）应为：

$$F_0 = S_0 e^{rT}$$

其中，各个指标的含义如下（包括在下文分析中也同样如此）：

T —— 远期或期货合约的期限（以年计）；
S_0 —— 远期或期货合约标的资产（基础资产）的当前价格；
S_T —— 远期或期货合约标的资产（基础资产）在到期日（T）的价格；
F_0 —— 远期或期货的当前价格；
F_T —— 远期或期货在到期日（T）的价格；
r —— 无风险年利率（连续复利）。

其中，无风险利率 r 是衍生品定价中非常关键的指标，在理论上是指在无信用风险的前提下（即资金一定全被偿还的情况下），借入和借出资金的利率，是一种理论上的利率水平。通常采用某些市场化的利率指标作为无风险利率的代表，如 LIBOR、SHIBOR，或者通过国债收益率曲线代表的利率水平。

以上远期价格，是在完备市场条件下的均衡价格。理论上如果偏离了这一价格，就将产生套利空间，于是投资者会利用套利空间进行投资获得无风险超额收益，从而通过买卖行为促使价格向均衡价值（公允价值）收敛。

即如果 $F_0 < S_0 e^{rT}$，那么套利者可以卖空标的资产并同时进入远期的多头头寸来进行套利；如果 $F_0 > S_0 e^{rT}$，那么套利者可以买入标的资产并进入远期合约的空头头寸来进行套利。可以看出，由于远期合约的多头头寸与在即期市场购买的结果都是在时间 T 拥有资产。但是买入资产并在远期期限内持有资产会带来融资成本，因此远期价格会高于即期价格。

可以以一个具体的例子来演示上述均衡价格建立的过程。假设有一个 3 月期的无股息股票的远期合约，假定股票的当前价格为 40 元，3 个月期的无风险利率为 5%（年化）。如果远期价格相对较高，假定为 43 元，那么一个套利者能够以无风险利率 5% 借入 40 元，并利用所借资金购买股票，并同时进入 3 个月期的远期合约的空头头寸（即在远期合约中卖出股票）。在 3 个月后，需要偿还贷款的现金总量为 40.5 元 $\approx 40 \cdot e^{5\% \cdot 0.25}$；而在 3 个月远期到期后套利者通过履行远期合约出售标的股票却可以收到 43 元，于是通过这一策略，套利者在 3 个月结束时获得的盈利为 $43 - 40.50 = 2.5$ 元。而如果远期的价格相对较低，假定为 39 元。这时，一个套利者可以卖空标的股票并将卖空股票所得资金投资拆出 3 个月获得 5% 的无风险利率，并同时进入一个 3 个月远期合约的多头头寸。卖空股票所得资金在 3 个月后本息合计将为 40.5 元 $\approx 40 \cdot e^{5\% \cdot 0.25}$，而在 3 个月后，套利者通过履行远期合约，仅需支付 39 元即可按照远期合约买入股票并将股票用于之前的卖空交易的平仓。于是，套利者在 3 个月后的盈利为 $40.5 - 39 = 1.5$ 元。需要注意到，上面的两类套利交易都是在无初始资金投入、不承担风险情况下的"空手套白狼"式的投资，如果市场上果真出现了类似的获利机会，则投资者将蜂拥而至，从而促使原本价格较低的资产价格上涨、原本价格较高的资产价格下跌，最终在均衡价格位置实现平衡。而上述示例中的均衡价格，无疑就是 $40 \cdot e^{5\% \cdot 0.25}$，即对应上文远期价格公式中的价格。

上面这种没有中间收入的远期价格的均衡定价公式的推演，其基本考虑就是在完备的市场环境中构造套利交易，从而得到衍生资产相较于基础资产的价格关系。这种分析方式在这个例子中比较简单，但这种无套利分析思路却是整个金融衍生品定价和估值理论的基本思想。

当标的资产在远期或期货合约存续期间将产生其他收入（如股票派发红利股息、债券支付利息，等等）时，计算所考虑的因素就要更多一些。因为这些收入本身会对到期收益和套利策略产生影响。

假设标的资产在远期合约期限内产生的中间收入的贴现现值为 I，此时则有：

$$F_0 = (S_0 - I) e^{rT}$$

其均衡定价分析方法和过程与没有中间收入的情况基本一致，只是增加了持有标的资产所获取的中间收入的影响。

有时，标的资产产生的中间收入有明确的收益率（如债券等），假设标的资产在远期合约期限内的收益率水平为 q，那么远期价格为：

$$F_0 = S_0 e^{(r-q)T}$$

在分析远期合约与期货合约估值定价问题时，更加精细的计算和分析有时还需要区分基础资产是投资性的金融资产和消费性的实物资产。金融资产是足够多的投资者为了投资而持有的资产，如股票、债券等，有时黄金和白银也是金融资产，金融资产的一个属性是有足够多的投资者持有它的唯一目的就是投资。而持有实物资产的目的主要是为了消费和使用而不是为了投资，如铜、原油、玉米等。对于投资资产，可以从无套利假设出发，由即期价格和其他市场变量得出远期价格和期货价格。对于实物资产则做不到这一点。其中很大的一点差异，除了金融市场与商品市场本身的区别外，就是持有金融资产不需要额外付出成本支出，持有实物资产则不同，可能存在储存、保养、运输等各种附加费用，如果要精细计算，这些都是在估值和定价过程中需要考虑的。当然，处理的方式也不一定非常复杂，可以考虑采用类似于中间收入处理的方式，只是，原本由标的资产产生的"正"的收入，这里将变成由持有或运输标的资产而产生的"负"的支出。

此外，在使用套利策略进行衍生品定价分析时会涉及卖空交易，这一交易策略是指卖出原本并不拥有的资产。在实际金融市场中，这种交易对某些资产可行，但并不是对所有资产都可行，有些市场就是不允许卖空的（如中国的 A 股市场的场内交易）。对于单纯的卖空交易（而非通过持有衍生品的空头头寸进行卖空，这二者有所区别），可以通过下面卖空股票的例子来说明如何进行这种交易，从而加深对卖空交易和均衡定价的理解。

假定某投资者想卖空 100 股 A 公司股票，于是找到股票经纪（或证券公司等中介机构），股票经纪往往是通过借入其他客户的股票，并将股票在市场上卖出来执行投资者的指令。只要股票经纪可以借到股票，投资者想要维持这一卖空交易任意时间都可以实现。在将来某一时刻，当此前约定的借入股票到期需要归还时，投资者需要从市场上买入 100 股 A 公司股票来对自己的头寸进行平仓，即归还此前借入的股票。如果股票价格出现了下跌，投资者将会盈利；而如果股票价格上涨，投资者将会亏损。在卖空交易平仓之前，如果经纪人不能再借到股票，此时无论投资者是否愿意，都必须对其头寸平仓。这种卖空交易方式允许对市场上的任意资产进行卖空投机，而不需要事先存在关于此标的资产的衍生品。在我国的场外市场中，已经形成了一定规模的卖空交易市场，市场参与者以各类私募基金或投资公司等风险偏好较高、投资交易方式复杂的主体为主，证券公司在其中充当中介角色。

8.2.2 远期合约的估值与定价

以上分析的是基础资产的远期价格（与即期价格相对应），这是指未来某个时点基础资产的价格，远期合约和期货的价值是由其标的资产的远期价格所决定的，因此确定了远期价格，也就基本确定了远期合约的价值。

前文提到，与期权等不同，投资者进入远期或期货交易不需要付出初始的投资成本，即在刚刚进入远期合约时，其价格为 0。在进入合约之后，远期合约价值可能为正也可能为负。

假设 K 是远期合约的交割价格，合约的交割日期是在从今日起 T 年之后，r 是期限为 T 年的无风险利率（从前面利率期限结构的讨论中可知即便都是无风险利率，期限不同也会有不同的取值），F_0 表示目前的远期价格，即假如在今天成交的话，合约的交割价格。如果今天正好是远期合约的最初成交日，那么交割价格 K 就等于远期价格 F_0，而且合约的价值为 0。随着时间的推移，K 保持不变（已经被远期合约事先确定并约定不变），但远期价格将会变动，而且远期合约的价值也将随之变化。

对于远期合约的多头头寸一方，远期合约的价值为：

$$f = (F_0 - K)e^{-rT}$$

以上公式，在形式上就是现金流折现计算。即持有远期合约多头，意味着在到期日 T 能够以执行价格 K 买入标的资产，而此时标的资产的远期价格为 F_0，因此隐含的未来 T 时刻的现金流即为 $F_0 - K$，将其折现到当前时刻，就是 $(F_0 - K)e^{-rT}$。

虽然具有现金流折现计算的形式，但这一公式同时也是一种均衡定价。考虑以下交易，将一个具有交割价格为 F_0 的远期合约多头头寸，与另外一个与其等同但交割价格为 K 的远期合约相比较，这两个合约唯一的不同之处只是在时间 T 买入标的资产的价格不同。在第一种合约中，这个价格为 F_0；在第二种合约中，价格为 K。因此，在 T 时刻这两个合约的现金流差异为 $F_0 - K$，现值为 $(F_0 - K)e^{-rT}$，这也代表了当前时刻两个合约的均衡价值的差异。而由远期合约本身的定义出发，具有交割价格为 F_0 的合约是在今天刚刚成交的合约，因此它的价值为 0。因此，具有交割价格 K 的合约的均衡价值为 $(F_0 - K)e^{-rT}$。

换一种说法，可以通过构造如下的无风险资产组合来论证整个定价过程：以无风险利率借入资金买入交割价格为 K 的远期合约（多头头寸），并按照今天的成交价进入交割价格为 F_0 的远期合约的空头头寸（目前价值为 0），这一投资组合在 T 时刻收到的现金流将是 $F_0 - K$，按照均衡定价的分析，当前交割价格为 K 的远期合约多头头寸的价值应为 $(F_0 - K)e^{-rT}$。

类似地，与多头头寸相反，具有执行价格 K 的远期合约的空头头寸的价值为：

$$f = -(F_0 - K)e^{-rT}$$

如果基础资产的远期价格目前是已知的（即可以从市场中观测到远期价格），那么可以直接使用此价格得到远期合约的价值。如果该价格不可得，则可以使用上一节中的方法，基于基础资产的当前价格估算远期价格。或者，有时候市场上存在类似的远期价格，但没有计算所需的、特定的远期价格，那么也可以采用插值计算等方式，获取资产的远期价格，从而计算远期合约的价值。例如，目前市场上活跃交易品种只有 3 个月后交割的远期和 6 个月后价格的远期，能够观察到当前时点的 3 个月和 6 个月以后的远期价格，而需要计算的是当前时点 4 个月后交割的远期合约的价值，那么可以使用 3 个月和 6 个月的远期价格估算 4 个月的远期价格（例如采用线性插值法），进而计算出 4 个月远期合约的价值。

8.2.3 期货的估值与定价

如前所述,期货与远期合约非常类似,其最大的区别在于一个是场内交易一个是场外交易。因此,如果远期合约的估值方法能够直接应用于期货的估值,那么问题就非常简单了。事实上,有学者对远期和期货之间的联系和细微差异进行了研究,理论上,如果当无风险利率对所有期限均为常数或者利率为时间的已知函数时,具有某一期限的合约的远期价格与具有同一期限合约的期货价格相等;然而当利率变化无法预测时,远期价格与期货价格从理论上讲会有所不同,而现实世界中利率通常是波动且无法用已知函数进行描述的。

因此,简单来说,可以使用远期估值方法对期货进行估值和定价,但必须了解其中的一些区别和隐含的问题。

期货估值定价与远期存在区别的主要原因是交易所场内与场外交易操作和结算细节差异导致的日结损益的货币价值部分。假设标的资产价格 S 与利率高度相关,那么当 S 上升时,一个期货长头寸的持有者因为期货的每日结算会马上获利(期货交易所通常通过保证金盯市方式,将投资者每日的损益在保证金中进行扣除和划入,因此当天的获利会记入账户)。如果期货价格与利率正相关,那就会意味着利率也可能马上上升,这时获得的利润将会高于以平均利率作为回报的投资所带来的利润。同样,当 S 下跌时,投资者马上会遭受损失,这时亏损的融资费用会低于平均利率。而由于远期通常不存在到期日之前的任何资金交割结算,持有远期长头寸而不是期货长头寸的投资者将不会因为利率的这种变动而受到影响。

因此,在其他条件相同的情况下,期货的长头寸比远期的长头寸更具吸引力,因为除了基础资产上涨带来的衍生品的获益,期货持有者可能还可以获得利率上升的收益。因此,当 S 与利率有正的相关性时,期货价格会稍稍高于远期价格;当 S 与利率有负的相关性时,通过采用类似的讨论,可以得知远期价格稍稍高于期货价格。在期限不是太长时,期货及远期价格的理论差异在大多数情形下是可以忽略的。

此外,在实际市场中,理论模型中交易对手信用风险、税务、交易费用及对于保证金的处理等几个没有纳入考虑的因素会造成远期及期货价格不同。因为交易所清算中心的作用,期货合约中的对手违约风险很小,而远期则无疑存在交易对手违约的风险,因此在定价中可能还会存在风险溢价因素。另外,有时期货合约的市场流动性要比远期合约好,因而可能会有流动性溢价因素。

尽管如此,通常来说,对于大多数情形,仍然可以比较合理地假定远期价格等于期货价格。即期货价值为

$$f = (F_0 - K) e^{-rT} \quad (多头)$$

$$f = - (F_0 - K) e^{-rT} \quad (空头)$$

事实上,由于期货是交易所标准化的产品,因此绝大部分交易活跃的期货品种都可以直接从市场上获得公开交易价格,并以此作为确定公允价值和估值变动的依据。

但是，由于交易所可能存在很多交易品种，而个别期货品种可能由于交易量不大，甚至短期内没有成交等原因，无法提供可靠的市场价格，那么也可能会需要运用模型方法对其进行估值和定价。

8.2.4 几类具体的远期/期货品种

8.2.4.1 利率远期

远期利率协议（FRA）是一种场外交易（OTC），这种交易约定在某一段时间交易的一方将以某一利率借入或借出固定数量的资金。在 FRA 合约中，借入和借出资金的利率常常设为 LIBOR。

远期利率协议估值模型公式如下：

$$V_{FRA} = L(R_F - R_K)(T_2 - T_1)e^{-R_2 T_2}$$

其中，L 为合约本金；R_F 为介于合约期限（$T_2 - T_1$）的远期利率；R_K 为合约约定利率；$T_2 - T_1 -$ 合约期限；$R_2 -$ 合约期末时的利率。对利率远期合约估值时，假设在远期利率会被实现的前提下计算收益，同时将收益用无风险利率进行贴现。

8.2.4.2 股指期货

股指期货是最常见的金融期货产品。股票一般可以被看成支付一定股息的投资资产，而股指（股票指数）则可以认为是以构成股指的股票组合为投资资产，投资资产股息等于构成资产所支付的股息。因此，可以参照 8.2.1 中存在中间收入的情形下的远期价格计算，得到考虑分红（股息）时的股指期货的价值。

通常假定股息为已知收益率，记为 q，那么远期价格为

$$F_0 = S_0 e^{(r-q)T}$$

以上股指远期价值是股指的均衡价格。如果 $F_0 > S_0 e^{(r-q)T}$，那么可以通过以即期价格（即马上支付 S_0）买入构成指数的股票，并且同时卖出指数期货合约而获利；如果 $F_0 < S_0 e^{(r-q)T}$，可以通过相反操作，即卖空或借出构成指数的股票，并且同时进入指数期货的多头而获利。这种交易策略就是所谓的指数套利策略。除了需要拥有高超的投资技术，进行指数套利还可能需要本身就持有一定数量的基础资产（股指成分股票），因为套利策略中可能需要对这些股票进行卖空或借出，因此指数套利策略往往只能被基金等专业投资者所采用。对于某些包含很多股票的指数（如沪深300指数，包含300只成分股），完整地"复制"指数的所有成分股组成是非常困难的，因此指数套利有时是通过交易数量相对较少的有代表性的股票进行，这些股票组合的变化与指数的变化较为接近。此外，随着交易技术和信息技术的发展，指数套利经常是通过程序交易来进行，即通过预先设计的交易策略（代码）和计算机系统来产生交易指令，并自动完成交易，从而抓住转瞬即逝的市场套利机会。

以上股指套利行为，保证了市场不会存在过于明显的套利机会，否则将会被投资者发现并利用，进而价格会向均衡收敛。在大多数时间，套利者的行为保证了均衡价格的成立，或者是在扣除掉交易费用等市场摩擦后近似成立，但有时套利也是不可行

的，期货价格会脱离其与即期价格的均衡关系式。

8.2.4.3 外汇远期/期货

站在中国投资者的角度（即以人民币作为核算收益的本位币）来考虑外币的远期和期货合约，这里的标的资产为一定单位的外币。于是，基础资产价格 S_0 为一单位外币的人民币价格，F_0 为一单位外币的远期或期货价格。但是，这种报价方式并不一定就是外汇即期和远期汇率的市场报价方式，一些货币的即期和远期的报价通常是 1 单位本币所对应的外币数量。

为了分析，假定外币持有人可以取得货币发行国的无风险利率。例如，外币持有人可将货币投资于以外币计价的债券，并获得无风险利率收益。我们定义 r_f 为期限为 T 的外币无风险利率（下标中的 f 代表 foreign），变量 r 为人民币的无风险利率。

于是，外汇即期价格 S_0 与远期价格 F_0 之间具有如下关系：

$$F_0 = S_0 e^{(r-r_f)T}$$

这其实就是金融领域著名的利率平价关系式。假定某投资者在开始时持有 100 单位的外币，投资者有两种办法可以在时刻 T 将外币转变为人民币：一种办法是以 r_f 的收益率将外汇进行投资，期限为 T，同时进入将所有投资的本息转化为人民币的远期合约。这种办法在时刻 T 会产生 $100F_0 e^{r_f T}$ 数量的人民币。另一种办法是将外汇在外汇即期市场转换成人民币，然后再将这些人民币以利率 r 投资年 T。这种办法在时间 T 会产生 $100S_0 e^{rT}$ 数量的人民币。

在市场不存在无风险套利机会的假设下，上面两种结果应该相同，即

$$100F_0 e^{r_f T} = 100S_0 e^{rT}，\text{从而} \quad F_0 = S_0 e^{(r-r_f)T}$$

8.2.4.4 贵金属远期/期货

黄金白银等贵金属同时具有货币和商品的属性，因此在价值计量上往往兼具外汇和商品的特征。一般来说，普遍认为贵金属与外汇的性质更加接近。

对于黄金，其利率参数可以认为是黄金持有者在借出黄金时所需要收取的黄金租借费用，而通常无论是各国的中央银行还是黄金生产商、交易商在进行黄金拆借时都会按照一定的黄金租借率收取类似利息的费用。此外，与其他实物商品一样，黄金还需要储存费用。

假设 U 为交割日前期间黄金储存费用的贴现值，那么远期价格

$$F_0 = (S_0 + U) e^{rT}$$

而如果认为储存费用与价格成一定的比例关系，记为 u，那么

$$F_0 = S_0 e^{(r+u)T}$$

8.2.4.5 商品远期/期货

对于大部分除了贵金属之外的其他商品，通常人们不会仅仅出于投资目的而持有，而是将要用于消费或使用。因此，当市场参与者持有商品的目的不是投资获利而是要使用实物资产时，情况可能会出现一些细微的特殊变化。在套利交易中套利者有时需要卖出资产并同时进入远期或期货的多头，对于谋取投资获利的投资者来说，持有资

产本身和资产的多头头寸没有区别，但对于资产的使用者来说则有很大不同，因此他们可能不愿意出售资产而持有多头头寸。例如，对热电厂来说，不可能把动力煤和动力煤期货同等地看待。动力煤存货可以直接用于发电，动力煤期货或者远期合约则显然不行，不能直接使用。

因此，持有实物商品资产可以确保随时使用，带来商品运用的便利，而持有一个金融衍生工具则不能做到这一点，因此会带来不同的效用，这种持有实物商品带来的好处可以称为商品的便利收益率。换一个角度，可以认为这是让商品使用者不持有实物而持有衍生合约，所需要向他提供的价值补偿，从而弥补无法立刻方便地使用的损失。显然，便利收益率（记为 y）会使得实物资产更有吸引力，因此即期价格要比远期价格多出一部分效用，从而拉低即期价格，即

$$F_0 e^{yT} = S_0 e^{(r+u)T}，从而 F_0 = S_0 e^{(r+u-y)T}$$

如果认为可以随时、便捷地从市场上购买到实物商品并投入使用，那么衍生合约与实物商品之间的效用差异就会缩小。因此，便利收益率反映了市场对将来能够购买商品的可能性的期望。商品短缺的可能性越大，便利收益率就越高。如果商品的用户拥有大量库存，在不久的将来出现商品短缺的可能性便会很小，这时便利收益率也会比较小。反之，较低的库存会导致较高的便利收益率。

8.3 期权估值

8.3.1 期权基础知识

期权与远期合约及期货产品有着本质的不同，期权给持有者某种权力去做什么事情，但期权持有者不一定必须行使权力。与之相反，在远期及期货合约中，双方有义务执行合约。进入远期及期货合约，交易者不用付费（保证金的要求除外），而对于期权产品，持有者需要在最初时付费，像购买股票一样购买期权。

期权有两种基本类型：看涨期权（call option）给期权持有者在将来一定时刻以一定价格买入某资产的权利，看跌期权（put option）给期权持有者在将来一定时刻以一定价格卖出某资产的权利。期权合约中注明的日期被称为到期日（expiration date），期权合约中所注明的价格被称为执行价格（exercise price）。

此外，期权又分为美式期权和欧式期权。美式期权可在到期日之前的任何时刻行使，而欧式期权只能在到期日才能行使。大多数交易所交易的期权为美式期权，但通常来讲，欧式期权比美式期权更容易分析，一些美式期权的性质常常从相应的欧式期权的性质中类推而来。因此，基础研究分析的对象通常都是欧式期权。

任何一个期权都有两方。一方为取得期权的多头（长头寸方），另一方为取得期权的空头（短头寸方）。卖出期权的一方在最初收取期权费，但在今后有潜在的义务，收

益与买入期权一方的收益刚好相反。因此，期权交易共有 4 种头寸形式：看涨期权长头寸、看跌期权长头寸、看涨期权短头寸、看跌期权短头寸。

期权的标的资产可以为多种形式，例如股票、货币、股指及期货等。

我国目前还没有推出针对个股的股票期权。国外市场大部分股票期权的交易是在交易所进行的。美国主要交易股票期权的交易所包括芝加哥期权交易所、国际证券交易所、波士顿期权交易所等。在股票期权合约中，约定持有者可以买入或卖出一定数量（通常为 100 股）股票。

我国目前已经推出的期权品种为股指期权，标的资产为上证 50ETF。世界各地有许多不同种类的指数期权，并且在场外市场及交易所交易市场都有指数期权进行交易。通常，指数期权都选取代表性、接受性较强的指数，我国的上证 50 指数就具备这种特征。在美国，交易所里最流行的合约为 S&P 500 股指期权，S&P100 股指期权，纳斯达克 100 股指期权及道琼斯工业指数期权，等等。所有美国的期权都在芝加哥期权交易所进行，每一份合约可以购买或出售指数的 100 倍。与期货还存在未平仓合约的实物交割不同，通常期权合约结算是以现金结算，而不是交割指数交易组合。

国际市场还有大量的外汇期权交易。大部分外汇期权交易是在场外市场进行的，在交易所也有一些交易。另外，国外的衍生品交易所里，当交易所交易一种期货时，该交易所也往往交易这一期货上的期权。期货期权的到期日往往会在期货交割期之前。当看跌期权被行使时，期权持有者从期权承约方处获得标的期货合约的长头寸及期货价格超出执行价格的现金额。当看跌期权被行使时，期权持有者从期权承约方获得标的期货合约的短头寸以及执行价格超出期货价值的现金额。

在交易执行方面，目前大部分场内衍生产品交易所已经完全电子化。大多数交易所都采用做市商制度来促成交易的进行。期权的做市商是一个当需要时会报出买入价与卖出价的人。买入价是做市商准备买入期权的价格，卖出价是做市商准备卖出期权的价格。在报出买入价与卖出价时，做市商并不知道问询价格一方是要买入或是卖出期权。卖出价一定会高出买入价，高出买入价的差额就是买卖差价。为了保障投资者的利益，交易所设定买卖差价的上限。做市商的存在可以确保买卖指令在没有延迟的情况下在某一价格立即执行，因此，做市商的存在增加了市场的流动性。做市商本身可以从买卖差价中盈利，同时做市商也需要采取一些方法来对冲风险。

如果投资者想要退出期权的交易，除了像出售其他资产一样在市场上进行出售外（通常是向做市商出售），购买期权的投资者也可以发出出售相同期权的冲销指令来结清头寸。类似地，某期权的承约者也可以发出一个购买相同期权的冲销指令来结清其头寸。当一个期权正在交易时，如果交易的任何一方都没有冲销其现存盘易，则持仓量增加；如果某一方冲销某现存头寸而另一方没有冲销其头寸，这时持仓量保持不变；如果双方投资者都冲销头寸，这时持仓量减小。

一般所关注的大部分期权都是交易所交易的期权市场，但在国际市场上特别是对大型机构投资者和专业投资者，场外期权市场已经变得十分重要，现在这一市场规模已经超过交易所交易市场。金融机构、基金等在场外通过电话或其他形式进行交易，期权交易的标的产品范围很广，在场外市场中外汇及利率期权十分流行。

场外市场的一个最大缺点是期权的承约方可能会违约，即信用风险问题，这意味着期权买入方会承担交易所期权所一般没有的信用风险。场外交易之所以产生，是由于不同的投资者出于对冲或者投机的需要会形成各种特殊要求，而金融机构需要准确地满足客户的差异化需求。场外市场产品的到期日、执行价格、合约的规模与交易所交易的产品的特性不同，在某些情形，期权结构不同于标准的看涨期权和看跌期权，即一些特种期权。

8.3.2 期权的基本性质

股票期权是最基本、最常见的期权品种，股票期权的性质也反映了一般期权的基本特征。影响股票期权价格的因素，也是影响其他期权价格的主要因素。分析和了解期权的基本性质，是对期权进行估值和定价的前提和基础。对期权性质的分析，主要采用不同形式的套利方式来探讨欧式期权价格、美式期权价格和标的资产价格之间的关系进行研究。

8.3.2.1 影响期权价值的主要因素

对股票期权价值产生影响的主要是以下六种因素：

当前股票价格，记为 S；

执行价格，记为 K；

期权期限，记为 T；

股票价格的波动率，记为 σ；

无风险利率，记为 r；

期权期限内预期发放的股息。

此外，对于期权将采用以下符号，记欧式看涨期权为 c，欧式看跌期权为 p，美式看涨期权为 C，美式看跌期权为 P。

为了对期权的性质即各种因素变动对期权价值有何影响，将采用控制变量法，即考虑以上某因素发生变化，而其他因素保持不变的条件下，对于期权价值产生的影响。

下面将对每个因素对期权价值的影响进行具体的论述，总体来说，各因素的作用效果如下表所示：

因素/期权类型	欧式期权		美式期权	
	看涨期权	看跌期权	看涨期权	看跌期权
股票价格	↑	↓	↑	↓
执行价格	↓	↑	↓	↑
期权期限	不确定	不确定	↑	↑

续表

因素/期权类型	欧式期权		美式期权	
	看涨期权	看跌期权	看涨期权	看跌期权
股票价格的波动率	↑	↑	↑	↑
无风险利率	↑	↓	↑	↓
股息	↓	↑	↓	↑

其中，箭头↑表示因素与期权价值正相关，如当前股票价格上涨时欧式看涨期权价值将会增加，箭头↓表示因素与期权价值负相关，如当前股票价格上涨时欧式看跌期权价值将会减小。此外，还有一些因素对期权价值的影响不确定，即可能增加期权价值也可能减小期权价值。

上面的关系有一些是非常直观和显而易见的，有一些则需要解释和论证。

8.3.2.2　股票价格和执行价格

股票价格（基础资产价格）与期权价值的关系，以及执行价格与期权价值的关系都是显而易见的。如果看涨期权在将来某一时刻行使，期权收益等于股票价格与执行价格的差额。因此，随着股票价格的上升，看涨期权价格也会增大，而随着执行价格的上升，看涨期权价格将会减小。而看跌期权的收益等于执行价格与股票价格的差额。因此，看跌期权的价格走向刚好与看涨期权相反，即随着股票价格的上升，看跌期权价格会减小；随着执行价格的上升，看跌期权价格将会增大。

8.3.2.3　期权期限

期限对期权价格的影响要稍微复杂一些，特别是针对具有股息的欧式期权。

由于美式期权可以在到期日前（约定的）任意时间行使权利，因此较长的期限对期权持有人有利。当期限增加时，美式看涨期权与看跌期权价格都会增加。假设两个美式看涨期权只是期限不同，那么期限较短的期权在行使时，较长期限的期权也可以被行使。因此，长期限期权的价格至少不会低于短期限期权的价格。

欧式期权则不同，由于只能在到期日行权，因此期限的增加并不一定意味着期权持有人更加有利，这取决于到期日延长后这段时间内的基础资产价格变化。但是通常情况下与美式期权类似，一般来讲，随着期限的增加，欧式看跌期权和看涨期权的价值会增加。但这一结论并非总是成立。例如，假设两个关于同一股票的欧式期权，一个期权的到期日在一个月后，另一个期权的到期日在2个月后，假定在6个星期后股票支付一个大额股息，股息会使得期权价格下降。因此，短期限期权价格可能会超过长期限的期权价格。

8.3.2.4　波动率

基础资产价格的波动率是期权非常重要的指标。使用后面章节介绍的期权定价公式，可以深入的探讨波动率的精确影响方式。简单来说，股票价格的波动率（volatility）是用于衡量未来股票价格变动的不定性的一个测度，当波动率增大时，股票价格上升很多或下降很多的机会将会增大。对于股票持有者而言，这两个变动常常会互相抵消，但对于看涨期权或看跌期权持有者而言，情况会有所不同。看涨期权的拥有者可以从股票上升中获利，但当股票下跌时，其损失是有限的，因为期权的最大损失只是期权费用。类似地，看跌期权持有者可以从价格下跌中获利，同时损失也有限。因此随着波动率的增加，看涨期权及看跌期权价格都会增加。

由于期权是一种持有人有主动选择权的权利（与期货不同，期货同时还有义务），持有人可以执行期权，也可以不执行，因此，在基础资产价格出现大幅波动的情况下，如果这种波动是对期权投资者有利的，他可以选择行使权力，而如果是不利的则可以选择不行权，所遭受的损失最多即为购买期权付出的投资成本，不会因基础资产价格波动而扩大。因此，波动率对期权是个"好"因素，无论是欧式、美式、看涨或看跌。

8.3.2.5 无风险利率

无风险利率对期权价格的影响并不是那么直观。当整个经济环境中利率增加时，投资者所要求的股票预期收益也会增加。同时，期权持有人将来所收到现金流的贴现值会有所降低。以上两种效应的合成效应是：看涨期权价格会增加，看跌期权价格会降低。

应该强调，假定利率增大时其他变量的值保持不变。特别是，当利率上升或下降时，股票价格保持不变。在实际中，当利率变化时，通常会引起股票价格的变动。理论上，利率与股票价格是负相关的，即当利率上升（下降）时，股票价格往往会下降（上升）。当然，这只是"理论上"，实际市场中，这种影响要更加复杂和难以预测。

如果综合来看利率上升与相应的股票价格下降的净效应，由于期权价格对基础资产价格的敏感性更强，可能会使看涨期权价格下降，而看跌期权价格上升。类似地，利率下降与相应的股票价格上升的净效应可能会使看涨期权价格上升，而看跌期权价格下降。

8.3.2.6 股息

股息将使股票在除息日的价格降低。对于看涨期权，这是一个不利于投资者的坏消息；但对于看跌期权，这却是一个有利于投资者的好消息。因此，看涨期权价值与预期股息的大小成反向关系；看跌期权的价值与预期股息的大小成正向关系。

8.3.2.7 期权价格上下限

按照期权的产品设计和基本原理，期权存在理论上的（相较于其他因素的）价格上下限，如果期权价格大于上限或者小于下限，则会出现套利机会。

首先，美式或欧式期权给其持有人以某指定价格买入股票的权利，因此无论发行什么情况，持有人获得的收益不会超过股票价格本身，从而期权的价格总不会超出股票价格。因此，股票价格是期权价格的上限，即

$$c \leq S_0, C \leq S_0$$

如果 $c > S_0$ 或者 $C > S_0$，那么，套利者投资者可以通过购买股票并同时出售期权来获取无风险盈利。

美式或欧式看跌期权的持有者有权以价格 K 卖出一股股票，因此持有人获利不会超过执行价格本身，从而无论股票价格变得多么低，期权的价格不会高于执行价格，即

$$p \leq K, P \leq K$$

由于欧式期权仅能在到期日行权，因此持有人最多仅能在到期日获得上限收益，考虑货币的时间价值后，欧式期权会有更小的理论价格上限。对于欧式期权，在到期日 T，期权的价格不会超出执行价格 K，因此，当前期权的价格不会超过 K 的贴现现值，即

$$p \leq Ke^{-rT}$$

如果 $p > Ke^{-rT}$ 或者 $P > K$，那么套利者可以卖出一个期权，同时将卖出期权所得费用以无风险利率进行投资，套利者将可以获取无风险盈利。

类似地，可以得到期权的理论价格下限值，一个不支付任何股息的股票的欧式看涨期权下限为 $S_0 - Ke^{-rT}$。可以从无套利定价的角度证明上述理论下限值。考虑以下两个交易组合：

组合 A：一个欧式看涨期权加上在时间 T 提供收益 K 的零息债券；

组合 B：一股股票。

在组合 A 中，在 T 时刻，零息债券的价值为 K；在 T 时刻，如果 $S_T > K$，投资者行使看涨期权，组合 A 的价值为 S_T（零息债券的价值 K 加上期权的价值 $S_T - K$）。如果 $S_T < K$，则期权到期时价值为 0，这时组合 A 的价值为 K。因此，在 T 时刻，组合 A 的价值为：

$$\max(S_T, K)$$

而组合 B 在 T 时刻的价值为 S_T，因此，在 T 时刻组合 A 的价值总不会低于组合 B 的价值。因此，在无套利的条件下，一个欧式看涨期权的价值和一个零息债券的价值之和（组合 A）应该不小于一股股票的价值（组合 B），即

$$c + Ke^{-rT} > S_0 \text{，从而}$$

$$c > S_0 - Ke^{-rT}$$

再考虑到看涨期权最差的情况是期权到期时价值为 0，从而期权价值不能为负值，因此

$$c \geq \max(S_0 - Ke^{-rT}, 0)$$

而一个无股息的欧式看跌期权，其价格下限为 $Ke^{-rT} - S_0$。类似欧式看涨期权的分析，考虑以下两个交易组合：

组合 C：一个欧式看跌期权加上一股股票；

组合 D：在 T 时刻收益为 K 的零息债券。

如果 $S_T < K$，在到期时组合 C 的期权会得到执行，组合 C 的价值变为 K（股票的价值 S_T 加上期权的价值 $K - S_T$）；如果 $S_T > K$，在到期时，期权价值为 0，组合 C 的价值为 S_T，因此在 T 时组合 C 的价值为 $\max(K, S_T)$。

在 T 时刻，组合 D 的价值为 K，因此在 T 时刻组合 C 的价值总是不低于组合 D 的价值。在无套利条件下，当前时刻组合 C 的价值不会低于组合 D 的价值，即
$p + S_0 \geq Ke^{-rT}$，从而
$p \geq Ke^{-rT} - S_0$，进而（期权价值不会为负）
$p \geq \max(Ke^{-rT} - S_0, 0)$

8.3.2.8 期权价值平价公式

具有相同执行价格与期限的欧式看跌期权与看涨期权的价值存在着一个重要的关系，即看跌期权与看涨期权的价值平价等式。考虑下面两个投资组合：

组合 A：一个欧式看涨期权加上在 T 时刻收益为 K 的零息债券；
组合 B：一个欧式看跌期权加上一股股票。

假设股票不支付票息，看涨期权与看跌期权具有相同的执行价格 K 与期限 T。

如之前小节中的论述，组合 A 中的零息债券在 T 时刻的价值为 K，如果在 T 时刻股票价格 S_T 高于 K，那么组合的期权将被执行，所以在这种情况下，组合 A 在 T 时刻的价值为 $(S_T - K) + K = S_T$；如果 S_T 低于 K，那么组合 A 的看涨期权将会没有价值，因此在 T 时刻组合的价值为 K。

在组合 B 中，在 T 时刻股票的价值为 S_T，如果 S_T 低于 K，这时在组合 B 中的看跌期权将会被行使，这说明在 T 时刻，组合的价值为 $(K - S_T) + S_T = K$；如果 S_T 大于 K，此时在组合 B 中的看跌期权没有价值，因此在 T 时刻组合的价值为 S_T。

综上所述，如果 $S_T > K$，那么在 T 时刻两个组合的价值均为 S_T；而如果 $S_T < K$，那么在 T 时刻两个组合的价值均为 K。因此，在期权的到期日 T，两个投资组合的价值均为：

$\max(S_T, K)$

由于上述两个组合中的期权均为欧式期权，仅能在到期日当天执行，在到期日之前无法执行，而两个组合在到期日 T 具有相同的收益，从而两个投资组合具有相同的当前价值。否则，投资者可以买入价格便宜的投资组合，同时卖空较贵的投资组合，从而获取无风险收益。

显然，组合 A 当前价值为看涨期权价值 c 加上债券价值，而组合 B 当前价值为看跌期权价值 p 加上股票价值，因此有：

$c + Ke^{-rT} = p + S_0$

以上等式就是所谓的看涨看跌期权的平价关系式。该等式表明，具有某个相同的执行价格与行使日期的欧式看涨期权价值与看跌期权价值之间存在着密切的联系，可以相互确定。

使用上述期权理论可以对公司的资本结构进行分类，这种模型还可以被金融机构用来描述公司的信用风险。考虑一家公司，其资本结构包括零息债券及股票。假定债券在第 5 年时到期，到期的本金为 K。公司不付任何股息，假定在第 5 年时资产价格大于 K，公司股东选择偿还债券；如果资产价格小于 K，公司将宣布破产，这时债券

持有人将掌握公司的所有权（或者说获得公司全部的剩余价值）。

而根据公司股东的权益为总资产剔除总负债后的剩余权益，公司股票在第5年时价值为 $\max(A_T - K, 0)$，其中 A_T 为公司资产在第5年时的价值。这一关系式显示，股东拥有一个对于公司资产的执行价格为 K 的看涨期权（标的基础资产为公司价值 A_T）。

另外，债券持有者的收益为 $\min(A_T, K)$，这一表达式与以下的表达式等价：

$K - \max(K - A_T, 0)$

而上面的表达式为债券面值 K 减去公司资产上执行价格为债券价格的欧式看跌期权的价值，从而债券价格可以表示为 K 的贴现价值与一个欧式看跌期权之差。

综上所述，令 c 及 p 分别为看涨及看跌期权的价值，则

股权价值 $= c$

债券价值 $= Ke^{-rT} - p$

将公司的当前资产价值记为 A_0，资产价值等于融资资产的全部价值（即股权价值加发行债券价值）。这意味着，公司资产的现值等于股票价值加上债券的价格，即

$A_0 = c + Ke^{-rT} - p$

通过重新组织上式，可以得出

$c + Ke^{-rT} = A_0 + p$

这在形式上就是前文所述的期权平价关系式。把公司股票看作以公司全部资产价值为标的物、以需偿付债务为执行价格的看涨期权，这种思路在信用风险计量中有广泛的应用，基于此建立了信用风险的结构化违约模型，并可以通过期权定价理论计算出隐含的违约概率。

8.3.2.9 美式期权的提前行使

欧式期权的价值分析要比美式期权更加简洁和明确，但美式期权与欧式期权之间也存在着一定的联系。其中，通过无套利论证可以得出，在到期之前行使无股息股票的美式看涨期权永远不会是最佳选择，因此美式看涨期权不会提前行使。

为了说明问题的基本原理，考虑一个不付股息而且期限为1个月的美式看涨期权，股票价格为100元，执行价格为60元。这一期权实值程度很大，期权的持有者可能会很想马上行使期权。但是，如果投资者计划在行使期权后将所得股票持有1个月以上，那么这不会是最佳策略。更好的方案是持有期权并在一个月后（即在到期日）行使期权，这样做可以使60元的执行价格比马上行使晚付出1个月，因此可以节省一个月内60元的利息。因为股票不付任何股息，投资者不会损失任何由股票带来的收入。持有期权而不马上行使期权的另一个好处，是股票在一个月内有可能低于60元（尽管机会不大）。在这种情况下，投资者将不会行使期权，并且因为在一个月前没有提前行使期权而避免遭受股票价格下跌的损失。

上述讨论说明，如果投资者计划在期权的剩余期限内持有股票，提前行使期权没有任何好处。但如果投资者认为股票的价格被高估了，按理说可以行使期权然后立刻

卖掉股票。但是，在这种情况下，投资者应该卖掉期权，而不是行使期权（根据8.3.2.7，卖掉期权的收益不会低于行使期权并立即卖掉股票的收益）。那些确实想持有股票的投资将会购买期权，而这样的投资者一定会存在，否则股票的当前价格就不会是70元而会更低。综上所述，期权价格会大于其内涵价格40元。

由于在没有股息时美式看涨期权永远不会被提前行使，因此美式看涨期权的价值应该与欧式看涨期权相等，即 $C = c$。从而，美式看涨期权与欧式看涨期权有同样的价值上限和下限：

$\max(S_0 - Ke^{-rT}, 0) \leq C \leq S_0$

一般来讲，无股息股票上的美式看涨期权不应被提前行使的原因有两个。一个原因同期权所提供的保险相关。当拥有期权而不是股票时，持有者拥有价格保险。即如果持有股票，可能会遭受股票价格下跌导致的损失，而如果持有期权，在可以享有股票价格上涨的收益的同时，还可以获得价值保护。一旦期权被行使，按照执行价格同股票进行互换，保险也因此消失。另一个原因与货币的时间价值有关。对期权持有人而言，支付执行价格的时间越晚越好。

与看涨期权不同，提前行使无股息股票的美式看跌期权有时可能是最优的。事实上，在期权期限内的任一给定时刻，如果期权的实值程度足够大，应该提前行使期权。为了说明这一点，考虑以下极端情形：假定执行价格为10元，股票价格几乎为0。通过立即行使期权，投资者可以马上获取近10元。如果投资者选择等待，行使期权的盈利可能低于10元，但绝对不可能高于10元，这是因为股票的价值不可能为负值。而且考虑到货币的时间价值，现在收到10元要比将来收到10元更好。所以期权应该马上被行使。

与看涨期权类似，看跌期权也可以看做是一种保险，当同时持有股票与看跌期权时，看跌期权可以为期权持有者在股票价格下跌到一定水平时提供保险。但与看涨期权不同的是，放弃这一保险而提前行使期权从而立即实现行使价格可能为最优。一般来讲，当目前的股票价格（S_0）减小，利率（r）增大，以及波动率（σ）减小时，提前行使期权可能会更有利。

在没有股息的情况下，由前面的章节可知，欧式看跌期权的上下限为：

$\max(Ke^{-rT} - S_0, 0) \leq p \leq Ke^{-rT}$

对于无股息股票的美式看跌期权，由于总是可以马上行使期权，所以永远满足

$P \geq \max(K - S_0, 0)$

因此，无股息股票的美式看跌期权的价值上下限为

$\max(K - S_0, 0) \leq P \leq K$

在一般情况下，只要 $r > 0$，当股票价格足够低时，立即行使美式期权的做法总是最优的。当提前行使期权是最优选择时，期权的价值为 $K - S_0$。由于在某些情形下提前行使美式看跌期权是最优的，因此美式看跌期权的价格总是会高于相应的欧式看跌期权价格。而且，由于美式看跌期权的价值有时等于其内涵价值，因此，欧式看跌期权

的价值有时会低于内涵价值。

8.3.3 B-S 公式

20 世纪 70 年代,Fisher Black、Myron Scholes 和 Rohert Merton 在期权定价领域内取得了重大突破,他们发展了被称为 "Black-Scholes Model" 的模型。该模型对于期权估值、定价与对冲交易都产生了重大影响。

8.3.3.1 随机过程基础知识

随机过程和马氏过程

如果某一变量的值以某种不确定的方式随时间变化,则称这个变量服从某种随机过程。随机过程可分为离散时间和连续时间两类。离散时间随机过程是指标的变量值只能在某些确定的时间点上变化,而连续时间随机过程是指标的变量值可以在任何时刻上变化。随机过程也可分为连续变量和离散变量两类。在连续变量过程中,标的变量可以在某一范围内取任意值,而在离散变量过程中,标的变量只能取得某些离散值。

现代衍生品结构化估值和定价模型的关键是建立关于基础资产(股票)价格的连续变量、连续时间的随机过程。理解这一过程是学习和理解期权和其他复杂衍生产品定价的基础。尽管在实际中,我们所观察到的股票价格并不服从连续变量、连续时间过程,股票价格的变动为离散形式(通常价格变化为单位货币,如元、角、分),但即便如此,在大多数情况下,连续时间过程仍是在分析和计量中广泛使用的模型。

股票价格通常被假设为服从马尔科夫过程。马尔科夫过程是一个特殊类型的随机过程,在该过程中,只有标的变量的当前值与未来的预测有关,变量的历史以及变量从过去到现在的演变方式与未来的预测无关。假定股票的价格服从马尔科夫过程,那么以前的股票价格不会影响我们对将来价格的预测,而唯一的相关信息就是股票的当前价格,这将为分析和计量带来很大的便利。由于对将来的预测是不确定的,因此预测方式必须以概率分布的形式来表达。马尔科夫性质意味着股票价格在将来的概率分布不依赖于股票价格过去所遵循的特殊路径。

股票价格的马尔科夫性质与弱型市场有效性一致,弱型市场有效性指出,一种股票的当前价格包含过去价格的所有信息。正是由于市场的竞争造成了弱型市场有效性的成立,由于有许许多多的投资者紧盯股票市场,并想从中盈利,投资者对盈利的追求,使得在任意时刻股票价格都包含股票的历史价格信息。假定市场上发现了以往股票价格的某种特殊模式会使得股票价格有很大的概率上涨,众多的投资者都会购买股票,这会造成股票价格的立刻上涨,可盈利的交易机会也会很快消失。

连续时间随机变量和维纳过程

考虑马尔科夫过程时,由于相互独立的两个正态分布的随机变量相加,得到的和也服从正态分布,因此变量在相邻时间区间变化的方差具有可加性,但标准差都不具有直接可加性。一般来讲,如果 1 年后变量的分布为 $\Phi(0, 1)$,那么变量在任意时间段 T 后的分布服从正态分布 $\Phi(0, T)$,而在较小的时间段 Δt 后的分布为 $\Phi(0, \Delta t)$。

从而，如果认为1年后变量的标准差为1，那么T时间段和Δt时间段后的标准差分别为$\sqrt{T}$和$\sqrt{\Delta t}$。即标准差与时间的平方根成正比。

通常假定描述股票价格的变量所服从的过程为维纳过程。维纳过程的具体定义为，对于随机过程$z(t)$，在较小的时间段Δt内的变量变化$\Delta z = \varepsilon\sqrt{\Delta t}$，其中$\varepsilon$为标准正态分布，即$\varepsilon \sim \Phi(0,1)$；并且在任意不相互重叠的两个时间间隔内，变量的变化量Δz相互独立（这一点决定了维纳过程是马尔科夫过程）。

维纳过程是一种期望值为0、单位时间内变化量的方差为1的特殊马尔科夫过程，这种过程曾在物理学中用来描述某个粒子受到大量小分子碰撞所产生的运动，按照物理学中的叫法有时也被称为布朗运动。根据维纳过程的定义，Δz本身服从正态分布，并且Δz的数学期望为0，标准差为$\sqrt{\Delta t}$，方差为Δt。

在随机过程中，变量在每单位时间内变化的期望值被称为变量的漂移率（drift），方差则称为变量的方差率。之前所讨论的基本维纳过程的漂移率为0，方差率为1。漂移率为0意味着在将来任意时刻变量的期望值等于其当前值；方差率等于1意味着在将来任意时刻T，变量的方差等于T、标准差等于$\sqrt{T}$。

在基础维纳过程z的基础上，可以给出的广义维纳过程：

$dx = adt + bdz$，其中a和b均为常数。

上面的表达式是微分形式，为了便于理解，可以将该式的右端分成两项来看。adt说明变量x的单位时间的漂移率为a，即变量的期望增长率为a，如果后面的随机项bdz，在一段时间T后，变量x的增量为aT。表达式中的随机项bdz可看作附加在变量x路径上的噪声或扰动，其幅度为标准维纳过程的b倍。维纳过程的标准差为1，因此广义维纳过程在单位时间的方差率b^2。

在较短时间段Δt后，x的变化量Δx满足：

$\Delta x = a\Delta t + b\varepsilon\sqrt{\Delta t}$，其中$\varepsilon$服从标准正态分布。

于是，Δx服从正态分布，并且Δx的期望值为$a\Delta t$，方差为$b^2\Delta t$，标准差为$b\sqrt{\Delta t}$。进而，在任意时间段T后，随机过程x的变化满足：期望值为aT、方差为b^2T、标准差为$b\sqrt{T}$。

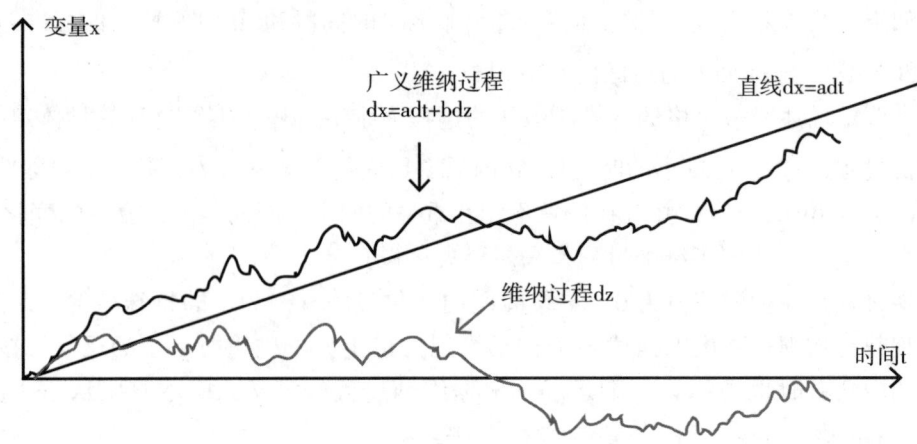

图：广义维纳过程和标准维纳过程

广义维纳过程可以进一步推广为更加一般的另一类被称为伊藤过程的随机过程。与广义维纳过程相比，在伊藤过程中，a 和 b 均为变量 x 和时间 t 的函数（在广义维纳过程中二者均为与 x 和 t 无关的常数）。伊藤过程的表达式为：

$$dx = a(x, t) dt + b(x, t) dz$$

伊藤过程中的预期漂移率和方差率均随时间变化而变化，并且与变量 x 自身的取值水平有关。而由于 x 的变化（dx）只与当前的变量 x 取值和时间 t 有关，与其历史路径和取值无关，因此伊藤过程也服从马尔科夫过程。

8.3.3.2 股票价格的随机过程

下面介绍在分析中无股息股票的价格通常所遵循的随机过程。在理论和估值实践中，假定股票价格服从广义维纳过程将带来很大的便利。当然，与实际情况相比，漂移率期望值等于常数的假设并不合理，因为如果股票目前的价格本身比较高，那么它的变化值当然也会较大，反之亦然。因此，该假设应修正为期望收益率（即股票价格变化除以股票价格）期望值为常数。假定股票在 t 时刻的价格为 S，期望收益率为 μ，那么股票的漂移率应为 μS，其中 μ 为常数。

而对于方差率，一个合理的假设是，无论目前股票价格是多少，在一个较短的时间段后，股票价格收益率变化的不确定性（标准差）是相同的，即在短时间 Δt 后，股票价格的变化的标准差应该与股票价格成正比，可以记为 σS。

综合漂移和方差，可以得出股票价格 S 的模型：

$$dS = \mu S dt + \sigma S dz$$，或者写为

$$\frac{dS}{S} = \mu dt + \sigma dz$$

上式是使用最广泛的用于描述股票价格的模型，也是推导期权定价的 B-S 公式的基础。其中，变量 μ 为股票价格收益率的期望值，变量 σ 为股票价格的波动率。

8.3.3.3 伊藤引理和对数正态模型（Log Normal）

伊藤引理

如前文所述，已经对基础资产也就是股票价格建立了具有马尔科夫性质的随机过程模型，而衍生品的价值或价格是标的资产价格和时间的函数。因此，对衍生品的估值和定价分析就需要对随机变量函数的性质进行研究。在这其中，有一个重要的、基础性的定理，就是由数学家伊藤（Ito）发现的，被称为伊藤引理的重要结论。

假设随机变量 x 服从以下伊藤过程

$$dx = a(x, t)dt + b(x, t)dz$$

其中，dz 是一个维纳过程，漂移率为 a，方差率为 b^2。

伊藤引理的内容为，对于 x 和 t 的函数 $G(x, t)$，遵循以下过程：

$$dG = \left(\frac{\partial G}{\partial x}a + \frac{\partial G}{\partial t} + \frac{1}{2}\frac{\partial^2 G}{\partial x^2}b^2\right)dt + \frac{\partial G}{\partial x}bdz$$

其中，dz 是与 $dx = a(x, t)dt + b(x, t)dz$ 中同样的维纳过程。因此，根据伊藤引理的表达式，x 和 t 的函数 G 也是一个伊藤过程，其漂移率为 $\frac{\partial G}{\partial x}a + \frac{\partial G}{\partial t} + \frac{1}{2}\frac{\partial^2 G}{\partial x^2}b^2$，方差率为 $\left(\frac{\partial G}{\partial x}b\right)^2$。

在前面已经建立了关于股票价格的一个随机过程模型：

$$dS = \mu S dt + \sigma S dz$$

这一随机过程可以称为股票价格的标准形式的随机过程。根据伊藤引理，任何关于股票价格 S 和时间 t 的函数 G 都遵循以下过程：

$$dG = \left(\frac{\partial G}{\partial S}\mu S + \frac{\partial G}{\partial t} + \frac{1}{2}\frac{\partial^2 G}{\partial S^2}\sigma^2 S^2\right)dt + \frac{\partial G}{\partial S}\sigma S dz$$

在推导 B-S 公式时，基于伊藤引理得到的上述结论至关重要。

对数正态模型

下面，作为 B-S 公式的基础，分析当股票价格 S 为标准形式的随机过程时，股票价格的对数 $\ln S$ 所服从的随机过程。这里要应用伊藤引理的结论。定义 $G = \ln S$，于是

$$\frac{\partial G}{\partial S} = \frac{1}{S}, \frac{\partial G}{\partial t} = 0, \frac{\partial^2 G}{\partial S^2} = -\frac{1}{S^2}$$

因此，作为 S 的函数，根据伊藤引理，$G = \ln S$ 满足：

$$d\ln S = dG = \left(\mu - \frac{\sigma^2}{2}\right)dt + \sigma dz$$

由于 μ 和 σ 均为常数，因此以上公式表明 $G = \ln S$ 服从一个广义维纳过程，其漂移率为常数 $\mu - \frac{\sigma^2}{2}$，方差率为常数 σ^2（波动率为 σ）。因此，$\ln S$ 从 0 时刻到 T 时刻的变化服从期望值为 $\mu - \frac{\sigma^2}{2}$、方差为 $\sigma^2 T$ 的正态分布，即：

$$\ln S_T - \ln S_0 \sim \Phi\left[\left(\mu - \frac{\sigma^2}{2}\right)T,\ \sigma^2 T\right]$$

从而 $\quad \ln S_T \sim \Phi\left[\ln S_0 + \left(\mu - \frac{\sigma^2}{2}\right)T,\ \sigma^2 T\right]$

由于在金融分析中应用非常广泛，上述对数正态分布作为一种特殊的分布具有很高的重要意义。如果一个随机变量的对数服从正态分布，那么就称该变量满足对数正态分布（Log Normal Distribution）。以上结论意味着，在所建立的股票价格的标准形式的随机过程模型下，在给定目前的股票价格时，在 T 时刻的股票价格服从对数正态分布，并且股票价格对数的标准差与时间长度的平方根成正比。

B-S 模型中的股票价格对数正态分布

如上所述，基于随机过程理论中的维纳过程建立的标准形式的股票价格随即模型可以作为 B-S 模型中用于描述基础资产（股票价格）变动的模型，该模型假设无股息股票的价格在一段时间内的相对变化（即收益率）服从正态分布。并且，可以记股票的年化收益率期望值为 μ，记股票的年化波动率为 σ。

于是，在 Δt 时间段内的股票收益的期望值是 $\mu \Delta t$，股票收益的标准差是 $\sigma \sqrt{\Delta t}$。因此，股票价格的相对变化服从如下的正态分布：

$$\frac{\Delta S}{S} \sim \Phi(\mu \Delta t,\ \sigma^2 \Delta t)$$

其中，ΔS 为股票价格在 Δt 时间段内的变化，$\Phi(\cdot,\ \cdot)$ 代表指定均值和方差的正态分布，用正态分布的概率累积函数来表示。

通过上文提到的根据伊藤引理进行的随机过程分析计算，可以得到：

$$\ln S_T - \ln S_0 \sim \Phi\left(\left(\mu - \frac{\sigma^2}{2}\right)T,\ \sigma^2 T\right)$$

即 $\quad \ln \dfrac{S_T}{S_0} \sim \Phi\left(\left(\mu - \frac{\sigma^2}{2}\right)T,\ \sigma^2 T\right)$

以及 $\quad \ln S_T \sim \Phi\left(\ln S_0 + \left(\mu - \frac{\sigma^2}{2}\right)T,\ \sigma^2 T\right)$

其中，S_T 是未来 T 时刻的股票价格，S_0 是 0 时刻即当前时刻的股票价格。上式说明 $\ln S$ 服从正态分布，从而 S_T 服从对数正态分布。$\ln S_T$ 的均值为 $\ln S_0 + \left(\mu - \dfrac{\sigma^2}{2}\right)T$，方差为 $\sigma^2 T$。

对数正态分布的随机变量的取值可以是大于零的任意值，该分布的密度函数形状与正态分布不同，它是非对称的。

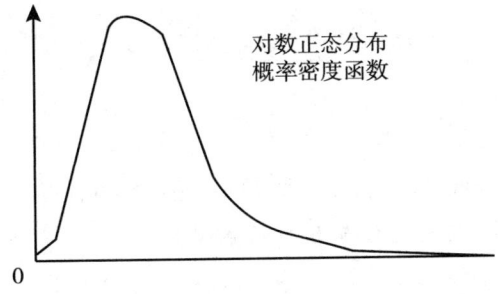

对数正态分布
概率密度函数

根据对数正态分布的性质,可以证明,到期日股票价格 S_T 的数学期望为:

$E(S_T) = S_0 e^{\mu T}$

到期日股票价格 S_T 的方差为:

$\text{var}(S_T) = S_0^2 e^{2\mu T}(e^{\sigma^2 T} - 1)$

根据股票价格服从对数正态分布的有关性质,可以得出在时间 0 到 T 以连续复利形式表达的股票收益率的概率分布。将 0 到 T 以连续复利形式表达的股票收益率记为 x,那么有:

$S_T = S_0 e^{xT}$,从而

$x = \dfrac{1}{T}\ln\dfrac{S_T}{S_0}$

而由上文已经论述的 $\ln\dfrac{S_T}{S_0} \sim \Phi\left(\left(\mu - \dfrac{\sigma^2}{2}\right)T,\ \sigma^2 T\right)$

可知 $x \sim \Phi\left(\mu - \dfrac{\sigma^2}{2},\ \dfrac{\sigma^2}{T}\right)$

因此,收益率服从正态分布,其期望值为 $\mu - \dfrac{\sigma^2}{2}$,方差为 $\dfrac{\sigma^2}{T}$。因而,当 T 增大时,x 的方差(标准差)减小。

参照均值-方差模型的理念,按照风险收益均衡的原理,投资者从一只股票中所寻求的收益率期望值与股票的风险有关,风险越大,预期收益也会越高。

需要对连续复利下的预期收益率(即收益率的数学期望)进行一些特殊的说明,因为它在形式上可能看起来与直觉感觉不符。如本节一开始的定义,以 $\mu\Delta t$ 表示股票在较短时间段 Δt 内价格变化百分比的期望值,由此,通常会很自然地认为 μ 就是股票以连续复利的收益率期望。但事实并非如此。在一段长度为 T 的时间内真正实现的以连续复利表示的收益为 $x = \dfrac{1}{T}\ln\dfrac{S_T}{S_0}$,而其数学期望为 $\mu - \dfrac{\sigma^2}{2}$。

以连续复利计算的收益率期望值不等于 μ 的原因并不是那么一目了然,但却十分重要且有意义。考虑很多长度为 Δt 的很短的时间区间,定义 S_i 为股票在第 i 个时间区间末段的股票价格,$\Delta S_i = S_{i+1} - S_i$。基于对股票价格所做的假设,在每个小区间上股票价格的平均回报率近似为 μ。换句话说，$\mu\Delta t$ 很接近于 $\dfrac{\Delta S_i}{S_i}$ 的算术平均值。然而，当表示成区间 Δt 内的连续复利时，收益的期望趋近于 $\mu - \dfrac{\sigma^2}{2}$，而不是 μ。

以上是在对数正态分布下，基础资产期望收益率的特性。但是，在期权估值和定价中，基础资产的波动率远比收益率更加关键和重要。

8.3.3.4 B-S 公式的推导

B-S 公式最重要的内容是 B-S 微分方程时，它的推导基于以下假设：

1. 股票价格服从前文所述的标准形式的随机过程，其中 μ 和 σ 为常数；
2. 可以卖空证券，并且可以完全使用所得收入；
3. 无交易费用和税收，所有证券均可无限分割；
4. 在期权期限内，股票不支付股息；
5. 不存在无风险套利机会；
6. 交易为连续进行；
7. 短期无风险利率为常数，并且对所有期限都是相同的。

为了更加一般化，考虑衍生品在时间 t 的价格，衍生品的到期日为 T。

根据假设，股票价格服从以下标准形式的随机过程模型：

$$dS = \mu S dt + \sigma S dz$$

记 f 为关于股票 S 的衍生品价格，于是 f 为关于 S 和时间 t 的函数。因此，由伊藤引理，可以得到

$$df = \left(\frac{\partial f}{\partial S}\mu S + \frac{\partial f}{\partial t} + \frac{1}{2}\frac{\partial^2 f}{\partial S^2}\sigma^2 S^2\right)dt + \frac{\partial f}{\partial S}\sigma S dz$$

并且，可以把上述股票价格和衍生品价格的随机过程表达式由微分形式写成如下的离散形式：

$$\Delta S = \mu S \Delta t + \sigma S \Delta z$$

$$\Delta f = \left(\frac{\partial f}{\partial S}\mu S + \frac{\partial f}{\partial t} + \frac{1}{2}\frac{\partial^2 f}{\partial S^2}\sigma^2 S^2\right)\Delta t + \frac{\partial f}{\partial S}\sigma S \Delta z$$

其中，ΔS 和 Δf 分别为 S 和 f 在很短的时间 Δt 内的变化。根据伊藤引理，f 和 S 中具有相同的维纳过程 Δz，而这一 Δz 为 f 和 S 取值中不确定性的来源，因此，可以通过选择和构造适当的股票和衍生品投资组合来消除维纳过程 Δz，从而消除不确定性。

可以构造如下的投资组合：卖空 1 个单位的衍生品，持有（具体是买入还是卖空要根据符号决定）$\dfrac{\partial f}{\partial S}$ 头寸的股票，从而使得这一投资组合具有 1 个数量的衍生品的空头头寸，和 $\dfrac{\partial f}{\partial S}$ 数量的股票。将该投资组合的价值记为 Π，于是

$$\Pi = -f + \frac{\partial f}{\partial S}S$$

该投资组合在 Δt 时间内的变化为

$$\Delta \Pi = -\Delta f + \frac{\partial f}{\partial S}\Delta S$$

将上文提到的

$\Delta S = \mu S \Delta t + \sigma S \Delta z$ 和

$$\Delta f = \left(\frac{\partial f}{\partial S}\mu S + \frac{\partial f}{\partial t} + \frac{1}{2}\frac{\partial^2 f}{\partial S^2}\sigma^2 S^2\right)\Delta t + \frac{\partial f}{\partial S}\sigma S \Delta z \quad \text{代入,得到}$$

$$\Delta \Pi = \left(-\frac{\partial f}{\partial t} - \frac{1}{2}\frac{\partial^2 f}{\partial S^2}\sigma^2 S^2\right)\Delta t$$

由于上面的表达中不含随机项 Δz,因此投资组合在时间 Δt 内是无风险(没有不确定性)的。根据无套利原理,这意味着该投资组合必须获取与其他短期无风险证券相同的瞬时收益率,否则将出现套利空间。如果该组合获取的收益率比无风险收益率高,套利者可以通过借入资金来买入组合而取得无风险盈利;如果组合收益率比无风险收益率低,套利者可以卖空组合并同时买入无风险投资证券来取得无风险盈利。

因此,该投资组合在 Δt 内的收益率等于无风险收益率,即

$\Delta \Pi = r\Pi\Delta t$,其中 r 为无风险收益率。

将 $\Delta \Pi$ 和 Π 的表达式代入,得到

$$\left(-\frac{\partial f}{\partial t} - \frac{1}{2}\frac{\partial^2 f}{\partial S^2}\sigma^2 S^2\right)\Delta t = r\left(-f + \frac{\partial f}{\partial S}S\right)\Delta t$$

因此,

$$\frac{\partial f}{\partial t} + rS\frac{\partial f}{\partial S} + \frac{1}{2}\sigma^2 S^2 \frac{\partial^2 f}{\partial S^2} = rf$$

上式就是 B-S 模型的微分方程。对于不同的衍生产品,上述微分方程有不同的以 S 为变量的解。由于微分方程的特性,对于特定衍生产品,B-S 方程的解与边界条件有关,所谓的边界条件就是衍生产品在 S 和 t 的边界上的取值。

特别的,根据欧式期权的定义和性质,欧式看涨期权的关键边界条件为:

当 $t = T$ 时,$f = \max(S - K, 0)$

而欧式看跌期权的关键边界条件为:

当 $t = T$ 时,$f = \max(S - K, 0)$

在上述边界条件下,B-S 微分方程的解,就是欧式看涨期权和欧式看跌期权的定价公式。

看涨期权 $\quad c = S_0 N(d_1) - Ke^{-rT}N(d_2)$

看跌期权 $\quad p = Ke^{-rT}N(-d_2) - S_0 N(-d_1)$

其中,$d_1 = \dfrac{\ln(S_0/K) + (r + \sigma^2/2)T}{\sigma\sqrt{T}}$

$$d_2 = \frac{\ln(S_0/K) + (r - \sigma^2/2)T}{\sigma\sqrt{T}} = d_1 - \sigma\sqrt{T}$$

$N(\cdot)$ 为标准正态分布的概率累积函数，即 $N(x) = P(\varepsilon \leq x)$。

此外，需要强调的是，推导过程中构造的投资组合 Π 并不是永远无风险的，它只是在一个无穷小的时间区间 Δt 内无风险。决定该投资组合的关键参数是 $\frac{\partial f}{\partial S}$，而随着时间变化，当 S 和 f 有所变化时，$\frac{\partial f}{\partial S}$ 也会随之产生变化。为了保证投资组合无风险，需要经常对投资组合中的衍生产品和股票的比例做出调整。当然，这是指在实践中如果使用上述理论进行对冲或套利投资需要考虑及时地调整投资组合的头寸安排，在理论上，通过对无穷小时间段内的极限情况的分析推导出连续时间的模型，是没有问题的。

由于提前行使无股息股票的美式看涨期权永远不会是最优的，所以上述欧式看涨期权的公式也是无股息股票上的美式看涨期权的价值。然而，对于无股息股票上的美式看跌期权价值，还没有精确解析公式。

B-S 微分方程是每一个依较于无股息股票的衍生产品价格必须满足的方程等式，该方法的本质，其实是一种无套利定价方法。

在定价的过程中，需要构造一个由期权与标的股票所组成的无风险交易组合，在无套利的条件下，这一交易组合的收益率必须为无风险利率 r，由此可以得出期权价格必须满足的等式，即 B-S 微分方程。

而之所以可以建立无风险交易组合，是因为股票价格与期权价格均受相同的不确定性的影响，即股票价格的变动。在任意一段短时期内，衍生产品的价格与股票价格完全相关，在建立了一个适当的股票与期权的组合后，由股票所带来的盈亏总是可以抵消由期权所带来的盈亏。如此，交易组合在一个短时间内的价格变化也就消除了不确定性，从而是无风险的组合。

但是，这里的所建立的头寸只是在一个非常短的时间内是无风险的，即理论上讲，这种无风险只是在瞬时间成立。为了保持无风险状态，交易组合必须频繁地进行调整。尽管如此，在短时间内无风险交易组合的收益率必须等于无风险利率，这是分析并推导 B-S 定价公式的关键。

8.3.3.5 风险中性定价

关于衍生产品的估值和定价理论有一个重要原理，即所谓的风险中性定价（risk neutral）。该理论指，当对衍生产品定价时，可以假设投资者是风险中性的。这个假设意味着，投资的风险增长时，投资者并不需要额外的预期回报率。所有投资者都是风险中性的世界叫作风险中性世界。

当然，现实的世界并不是风险中性的，投资者所承受的风险越大，要求的回报也会越高。但是，在衍生品估值和定价中，当假设世界是风险中性时，给出衍生产品价格不但在风险中性世界是正确的，在现实世界里也是正确的，而这种定价方式规避了对风险厌恶程度的判断。

风险中性定价方法看起来很难以理解和接受，期权是风险投资，投资者对风险的态度理应影响对期权的估值和定价。但这只是直观的感觉，事实是，当利用标的资产的价格对期权定价时，投资者对风险的态度不重要。当投资者对风险更加厌恶时，股票价格将会下跌，但是期权价格关于股票价格的公式是不变的。

风险中性世界的两个特点可以简化对衍生产品的定价：一是股票（或任何其他的基础资产）的收益率期望等于无风险利率；二是用于对期权（或其衍生品）的收益期望值贴现的利率等于无风险利率。

在利用风险中性方法对衍生产品定价时，首先要计算在风险性世界里各种不同结果发生的概率，然后由此计算衍生产品的收益期望值，衍生产品的价值则等于这个期望值以无风险利率贴现后的现值。

风险中性定价的理论可以由 B-S 公式的一个关键性质得出，即 B-S 微分方程不涉及任何受投资者对风险选择影响的变量。在 B-S 方程中出现的变量包括股票的当前价格、时间、股票价格波动率和无风险利率，而这些变量均与风险选择或风险偏好无关（预期收益率则是与风险选择相关的变量）。

如果 B-S 微分方程涉及回报期望 μ，那么它将不会与风险选择无关，这是因为期望收益率的值确实与风险选择有关，投资者对风险的厌恶程度越高，对任何股票或资产相应的期望收益率也会越高。然而，在推导微分方程时，正好把 μ 消失了。

由于 B-S 微分方程与风险选择无关，因此风险选择不会影响方程的解。因此，在计算衍生品的价值 f 时，可以使用任何风险选择，尤其可以假设所有的投资者都是风险中性的，即采用风险中性定价。

如上文所述，在每一个投资者都是风险中性的世界里，所有投资的回报率期望均为无风险利率 r，因为对风险中性的投资者而言，不需要额外的回报以弥补他们所承担的风险。另外，在一个风险中性世界里，任何现金流的现值都可以通过对其期望值按照无风险利率贴现得到，因此，假设世界是风险中性的能够大大简化对衍生产品估值的分析。

风险中性定价的一般方法为，考虑一个在某时刻提供收益的衍生产品，首先，假定标的资产的收益率期望为无风险利率（即假定 $\mu = r$）；其次，计算衍生产品收益的期望；最后，用无风险利率对收益期望进行贴现。

8.3.3.6 波动率的估计

在 B-S 定价公式中，如果标的股票是上市公司，那么唯一不能从市场上观测的基础变量就是波动率 σ。股票的波动率度量股票所提供收益的不确定性，由描述股票价格的随机过程的表达式的相关分析，可知收益率服从正态分布，其期望值为 $\mu - \dfrac{\sigma^2}{2}$，方差为 $\dfrac{\sigma^2}{T}$。

于是，股票价格的波动率可以被定义为按连续复利计算时股票在 1 年内所提供收益率的标准差。从而，可以通过历史数据，以实证分析的方式估计股票价格的波动率。

考虑到在现实中，对股票价格的观测都是按照一定的频率（如每年、月、周、交易日等）进行的，因此，假设观测次数为 $n+1$，记第 i 个时刻（或者说第 i 个时间区间的结尾）股票的价格为 S_i，τ 为每次观测的时间区间间隔长度，记 $u_i = \ln\left(\dfrac{S_i}{S_{i-1}}\right)$，于是按照统计理论，$u_i$ 的标准差 s 的无偏估计为

$$s = \sqrt{\dfrac{1}{n-1}\sum_{i=1}^{n}(u_i - \bar{u})^2}，其中 \bar{u} 表示均值。$$

按照构造 u_i 的方式，可知 u_i 的标准差为 $\sigma\sqrt{\tau}$，因此，可以使用 u_i 的标准差估计值 s 来估计波动率 σ，即

$$\sigma 的估计值 \hat{\sigma} = \dfrac{s}{\sqrt{\tau}}。$$

在计算中需要选择一个合适的 n，即观测的样本数量。一般来讲，数据越多，估计的精确度也会越高，但由于 σ 会随时间变化，因此过老的历史数据对于预测将来波动率可能不够准确。在实践中，通常的方法是采用最近 90 至 180 天内每天的收盘价数据；或者将 n 设定为计量中波动率所用的天数。即如果波动率是用于计算两年期的期权，在计算中就采用最近两年的日收益数据估计波动率的取值。

此外，在计算与使用波动率参数时，还需要考虑，是采用日历天数还是应该采用交易日天数来度量时间。采用日历天数将比较简便和直接，但研究结果表明，交易所开盘交易时的波动率比关闭时的波动率要高很多。因此，在由历史数据来计算波动率以及计算期权期限时，往往会去掉交易所休市的日期，即采用交易天数计算。

当然，以上方法只是简单统计量的估计，也可以建立更加复杂的计量模型进行波动率的估计，如异方差模型（GARCH）等。

8.3.4 数值方法

数值方法一般在没有类似 B-S 公式这样的解析解时，应用于期权或其他复杂衍生工具的估值和定价。主要的数值方法包括二叉树法蒙特卡洛模拟法、有限差分法等。这些数值方法相较于解析法要更加灵活并具有更加广泛的适用性，通常能够适用于（有时需要进行一些必要的改进）实务中的绝大部分衍生品估值问题。

8.3.4.1 二叉树法基本原理

构造二叉树是对期权进行估值和定价的一个很实用的方法是。二叉树是指代表在期权期限内可能会出现的股票价格变动路径的图形，它假设股票价格服从随机游走或随机漫步（random walk）。在树形上的每一步，股票价格以某种概率会向上移动一定的比率，同时以某种概率会向下移动一定的比率。在步长足够小的极限状态下，二叉树模型的计算结果与 B-S 模型的结果是一致的，即通过无限拆分步长二叉树结果将趋近

于 B-S 公式，这也是 B-S 公式的另一种推导证明方式。

假设股票的价格为 S_0，股票期权或者其他关于该股票的衍生品的价值为 f，期权的期限为 T，假定在期权的有效期内，股票价格要么会由 S_0 上涨至 S_0u，要么会由 S_0 下跌至 S_0d，其中 $u>1$、$0<d<1$。同时，假设股票价格上涨至 S_0u 时期权价格为 f_u。股票价格下跌至 S_0d 时期权价格为 f_d。即如下图所示。

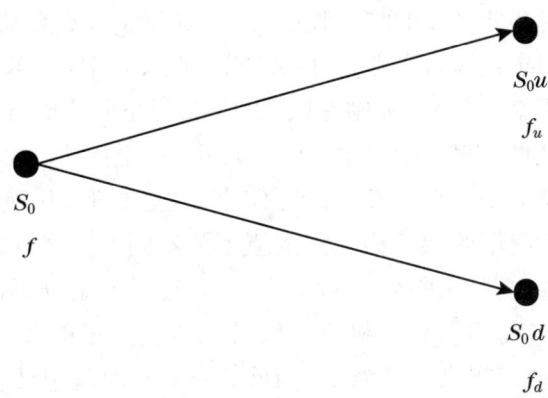

为了对期权进行估值和定价，需要构造一个无风险的投资组合来进行分析。考虑由 Δ 份股票和一个期权的空头头寸组成的投资组合（$\Delta S-f$），可以找到一个 Δ 使得该投资组合不具有任何的不确定性即无风险组合。

于是，如果股票价格上涨，那么该投资组合在期权到期时的价值为 $\Delta S_0u - f_u$；

如果股票价格下跌，那么该投资组合在期权到期时的价值为 $\Delta S_0d - f_d$。

根据该投资组合为无风险组合即不存在任何不确定性的性质，可以令以上两个值相等，即：

$$\Delta S_0u - f_u = \Delta S_0d - f_d$$

从而，$\Delta = \dfrac{f_u - f_d}{S_0u - S_0d}$

上式表示，当股票价格在两个时间节点变动时，Δ 为期权价格变化相对于股票价格变化的变动率。这一结论通过对 B-S 公式的解析分析也能够得出，即用于对冲期权的股票头寸 $\Delta = \dfrac{\partial f}{\partial S}$，这是 B-S 公式反映的以希腊字母为代表的几个重要性质之一。

由于投资组合是无风险的，因此，其收益率一定等于无风险利率。将无风险利率记为 r，于是，该投资组合的贴现现值为 $(\Delta S_0u - f_u)e^{-rT}$。

而构造该投资组合的初始投入成本为 $\Delta S_0 - f$，从而

$$\Delta S_0 - f = (\Delta S_0u - f_u)e^{-rT}$$

于是 $f = S_0\Delta(1 - ue^{-rT}) + f_u e^{-rT}$，进而（将 Δ 的公式代入后）：

$$f = S_0\left(\dfrac{f_u - f_d}{S_0u - S_0d}\right)(1 - ue^{-rT}) + f_u e^{-rT}$$

或者表示为 $f = \dfrac{f_u(1 - de^{-rT}) + f_d(ue^{-rT} - 1)}{u - d}$

记 $p = \dfrac{e^{rT} - d}{u - d}$，于是有

$$f = e^{-rT}[pf_u + (1 - p)f_d]$$

上式可以用于期权的估值和定价，前提是股票价格按照本节开头所述的一步二叉树机制确定，而建立模型所涉及的唯一假定条件是市场上没有套利机会。

事实上，这一结果也是风险中性定价的结果。在公式中，p 实际上就是风险中性世界里股票价格上涨的概率，而 $1-p$ 则是风险中性世界里股票价格下跌的概率，风险中性定价就是在风险中性世界里的期望收益按照无风险收益率进行贴现的贴现值。

同时，还需要强调的是，与一般的直觉不同，这里的 p 是风险中性世界里股票价格上涨的概率，与现实世界里股票价格上涨的概率是不同的，理解这一点对理解风险中性定价的理念非常重要也是必需的。事实上，可以通过一定分析，通过现实世界里资产的期望收益率计算出现实世界的概率。假设现实世界里的股票价格上涨的概率为 p^*，现实世界里股票的期望收益率为 μ（与此相对，在风险中性世界里包括该股票在内的所有资产的期望收益率都是无风险利率 r），于是有 $S_0up^* + S_0d(1 - p^*) = S_0e^{\mu T}$，进而可以计算出 p^*，并且可以看出 p^* 与风险中性世界的概率 p 是不同的。

尽管能够通过期望收益分析计算现实世界基础资产价格上涨的概率，但另外一个重要指标，贴现率的选取，在现实世界中将难以估计。而在风险中性的世界里，由于所有的资产的期望收益率都是无风险利率，因而贴现率自然也是无风险利率。这也是风险中性定价非常便利的重要原因之一。

8.3.4.2 二叉树法

对于没有解析定价公式的衍生品，二叉树是非常有用和有效的工具，例如，对于美式期权的估值和定价。

在使用二叉树方法时，首先将期权的期限划分为很多小的时间区间，每个长度为 Δt，假定在每一个时间段里，股票价格从开始时的价格 S，有两种变化的可能，要么变为 Su、要么变为 Sd，一般来讲 $u > 1$、$d < 1$，分别对应上涨和下跌两种情况。上涨的概率记为 p、下跌的概率记为 $1-p$。

根据二叉树基本原理时，我们可以假定世界是风险中性的，为了完成对金融工具的估值和顶级，首先假定所有资产的期望收益率都是无风险利率，然后再计算金融工具收益的期望值，再按照无风险利率进行贴现，得到金融工具的价值。这种定价过程就是二叉树定价，或者更加一般性的三叉树定价或统称为树形定价。

确定树形定价的参数关键在于确定 p、u 和 d。参数的选择必须确保在时间区间 Δt 内的基础资产价格变化的均值和方差是合理的。由于假定世界是风险中性的，股票的收益率为无风险利率 r，如果提供股息或者其他收入，记为 q，那么股票价格变化本身的收益率期望就应该为 $r-q$。从而，在一个时间区间的期末，股票价格的期望值为

$Se^{(r-q)\Delta t}$，其中 S 为基础资产在时间区间开始时的价值。因此，在一步二叉树下，为了保证期望值均衡，有：

$$Se^{(r-q)\Delta t} = pSu + (1-p)Sd \quad \text{即} \quad e^{(r-q)\Delta t} = pu + (1-p)d \tag{8.3.4-1}$$

记基础资产价格在时间段 Δt 的百分比变化为 R，那么 $P(1+R=u) = p$，$P(1+R=d) = 1-p$。由于对任意随机变量 x，其方差等于 $\text{var}(x) = E(x^2) - [E(x)]^2$，因此，$1+R$ 的方差为：

$$\text{var}(1+R) = E((1+R)^2) - [E(1+R)]^2 = pu^2 + (1-p)d^2 - e^{2(r-q)\Delta t}$$

由于一个随机变量加上一个常数后其方差与该随机变量相同，因此 R 与 $1+R$ 有完全相同的方差。而根据 B-S 公式里基础资产服从的标准随机过程推演出的波动率性质，有该方差应该等于 $\sigma^2 \Delta t$，因此

$$pu^2 + (1-p)d^2 - e^{2(r-q)\Delta t} = \Delta t$$

而由（8.3.5-1）式可以得出，$e^{(r-q)\Delta t}(u+d) = pu^2 + (1-p)d^2 = ud$，因此

$$e^{(r-q)\Delta t}(u+d) - ud - e^{2(r-q)\Delta t} = \sigma^2 \Delta t \tag{8.3.4-2}$$

上述式（1）和（2）给出了约束 p、u 和 d 的两个等式，只要再增加一个约束条件，就可以建立方程组借出 p、u 和 d。

有理由认为基础资产的价格变化（上涨或下跌）是对称的，因此，可以假定

$$ud = 1 \tag{8.3.4-3}$$

当忽略 Δt 的高阶项时，方程组（8.3.4-1）、（8.3.4-2）、（8.3.4-3）的解为：

$$p = \frac{a-d}{u-d}$$

$$u = e^{\sigma\sqrt{\Delta t}}$$

$$d = e^{-\sigma\sqrt{\Delta t}}$$

其中，$a = e^{(r-q)\Delta t}$，被称为"增长因子"。

基本的两步二叉树可以推广为多步二叉树。

在初始时刻（记为时间 0），基础资产价格是已知的，记为 S_0；那么在 Δt 时刻资产价值有两种可能：$S_0 u$ 或 $S_0 d$；而在 $2\Delta t$ 时刻，则有三种可能：$S_0 u^2$ 或 S_0 或 $S_0 d^2$；以此类推，如下图所示。

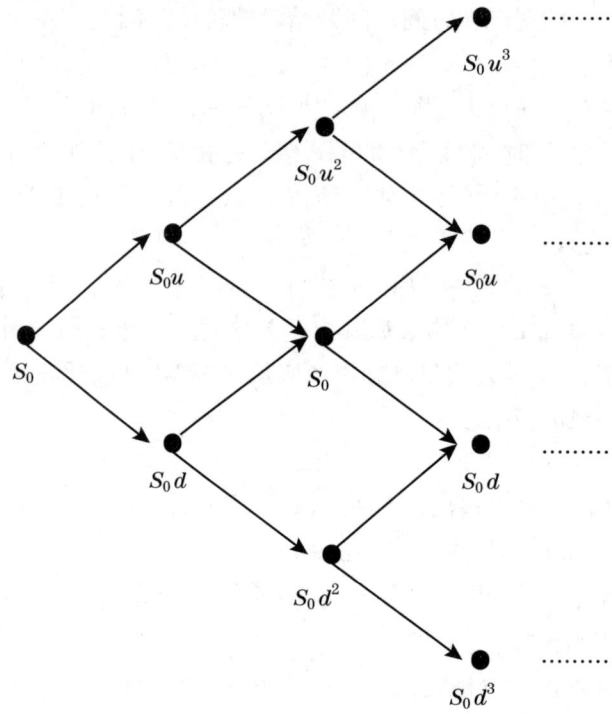

在一般情况下，在 $i\Delta t$ 时刻，有 $i+1$ 种基础资产价值的取值可能，分别为：$S_0 u^j d^{i-j}$，$j=1,2,\cdots,i$

通过树形进行倒推计算，可以得到目前衍生品的价值。即通过在树的末端（即衍生品到期时间 T）的衍生品价值进行反向归纳推导，就可以对期权等衍生工具进行估值和定价。例如，看跌期权到期日的价值为 $\max(K-S_T,0)$，而看涨期权到期日价值为 $\max(S_T-K,0)$。因为世界是风险中性的，因此在到期日之前的一个时点 $T-\Delta t$ 上衍生工具的价值等于将 T 时刻衍生工具价值的期望值以无风险利率 r 在时间区间 Δt 上进行折现。类似地，以此类推可以一直折现计算，得到当前时点衍生工具的价值。如果是美式期权，在二叉树的每个时间节点上，都需要检验和判断在这一节点行使期权是否比在将来持有期权更加有利。

二叉树方法对于美式期权非常实用。将一个美式期权的到期时间 T 切分为 N 个长度为 Δt 时间段，为了方便，称在时间点 $i\Delta t$ 的第 j 个树形图上的节点为 (i,j)，其中 $0 \leq i \leq N$，$0 \leq j \leq i$。记 $f_{i,j}$ 为期权在 (i,j) 节点上的价值。由以上的分析可以知道，标的资产在 (i,j) 节点的价值为 $S_0 u^j d^{i-j}$，由此可以得出美式看涨和看跌期权的价值。

对于看涨期权，在到期日时间 T 的价值为 $\max(S_T--K,0)$，因此
$$C = f_{N,j} = \max(S_0 u^j d^{N-j} - K, 0), \quad j=1,2,\cdots,N$$
对于看跌期权，在到期日时间 T 的价值为 $\max(K-S_T,0)$，因此
$$P = f_{N,j} = \max(K - S_0 u^j d^{N-j}, 0), \quad j=1,2,\cdots,N$$
在 $i\Delta t$ 时点，从 (i,j) 节点移动到 $(i+1)\Delta t$ 的 $(i+1,j+1)$ 节点的概率为 p，移

动到 $(i+1)\Delta t$ 的 $(i+1, j)$ 节点的概率为 $1-p$。假定期权没有被提前行使，由风险中性定价原理（即对期望价值按照无风险利率进行贴现）可以得出：

$$f_{i,j} = e^{-r\Delta t}[pf_{i+1, j+1} + (1-p)f_{i+1, j}] \quad, \quad \text{其中} \ 0 \leq i \leq N-1, 0 \leq j \leq i$$

当考虑提前行使期权时，上式中的 $f_{i,j}$ 必须与期权的内涵价值（即行权价值）进行比较，从而对于看涨期权，有

$$f_{i,j} = \max\{S_0 u^j d^{N-j} - K, \ e^{-r\Delta t}[pf_{i+1, j+1} + (1-p)f_{i+1, j}]\}$$

而对于看跌期权，有

$$f_{i,j} = \max\{K - S_0 u^j d^{N-j}, \ e^{-r\Delta t}[pf_{i+1, j+1} + (1-p)f_{i+1, j}]\}$$

需要注意，由于上述计算从最后一个时点 T 时刻开始计算并进行倒推，因此在每个时刻的期权价值实际上反映了将来的所有信息，包括将来时刻提前行使期权对价值的影响。

当 Δt 趋向于零时（即选择一个比较大的 N，对时间区间拆分得更细、使用更多的步数），就可收敛为美式期权的精确价值。通常通过选择合适的计算精度和相应的 N 来得出一个合理的估值结果。

有时还需要考虑股息的影响。在除息日，由于股息的影响将导致股票价格在原本应该呈现的价格基础上出现一定的下跌。在考虑长期限的期权估值时，可以使用连续股息假设，即假定股票支付连续收益率为 q 的股息。该股息的作用将使得二叉树上每个节点上的股票价值都较原本的价值出现一定的下降，且其影响的具体幅度为 1 减去股息收益率。而对于离散股息，可以采用直接在节点的股票价值上减掉股息影响的方法。

8.3.4.3 蒙特卡罗模拟法

蒙特卡罗模拟法是一种随机模拟方法，它与二叉树法有着本质的区别。蒙特卡罗法是使用随机数（更严格地说，最常见的应用其实是伪随机数）来解决很多计算问题的方法。当所要求解的问题是某种事件出现的概率，或者是某个随机变量的期望值时，可以通过某种"试验"的方法，得到这种事件出现的频率，或者这个随机变量的平均值，并用它们作为问题的解，这就是蒙特卡罗法计算的一般过程。在使用蒙特卡罗法计算期权价格时，实际上是采用了风险中性理论。在风险中性世界里，我们首先随机产生标的资产价格的路径，并由此来取得收益的期望值，然后再以无风险利率进行折现。

考虑某个与市场变量 S 有关的衍生产品，该衍生产品在 T 时刻产生收益。假定利率为常数，可以通过以下过程来对衍生产品进行模拟和定价：

1. 在风险中性世界里对变量 S 的路径抽样；
2. 计算衍生产品的收益；
3. 重复第一步和第二步以取得许多衍生产品的收益的观测样本；
4. 计算收益的均值，该均值即为衍生产品在风险中性世界里收益期望值的估计值；
5. 以无风险利率对衍生产品的收益期望值进行贴现，所得结果即为衍生产品价格的估计值。

假定在风险中性的世界里,标的市场变量 S 服从以下过程:

$$dS = \mu S dt + \sigma S dz \qquad (8.3.4-4)$$

其中, dz 是一个维纳过程, μ 为标的变量 S 在风险中性世界里的收益率期望, σ 为被动率。为了模拟变量 S 的路径,可以将期权的期限分割成 N 个长度为 Δt 的小区间,并采用下式来对上面的表达式(8.3.5-4)进行近似:

$$S(t+\Delta t) - S(t) = \mu S(t)\Delta t + \sigma S(t)\varepsilon\sqrt{\Delta t} \qquad (8.3.4-5)$$

式中 ε 是期望值为 0、标准差为 10 的标准正态分布中的抽样。从而我们可以从 S 的初始值计算出 S 在 Δt 时的值,并从 Δt 的值计算出 S 在 $2\Delta t$ 的值,等等。每个模拟样本都需要通过对正态分布进行 N 次抽样来构造 S 的整个路径。

在实际计算时,对 $\ln S$ 进行抽样通常比直接对 S 进行抽样更为准确。由伊藤引理, $\ln S$ 服从的过程为:

$$d\ln S = \left(\mu - \frac{\sigma^2}{2}\right)dt + \sigma dz$$

从而 $\ln S(t+\Delta t) - \ln S(t) = \left(\mu - \frac{\sigma^2}{2}\right)\Delta t + \sigma\varepsilon\sqrt{\Delta t}$

可以将表达式等价调整为:

$$S(t+\Delta t) = S(t)\exp\left[\left(\mu - \frac{\sigma^2}{2}\right)\Delta t + \sigma\varepsilon\sqrt{\Delta t}\right]$$

可以使用以上公式来产生 S 的路径。

对 $\ln S$ 进行模拟,而不是直接对 S 进行模拟,可以更加精确。并且,若 μ 和 σ 是常数,那么对于所有的期限 T,都有:

$$\ln S(T) - \ln S(0) = \left(\mu - \frac{\sigma^2}{2}\right)T + \sigma\varepsilon\sqrt{t}$$

从而 $S(T) = S(0)\exp\left[\left(\mu - \frac{\sigma^2}{2}\right)T + \sigma\varepsilon\sqrt{\Delta T}\right]$

以上方程可用于计算在 T 时刻产生非标准收益的衍生产品的定价。蒙特卡罗法的主要优点在于既可用于当收益只依赖于标的变量 S 最终值的情形,又可用于收益依赖于标的变量 S 路径的情形(例如,一些比较复杂的路径依赖的奇异期权)。衍生产品的收益可能发生在期限内的不同时间点,而不是全在期限的末尾。任何关于 S 的随机过程均可以采用这一方法。此外,这里所描述的过程还可用于收益与若干标的变量有关的情形,即存在多个基础资产或多个基础变量的情景。蒙特卡罗法的缺点在于,该方法的计算速度较为缓慢,并且当期权可以被提前行使时,涉及提前行使的判断,不太容易应用。

蒙特卡罗法的计算精度与模拟的次数有关。在蒙特卡罗模拟法中,通常在计算收益贴现的期望值外,还要计算标准差。将期望值和标准差分别用 x 和 ω 表示,变量 x 即为衍生产品价值的估计,这一估计值的标准误差为 $\dfrac{\omega}{\sqrt{M}}$,其中 M 为模拟次数。

通过统计计算可以得到，衍生品价格 f 的 95% 置信区间为

$$x - \frac{1.96\omega}{\sqrt{M}} < f < x + \frac{1.96\omega}{\sqrt{M}}$$

因此，衍生产品价格计算结果的不确定性与模拟次数的平方根成反比。如果想将精度提高一倍，必须将模拟次数提高 4 倍，而如果想将精度提高 10 倍，必须将模拟次数提高 100 倍，等等。

8.3.4.4 有限差分法

有限差分法事实上是一种微分方程的数值计算方法，当无法通过解析方式获得微分方程解析解时，经常使用这一方法。有限差分法通过求解衍生产品价格所满足的微分方程来达到定价的目的，在求解过程中，微分方程被一组差分方程所替代，我们可以通过迭代来求出差分方程的解。

例如，可以考虑用有限差分法对一个股息收益率为 q 的股票的美式看跌期权进行估值。由 B-S 公式推导过程中的偏微分方程可知（需要考虑股息 q 的影响，以 $r-q$ 代替无风险收益率 r），期权价格满足方程：

$$\frac{\partial f}{\partial t} + (r-q)S\frac{\partial f}{\partial S} + \frac{1}{2}\sigma^2 S^2 \frac{\partial^2 f}{\partial S^2} = rf \qquad (8.3.4-6)$$

假定期权的期限为 T，将这一期限分成 N 个时间段，每个长度为 $\Delta t = \frac{T}{N}$，从而就有 $N+1$ 个时间点 $0, \Delta t, 2\Delta t, \cdots, T$。

假定 S_{max} 为足够大的股票价格，使得一旦股票达到这一价格时，看跌期权的价值几乎为 0。定义 $\Delta S = \frac{S_{max}}{M}$，并同时考虑 $M+1$ 个股票价格 $0, \Delta S, 2\Delta S, \cdots, S_{max}$。

在实际操作中，可以在选取 S_{max} 时，保证以上 $M+1$ 个股票价格中有一个刚好对应于股票的当前价格。

从而，按照以上规则选取的股票价格和时间构成一个共有 $(M+1) \times (N+1)$ 个点的网格。网格上的点 (i, j) 就对应于时间为 $i\Delta t$、股票价格为 $j\Delta S$ 的情况。用变量 $f_{i,j}$ 代表 (i, j) 点的期权价值。

在以上网格内的点 (i, j)，$\frac{\partial f}{\partial S}$ 近似等于

$$\frac{\partial f}{\partial S} = \frac{f_{i,j+1} - f_{i,j}}{\Delta S} \quad \text{或者} \quad \frac{\partial f}{\partial S} = \frac{f_{i,j} - f_{i,j-1}}{\Delta S} \qquad (8.3.4-7)$$

以上两者分别被称为"向前差分近似"和"向后差分近似"。将二者进行平均，可以得到对称的差分方程：

$$\frac{\partial f}{\partial S} = \frac{f_{i,j+1} - f_{i,j-1}}{2\Delta S} \qquad (8.3.4-8)$$

对于 $\frac{\partial f}{\partial t}$，可以采用向前差分近似使得 $i\Delta t$ 时刻的价值与 $(i+1)\Delta t$ 时刻的价值建立

关联关系：

$$\frac{\partial f}{\partial t} = \frac{f_{i,j+1} - f_{i,j}}{\Delta t} \quad (8.3.4-9)$$

而对于 $\frac{\partial^2 f}{\partial S^2}$，$(i, j)$ 点 $\frac{\partial f}{\partial S}$ 的向后差分近似已由（8.3.4-7）式给出，而 $(i, j+1)$ 点的向后差分近似为 $\frac{f_{i,j+1} - f_{i,j}}{\Delta S}$，因此在 (i, j) 点，$\frac{\partial^2 f}{\partial S^2}$ 的有限差分近似为

$$\frac{\partial^2 f}{\partial S^2} = \frac{1}{\Delta S}\left(\frac{f_{i,j+1} - f_{i,j}}{\Delta S} - \frac{f_{i,j} - f_{i,j-1}}{\Delta S}\right) \quad (8.3.4-10) \quad \text{或者}$$

$$\frac{\partial^2 f}{\partial S^2} = \frac{f_{i,j+1} + f_{i,j-1} - 2f_{i,j}}{\Delta S^2} \quad (8.3.4-11)$$

将（8.3.4-8）、（8.3.4-9）、（8.3.4-11）代入微分方程（8.3.4-6），并且由 $S = j\Delta S$，可以得到

$$\frac{f_{i,j+1} - f_{i,j}}{\Delta t} + (r-q)j\Delta S \frac{f_{i,j+1} - f_{i,j-1}}{2\Delta S} + \frac{1}{2}\sigma^2 j^2 \Delta S^2 \frac{f_{i,j+1} + f_{i,j-1} - 2f_{i,j}}{\Delta S^2} = rf_{i,j}$$

其中，$j = 1, 2, \cdots, M-1$；$i = 0, 1, \cdots, N-1$。

将以上方程进行调整整理，得到

$$a_j f_{i,j-1} + b_j f_{i,j} + c_j f_{i,j+1} = f_{i+1,j} \quad (8.3.4-12)$$

其中，$a_j = \frac{1}{2}(r-q)j\Delta t - \frac{1}{2}\sigma^2 j^2 \Delta t$

$b_j = 1 + \sigma^2 j^2 \Delta t + r\Delta t$

$c_j = \frac{1}{2}(r-q)j\Delta t - \frac{1}{2}\sigma^2 j^2 \Delta t$

由于看跌期权在 T 时刻的价值为 $\max(K - S_T, 0)$，因此

$$f_{N,j} = \max(K - j\Delta S, 0)，j = 0, 1, 2, \cdots, M \quad (8.3.4-13)$$

当股票价格为 0 时，看跌期权的价值为 K，因此

$$f_{i,0} = K，i = 0, 1, 2, \cdots, N \quad (8.3.4-14)$$

而由于假定当 $S = S_{\max}$ 时，期权价值为 0，因此

$$f_{i,M} = 0，i = 0, 1, 2, \cdots, N \quad (8.3.4-15)$$

等式（8.3.4-13）、（8.3.4-14）、（8.3.4-15）决定了期权价值在网格的三条边上的边界取值，于是，使用（8.3.4-12）就可以计算期权价值在其他点上的取值。

当 $i = N-1$ 时，式（8.3.4-12）可以写为

$$a_j f_{N-1,j-1} + b_j f_{N-1,j} + c_j f_{N-1,j+1} = f_{N,j} \quad (8.3.4-16)$$

而由式（8.3.4-13），已知以上等式右端的取值，并且由（8.3.4-14）和（8.3.4-15）可知 $f_{n-1,0} = K$ 并且 $f_{n-1,M} = 0$。于是等式（8.3.4-16）给出了关于 $M-1$ 个未知变量的 $M-1$ 个方程，这些未知变量就是 $f_{N-1,1}, f_{N-1,2}, \cdots, f_{N-1,M-1}$。当通过解方程

组确定以上未知变量后，将 $f_{N-1,j}$ 与 $K-j\Delta S$ 进行比较，如果 $f_{N-1,j} < K-j\Delta S$，那么在这一节点上行使期权为最优，这时便将 $f_{N-1,j}$ 设定为 $K-j\Delta S$。在 $T-2\Delta t$ 时点可以进行类似的处理，从而最终得出 $f_{0,1}, f_{0,2}, \cdots, f_{0,M-1}$，其中某一个即为目前股票价值所对应的期权价值。

有限差分法包括显式和隐式两种基本形式，以上方法属于显式差分法。

有限差分法可用于适合树形方法的衍生产品定价问题。它们既可以处理欧式期权定价也可以处理美式期权定价，但这一方法很难用于衍生产品收益与标的变量历史价格有关的情形。有限差分可用于存在多个标的变量的情形，但计算时间会大大增大，此时计算网格会变成多维的形式。

8.3.5 几类特殊期权品种估值

8.3.5.1 外汇期权

B-S 公式广泛地应用于对欧式期权估值，该模型的重要的假设包括：相关资产价格行为服从正态分布；在期权有效期内，无风险利率和标的资产收益变量是常数；市场无摩擦，即不存在税收和交易成本；估值对象为欧式期权，即在期权到期前不可行权；市场为风险中性；交易是持续的；投资者能够以无风险利率借贷。

而在对外汇期权、指数期权和期货期权等产品进行估值定价时，则广泛使用 Black 模型，这是由 B-S 期权模型演变的模型之一，被广泛的利用，其属性与模型假设几乎与 B-S 模型一样，只是在 Black 估值模型中引入了标的资产的远期价格并且假设标的资产价格波动百分比服从对数正态分布。

Black 模型期权定价标准公式为：

看涨期权多头：

$$C = e^{-r_d T}[FN(d_1) - KN(d_2)]$$

看跌期权多头：

$$P = e^{-r_d T}[KN(-d_2) - FN(-d_1)]$$

$$F = S \times e^{(r_d - r_f)T}$$

$$d_1 = \frac{\ln(\frac{F}{K}) + \frac{1}{2}\sigma^2 T}{\sigma\sqrt{T}}$$

$$d_2 = d_1 - \sigma\sqrt{T}$$

其中，C 和 P 分别为外汇期权价格；S_0 为即期汇率；K 为合约约定汇率；F 为远期汇率；T 为合约期限；r 为无风险利率；σ 为汇率波动率；$d_1 \& d_2$ 为标准正态变量；$N(x)$ 为正态分布中渐增的概率分布函数；$N(d_1)$ 为当 S>K 时变量的期望值；$N(d_2)$ 为期权行权概率。

Black 期权定价模型的假设基于标的资产价格的百分比变化服从对数正态分布，公式的推导过程较为复杂，对模型理解的关键在于标的资产价格与期权价格的关系。在风险中性的假设提条件下任意一段时期内标的资产价格与期权价格具有完美的相关性，资产价格变动带来的盈亏总是可以对冲由期权所带来的盈亏。因此，需要在对数正态分布中界定资产价格和期权价格的概率分布函数。对数正态分布的变量可以取零与无穷大之间的任何值，当标的资产价格波动趋于零时看涨多头期权不被执行，变量 $d_2 = -\infty$ 同时 $N(d_2) = 0$，因此看涨多头期权价值 $C = e^{-r_d T} F N(d_1)$。相反，当标的资产价格走势趋于无穷大时看涨多头期权合约几乎肯定会得到执行，同时 d_1 和 d_2 函数趋于无穷大，$N(d_1)$ 和 $N(d_2)$ 接近 1，期权价格即为，$C = (F - K)e^{-r_d T}$ 也就是看涨期权多头价格最高，期权所带来的盈利也最大。

欧式外汇期权可以使用上述 Black 公式进行估值定价。但对外汇期权而言，事实上标的汇率的运动并不服从对数正态分布，原因在于汇率的波动率不是常数，并且汇率运动变化经常会受到央行政策、外部环境外部等因素的影响。所以，在使用 Black 期权定价模型对外汇期权估值时，最理想的情况是应该要计算标的汇率的隐含波动率。

而对于美式外汇期权，则需要采用二叉树等数值方法。除了基本的二叉树方法（具体参见上节中数值方法的介绍），业界广泛认可的美式期权估值方法包括还 Bjerksund & Stensland 模型，具体如下。

美式看涨期权多头的计算公式：

$$C(S, K, T, r, b, \sigma) = \alpha S^\beta - \alpha \varphi(S, T, \beta, I, I) + \varphi(S, T, 1, I, I) \\ - \varphi(S, T, 1, K, I) - K\varphi(S, T, 0, I, I) + K\varphi(S, T, 0, K, I)$$

其中：

$I = B_0 + (B_\infty - B_0)(1 - e^{h(T)})$;

$b = \dfrac{1}{T} \ln \dfrac{F}{S}$

$\alpha = (I - K) I^{-\beta}$

$\beta = \left(\dfrac{1}{2} - \dfrac{b}{\sigma^2}\right) + \sqrt{\left(\dfrac{b}{\sigma^2} - \dfrac{1}{2}\right)^2 + \dfrac{2r}{\sigma^2}}$

$h = -(bT + 2\sigma\sqrt{T})\left(\dfrac{B_0}{B_\infty - B_0}\right)$

$B_0 = \max\left(K, \left(\dfrac{r}{r-b}\right)K\right)$

$B_\infty = \left(\dfrac{\beta}{\beta - 1}\right)K$，该参数为当美式期权永久有效时的最佳价格界限；

此外，F 表示远期汇率；b 表示储存成本。

ϕ 的定义如下：

$$\varphi(S, T, \gamma, H, I) = e^{\lambda T} S^\gamma \left(\Phi(d) - \left(\dfrac{I}{S}\right)^\kappa \Phi\left(d - \dfrac{2\ln(I/S)}{\sigma\sqrt{T}}\right)\right)$$

其中：

$$\lambda = -r + \gamma b + \frac{1}{2}\gamma(\gamma-1)\sigma^2$$

$$d = -\frac{1}{\sigma\sqrt{T}}(\ln(\frac{S}{H}) + (b + (\gamma - \frac{1}{2})\sigma^2)T)$$

$$\kappa = \frac{2b}{\sigma^2} + 2\gamma - 1$$

美式看跌期权多头的计算公式：

$$P(S, K, T, r, b, \sigma) = C(K, S, T, r-b, -b, \sigma)$$

在 Bjerksund & Stensland 模型中设定了相对标的资产价格的边界，其作用与障碍期权的障碍边界类似，用于判定美式期权可随时行权的特性是否在计算中生效。当持有成本小于无风险利率（$b < r, r-b \geq 0$）且标的资产价格大于或等于边界 I 时，看涨期权多头合约价格已经满足期权的最大内在价值 $\max(S - K, 0)$，但是当持有成本小于无风险利率时（$b \geq r, r-b \leq 0$），合约价值不可能在到期日前实现内在价值最大化。

Bjerksund & Stensland 模型最主要的优势在于计算速度快，同时，还可以准确计算合约期限较长的美式期权，并且不需要像二叉树模型假设标的资产价格上下波动的幅度和风险利率为常数。

8.3.5.2 障碍期权（Barrier Option）

障碍期权取决于标的资产的价格在一段特定时间区间内是否达到某个特定水平。场外市场中，有几种不同的障碍期权在交易。它们通常比普通的期权便宜，某种程度上投机性更大，所以障碍期权颇受部分投资者的偏好。障碍期权可分为敲出期权（knock-out oplion）和敲入期权（knock-in option），当标的资产价格达到一定水平时，敲出期权不再存在；当标的资产价格达到一定水平时，敲入期权才开始存在。

例如，下跌-敲出看涨期权（down-out call）是一种普通的看涨期权，但当资产价格下跌到一定障碍水平 H 时，期权自动消失，障碍水平低于初始资产水平。与之相对应的敲入看涨期权为下跌-敲入看涨期权（down-in call），这也是一种普通看涨期权，但只有当资产价格下跌到一定水平时，这种期权才会生效。

目前应用比较广泛的障碍期权估值模型基本上可分为两种，一种是闭合式公式，最先由 Merton 在 1973 年基础 B-S 模型基础上开发得出，并由 Reiner 和 Rubinstein 在原始模型上改进和推广。另一种是由 Cox、Ross 和 Rubinstein 在 1979 年基于二叉树期权模型改进。

此外，使用二叉树期权模型也可对较准确地对较复杂期权估值，模型假设资产价格波动只有向上和向下两个方向，并将观察期的存续期分为若干阶段，根据标的资产价格的历史波动率模拟出在整个存续期内所有可能的发展路径，并对每一路径上的每一节点计算障碍期权的价格，但需要将标的资产价格上下波动的幅度和风险利率假设为常数。但是，虽然二叉树模型的假设把一个给定的时间段细分为更小的时间单位的方式精准直观地处理复杂的期权估值,但该模型运算量非常之大并且需要调整对每条路径的收敛性进行校正,在运算成本上不及闭合式模型。

下面简要介绍闭合模型的基本结论。以外汇单障碍期权为例,该模型分别提供了看涨多头单边障碍期权和看跌多头单边障碍期权的8种障碍形式的估值公式:

当障碍形式为 Down-Out-Call,若 K>H,期权价值 V=V1-V3;若 K<=H,期权价值 V=V2-V4。

当障碍形式为 Up-Out-Call,若 K<=H,期权价值 V=V1-V2+V3-V4;否则期权价值 V=0。

当障碍形式为 Down-Out-Put,若 K>H,期权价值 V=V1-V2+V3-V5;否则期权价值 V=0。

当障碍形式为 Up-Out-Put,若 K>H,期权价值 V=V2-V4;若 K<=H,期权价值 V=V1-V3。

其中:

$$V_1 = S \cdot e^{(b-r)T} \cdot \varphi(x_1) + e^{-rT} \cdot (x_1 - \sigma\sqrt{T})$$

$$V_2 = S \cdot e^{(b-r)T} \cdot \varphi(x_2) + e^{-rT} \cdot (x_2 - \sigma\sqrt{T})$$

$$V_3 = S \cdot e^{(b-r)T} \cdot \left(\frac{H}{S}\right)^{2(u+1)} \cdot \varphi(y_1) + e^{-rT} \cdot \left(\frac{H}{S}\right)^{2u} \cdot (X_2 - \sigma\sqrt{T})$$

$$V_4 = S \cdot e^{(b-r)T} \cdot \left(\frac{H}{S}\right)^{2(u+1)} \cdot \varphi(y_2) + e^{-rT} \cdot \left(\frac{H}{S}\right)^{2u} \cdot (y_2 - \sigma\sqrt{T})$$

$$E = R \cdot \left[\varphi(x_2 + \sigma\sqrt{T}) + \left(\frac{H}{S}\right)^{2u} \varphi(y_2 - \sigma\sqrt{T})\right]$$

$$F = R \cdot \left[\left(\frac{H}{S}\right)^{u+\lambda} \varphi(z) + \left(\frac{H}{S}\right)^{u-\lambda} \varphi(z - 2\lambda\sigma\sqrt{T})\right]$$

$$x_1 = \frac{1}{\sigma\sqrt{T}} \ln\left(\frac{S}{K}\right) + (1+u)\sigma\sqrt{T}$$

$$x_2 = \frac{1}{\sigma\sqrt{T}} \ln\left(\frac{S}{H}\right) + (1+u)\sigma\sqrt{T}$$

$$y_1 = \frac{1}{\sigma\sqrt{T}} \ln\left(\frac{H^2}{S}\right) + (1+u)\sigma\sqrt{T}$$

$$y_2 = \frac{1}{\sigma\sqrt{T}} \ln\left(\frac{H}{S}\right) + (1+u)\sigma\sqrt{T}$$

$$u = (b - \sigma^2/2)/\sigma^2$$

$$z = \frac{1}{\sigma\sqrt{T}} \ln\left(\frac{H}{S}\right) + \lambda\sigma\sqrt{T}$$

$$\lambda = \sqrt{u^2 + \frac{2r}{\sigma^2}}$$

并且，b 表示储存成本；S 为即期汇率；K 为合约约定汇率；T 为合约期限；r 为无风险利率；σ 为波动率；$\varphi(x)$ 为正态分布中渐增的概率分布函数；H 为单边障碍期权障碍值；R 为返还折扣金额；V_1 为欧式期权价格；E&F 分别为触碰无效障碍期权返还折扣金额支付形式和单触形式的价值。

8.3.5.3 亚式期权（Asian Option）

亚式期权的收益同标的资产在期权有效期内价格的算术平均有关。平均价格看涨期权的收益为 $\max(S_{av} - X, 0)$，平均价格看跌期权的收益为 $\max(X - S_{av}, 0)$，其中 S_{av} 为标的资产价格的平均值。平均价格期权比普通期权便宜，并且此种期权可能更适合一些企业的资金管理需求。例如，假设一家公司预计在明年内会陆续并均匀地接收其国外子公司一定数量的外币的现金流，此公司有可能需要一种工具保证其在该年内获得的平均汇率高于某一水平，从而平均价格看跌期权比普通看跌期权会更能满足其需求。

亚式期权与欧式和美式期权一样都是期权合约的一种形式，但由于亚式期权支付函数计算与其他两种形式的期权不同被列为奇异期权。亚式期权显著的特点在于它的支付函数是根据合约项下资产在合约期内的平均价格计算的。正如以上介绍的，以亚式看涨期权为例，亚式支付函数为 $Payoff = \max(S_{av} - K, 0)$，其中 $Payoff$ 为相关资产平均价格。另外，还有的亚式期权支付函数则将相关资产价格的均值视为合约协议价格 K，支付函数为 $\max(S_t - S_{av}, 0)$。此外，对亚式期权中相关资产平均价格计算又分为算数平均值（Arithmetic mean）或几何平均值（Geometric mean）。平均协议价格期权可以保证在一段时间内频繁买入或卖出标的资产的平均价格不会高于或低于最终价格。

很多估值模型都能对亚式期权估值，但在相比欧式或美式更为复杂。以 Black 模型对亚式期权估值为例。假设相关标的资产价格服从对数正态分布，如果 S_{av} 为 S 的几何平均值，可以得出关于平均价格期权公式，这是因为服从对数正态分布变量的几何平均值仍服从对数正态分布。一个刚开始的期权在 T 时刻收益与 0-T 之间的资产价格的几何平均价格有关。在风险中性假设下，在一段时间区间内资产价格的几何平均值分布与资产终端值的分布一致，只不过将资产的期望增长率变为 $\left(r - q - \dfrac{\sigma^2}{6}\right)/2$，而不再是 $r-q$，波动率也改为 $\sigma/\sqrt{3}$，而不是 σ。因此几何平均期权可以被假定为标准期权，其波动率为 $\sigma/\sqrt{3}$，资产收益率为：

$$r - \frac{1}{2}\left(r - q - \frac{\sigma^2}{6}\right) = \frac{1}{2}\left(r + q + \frac{\sigma^2}{6}\right)$$

市场上绝大部分亚式期权是基于算术平均，对于这种期权并没有准确的解析公式，这是因为不能用解析式表达对数正态分布变量的算术平均值所服从的分布。但是，这一分布可被视为近似对数正态，并可得出一个解析式公式。在计算过程中，需要在假定风险中性条件下计算算术平均值。

资产价格的算术平均值计算中分为两个阶矩（Moment）进行计算：

$$M_1 = \frac{e^{(r-q)T} - 1}{(r-q)T} S_0$$

$$M_2 = \frac{2e^{[2(r-q)+\sigma^2]T} S_0^2}{(r-q+\sigma^2)(2r-2q+\sigma^2)T^2} + \frac{2S_0^2}{(r-q)T^2}\left[\frac{1}{2(r-q)+\sigma^2} - \frac{e^{(r-q)T}}{r-q+\sigma^2}\right]$$

假设资产价格平均价格为对数正态分布,可利用 Black 标准模型:

$$C = e^{-rT}[FN(d_1) - KN(d_2)]$$

$$P = e^{-rT}[-KN(d_2) - FN(d_2)]$$

$$F_0 = M_1$$

$$\sigma^2 = \frac{1}{T}\ln\left(\frac{M_2}{M_1^2}\right)$$

$$d_1 = \frac{\ln(F/K) + \left(r + \frac{\sigma^2}{2}\right)T}{\sigma\sqrt{T}}$$

$$d_2 = d_1 - \sigma\sqrt{T}$$

除了以上介绍的障碍期权、亚式期权等外,市场上还有形形色色的奇异期权,比如复合期权、回望期权、喊价式期权、波动率期权,等等。这些奇异期权的估值往往都比普通的欧式和美式期权更加复杂,但其基本原理和工具是一致的,并且都广泛应用了风险中性定价原理。在此将不再一一详述。

8.4 资产证券化和信用衍生品估值

8.4.1 信用衍生品概述

信用衍生产品是指收益与某个(或多个)公司或国家的信用有关的合约,信用衍生产品的运作及其估值定价方式有其自身的特殊之处。信用衍生产品使得公司能够像对市场风险那样对信用风险交易。以前,在传统交易结构中,银行或其他金融机构一旦承受了信用风险后,只能被动期望最好的结果发生,而对自己面临的信用风险无能为力,并且还将面临一定的资产流动性问题。而现在,金融机构可以主动地管理自己的信用风险,将一部分信用风险利用信用衍生产品来保护或转移出去。

信用衍生产品包括关于单一公司的产品,以及关于多家公司的产品。最流行的关于单一公司信用衍生产品为信用违约互换,该产品的收益与某家公司或某个国家的信用有关。每个 CDS 合约均有两方,即信用保护的卖出方和买入方。当某个指定的实体(某公司或国家)违约时,信用保护的卖出方要向信用保护的买入方提供赔偿。而关于多家公司的信用衍生产品就是各种资产证券化工具,如资产抵押债券(ABS)、债务抵押债券(CDO)、按揭抵押债券(MBS)等等。资产证券化是对具有一定信用风险的基础资产的现金流重构，并按照一定的规则进行分配。例如，在 CDO 中，首先需要提供一个债券组合，然后债券组合的资金流按照约定的方式分配到若干类投资者，每类投资者承担风险的先后顺序和风险大小不同。

国外金融市场上最常见的信用衍生产品为信用违约互换（CDS）。这种合约给某一特定公司违约的风险提供了保险，这里所涉及的某家公司被称为参考实体，而该公司的违约被定义为信用事件。信用违约互换（保险）的买入方在信用事件发生时有权利将违约公司债券以债券面值的价格卖给信用违约互换的卖出方。而这一债券的面值也被称为信用违约互换的名义本金。

CDS 的买入方向卖出方定期付款，直到 CDS 结束或信用事件发生，这里的定期付款通常是在定期付款时间段的期末，但也有交易规定定期付款是在每半年末或者每年末，或提前付款。在违约事件发生时，以交付债券实物或者是现金支付作为合约的交割方式。

CDS 可以用来对冲企业债券头寸的风险。假定某投资者按面值买入了一个 10 年期收益率为每年 6% 的企业债券，同时又签订了一个 10 年期 CDS 来对债券发行者的违约提供保护。假定 CDS 的溢价为 200 个基点，即每年 2.5%。CDS 的作用是将企业债券转换为无风险债券（至少在近似意义上）。如果债券发行人不违约，投资者收益率为每年 3.5%（企业债券收益率减去 CDS 的溢价，正常情况下应该相当于无风险或低风险的债券收益率）。如果债券发行人违约，投资者在违约发生前的收益率为 3.5%，然后根据 CDS 合约的条款投资者可以用债券换回债券的本金。

从而，根据无套利原理，CDS 溢价应该大约等于相同期限的企业债券收益率与无风险利率的差价。这也是对 CDS 进行估值和定价需要遵循的基本原则。

8.4.2　CDS 估值

CDS 以及其互换类产品，通常都有市场交易，每天都按市值定价。信用违约互换的价值可能为正值也可能为负值。而对于由于各种原因无法获得可靠的市场参考价格的 CDS 的估值，可以利用违约概率来估计关于特定参考实体的 CDS 溢价。

基本做法是，首先给出 CDS 参考实体在 CDS 存续期间的每一期的违约概率，计算按照 CDS 约定支付的各种费用的贴现值，包括（未违约时）按照违约互换溢价费用支付的预期付款的贴现值，以及（违约时）应该支付的应付款贴现值，然后再计算（违约时）因为 CDS 的保险作用产生的预期收益的贴现值，按照均衡定价原理，所有支付的期望值贴现现值和所有收益的期望值贴现现值应该相等，从而可以解出互换溢价。

如同期权定价中的原理，在信用违约互换估值定价中采用的违约概率应该是风险中性违约概率而不是现实世界的违约概率。风险中性违约概率可由债券价格或资产互换价格来估计，另一种方法是使用信用违约互换报价隐含的违约概率。例如，对于某个特定的参考实体，可以通过具有活跃市场交易价格的 CDS 计算出其隐含的风险中性违约概率，再据此计算其不活跃的或因为其他原因无法获得市场参考价格的 CDS 品种的价值，或者也可以使用风险特征类似（如相同信用等级）的其他参考实体的 CDS 价格来进行计算。

由产品的设计和定义可知，CDS 是互换合约到期前，当信用违约发生时，互换合约的买方会从互换合约的卖方处获得保护。在信用违约互换交易中，其中希望规避信用风险的一方为信用保护购买方，而另一方即愿意承担信用风险，向风险规避方提供信用保护的一方称为信用保护出售方，违约互换购买者将定期向违约互换出售者支付一定费用，而一旦出现信用类事件，违约互换购买者将有权利将债券以面值递送给违约互换出售者，从而有效规避信用风险。因此，通常信用违约互换（CDS）的估值包含两个部分或者叫估值段，分别是费用段和有收入段。

如果没有违约，费用段估值的计算公式为：

$$S_N \sum_{i=1}^{N} DF_i \cdot PND_i \cdot \Delta t_i$$

其中，S_N 为合约到期前定期支付的费用；DF_i 为 T_0 到 T_i 区间的无风险折现因子；PND_i 为 T_0 到 T_i 区间的不发生信用违约的概率；Δt_i 为 T_{i-1} 到 T_i 的时间间隔。

一旦信用违约发生，需要支付累积的费用，则费用段的计算公式为：

$$S_N \sum_{i=1}^{N} DF_i \cdot PND_i \cdot \Delta t_i + S_N \sum_{i=1}^{N} DF_i \cdot (PND_{i-1} - PND_i) \cdot \frac{\Delta t_i}{2}$$

其中，$PND_{i-1} - PND_i$ 实际上是在第 i 个时间段发生违约的概率，并且假定违约发生在时间段的中间位置。

此时，或有收入段的估值计算公式为：

$$(1 - R) \sum_{i=1}^{N} DF_i \cdot (PND_{i-1} - PND_i)$$

其中，R 为违约互换卖方支付的特定回收率。

因此，在 t 时刻，信用违约互换的估值为：

$$(1 - R) \sum_{i=1}^{N} DF_i \cdot (PND_{i-1} - PND_i) - S_N \sum_{i=1}^{N} DF_i \cdot PND_i \cdot \Delta t_i$$

将以上计算推广为更加一般的、定期多次支付费用的情形，有

$$(1 - R) \sum_{i=1}^{n} P_i \cdot DF(t, t_i^{'}) \cdot [PND(t, \tilde{t}_{i-1}) - PND(t, t_i)] - \sum_{i=1}^{n} P_i \cdot K \cdot DF(t, t_i) \cdot PND(t, t_i) \cdot \Delta t_i$$

其中，K 是定期支付的费用率；t_0 为交易的生效日；$t_1 < \cdots < t_n$ 为定期费用支付的日期；P_i 为 t_{i-1} 到 t_i 期的名义本金量；Δt_i 为：t_{i-1} 到 t_i 期的时间间隔（以年为单位）；$\tilde{t}_i = \max(t_i, t)$，$t_i^{'} = (\tilde{t}_{i-1} + t_i)/2$，其中 t 是估值日期。

当发生信用违约时，需要支付累积费用，则估值公式为：

$$\sum_{i=1}^{n} P_i(1-R)DF(t,t_i^{'})(PND(t,\tilde{t}_{i-1}) - PND(t,t_i)) - (\sum_{i=1}^{n} P_i KDF(t,t_i)S(t,t_i)$$
$$+ \frac{K}{2}\sum_{i=1}^{n} P_i \alpha_i D(t,t_i^{'})(PND(t,\tilde{t}_{i-1}) - S(t,t_i)))\Delta t$$

8.4.3 资产证券化产品估值

资产证券化产品就是各种形式的资产抵押债券，是银行将流动性不好的各类贷款或债券证券化的产物。根据基础资产类型的不同，资产抵押债券可分为多种产品，主要包括 MBS（住房抵押贷款）、CMO（抵押贷款支持证券）、AUTO（汽车贷款支持证券）、CMBS（商业住房抵押贷款）、Credit Card Loans（信用卡贷款支持证券）、CLO（信贷资产证券化）等等。

各类产品虽然特性不同，投资目的和风险侧重不同，但都是指金融机构或特定的证券机构将流动性较差的抵押贷款等资产进行归集和结构性重组，以其可预见的未来现金流量作担保，通过一定的技术处理把这个组合转换为可在资本市场上流通的有固定收入的证券，再发售给投资者的一种结构性融资行为。

风险分散和分层投资是证券化的主要特征，最典型的就是住房抵押债券（MBS）。

MBS 同其他金融产品一样，其价值取决于资产未来现金流和反映预期现金流风险的贴现率。但是因为提前还款行为的影响，MBS 还具有一个特点，就是未来现金流的发生时间和数量都不确定。提前还款（Prepayment）也是 MBS 和其他 ABS 产品估值的主要难点。

MBS 的估值方法主要有：

1. 传统定价法：对提前还款做一般的假设，例如在美国，使用联邦住宅管理局提前还款经验（Federal Residential Association，FRA）、有条件提前还款率（Conditional Prepayment Rate，CPR）和公共证券协会提前还款率基准（Public Security Association，PSA）。提前还款率确认后预测证券未来现金流。传统定价法是 MBS 定价最基本的工具，其优点是假设条件少，在实践中易于操作。

2. 计量模型定价法：这类方法一般是通过计量模型计算出提前还款率。例如通过利率差、再融资成本等预测资产池的提前还款率。这类模型需要大量数据支持参数的校准。而且各个国家和地区的模型因素都有区域化的不同，需要使用者有很强的区域性专业知识。

3. 期权调整利差法：通过模拟不同路径对提前还款的影响计量 MBS 的现金流。

在实务中，使用最多的是传统定价法和计量模型定价法。但是，如果缺乏提前还款模型的数据，将受到很大制约，但也可以使用公开的提前还款率数据，例如彭博数据或使用 PSA（美国公共证券协会提前还款率基准）假设数据。在提前还款数据确定后，可以预测每期现金流支付和本金的还款。

典型的情况是，MBS 作为一种可摊销债券，其每期的现金流（由利息现金流和本金现金流组成）是一个常数。这类可摊销债券为通常包含定息按揭的贷款，其估值模型就是通过一定的假设和计算，得出可摊销债券的定期现金流。

记：N 为名义本金；c 为固定利率；f 为付息频率；C 为定期支付金额；P_t 为未偿还本金余额；于是，可以通过以下公式解出定期支付金额 C：

$$N = \sum_{i=1}^{n} \frac{C}{(1+c/f)^i} \qquad 其中，n\ 表示支付期数。$$

而下一期的未偿还本金余额可由以下公式递归得出：

$$P_t = P_{t-1} + (c/f) \cdot P_{t-1} - C$$

如果本金的支付计划为给定的，则不需要计算 C。如果本金摊销日期与利息支付日期不一致，则会导致不固定的现金流，在这种情况下，债券的现值计算可能发生在债券有效期间的任何时刻。如果存在提前支付，则对于存在本金提前支付（除根据计划摊销的本金之外支付的本金）的周期，需要重新计算 C（表示为 C_t）：

$$P_{t-1} = \sum_{i=1}^{n} \frac{C_t}{(1+c/f)^i} \qquad 其中，此时的\ n\ 表示剩余的支付期数。$$

记 η_t 为 t 期除原本计划摊销的本金外提前支付的本金，按照以下方式计算每期的现金流。

t 期利息现金流的支出 ICF_t 为：$ICF_t = \frac{c}{f} \cdot P_{t-1}$，其中 P_{t-1} 为 $t-1$ 期的未偿还本金余额。

根据该公式，t 期的现金流 C_t 中包含的本金现金流 PCF_t 为：$PCF_t = C_t - ICF_t$。

于是，t 期期末（本期支付后）的未偿还本金余额为：$P_t = P_{t-1} - PCF_t - \eta_t$。

当可摊销债券不存在提前支付时，对于所有的 t，有 $\eta_t = 0$，本金现金流和利息现金流的支付计划均可在 $t = 0$ 时计算得出；当存在提前支付时，每次提前支付后，C 必须重新计算。计算出每期的现金流后，可根据普通债券的现金流折现公式计算可摊销债券的现值。

前文提到了 PSA 的提前还款假设。按照 PSA（Public Securities Association）惯例假设，本金的 CPR（条件提前支付比率，conditional prepayment rate）在第一个月时为 0.2%，以后每个月增加 0.2%，增加至 6% 后不变，直至债券到期。

以上这种惯例称为 100%PSA。通过按比较放大或缩小，可以构建出不同的提前支付比率。例如，200%PSA 表示 CPR 在第一个月时为 0.4%，以后每个月增加 0.4%，增加至 12% 后不变，直至债券到期。

由于 CPR 为年化值，为了将其转化为周期提前支付比率 PPR（periodic prepayment rate），需要根据以下公式计算：

$$(1 - PPR)^f = 1 - CPR$$

根据 t 期的 PPR 值，可以计算出 t 期的提前支付本金 η_t：

$$\eta_t = (P_{t-1} - PCF_t) \cdot PPR$$

8.4.4 信用连接票据

信用连接票据（CLN，Credit Linked Note）是将信用衍生产品嵌入票据而产生的结构性产品。通常投资人（即保险销售方）会获取每期的票息。同时，如果基础资产（Referenced Asset）没有信用事件发生，投资人可以在到期日获得票据的面值。如果基础资产（Referenced Asset）产生了信用事件，投资人可以在到期日只能获得票据的剩余价值。

例如，假设 A 银行作为投资人是保险销售方。其交易对手 B 银行是发行和出售 CLN 票据的一方，也是保险购买方。在这个交易中，A 银行购买了一个票据（支付了本金），该票据包括一个 B 银行销售的 CDS，该 CDS 对应的基础资产为 RF 公司。票据每期产生的利息（LIBOR+q%）直接通过本交易结构传送给保险销售方（A 银行）。B 银行作为保险购买方支付给保险销售方 A 银行每期 r%的保费。如果没有违约事件发生，B 银行在票据到期日支付 A 银行票据的面值。如果基础资产在票据到期日前发生违约，则 B 银行支付 A 银行少于票据面值。这样一个偿付结构保护了 B 银行在基础资产违约情况下所要承担的价格风险。保护销售方 A 银行则通过这一交易获取了超越直接投资基础资产可以获得的收益（通过保费）。

实际上，CLN 交易是 CDS 和票据的结合。信用风险的规避可以通过 CDS 交易来完成。但是交易对手因为资质等原因会考虑使用 CLN。投资人可能没有信用衍生品的交易资格，而 CLN 则为投资人提供了一个参与信用衍生品市场的方法。交易 CDS 通常需要签署衍生品交易协议如 ISDA 协议，交易 CLN 则没有这一要求。此外，投资人也可能没有衍生品交易的支持体系。衍生品如 CDS 交易需要文档、清算、管理方面的支持，购买 CLN 方式等同购买其它在资负表上的债券，操作上更容易。

另外，保险购买方面临的交易对手风险得到了缓释和降低。CLN 交易要求保险销售方在交易初始即支付整体票据面值。这样保险购买方没有交易对手的信用敞口。CLN 可以让保险购买方转移基础资产的信用风险，同时又不需要增加新的交易对手信用风险敞口。

总体来说，CLN 的目的是给投资人提供用以接受信用风险来换取高于直接投资基础资产的收益的机会。投资人（保险销售方）实际购买了一个一般债券，获取固定的收益。同时，投资人卖出针对基础资产的信用风险保护，换取一定费用。在违约情形下，投资人最终偿付票据面值和 CDS 支付的差。

由于 CLN 交易是 CDS 和票据的组合，因此，可以使用 CDS 估值和一般债券估值组合的方法来对 CLN 进行估值，即分别对 CLN 中的 CDS 和债券进行估值。

8.5 互换

8.5.1 利率互换

利率互换的定价可通过债券形式或者远期协议形式实现。虽然在利率互换中本金不进行交换，但在估值过程中可以假设本金在互换中进行交换，此假设不影响交换的价值，但是可以帮助建立对于以债券形式的估值过程的理解。

利率互换估值的基本公式如下：

$$V_{swap} = B_{fix} - B_{fl}$$

其中，V_{swap} 为利率互换的价值；B_{fix} 为互换中固息债券的价值；B_{fl} 为互换中浮息债券的价值。以债券估值方式对利率互换估值时将互换中固息端假设为固息债券，其价值即为单一的现金流。而对浮息债券端估值时我们假定下一个互换现金流的时间 $\bar{t}$，在 $\bar{t}$ 支付的浮息是 $\bar{k}$（此票息在前一个付息日已经确定），浮息债券的价格应为 $B_{fl} = (L + \bar{k})e^{-r\bar{t}}$，其中 L 为本金。

而如果以远期协议方式对利率互换估值，可以将互换合约看作远期利率合约的组合。在这一组合中可以假定远期利率在将来会实现，估值定价的基本过程为：首先，利用 LIBOR 或者互换零息曲线计算每一个点，并由此计算互换的现金流；其次，假定 LIBOR 等于远期利率；最后，使用 LIBOR 或者互换零息曲线为贴现率对互换的现金流进行贴现。

下面介绍债券形式利率互换估值模型具体方法，计算公式分为固息端（Fixed Leg）和浮息端（Floating Leg），分别对利率互换的两端进行估值，两端估值之差为利率互换价格：

$$V_{swap} = B_{Fixed(Floating)} - B_{Floating(Fixed)}$$

利率互换的固息端现金流的形式与固息债券现金流的形式完全相同，都是以固定的利率在一系列的固定的时间点上产生的。利率互换的固息端的计算公式为：

$$B_{FixedLeg} = \sum_{i=1}^{n} P_i r_i \alpha_i D(t, T_i)$$

其中，B 为利率互换固息端价值；P 为利率互换固息端本金；r 为固息端利率；$D(t, T)$ 为固息端的折现因子；α 为利息计算天数（年化）。

此外，由于互换合约两端的利息支付（接收）频率的不同使利率互换两端的价值存在 Discounted 和 Compounding 形式。以固息端为例，如果固息端第 i 期的利息在 t_{i-1} 时支付（接收），固息端现金流在 t 时的折现价值为：

$$\sum_{i=1}^{n} P_i \cdot \frac{r_i \alpha_i}{1 + r_i \alpha_i} \cdot D(t, t_{i-1})$$

而当利息周期频率大于付息频率时，会出现固息端现金流复利的情况。例如，一个 2 年期的利率互换产品的利息周期频率为每年 4 次，付息频率为每年 1 次。在第 i 期现金流的付息日为 $T_i = t_{p(i)}$，并且满足 $i \leq t_{p(i)}$ 以及 $p(j) = p(i)$，此时付息指数 $i \leq j \leq p(i)$。因此，每组现金流在同一付息日下需要以复利形式处理，从第 i 期利息周期频率开始的现金流为 $P_i I_i (1 + I_i) \cdots (1 + I_{p(i)})$，其中 $I_i = r_i \alpha_i$。于是，在 t 时固息端复利形式的价值为：

$$\sum_{i=1}^{n} P_i \cdot \left[\prod_{j=i+1}^{p(i)} (1 + r_j \alpha_j) \right] \cdot r_i \alpha_i \cdot D(t, t_{p(i)})$$

利率互换浮息端的现金流为一系列的浮息利率在相应的时间点上产生的浮息现金流，复利形式下的利率互换浮息端计算原理与固息端的基本一致。浮息端的复利处理方式又分为差额方式（Include Margin），平价方式（Flat）和无差额方式（Exclude Margin）。

采用以下一般标记：P 为利率互换浮息端的本金；r 为利率；α 为利率的年化计算天数；m 为差额率（Margin Rate）。

差额方式（Include Margin）计算规则下，记 $I_i = r_i \alpha_i$，I_i 为浮息端本金在第期的浮息现金流，t 为估值日。同时定义 $\mu_i = Max(t, t_i)$，$I_i(t) = E_t^{\mu_i}(I_i)$ 为远期度量条件下 t 时刻的预期价值。在 T 时第 i 期的现金流为 $P_i I_i (1 + I_i) \cdots (1 + I_{p(i)})$。

从而，含差额的浮息端复利为：

$$P_i \cdot D(t, T_i) \cdot I_i(t) \cdot \prod_{j=i+1}^{p(i)} (1 + I_j(t))$$

平价方式（Flat）下，在 T_i 时第 i 期现金流为 $P_i I_i (1 + J_{i+1}) \cdots (1 + J_{p(i)})$，其中 $J_i(t) = I_i - m_i \alpha_i$，$m_i$ 为差额率，α_i 为应计利息的天数计算函数。

从现金流扣除应计利息后，平价方式的计算公式为：

$$P_i \cdot D(t, T_i) \cdot I_i(t) \cdot \prod_{j=i+1}^{p(i)} (1 + J_j(t))$$

无差额方式（Exclude Margin）下，在 T_i 时第 i 期的现金流为 $P_i m_i \alpha_i + P_i J_i (1 + J_{i+1}) \cdots (1 + J_{p(i)})$，$J_i(t) = I_i - m_i \alpha_i$，$m_i$ 为差额率，α_i 为应计利息的天数计算函数。

无差额方式的计算公式为：

$$P_i \cdot \left\{ m_i \alpha_i + J_i(t) \prod_{j=i+1}^{p(i)} (1 + J_j(t)) \right\} \cdot D(t, T_i)$$

8.5.2 外汇互换（掉期）

外汇互换（货币互换）的估值模型可以使用简单的现金流折现模型，可将接收和支付两端假设为固定债券并在折现后相加即为互换价格。通常情况下外汇互换是指某种货币下的利息与本金与另一种货币下的利息和本金互换。对外汇互换估值可以通过以下两种形式实现。

第一种是以债券形式进行估值，基本估值公式为：$V_{FXSwap} = B_D - S_0 B_F$

其中，B_D 为互换中的本币的现金流对应的债券；B_F 为互换中的外币的现金流对应的债券；S_0 为即期汇率。

第二种是以远期合约的形式估值。互换合约中的固息与固息的互换都可以看作是一个外汇远期合约，外汇远期合约可在假定远期会被执行的情况下定价。如果外汇互换中两个币种的利率非常不同，利率较高的支付方在合约初期的互换现金流的外汇远期的价值是负值，在期末本金交换式外汇远期的价值是正值。相反，低利率支付方的情形刚好相反。

定义 r_f 为期限为 T 的外币无风险利率，变量 r 为对应于同样期限的本币的无风险利率。此时可以得到远期汇率和即期汇率的利率平价关系式 $F_0 = S_0 e^{(r-r_f)T}$，其中 F_0 为外汇远期价格。

进行估值计算时，对外汇互换产品的估值模型可以拆分为外汇远期和外汇即期，外汇即期和外汇远期分别在近期端 T_1 和远期端 T_2 分别做两个方向相反的交易，估值计算公式为：

$$V_{FXSwap} = A_1 \tilde{D}(t, T_1) \tilde{X}(t) - B_1 D(t, T_1) X(t) + B_2 D(t, T_2) X(t) - A_2 \tilde{D}(t, T_2) \tilde{X}(t)$$

其中，V_{FXSwap} 为外汇互换价格；A_1 和 A_2 分别为近端和远端买入和卖出的第一种货币的量；$\tilde{D}$ 为第一种货币对应的折现因子；T_1 为现货交易时间；$\tilde{X}$ 为时刻 t 的卖出的汇率；B_1 和 B_2 分别为近端和远端买入和卖出的第二种货币的量；D 为第二种货币对应的折现因子；T_2 为远期交易时间；X 为 t 时刻的买入的汇率。

此外，在进行估值时还要考虑市场因素。估值模型需要使用的市场数据为折现曲线，用于产生折现因子，将未来的现金流折现到估值参考日以计算盯市价值（Mark to Market Value）。另外，考虑到自由货币市场的流动性强，通常折现曲线采用各个币种的无风险曲线，例如 USD 货币采用 USD Swap 曲线，EUR 货币采用 EUR Swap 曲线。但对欠流动性货币而言需要推算出隐含收益率曲线。

8.5.3 互换期权（Swaption）

互换期权（Swaption）是指标的为互换的期权，最常见的为利率互换的期权。

欧式互换期权（European Swaption）使持有者在期权到期日有权利选择是否在将来一段时间内执行互换合约。若期权被执行，持有者将在未来某段时间内与期权另一方达成互换交易。按照持有者在互换中处于支付固定利率的一方还是接受固定利率的一方，可以将欧式互换期权分成两种：支付方互换期权和接受方互换期权。支付方互换期权意味着利率的看涨期权；接受方互换期权意味着利率的看跌期权。

百慕大式互换期权（Bermudan Swaption）使持有者有权利在一组约定的行权日（行权日多于1个）选择是否执行互换合约。百慕大式互换期权的标的互换分成两种类型：固定期限（constant maturity）和集中期限（converging/wasting maturity）。对于集中期限式的互换期权，标的互换的到期日为固定的。因此，剩余期限越长的行权日对应的标的互换的期限越短。通常情况下，行权日为某一个付息日。

考虑一个欧式期权的到期日为 t_0，其标的利率互换的到期日为 t_n，且固定端的付息日为 $t_1 < \cdots < t_n$。于是，t 时刻（$t \leq t_0$）固定端的价值为：

$$V_{\text{fixed}}(t) = \sum_{i=1}^{m} P_i \alpha_i c_i D(t, t_i)$$

其中，对于第 i 笔现金流，P_i 表示名义本金，c_i 表示固定利率，α_i 表示从 t_{i-1} 到 t_i 的年化期限因子（year fraction）。

定义固定端的基点价值（PVBP）为：$F(t) = \sum_{i=1}^{n} P_i a_i D(t, t_i)$

记浮动端的付息日为 $t'_1 < \cdots < r'_m \leq $，$t'_m = t_n$。令 $L_j(t)$ 表示 t 时候观察得出从 t'_{j-1} 到 t'_j 的远期利率（$t'_0 = t_0$），则 t 时刻（$t \leq t_0$）浮动端不含利差（margin）支付的价值为：

$$V_{\text{folat}}(t) = \sum_{j=1}^{m} P'_j \alpha'_j L_j(t) D(t, t'_j)$$

其中，对于第 j 笔现金流，P'_j 表示名义本金，α'_j 表示从 t'_{j-1} 到 t'_j 的年化期限因子。

支付利差的价值为：$V_{\text{margin}}(t) = \sum_{j=1}^{m} P'_j \alpha'_j m_j D(t, t'_j)$，其中，$m_j$ 表示第 j 笔现金流的利差率。

有效行权利率 $K(t)$ 为：$K(t) = \dfrac{V_{\text{fixed}}(t) - V_{\text{margin}}(t)}{F(t)}$

标的利率互换在 t 时刻的全部价值为 $F(t)(s(t) - K(t))$，其中 $s(t) = \dfrac{V_{\text{float}}(t)}{F(t)}$ 为远期互换利率。

如果固定利率和利差率均为恒定（即对于所有 i，$c_i = c$；对于所有 j，$m_j = m$），且固定端与浮动端的付息频率和计息规则均相同，则 $K(t) = c - m$。否则，可在估值时假设 $K(t) \approx K(0)$。

令 $V(t)$ 表示 t 时刻的期权价值，基于以上 $K(t)$ 的近似计算，期权的支付函数为：
$V(t) = \max(\delta F(t_0)(s(t_0) - K(0)), 0)$

其中，对于支付方互换期权 $\delta = 1$；对于接受方互换期权 $\delta = -1$。

因此，t 时刻（$t \leq t_0$）期权的价值为：
$V(t) = F(t) E_t(\max(\delta(s(t_0) - K(0)), 0))$

其中 E_t 表示基于 t 时刻的信息计量互换期权的条件期望。在互换期权的模型假设中，$s(t)$ 为鞅（martingale）。假设 $s(t_0)$ 服从对数正态（log normal）分布，则互换期权的价值可以通过 Black 公式得出，具体计算公式可以参见关于 Swaption 定价问题的相关学术文章。

参考文献

［1］财政部：企业会计准则第 22 号——金融工具确认和计量，2017.

［2］中国会计准则委员会组织翻译：国际财务报告准则第 9 号——金融工具（汉英对照），中国财政经济出版社出版，2015.

［3］潘功胜、李涛著：中国商业银行拨备理论与实践，中国金融出版社，2010.

［4］迈克尔·J. 玛德等著，李杰、孟祥军译：财务报告中的估值，大连出版社，2010.

［5］孙健：金融衍生品定价模型，中国经济出版社，2008.

［6］孙宁华：金融衍生产品的性质、定价与风险管理，南京大学出版社，2011.

［7］李磊宁：固定收益证券的估值、定价与计算，北京师范大学出版社，2011.

［8］中央国债登记结算有限责任公司编：债券会计处理与估值，经济科学出版社，2008.

［9］周阿立：金融资产分类与减值研究——基于 IFRS9 的影响分析，经济科学出版社，2016.

［10］周国富：金融计量学，北京大学出版社，2000.

［11］吴岚、黄海：金融数学引论，北京大学出版社，2005.

［12］史树中：金融经济学十讲，上海人民出版社，2004.

［13］田文昭：金融资产的定价理论与数值计算，北京大学出版社，2010.

［14］姜礼尚等：金融衍生产品定价的数学模型与案例分析，高等教育出版社，2008.

［15］弗兰克·J. 法博齐著；任若恩等译：固定收益证券手册，中国人民大学出版社，2000.

［16］谢多、冯光华等：信用评级，中国金融出版社，2014.

［17］谢多、冯光华等：中国银行间市场固定收益产品交易实务，中国金融出版社，2015.

[18] 杨子江等：金融资产评估，中国人民大学出版社，2003.

[19] 韩立岩、郗慧：金融资产风险与定价，机械工业出版社，2015.

[20] 程希骏：金融资产定价理论，中国科学技术大学出版社，2006.

[21] 财政部会计准则委员会编：资产减值会计，大连出版社，2005.

[22] 黄志凌等：商业银行压力测试，中国金融出版社，2010.

[23] 贾杰：资产减值与测试，中国财政经济出版社，2005.

[24] 曹习平：金融工具减值准则的认知和浅析，财经界：学术版，2016.

[25] 陈燕华等：IFRS 9 预期信用损失模型所需的良好治理和内控：会计政策及实施决策，金融会计，2016.

[26] 东朝晖：对套利定价理论及应用的认识，数量经济技术经济研究，2003.

[27] 董微：可转债定价的实证研究，统计与决策，2015.

[28] 郭涛、李俊霖：利率期限结构曲线的估计方法，南方经济，2007.

[29] 韩红成：资本定价理论及其在我国的应用研究，复旦大学，2005.

[30] 黄灵洁：对我国银行业实施 IFRS9 的思考，经济与金融，2010.

[31] 李进博：金融资产减值损失模型制定演进研究，财政部财政科学研究所，2012.

[32] 李永立：金融资产定价的统一视角及其在风险管理中的应用，数学的实践与认知，2010.

[33] 刘大巍等：关于我国可转债定价修正模型的实证研究，管理工程学报，2011.

[34] 刘旭：无套利定价与完备市场理论，国防科技大学，2007.

[35] 刘颖、王秉坤等：会计准则与监管规则的协调路径，金融会计，2016.

[36] 闵晓平、田澎：利率产品定价与利率期限结构关系分析，数量经济技术经济研究，2005.

[37] 潘秀丽：IFRS9 的实施对中国金融机构的影响及政策建议，会计研究，2011.

[38] 苏星：国际财务报告准则关于金融资产的规定及其对我国银行业的影响，财务与会计，2016.

[39] 唐英凯、李彪：国债利率期限结构模型的估计研究，统计与决策，2006.

[40] 王春发：金融资产定价的方法论评述，财经论丛，2001.

[41] 王菁菁、刘光忠：金融工具减值预期损失模型的演进与会计准则体系变迁，会计研究，2014.

[42] 王兆星：贷款风险分类和损失拨备制度变革，中国金融，2014.

[43] 肖正再等：金融定价理论与财务估值理论之比较，求索，2015.

[44] 姚明德：对会计准则与监管规则下预期损失模型的比较研究，金融会计，2012.

[45] 易传和、曹坤：基于顺周期性的信用风险预期损失模型和已发生损失模型的

对比分析，系统工程，2012.

［46］银监会动态拨备课题组：动态拨备在中国银行业的实施研究，中国金融家，2010.

［47］战雪丽等：金融资产定价理论方法及应用探讨，价格理论与实践，2005.

［48］赵晶等：利率期限结构特征的拟合与预测，统计研究，2015.

［49］赵凌、李栋：中债估值在IFRS9预期信用损失模型中的应用探索，债券，2017.

［50］赵陵：现代资产组合理论研究，中国社会科学院，2001.

［51］中国工商银行财务会计部课题组：IFRS9预期信用损失模型设计与应用初探.

［52］周亚丹：基于巴塞尔协议的金融资产减值模型修正与实施研究，湖南大学，2016.

［53］John C. Hull 著，王勇、索吾林译：期权、期货及其他衍生产品，机械工业出版社，2010.

［54］Stuart A. Klugman 等著，吴岚译：损失模型——从数据到决策，人民邮电出版社，2008.

［55］Ernst & Young：国际财务报告准则第9号下的金融工具减值，2014.

［56］IASB（International Accounting Standards Board），IFRS9（International Financial Reporting Standards 9）：Financial Instruments（replacement of IAS 39），2014.

［57］ITG（IFRS Transition Resource Group for Impairment of Financial Instruments），ITG Meeting Summary：Transition Resource Group for Impairment of Financial Instruments April 2015，2015.

［58］ITG（IFRS Transition Resource Group for Impairment of Financial Instruments），ITG Meeting Summary：Transition Resource Group for Impairment of Financial Instruments December 2015，2015.

［59］ITG（IFRS Transition Resource Group for Impairment of Financial Instruments），ITG Meeting Summary：Transition Resource Group for Impairment of Financial Instruments September 2015，2015.

［60］Anders B. Trolle, Eduardo S. Schwartz：The Swaption Cube, The Review of Financial Studies, Vol. 27, No. 8（August 2014），pp. 2307-2353.

［61］Basel Committee Consultative Document：Guidance on Accounting For Expected Credit Losses, 2015.

［62］Basel Committee Consultative Document：Regulatory Treatment of Accounting Provisions, 2016.

［63］Black and M. Scholes, Fact and Fantansy in the Use of Options and Corporate Liabilities, Financial Analysis Journal, 31（July/August 1975）：36-41，61-72.

[64] Cox J. C., J. E. Ingersoll, and S. A. Ross: The Relation Between Forward Prices and Futures Prices, Journal of Financial Economics, 9 (December 1981): 321-46.

[65] David R. Smith: A Simple Method for Pricing Interest Rate Swaptions, Financial Analysts Journal, Vol. 47, No. 3 (May – Jun., 1991), pp. 72-76.

[66] Howard Corb: Swaptions (pp. 166-229), Interest Rate Swaps and Other Derivatives, 2012.

[67] Merton, Theory of Rational Option Pricing, Bell Journal of Economics and Management Science, 4 (Spring 1973): 141-83.

[68] Satya R. Chakravarty: Exotic Options, An Outline of Financial Economics, 2013.

[69] Steven E. Shreve, Stochastic Calculus for Finance I: The Binomial Asset Pricing Model, Springer, 2005.

[70] Steven E. Shreve, Stochastic Calculus for Finance II: Countinous-Time Models, Springer, 2005.

[71] Suresh Sundaresan: Futures Prices on Yields, Forward Prices, and Implied Forward Prices from Term Structure, The Journal of Financial and Quantitative Analysis, Vol. 26, No. 3 (Sep., 1991), pp. 409-424. [72] Kevin Cheng : An Overview of Barrier Option, Global Derivatives, 2003.

[73] Bjerksund P. & Stensland G. Closed-Form Approximation of American Options, Scandinavidn Journal of Mandgement, 2011.